公路美学概论

Gonglu Meixue Gailun

熊广忠 编著

人民交通出版社
China Communications Press

内 容 提 要

本书由总论、公路美学原理、公路景观设计、公路景观评价四部分组成，是我国第一部以动视觉原理为基础，以四维空间理念研究公路美学的系统论著，全书内容丰富，有不少新的理念与手法，可供科研、设计人员以及院校师生研究参考。

图书在版编目(CIP)数据

公路美学概论/熊广忠编著．—北京：人民交通出版社，2014．2

ISBN 978-7-114-10236-3

Ⅰ．①公… Ⅱ．①熊… Ⅲ．①公路景观—景观美学 Ⅳ．①U418．9

中国版本图书馆 CIP 数据核字(2012)第 289204 号

书　　名：公路美学概论
著 作 者：熊广忠
责任编辑：高　培　王　霞　吴燕伶
插图设计：高静芳　李超君
出版发行：人民交通出版社
地　　址：(100011)北京市朝阳区安定门外外馆斜街 3 号
网　　址：http://www.ccpress.com.cn
销售电话：(010)59757973
总 经 销：人民交通出版社发行部
经　　销：各地新华书店
印　　刷：北京市密东印刷有限公司
开　　本：787×1092　1/16
印　　张：18．75
字　　数：456 千
版　　次：2014 年 2 月　第 1 版
印　　次：2014 年 2 月　第 1 次印刷
书　　号：ISBN 978-7-114-10236-3
定　　价：58．00 元
(有印刷、装订质量问题的图书由本社负责调换)

序

改革开放30年来，特别是进入21世纪以来，我国开展了全球最大规模的交通基础设施建设，公路路网编织着中华锦绣大地。

30年间，我国共修建公路300多万公里，年均建成10万公里新路。2011年底我国公路网总里程已达410万公里。1988年，我国实现了高速公路“零公里”的突破，23年间共建成8.49万公里，通车里程跃居世界第二位。路网的完善极大地提高了运输效益，对经济增长发挥着越来越大的支撑作用。

世纪之交的公路建设中，建设者不断提升“统筹人与自然和谐发展”的科学理念，越来越重视交通工程的美学与景观设计。

熊广忠教授20世纪80年代在原西安公路学院（公路系）、西北建工学院（建筑系）等院校任教期间，开始从事道路美学研究，撰写了我国第一部《城市道路美学》专著和大量公路、城市道路、交通美学方面的系列论文。2008年，熊广忠教授出版了《论道路美学》论文集。

《公路美学概论》一书是熊广忠教授经过30多年潜心研究后，编写的我国第一部以动视觉原理为基础、以四维空间理念研究公路美学的系统论著，全书内容丰富，有不少新的设计理念与手法，在学术上和实践上均有较高价值，值得在公路建设实践中拓展。

建设资源节约、环境友好、经济适用的公路系统是时代赋予的光荣使命，希望这本书的出版，能为公路美学研究的“百花园”增光添彩。

凤懋润

（中国交通建设监理协会名誉理事长，交通运输部原总工程师）

2013年6月18日

前　言

改革开放后，我国高等级公路开始大量修建。这一新生事物的出现，使得我们对“公路不仅是技术设计对象，而且也是景观设计对象”有了粗浅认识。20世纪80年代初，我发表了《论公路美学应用》，相隔十年后再次发表《再论公路美学研究与应用》一文，文中提出以动视觉理论为基础来研究公路自身协调和公路与环境协调，并再次呼吁学习国外公路美学已有成果，重视公路美学的普及与研究。

这些文章1985年发表后，先后在中国交通工程学会年会、上海、西安等地宣读，引起了交通工程学界的重视。陕西省公路局请著者在全省公路系统进行宣讲，继而又开展创建“美化路段”活动，之后他们又将“美化路段”在全国宣传，推动了后续的“GBM工程”的开展。

拟写本书是著者1985年就定好的计划，由于当时国内高等级公路尚少，因此未能列入出版计划。此时我为中国建筑工业出版社撰写了我国第一部《城市道路美学——城市道路景观与环境设计》。这是一部考虑现代交通条件，将城市道路划分为不同视觉等级来研究城市道路景观设计理念的论著，该书提出了很多与传统的“街道美学”不同的设计理念与方法。后我又撰写了《道路网美学》、《城市道路线形美学》、《道路与地形》、《道路与建筑》以及《公路绿化理论》等十多篇道路美学系列论文，并将以动视觉研究道路美学的理念写进了《交通管理大辞典》、《交通工程手册》等著作中。这些论文的发表，被国内学界认为是“在我国的开拓性研究”，并被中国交通工程学会在1986年工作总结中列为“我国交通工程八项研究进展之一”。以动视觉原理来系统研究道路景观设计的方法，受到交通、建筑、美术、医学界一些学者的肯定，也获得日本、美国一些知名学者的好评。

1995年人民交通出版社约稿撰写《公路美学概论》一书，并签订了出版合同。后因我当时行政事务十分繁忙，加之又有工程监理方面一些手册的稿约，致使这部书半途搁置。撰写《公路美学概论》一书是我三十年来的夙愿，但这毕竟费时费力，因此为走捷径，于2009年汇集了我的19篇道路美学论文，出版了《论道路美学》一书，并邀请原交通运输部总工凤懋润作序，序中讲"……论文通过动视觉原理，研究用路者以不同车速在道路上运动，视觉中公路及公路与环境随时间变化的四维空间形象，亦即分析路线自身协调(四维线形)，路线与周围环境协调(四维空间景观)，以及用动视觉原理研究公路绿化理论等。这些研究为公路景观设计和公路景观评价提出了一些新的理念与方法"。序中又讲"论文发表已有十多年，至今仍有学术价值，值得在道路建设实践中进一步拓展"。论文集出版后原已放弃再出《公路美学概述》一书的想法，但2010年公路景观设计已写进了《公路环境保护设计规范》(JTG B04—2010)，而至今仍未看到一部以动视觉原理为基础来系统阐述公路美学原理、景观设计与景观评价的论著。因此又唤起撰写《公路美学概论》一书的想法。这一想法得到交通出版社高培同志、陈志敏同志、高静芳同志的支持。

这部书之所以叫编著，是因为公路美学原理，景观设计、景观评价按四维空间研究的理念与论述为著者所著。而编是为了反映国内外公路美学已有成就，故将国外部分视觉原理研究、线形设计、桥梁美学、环境设计以及国内在高速公路景观与环境改善、实践方面的创新成就等部分内容编入，以丰富本书内容。希望这本书的出版能填补我国公路美学系统论著的缺失，并能为推进我国公路美学学术研究尽一份绵薄之力。

熊广忠

二〇一二年五月于南京

本书出版资、协助单位：

北京泰克华诚技术信息咨询有限公司

贵州省交通建设咨询监理公司

黑龙江省公路工程监理咨询公司

北京双环工程咨询监理有限责任公司

北京中交博雅文化传播有限公司

北京中交学智通信息咨询中心

目　　录

总　　论

第一篇　公路美学原理

第二篇 公路景观与环境设计

第三篇 公路景观系统评价方法研究

总　论

一、道路美学的发展与沿革

(一)关于街道美学

道路有城市道路与郊外公路两种。我国是文明古国,道路交通发展较早,秦国时已开始修建能"四通八达"的道路网,自古就将"道路如矢"作为快捷、舒适、便利的象征,这也是对道路美学最早的描述。古时,对街市商贾密集以及车水马龙的繁华市景描述甚多,清明上河图的街景就是一例。但什么是美的街道呢?将街道作为美学研究,欧洲的建筑家们长期以来有过广泛而深入的探索。按意大利式的构思,街道两旁必须排满建筑物以形成封闭的空间,由于这些建筑物的连续性与韵律而形成美丽的街道。如果一个建筑物拆掉或某一座建筑不平衡就会打乱街道的平衡。B·鲁道夫斯基在《人的街道》一书中讲:"街道不会存在于什么也没有的地方,亦即街道必定伴随着那里的建筑而存在。"他又讲:"街道正是由于沿着它有建筑物才能成为街道,摩天大楼加空地不可能是城市。"因为街道两边也要求有密排的建筑物,以形成街道的轮廓,使其具有轮廓清晰的"图"的性格。所谓"图",可以埃德加·罗宾的"杯图"为例(图1)。如对看杯的人来讲,黑色的杯子就成为"图",两边无色的部分就成为"地";而对看无色两个面孔相对的人来讲,面孔就成为"图",而黑色部分就成为地。"图"与"地"之间可以相互转换。

街道上道路与建筑,也就是室内与室外,它们的边界是墙,室内为内部空间。作为街道设计,从美学角度讲,内外部之间是有联系的整体,在街道的空间里渗透着生活的部分,生活的气息也洋溢在街道上。同时街道与建筑物应有适当的比例,以达到均衡,而道路与建筑的连接部分,是内部秩序与外部秩序过渡的地段,因此要用有魅力的空间方式加以处理。

⇧ 图1　杯图

建筑学家对街道美学的众多论著是人类长期对街道美学研究的结晶,如日本著名建筑学家芦原义信20世纪70年代末的佳作《街道美学》,着重从人的室内、室外活动角度来阐述街道空间构成的关系,以及道路环境的美学问题。而(美)凯温·林奇的《都市意象》则是从现代道路交通角度来探索城市艺术本质的专著,它通篇充满着在现代交通条件下,人们对环境的印象形成的特点。也就是说,由于时代技术进步,人们对城市艺术提出一些新的看法与评价的方法。笔者认为强调新型交通工具下人们对环境的印象,与传统的街道美学的概念并不矛盾。是否可以这样区分:即传统的街道,它的边界除有建筑的"墙"的存在以外,最主要的是从道路几何设计上看,一般不把它作为线形设计的对象,从交通特性上来看不是快速或现代交通工具主要的通道,因此动视觉特性不能成为路线与环境设计的控制因素,也就是以用路者在低速活动条件下的视觉与行为特性作为研究街道美学问题的出发点。根据上述观点,作为线形设计对象的城市快速路、交通干道,它的美学上的考虑与作为非线形设计的街道是不同的。因此就没有必要再讨论快速路、交通干道两侧的建筑不是像牙齿一样密排,算不算街道了。

1985 年,日本土木工程学会土木规划研究委员会出版的《街路景观设计》中,尽管写的都是"街"但也有路了,其将高桥路、停车场交通信号等现代内容也列入景观设计内容。而笔者 1987 年完成的我国第一部《城市道路美学——城市道路与景观设计》中考虑城市交通现代化,应用动视觉原理,将城市道路分为不同的视觉等级,即以 40 ~ 60km/h 作为界线,大于以上车速的为"路",即城市快速路、交通干道等。它们是城市交通主要通道,应列入线形设计对象。其景观设计应充分考虑车速因素带来的道路尺度与建筑尺度、体量的增大,这是全新的城市景观构图理念。而低于 40km/h 以下的支路,仍然可以理解为"街",即商业区及居住区的道路仍可沿用"街道美学"的构图理念,去构建充满生活气息、美丽迷人的街景。

(二)关于公路美学

20 世纪人类文明发展的重要标志之一是汽车交通的发展。第二次世界大战前,德国开始修建高速公路;第二次世界大战后,美国最早建成高速路网。改革开放后,汽车成为我国支柱产业,汽车如潮水一般,充满城市和公路干道网,促进了我国公路建设空前大发展。设在法国的 OECD 国际组织的道路研究小组在 1972 年 7 月发表了一篇"双车道设计与交通流"的报告。报告中回顾 20 世纪 70 年的公路发展史大体经过三个阶段,第一阶段是发展初期,为了防止道路泥泞,保证车辆正常行驶,需要提供具有一定强度、平整度的晴雨通车路面,当时道路工程的重点主要是车行道的路面铺装与改进提高上。随着汽车的增加,行车拥挤,事故增加,此时道路工程技术人员又将关注重点放在完善平 · 纵 · 横几何设计理论、提高通行能力、改善交通组织、减少交通事故以及改善汽车行驶条件等方面,交通工程学得到发展,这是第二阶段。然而世界性的汽车猛增,由此汽车发展所造成的种种社会及环境上的问题,使人们认识到要建成在美学上、社会上、环境上经济适用的道路系统才能适应人们对公路交通发展的需要,这就是道路交通发展的第三阶段。

从 20 世纪道路发展的三个阶段不难看出,公路美学的发展是随着道路交通发展应运而生的。美国 20 世纪 20 年代汽车开始普及,并较早建成高速路网,早在 1938 ~ 1944 年美国各州就有关于几何设计政策(规范)的小册子,1965 年美国各州公路工作者协会将各州几何设计政策汇编为《田园公路几何设计政策》(蓝皮书)。原交通部第一公路勘测设计院于 1979 年将其翻译成中文出版,取名为《公路几何设计》。该书代表 20 世纪美国在线形设计方面取得的成就。美国 1965 年就颁布了《公路美化条例》;美国土木工程师协会公路分会——公路路线设计几何与美学委员会 1977 年在纽约又出版了《实用公路美学》一书,书中介绍了汉密尔顿和瑟斯坦在 1937 年发表的研究成果——快速行驶车辆的驾驶员的视觉变化规律。我们可以认为这就是以动视觉原理研究公路美学的最早论述。同时该书论述公路适应地形（平衡设计），线形与纵断面的连续性，公路要融入风景，公路绿化，构造物的美学，公路外观的改善等美学观念，是我们能看到的最早的较全面的一部公路美学的著作（中文约7万字）。前苏联也在1978年也出版了一本《公路美学》，这本书内容较为丰富，前苏时期俄罗斯联邦公路部1974年出版了《公路建筑与景观设计规范》（БСН 18—1974），对空间线形、视线诱导景观设计、绿化等都做了规范性的要求，并按不同车速将路线划分为不同长度的景观建筑小区，这是从美学原理出发为规范化景观设计的一种进步。

我们讨论"公路美学"应是以线形设计的美学为主，以此带动线形和环境一体化的设计，这方面德国学者的建树是有口皆碑的。德国1932年开始修建高速路，经验丰富，其线形设计理论最为完善，最有代表性的著作是（前联邦德国）汉斯·洛伦茨1970年出版的《公路线形与环境设计》，该书包括汽车行驶力学、线形几何学、道路视觉、道形、土工栽植、线形等内容。该书是以视觉线形为中心，重视以视觉原理考虑相关环境配合的代表著作，日本著名专家大塚胜美评价该书为"人与自然环境密切相关的道路设计标准书"。这部书的理论水准和经典的理念是我们目前能看到的线形与环境设计的最好著作。

日本高速路起步稍晚，但1972年日本就翻译出版了汉斯·洛伦茨的名作，在线形设计与景观设计上也有不少论著。大塚胜美、木仑正美于1971年合著出版的《公路线形设计》对立体线形设计有深刻分析，特别是其论述了四维线形与视觉变化带来的运动感与舒适性，观念独到，理念创新。

1980年，日本山本宏出版的《桥梁美学》，提出技术美与功能美的概念，突破传统建筑学单纯讲的形式美法则，同时对桥梁观赏位置的提法，将用路者作为观赏主体的理念符合公路交通实际。而日本阪神高速道路公团于20世纪80年代出版的《都市高速道路景观与环境设计手册》，对城市高速路景观与环境设计及评价有详尽的论述，是日本高架路设计方面的总结之著。

我国自古有"大道如矢"的描述，用"矢"形容路笔直又快捷，这可能是最早对道路美的赞誉了。古代另有"曲径通幽"，则描述的是弯曲的线形会有新的景象不断呈现，这和我们今天提倡曲线型设计又何其相似。修桥、修路，自古认为是善举美德。天堑变通途是自古以来人们的企盼，在行路难，难以上青天时，希望的是"通"，"通"就是美。

我国高等级公路修建较晚，相应研究开展也较迟。1982年西安公路学院公路系将公路美学列入课题。1983年中国交通工程学会南京会议上提出研究方向有"交通美学"与"高等级公路绿化"等课题，至此在我国公路美学研究已被提上日程。1984年我发表了《论我国公路美学应用问题》，以后又陆续发表了《再论公路美学研究与应用》《公路绿化理论》等系列论文，1996年我指导了我国第一个公路美学研究生的论文——《高等级公路景观设计方法与评价体系的研究》。经专家们推荐，我也将公路景观设计作为一章写入1998年出版的《交通工程手册》，这期间还有樊凡编写，1987年出版的《桥梁美学》，1999年和丕壮出版的《桥梁美学》，盛洪飞编写的《桥梁建筑美学》……21世纪开始以后还出版了《道路与桥梁工程美学》教材，也有不少著者撰写的桥梁、公路景观设计方面的著作及一些院校研究生撰写的有关景观设计等方面的论文。这二十多年的时间里公路美学学术也初步呈现了繁荣景象，特别值得一提的是在2004年实施的《公路工程技术标准》（JTG B01—2003），将视觉线形的理念和路线与当地景观协调等美学原则写进了技术标准的一般规定。2010年颁布实施的《公路环境保护设计规范》（JTG B04—2010），将景观设计正式列入设计内容，并将动视觉原理的基本内容列入一般规定的首条。至此公路景观设计在我国也以规范的形式正式列入并提上日程。“建设资源节约、环境友好、经济适用的公路系统成为时代赋予我们的光荣使命”。后来者居上,伴随我国高速公路建设的蓬勃发展,公路美学学术研究也必与之俱荣。

二、公路美学的研究内容与方法

(一)公路美学的研究目的与内容

研究公路美学的目的就是希望在修建一条行车安全、快捷、舒适的公路基础上,它还应该具有流畅优美的三维线形和良好的视线诱导(线形有可预知性),有完好的沿线服务设施和科学的绿化栽植,以及公路与自然环境协调。对用路者来讲视野要有多样性,景致宜人,同时,公路也能融入自然,成为风景的一部分。因此公路不仅是技术设计对象,而且也应作为景观设计对象加以研究。

1.公路美学的研究目的

要研究公路美学,首先要讨论什么是公路美学?

公路美学是研究与解决公路景观与环境设计的基础理论,需要找出构成一条美的公路应具备的基本元素与评价公路美的方法。尽管美学有各种流派,而且建筑美学也有久远的历史,并有公认的评价形式美的原则与方法。我们可以认为公路美学是建筑美学的一个分支,它具有建筑形式美法则方面的共性,但又具有它自身的个性。传统的建筑美学从静态角度来研究建筑物,如统一、均衡、比例、尺度、韵律、风格、色彩等建筑美学法则。即使讲动态观赏也是指的“步移景迁”,也就是从不同角度来研究观赏对象。而公路是线形构造物,人们是通过乘坐交通工具,以较快的运动速度,沿一定的方向,连续的观察道路及周围环境。这里最重要的概念就是用路者的观察对象随时间变化而变化,对同一观察对象也由于运动速度不同而有不同的视觉印象,这就是与传统建筑美学审美概念上的最大差异。因此公路美学问题的形象化是**“乘坐交通工具的人,以一定速度在公路上运动时能获得的公路空间与环境的四维印象”**。这种印象包括用路者视觉,心理及情感上的感受。

2.公路美学的内容与基本理论的构思

目前有些论著讲了一些公路美化的原则与方法,但对基本理论仍缺乏系统论述。著者根据三十多年的研究与实践认为公路美学的基本内容也就是基本理论构成可归纳为以下三个方面。

(1)动视觉原理的应用

公路交通是指的交通工具在交通路线上有序的一种运动,使人与货物产生位移。它有两个特征,一个是方向性,一个是速度。也就是用路者乘坐交通工具沿一定方向和速度运动时,驾驶人的动视力、动视野随车速变化而变化。当车速增高时,动视力随之下降,视野也随之变小,驾驶人的注视距离也随之加大,当大到一定程度时,由于驾驶人对周围环境反应能力降低而形成隧道视。一般情况下,车速较低,辨认距离较远;车速增加,能够清晰辨认物体的距离相对缩短,因此驾驶人能够分辨物体的能力也随之降低。对速度增加分辨能力降低的原因说法不一。有人认为人眼和大脑有专门感受静止物体的细胞和专门感受运动物体的细胞;有的认为是快速运动人眼调节能力减弱造成;也有人认为不同车速下辨认距离的变化原因是人的生理与心理的负荷不同。如车速增加,生理负荷加重,造成辨认距离降低。因此在现代交通条件下，由于车速提高，动视觉特征的变化，必然带来一些新的概念。如快速交通减少了距离感，公路两侧景物快速向后移动，乘坐汽车旅行已成为一种连续审美的体验，所以有必要应用这些新的概念去研究与评价公路景观设计，研究动视力、动视野对高等级公路线形与环境设计的影响，因此这种研究有着重大的理论与实践意义。考虑动视觉特性是研究线形，视线诱导，标志的设置、尺寸，路边绿化的位置与间距，以及眺望路边景物的重要依据。对道路空间视觉特性的研究与分析表明，低速时（40km/h 以下），用路者的视觉问题没有十分显著的影响。而高等级公路因车速高，则影响十分显著。因此景观空间的构成要考虑汽车速度因素，根据动视觉特性的要求，车速加大则一切景观尺度需要扩大，建筑细部尺寸也需要扩大，传统的园林式的绿化方式也需要改变，而且车速越高这种变化就越大。汽车时代产生的新的视觉问题要求设计人员用大尺度来考虑时间、空间变化，同时道路环境中也需要有特殊的吸引人的景观，这是技术进步带来的新概念，是对传统观点的冲击与挑战，用路者的动视觉特性已成为景观设计的主要依据，高等级公路的路线要作为视觉线形设计对象，道路景观与环境设计要充分考虑不同车速的影响，只有考虑到上述视觉特性，才能创造出具有时代特点与风格的道路景色。

（2）公路线形自身的协调

从视觉特性出发，一条具有优美景观的公路，其线形自身协调是基础。

公路本身在用路者视野中占有重要位置，是主要景观元素，因此好的公路景观必须要有优美流畅的线形，一般讲的二维线形只能解决平面线形配合或纵面线形的配合，而三维线形，也就是立体线形，则能解决平、纵线形三维空间配合，这种线形可以解决公路的平顺性。而目前研究的四维线形，即路线随时间变化可反映出行车时的运动感以及路线随时间变化的韵律与节奏，这又成为了衡量舒适性的重要标志。

一条好的公路线形除满足几何设计的技术指标外，它们之间必然要有良好的配合，以使它具有优美的三维空间外观，线形平顺、流畅，行车不别扭，并且具有连续性，同时线形具有良好视线诱导与可预知性。因此一条好的公路，要有优美的景观，首先要解决好线形自身的协调（配合），这样才能使路线具有优美三维空间外观，使用路者在行车时感到舒适，而且富有安全感。

（3）公路与环境协调

首先线形要与地形相配合，使其成为自然风景的一部分。公路应适应地形，在一般条件下不应支配环境，要与环境融为一体。要充分利用当地的风景资源，使其成为路边富有吸引力的景观，以克服行车的单调感。

同时公路沿线设施（如沿线建筑，交通设施）要与公路尺度等相协调，使它成为风景的一部分，并通过这些赋予公路特征。

其次就是因设计、施工造成自然景观的破坏要尽力修复，土石方施工的痕迹要进行修饰。同时合理、科学的绿化有助于创造一个好的路边环境。

（4）小结

综上所述，公路美学的基本原理就是要充分考虑现代交通条件下的动视觉特性，解决好公路自身协调以及公路与环境协调，使美学上的要求与公路本身的功能一致起来。

著者认为在公路美学基本原理构思中所提到的三个方面，也就是公路美学理论构成的基本内容。

特别是动视觉原理的研究与应用,是最基础的东西,我们尚不十分清楚不同车速下,景观配合在量化方面的准确依据,对车速与环境的关系研究也不够细致,还有许多工作可做,因此目前景观设计元素的量化上仍有一定难度。而线形自身协调方面,对各种线形的配合目前在技术上已很成熟,但要做到线形自身协调又和地形结合得好,则要下很大功夫。而和自然景观协调方面,专业人员一方面考虑得少,另一方面缺乏这方面专业知识与经验。将技术标准诸规定作为“油、盐、酱、醋”的烹调式设计仍然随时可以见。工程造价成为决定方案的首要因素。殊不知对自然环境的损坏是很难恢复的,利用地形又不破坏地貌才是良策。公路与环境协调还应将一条路的景观有系统地进行规划,这样才能使一条公路形成有别于其他公路的性格与个性,“千佛一面”不是美学。

公路美学的基本原理要求我们应用用路者的动视觉特性来研究路线自身协调和路线与环境协调。应用这些原理去了解形成公路美的规律,在工程实践中逐步形成我国的公路景观规范,并将公路景观设计列为正式设计内容,以使我国公路设计进入一个新阶段。

综上所述,可将公路美学发展与研究已有成果小结如下。

国外公路美学主要原则小结:

①重视用路者因车速提高视觉、视野产生的变化。

②路线要有优美的三维空间外观,线形平顺流畅。

③注重四维线形的视线诱导与安全性,以及运动过程中线形变化的韵律、节奏、运动感与舒适性。

④路线要适应地形,与环境融为一体。

⑤充分利用风景资源,视野要具有多样性。

⑥保护自然环境,减少施工对环境的破坏,施工痕迹要注意修饰(包括恢复植被),并适当恢复其自然外观。

我国的研究水平及主要理念:

①要用动视觉原理考虑现代交通带来的新概念,应用动视觉原理,系统研究路线自身协调(四维线形)及路线与环境协调(四维空间景观)。

②考虑不同车速的影响,将线形设计分成不同视觉等级,即 40 ~ 60km/h 作为过渡,60km/h 以上要将路线作为视觉线形设计对象。

③将道路美学理论归纳为三部分,即:视觉理论与形式美法则为道路美学研究基础;用视觉理论来研究线形设计(四维线形);用动视觉理论来研究道路与环境协调的美学(四维空间景观)。

④将公路景观定义为:“用路者以不同车速行驶过程中,视觉中道路与环境的四维空间形象”。

⑤公路设计不仅作为技术设计对象,而且要作为景观设计对象。

⑥公路线形内部协调和公路与环境协调关系如表 1 所示。

(二)公路美学的研究方法

目前不少景观设计与桥梁和公路美学文章、著作中,存在着主要内容局限于建筑形式美法则的概念应用,或以园林绿化方式讨论公路绿化等问题,还有的将公路美学理解为单纯的美化与修饰,这样的讨论有些片面并容易将公路美学研究引入误区。

作为公路美学研究，其方法应注意以下各点。

路线内部协调和公路外部协调关系表　　表1

路线自身协调	二维线形（可解决平面或纵面配合）
	三维线形（立体线形可解决平、纵面配合和平顺性）
	四维线形（加入时间因素，可评价舒适性）
公路与外部协调	与环境的配合（在环境中恰如其分，并成为风景的一部分）
	交通设施（道路竖向重要元素，有利于行车安全，为环境增色）
	道路绿化（有利于环境改善和行车安全）
	其他影响道路环境因素
	宏观的路线位置（路外人的印象）

1. 要有专业团队

道路工程师不一定能成为公路美学专家，因此公路景观设计中线形设计是其主要任务，而其他内容研究应吸收建筑师、园林专家、景观专家组成团队来共同完成，江苏宁杭、宁常高速的景观设计就很好的例子。但团队中道路工程师、桥梁工程师必然处于主导地位，路线在景观设计中是控制性的，因此有必要建立自己的公路景观工程师的队伍，以提高公路景观设计水平。

公路美学的研究要落实在公路景观设计上，景观设计是优是劣，应有它系统上的评价体系与方法。这样才能对拟建和已建成的公路用科学的方法给予相对恰当的评价。

2. 要研究动视觉特性

对公路美学的研究首先是专业人员要加强对动视觉原理的研究，这是基础。不研究路线和路线与环境的四维空间变化就不叫公路美学，所以对不同车速下的视觉变化的深入研究仍然是今后的方向。只有对动视觉原理进行深入研究，在线形设计、景观设计上才能有锐利的武器，这就是公路美学与建筑美学审美方式的最大区别。

对公路美学研究的目的是提高公路景观设计水平。景观设计是一个庞杂的系统工程，路线设计中平、纵、横的设计元素，包括三维线形配合等知识人人皆知，但作为景观设计如何抽出主要景观设计元素则是设计和评价工作中不可缺失的。对公路景观设计的自身元素，附属的元素都应仔细研究，对景观设计方法与景观评价将在第二篇、第三篇中讨论，并提出一些思路供大家研讨。

3. 要学习建筑美学

建筑美学发展的历史久远，建筑形式美法则是举世公认建筑审美精典，研究、学习建筑美学并在公路动态的景观设计中加以应用，这是一条正确的途径。离开“比例”，不知速度快要加大建筑尺度与体量，也就没有吸引人的景观；离开“统一”则杂乱无章；离开均衡、序列、韵律、性格、风格、色彩等建筑形式美学法则在动态环境中的应用，也就没有公路美学可言。作为景观研究，要学习风景理论的基础知识与园林绿化知识，这对公路专业人员是必不可少的。

以上讲的动视觉特性应用与建筑形式美法则的应用是我们研究公路美学与评价公路景观最基本的方法与手段。

4. 关于直观研究方法的讨论

公路美学是研究公路建筑与公路环境的视觉艺术，其视觉效果是通过直观方法加以评判，美学的理念反映的成果就是公路景观设计，通常可以用以下三种方法来评判。

（1）公路全景透视图

根据用路者的立地点位置、视线高度、视线方向，先绘制公路透视图，这种图依据公路平、纵、横的资料，按坐标绘出。这种图可检查路线的平顺性、视线诱导、纵向线形是否折断等。再按照公路与其他景观元素的关系绘成全景图。由于计算机的应用，这种图的绘制已十分简单，这种图可以绘制某一位置的，也可以按一定间距绘制某一路段的。它可以用来研究公路与其他景观元素的配合，了解不同位置用路者对公路与环境的印象。

全景透视图一般用来检查重点路段用路者的视觉印象，也可改变视点，变成路外的宏观印象。通常用得比较多的是用路线透视图来检查三维线形（图2）。

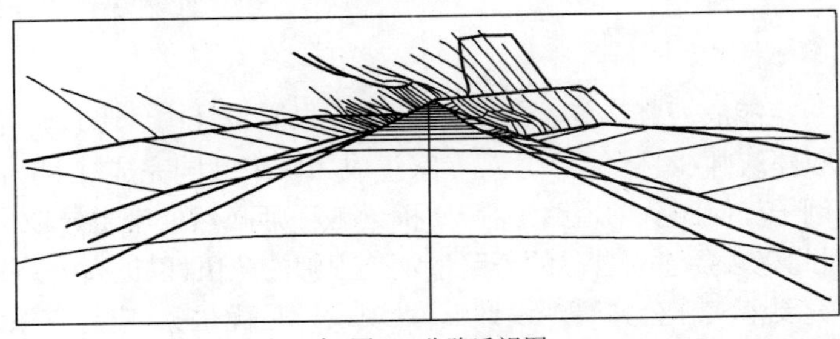

⇧ 图2　公路透视图

（2）用模型模拟检查

这种模型又叫设计模型，是一种用三维空间配合的快速、经济的检查方法。该方法利用一块薄型的聚氨基酸酯塑料板将纵断面描下，然后将其割（剪）下，将纵断面的倒影板竖于拟定公路的平面图上（图3）。这样塑料板的上缘就反映出三维空间的线条，可以用来检查平、纵配合是否恰当。同时也可用来模拟驾驶者能看到的道路景象，它可用反转的立体透视镜（Optical Periscope），例如用 OPTEC 模型显示器来观察模型（图4），或者通过透视的装置给模型拍照或录像。在制作时如水平比例尺小，垂直比例尺可以适当放大。

⇧ 图3　用聚酯材料制作的分隔式公路，可供直观检查的平纵面模型

⇧ 图4　OPTEC 模型显示器，按眼高水平拍照（或录像），模拟驾驶者看到的道路形象

(3)动态透视图

这种透视在早期主要是根据静态透视图的原理,通过电子计算机绘成透视图,如果将这些透视断面纵向缩小到一定间距,并通过模拟计算机后用屏幕显示,再用高速电影摄影机拍摄成电影,再放映就成了连续画面,而形成动态透视图,这样设计的图纸与文件经过上述处理后就可以得到在道路上运动时看到的视觉形象。而现在计算机无论在运行速度和容量上都有极大的进步,目前已开发的计算机软件,已能在容量大、速度快的计算机上直接显示道路的动态图像,而且可以反映出不同视点、不同车速方面的要求。但要形成动态的全景透视图,其地形、地物及其他景观元素等的数据处理工作量还是很大的,尚不能称为快速和便利的方式。但用这种方法制作的四维动画可以反映不同车速、不同视点高度、不同车道位置的道路四维形象。因此它是检查线形配合,公路与环境配合进行景观方案比选的事先控制最直观、最有效的方法,是近三十年计算机技术进步为景观设计提供的最先进的手段。

(4)利用"公路数字化集成设计系统"的检查方法

利用航测或实测的地面资料,建立数字地面模型,再利用公路工程计算机辅助设计获得工程设计的三维信息,建立工程的实体数字模型,将"地模"与"实体模"叠加建成虚拟的空间环境来直观进行检查与研究。

(5)利用仪器仪表测定的生理数据评价运动感与舒适度

公路设计从美学角度来讲,应该为用路者提供舒适的旅行环境。而舒适性是通过视觉环境与运动感的移动变化来反映的。如动态没变化,时间长了则会厌烦;如变化过快,则让用路者紧张,当两侧景物离路边过近飞掠而过时,也会使人晕眩。如对用路者的刺激能缓慢出现,又能缓慢消失,则会提供一种节奏感,这是一种舒适性,它可以用非常舒适、舒适、普通(一般)、不舒适、非常不舒适来判断。但这些判断是主观的,如要排除其主观性,可对人脑及肢体的皮肤反射(G、S、R)、脑电波、脉搏、呼吸等生理反应用生物电及机械数值来测定。由于人的个体差异,习惯差异及其他因素的影响,仍然很难掌握这些数值与实行感情和反应间的关系。因此也很难用这种不安定感、紧张及松弛的反应与舒适性的关系加以定量的正确判断。

三、公路景观与环境设计

公路美学是研究构成公路形式美、动态景观的基本原理,而公路景观与环境设计则是运用这些原理来指导公路景观与环境设计。

(一)公路景观

公路景观可以简单的理解为"用路者以不同车速沿公路方向运动时,用路者视觉中公路与公路周围环境随时间变化的四维空间形象。"

这里用路者是指的机动车驾驶人员与乘客,关键词有三个,即"不同车速、沿一定方向、四维空间形象"。行车时驾驶人员关注重点是路的连续性、视线诱导、交通标志、路面交通状况。当车速增高时,驾驶人视野变窄,路在视野中比例增大。而乘客关注的是行车舒适性及路的前方或两侧景观。因此驾驶人员视觉中的景观多是透视图中的框景(动态的),而乘客在小轿车与大客车中观察方式也存在差异,他们可从侧窗中侧视,或注意力集中在前方有吸引力的景物上。

(二)公路景观与环境设计主要内容

公路景观是由公路本体的路面、路基(路堤、路堑)人工构造物和附属设施及沿线山、水、林、村镇(城)等景物构成。其可分为景观构成要素与景观设计要素。

1. 景观构成要素

(1)公路本体景观构成要素,可分为线形、横断面、路面等景观要素。平、纵线形,路幅宽度,边坡排水沟,截水沟,路面车行道宽度、色彩、质地,分隔带形式,交通划线,这些都是景观要素的构成元素。

(2)公路构造本体景观要素还包括桥、涵、隧、支挡构造物,即桥的大小、造型、色彩在路线中的位置,隧道的出入口,隧道内的装饰,照明及支挡构造物的位置、形式、材料等。

(3)公路附属景观要素

①人工要素:有道路绿化、沿线附属设施、道路雕塑、沿线农舍和城镇轮廓线。其中道路绿化是美化的最重要的垂直要素与平面要素(地被),它可改善道路环境实现与自然的衔接,同时对防眩视线诱导有特殊作用。沿线附属设施景观元素则有标志、护栏、广告牌、紧急电话、休息区、收费站、服务区等各项设施的造型、建筑尺度、体量、色彩等。

②自然要素:包括山、川、江河、湖、海、森林、湿地、草原、沙漠、田野等,视觉上可有近景、远景、天际线、轮廓线等。从设计角度讲对自然要素从地形上是要利用,布线时尽量能让人工要素与自然要素协调并融入其中,共同构成一道靓丽的风景线。

2. 景观设计要素

上述公路本体要素及附属景观要素中的人工要素均是景观设计要素。

四、公路景观系统评价

公路景观评价也就是对它的美学评价,美是客观存在的,由于人之间存在各种差异,因此各人感受不同,简言之建设者、设计专业人员、用路人员,他们理解的角度不同,感受也会不同。很难对不同的公路抽出完全相同的景观元素,或给出同样的评价方法和指标,因此评价指标客观量化存在较大难度,本篇内容也仅提供一种思路供大家研讨。但按动视觉原理做出的景观设计,应在景观评价中,将动态景观评价作为控制因素。其中视觉线形(线形配合)还应考虑四维线形的运动感与舒适性,这些方面研究国外有一定基础,而附属景观元素配合,路线与周围环境的配合的评价元素与方法还有待进一步探索完善。

公路景观评价应是事先评价,这样有助于改进与完善景观设计。景观设计应有方案比选,否则一切都是随几何设计构造物设计的完成而“木已成舟”,是猫是虎也只能随之任之了。当然景观评价也可在建成后做鉴定性评判,但这只能对一条路评价一下它的优劣,以从中取得一些经验;再研究有无改善之可能而已。

公路景观评价需对设计资料和对公路所经地区情况进行调查了解后方能进行,但因人、因时、因地的差异和评价人不同价值取向,往往不论采用何种方法,其主观因素均起主导作用。

1. 评价元素

景观评价体系是一个十分复杂,头绪繁多的系统,本书将评价要素大致归纳为六类。

(1)公路自身景观要素。

(2)公路附属构造物要素。

(3)公路与环境配合。

(4)公路绿化。

(5)其他影响要素。

(6)公路总体印象。

上述系统本书列为六类十一项和七十余种评价内容,以便尽可能对公路景观作出较为客观和全面的评价。

2. 公路景观系统评价与实施

首先确定评价尺度与采用相应的评价方法。其评价尺度(指标)要与方法相适应,且评价对象各元素分值要便于汇总与比较。因此要对评价对象与相应层次设立相应用表,并明确评价方法。然后选择建设者、设计者、用路者等各方人士组成的评价机构,在学习评价方法后,进行评价。也可以将建设者、设计者、用路者分别组织评价,给予不同评价元素、不同人群不同的权重,然后进行汇总。本书介绍的评价系统是根据1996年我指导的西安公路交通大学第一个公路美学研究生彭巍的研究提出的一个大体思路改写的,还有待进一步完善。由于各地经济、地形、人文、自然条件的差异,评价中除线形、附属设施有较多的共性以外,环境部分,各地应有自己的评价内容。公路景观系统评价尽管影响因素复杂,但为了提高公路景观设计水平,各地应组织专家根据自身特点去研究建立自己的评价体系,以使景观系统评价体系统较为客观和符合实际。景观设计应列入设计文件,景观设计应进行事先评价,方案也应进行比选。公路几何设计要与景观进行一体化设计,以此将公路设计提高到新阶段。

第一篇

公路美学原理

本篇由公路美学基础、公路美学原理及桥梁美学概论三章组成。公路构造物是公路本体的有机组成部分，应列入美学公路自身协调和公路与环境协调之中，但因公路构造物中的桥梁种类繁多，内容丰富，故将桥梁另列一章进行论述。

第一章　公路美学基础

本章介绍人的静、动视觉特性，建筑形式美一的法则以及道路透视图的绘制与应用等，这些内容是研究公路美学的基础知识。

第一节　视 觉 原 理

公路环境的美学是视觉的艺术。眼是人类的视觉器官，人们用眼睛观察世界。眼睛像一部复杂的自动照相机，它接受外界物体发出的光线，光线经过折射以后，在眼内形成物像，引起视网膜上感光细胞活动产生神经冲动，通过大脑皮质而产生视觉。

视觉，不仅使我们能够认识外界物体大小，而且可以判断物体形状、颜色、位置和运动情况、在道路上的活动，视觉可以使我们获得大约80%以上周围环境的信息。现代的公路景观是一种动态的系统，也就是说是动态的视觉艺术，动是它的特点，也正是它的魅力所在。建筑学界传统的对城市美学或街道美学的论述，从静态的视觉概念讨论很多，即使讲动态观赏，也是指在行走过程中变换观察位置所获得的不同印象。而本书所研究的公路美学，着重于观察者以不同的运动速度，通过在公路上有方向性和连续性的活动中观察到的公路环境印象。研究驾驶人员与乘客的视觉特性，以便在公路景观与环境设计中能充分考虑到上述特性所带来的新问题与新概念。

一、视　　力

当观察者用眼睛注视物体时，光线从前方物体反射到眼底视网膜上，就能产生物体的形象（图1-1-1）。但物体离观察者超过一定距离时，影像就会模糊，因此视力就是用来判断眼睛分辨两物点之间最小距离的能力。

（一）静止视力

静止视力是静止状态下，用分辨5m以外的黑色开口圆环（Land环）的能力来检查（图1-1-2）。能分辨开口宽为1.5mm的视力为1.0，此时开口宽度与人眼成1′的视角，也就是眼底视觉细胞两个中间要求夹一个细胞。若视角为2′则能分辨缺口时视力为0.5，为5′时看清缺口为0.2，其余依此类推。上述检查仅是注视点附近的视力，所以这种用视力表测定的视力是中心视力，中心视力的大小表示视网膜上黄斑中心的视力功能好坏，它能反映人眼观察与分辨物体的能力。而一般视网最短成像时间电影为1min 24格，两动作之间休止时间为0.06s。

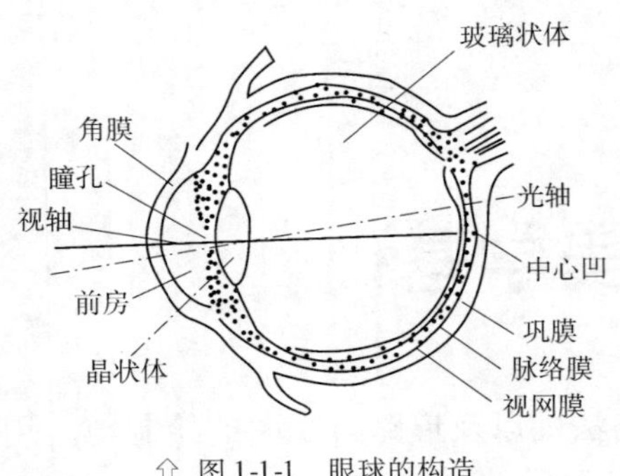

图 1-1-1　眼球的构造

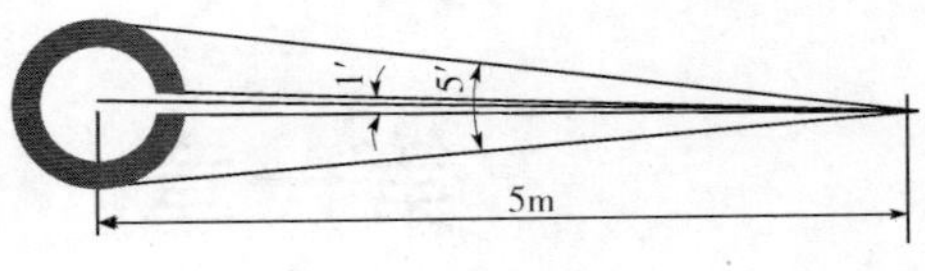

图 1-1-2　用 Land 环检查眼睛视力的示意图

(二)动视力

当人们驾驶或乘坐交通工具,而且交通工具在一定速度下行驶时,驾驶人和乘客与道路环境中的物体做相对运动时,这种情况下驾驶人或乘客,对做相对运动的物体的分辨能力,即为动视力。车速较低时辨认距离较远,车速增加能够清晰辨认物体的距离缩短,因此驾驶人能够辨认物体的能力也随之降低(表 1-1-1)。但对这种视力降低原因说法不一。有的认为人眼和大脑有专门感受静止物体的细胞和专门感受运动物体的细胞;有的认为是车辆行驶时平面上平整度不够造成人眼受振所致;也有的认为是快速运动人眼调节能力减弱所造成。但也有人认为不同车速下辨认距离的变换原因,是人的生理与心理负荷不同,如车速增加,生理、心理负荷加重,则辨认距离降低。中国科学院心理研究所的测试结果表明,在无负荷条件下不同车速对乘客辨认距离无太大影响,而在有心理负荷情况下,车辆以 60km/h 速度行驶时可看清前方 240m 处的标志,而车速增加到 80km/h,则辨认距离降为 160m。对一个标志而言也就是车速增加后,如要以相同距离识别标志则需要加大标志尺寸;对交通环境而言,就是车速增大,景观元素的尺度也应加大。**所以研究动视力与车速的关系,对高速路、高等级公路、城市快速路及交通干道与环境的关系具有重大理论与实践价值。**

驾驶员前方视野中能够清晰辨认的距离　　表 1-1-1

设计车速(km/h)	60	80	100	120	140
汽车前方视野中能够清晰辨认的距离(m)	370	500	660	820	1000
驾驶人清楚辨认的汽车零件或其他物体尺寸(cm)	110	150	200	250	300

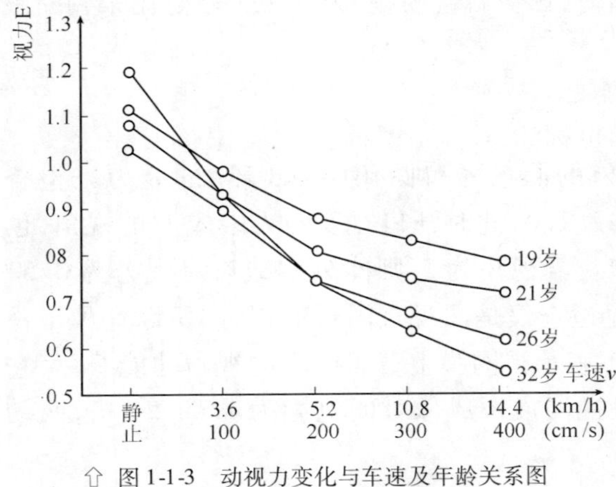

图 1-1-3　动视力变化与车速及年龄关系图

在有的文献中讲:"动视力随驾驶人的生理条件及年龄不同而有所差异,静止时差别不大,车速增加年龄大的下降较快。"图 1-1-3表示四组不同年龄的驾驶者动视力随车速变化而下降的情况。但我们在 20 世纪 80 年代数次实测的结果与上述图中变化情况并不十分相同,而且在 14km/h 以下的车速动视力关系并无此明显下降趋势,同时年龄之间动视力变化也没有这么明显。因此这些新问题很难用一种资料就下结论,今后还要待进一步试验后再进行比较。

(三)夜间视力

人们对物体的辨认能力和亮度有关,因此夜间视力则和照度有关。夜间街道照明有路灯、商店的广告、霓虹灯,近几年郊区公路、机场路照明也较普遍。此外道路上还有汽车的前灯。一般亮度大时可以增强辨认能力。夜间视力也是随年龄增加与车速加大而降低。夜间视力要有保证,道路就需有足够的照明,汽车头灯设置与亮度均要合理,交通标志自身与周围环境要有足够的对比,这样才能比较安全。如用Land环(又叫C字环)夜间进行试验,汽车开前灯行驶时,假若驾驶者看清与确定视标时的距离叫认知距离,而能确认Land环开口方向时的距离为确认距离。试验结果表明:认知距离与确认距离大小与光源亮度及对比度有关,一般对比度大时能在确认视标之前较早的认出视标,而对比度小时,两者相差很小,确认困难,影响安全(表1-1-2)。

认知距离与确认距离关系表　　　表1-1-2

光　源	距　离	对比度88%的视标	对比度35%的视标
大光灯	认知距离(*A*)	70.4m	20.3m
	确认距离(*B*)	60.5m	17.0m
	(*A*)~(*B*)	9.9m	3.3m
小光灯	认知距离(*A*)	43.3m	9.7m
	确认距离(*B*)	25.5m	8.0m
	(*A*)~(*B*)	17.8m	1.7m

研究夜间视力,对于研究道路夜间合理照度和如何显示道路的轮廓与良好的夜景,以及保证夜间行车安全等方面有重要现实意义。

二、视野与周边视力

(一)视野

视力,仅仅是反映注视点附近眼睛对物体的分辨能力。但是,我们注视一个目标时,不但注视点附近可以看见,而且周围一定空间内的物体也可能看见,这种在头部静止不动时所能看到的空间范围称为视野。视野范围内的视力称为周边视力。周边视力随距视轴的距离而变化,距视轴3°时降低80%;6°降低90%;12°降低95%;30°降低99%。尽管周边视力随视角变大而降低很多,但在视野范围仍能使人感知周围环境、物体方位以及外界物体运动及速度等。

头部固定,眼球转动时所看到的空间范围也称注视野。一般正常单眼视野平面范围是上侧55°,下侧70°,颞侧为90°,鼻侧为60°(图1-1-4)。而两眼视野范围可达160°左右,其中一侧为100°时,另一侧为60°(图1-1-5)。

上述是单眼视野与双眼视野,而在不同观察情况下的平面视野范围,即视野角度如下。

(1)以眼视力最强部分观察物体细部视角:3°。

(2)人眼完全处于舒适状况下时:18°。

(3)看画时的视场(与看物体时眼球轻松转动相同):30°。

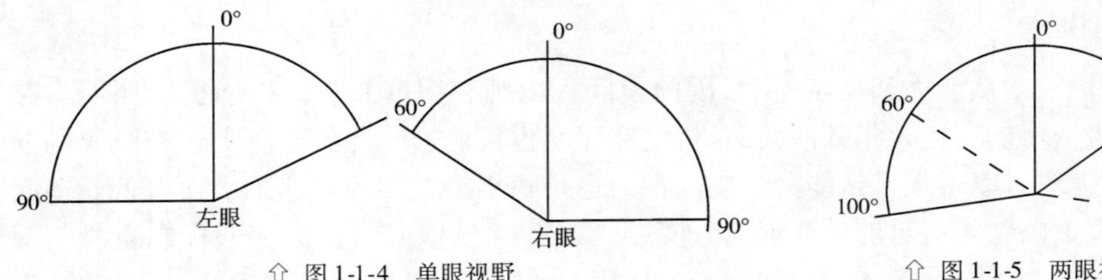

图1-1-4　单眼视野

图1-1-5　两眼视野范围

(4)头不动,眼球从左向右活动的限界值,大致是:60°。

(5)头部动,眼球活动到限界值的实际视场:40°~120°以上。

乘坐交通工具,受前、后、左右车窗限制存在视野死角(图1-1-21,图1-1-22),头不动有视野死角,即使头动也有视野死角。

视场角度与光学仪器的比较如下。

(1)标准像角的摄影机:40°。

(2)汽车头灯:14°。

(3)头灯中心光束:6°。

(二)色视野

当视野范围采用色视标来测定时,测定的各种不同颜色的视野范围称为色视野。色视野以白色为最大,其他为蓝色、黄色。绿色的视野最窄(图1-1-6、图1-1-7)。

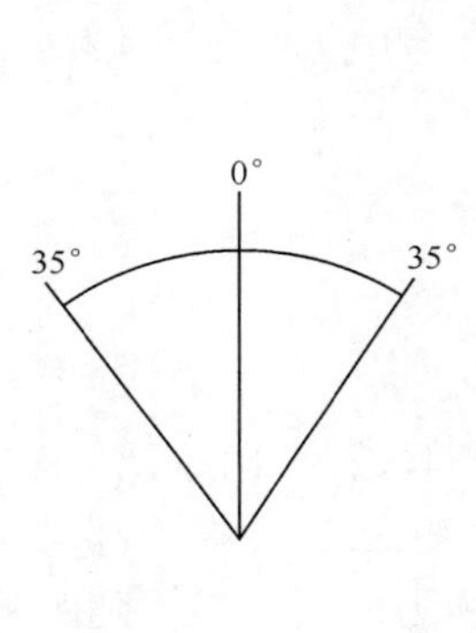

图1-1-6　两眼看到的色彩范围

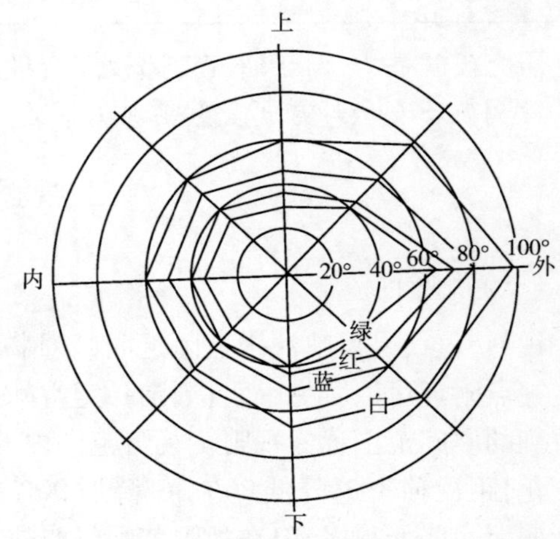

图1-1-7　单侧眼睛色视野范围

注:图中上、下、内、外,指单眼鼻侧为内

(三)动视野

上述视野与色视野范围均是在静止状态下测得的,当驾驶者驾驶交通工具在一定车速下行驶时,在运动时所测得的视野为动视野(图1-1-8)。运动过程中的视野与行车速度有关,当车速增大时,驾驶人员注意力集中点前移,视野范围则逐渐变小。实验表明当车速为40km/h时,注意力集中点约在180m左右,视角为75°左右。当车速达到95km/h,注意力集中点将达540m,此时视角范围为40°左右,车速关系见图1-1-9,在各种不同文献中所介绍的关系图都大同小异。当车速增加时,驾驶者的周界感也随着车速变化,高速行驶时注意力集中于景象中心,此时视野很窄而形成一种所谓的隧道视,这种隧道视会导致催眠,引起驾驶者有瞌睡一类反应(图 1-1-10,图 1-1-11)。汽车驾驶者或乘坐汽车的人在道路上行驶时有时也注意路边景物,但所注意的景物,在注视时相对人眼的回转角速度大于每秒 72°时,景物在视网膜上就不能清楚的成像,而且人会感到模糊不清。同样注视前方时由于周边视力降低,景物也是不清晰的,实验证明当车速为 64km/h 时,能看清车厢两侧 24m 之外的物体,而车速在 90km/h 时,则需在 33m 以外方能看清,但小于上述距离时肉眼就没法识别。周边视力也随年龄增长而下降,识物能力也就下降。**研究动视野,可以深入了解驾驶者的动视觉特性。这样对研究道路与环境协调以及行车安全等方面是十分重要的。**

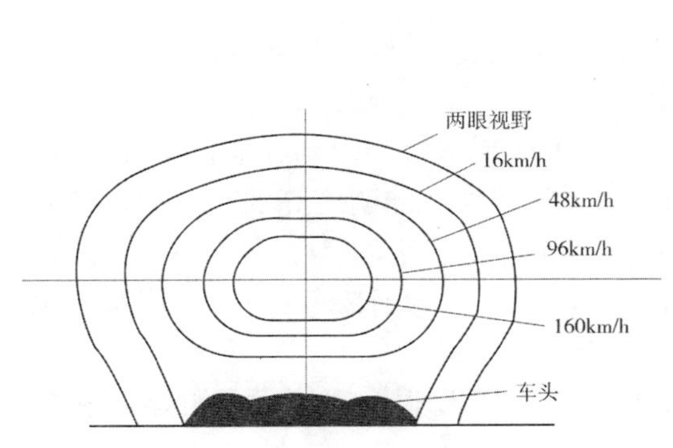

⇧ 图 1-1-8 动视野范围

⇧ 图 1-1-9 注意力集中点和视野、车速关系图

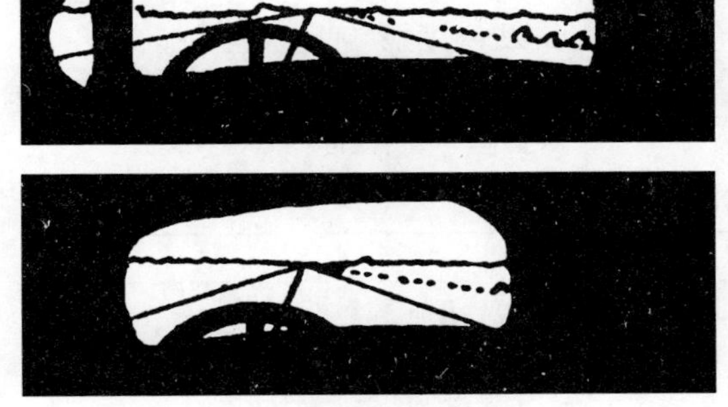

⇧ 图 1-1-10 随着车速提高视野变窄,图中白色表示视野大小,上图视野大,下图因车速提高而变小

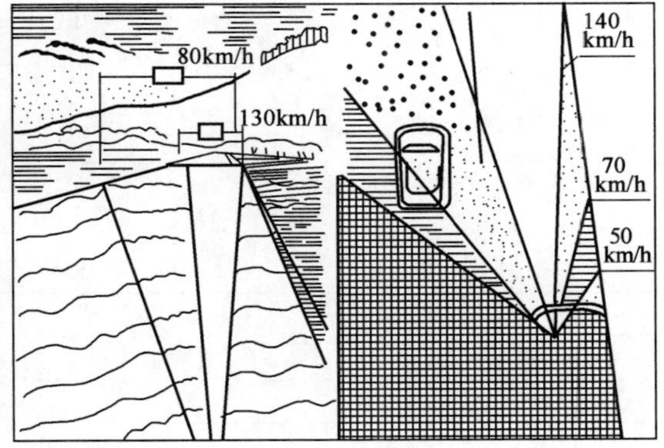

⇧ 图 1-1-11 速度增大,视野变窄而逐渐形成隧道视

三、色 的 感 觉

色的呈现是由于光的存在,色彩是通过眼睛和大脑对光线的反应而感觉到的,光线是波

长 $400\times10^{-9}\sim700\times10^{-9}$m 的电磁波。振动的光波经过棱镜被散射时，马上会依 $700\times10^{-9}\sim400\times10^{-9}$m 的不同波长呈现出不同的色彩，即红、橙、黄、绿、青、蓝、紫七种颜色。

色彩的三个特性，是色相、彩度和明度。

色相：又称色别，色相指反映各种具体色彩面貌的属性。它取决于物体反射光的波长，是物体颜色在质方面的特性，如橘黄、淡绿、浅黄、深蓝等，每种名称均代表一种颜色的色相，而自然界色相种类为数繁多，一般以红、橙、黄、绿、青、蓝、紫七彩作为基本色。而正常人的眼睛能辨认的不同色相大约有 150 种，多数无法取名，仅以接近某种基本色来表达。

彩度：又有称饱和度，指颜色纯净的程度，当某种颜色的色素含量达到极限时，这块颜色就达到了饱和程度，也全部发挥了其色彩的固有特性，此时就是该色相的标准色，彩度反映了色彩的鲜艳程度及颜色的光泽程度。

明度：指色彩的明暗程度，它取决于光的反射强度。是人们视觉所能感受到的颜色深浅及亮度。在基本色中以黄色为最明，而紫色为最暗。

色彩还有对比效果的特性，当 10 种色彩放在一起，每种色彩都会影响其他色彩，而且也会受到其他色彩影响，当色彩愈加靠近时，这种相互影响就越大。如明度亮的靠近明度暗的会使后者更暗。如一本红皮的书放在一块绿色的台布上，台布则比没有放书时更暗、更绿、彩度更小。建筑物中一面蓝灰色的石头墙被桔褐的门道对比则趋近蓝色；同样这堵墙被强烈的蓝色门道对比则趋近灰色。

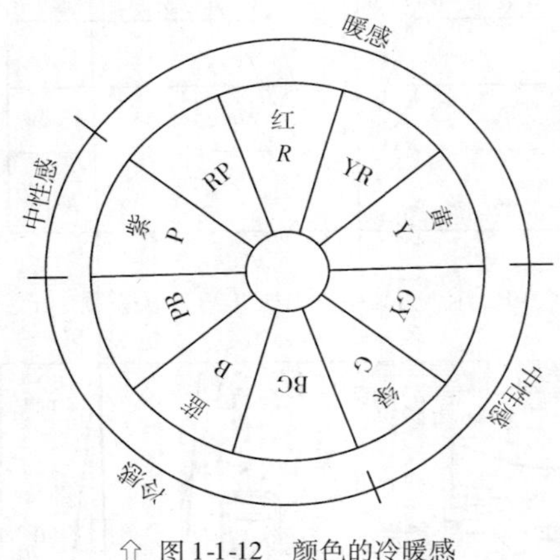

⇧ 图 1-1-12　颜色的冷暖感

颜色还有前进色和后退色的性质，如红色和青颜色放在同等距离的地方，看起来红色比青色感到距离近，所以认为红、黄色为前进色，而青色、绿色为后退色。

一般认为色彩也代表或反映一定的情调，即颜色的冷暖感、轻重感、兴奋感与沉静感。颜色的冷暖感见图 1-1-12。红、黄为暖色，蓝色为冷色。颜色的轻重感取决于明度，并以明度 V_5 和 V_6 为限，明度越低则越重，明度越高则越轻。颜色的兴奋感和沉静感与色调、明度、色度有关并以色度影响最大。偏向于红色就增加兴奋感，愈偏向蓝色就愈增加沉静感。色彩的情调见表 1-1-3。

色彩的情调表　　表 1-1-3

色　彩	情　调
红	非常温暖、非常热烈、非常华丽、锐利、沉重、有品格、愉快、扩大
橙	非常温暖、扩大、华丽、柔和、强烈
黄	温暖、扩大、轻巧、华丽、干燥、锐利、强烈、愉快
黄绿	柔和、湿润、柔软、扩大、轻巧、愉快
绿	湿润
蓝绿	凉爽、湿润、有品格、愉快
蓝	非常凉爽、湿润、锐利、坚固、收缩、沉重、有品格、愉快
蓝紫	凉爽、坚固、收缩、沉重
紫	迟钝、柔和、软柔

此外，颜色还有残留影像的特性，眼睛注视任何色彩很快就会产生疲劳，眼睛有暂时记录它的增补色的趋势，如注视明亮的橙色色块，15s 后再把眼睛转视白色的卡片，则可见到一个淡蓝色的色块。关于色彩详细内容将在建筑形式类法则中有详尽讨论。

四、适　　应

人们从明亮环境到黑暗环境或从黑暗环境到明亮环境都有适应过程，这种对光线强弱变化的能力称为“适应”。从暗处突然到亮处称为明适应，从亮处突然到暗处则称为暗适应。明适应时间较短，只需几秒到一分钟，而暗适应时间较长，一般需 15min 才能适应，甚至到半小时才能完全适应（图 1-1-13）。明暗适应均是要适应光线的突然变化，所以适应过程中眼的瞳孔也要变化。暗适应瞳孔要放大，明适应瞳孔要缩小（图 1-1-14）。另外还有对颜色的适应问题，在昼间人们对波长 555nm 的光最敏感，如以此波长的相对感受性为 1.0 时，则可求得其他波长相对的感受性。如以波长为横坐标，以相对感受性的值为纵坐标，可做出波长与视见函数的关系曲图（图 1-1-15）。在黄昏条件（暗适应）下视见函数向左移动，白天最敏感的波长 555nm 转为 511nm 波长为最敏感。此时昼间鲜明的黄、红、橙色反而变暗，白天不鲜明的青色此时反而引人注目。

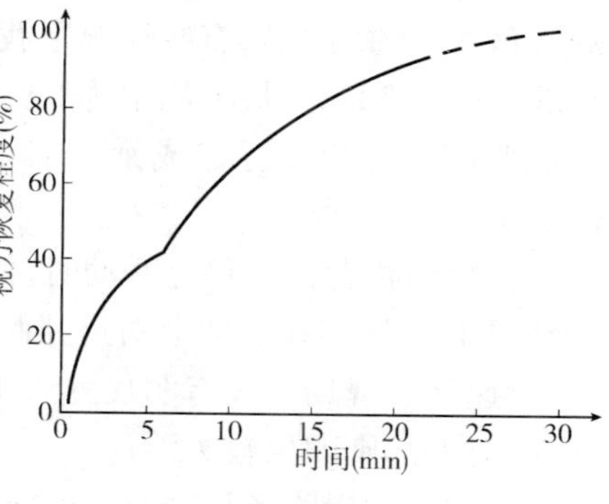

图 1-1-13　人眼睛的暗适应过程

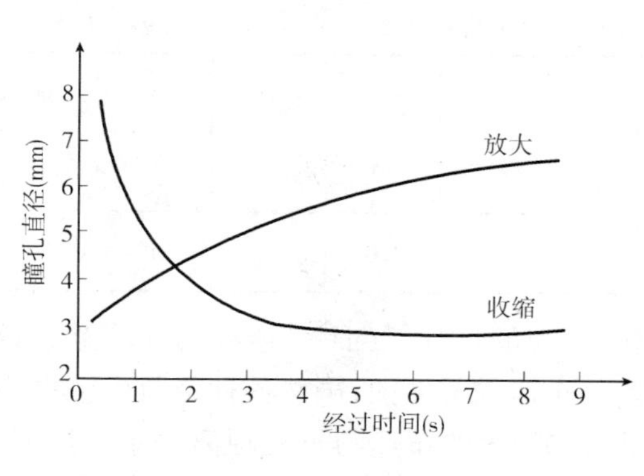

图 1-1-14　瞳孔直径随时间的变化曲线

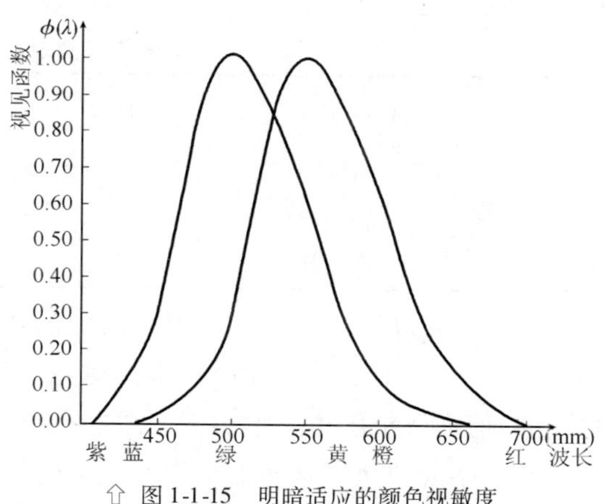

图 1-1-15　明暗适应的颜色视敏度

五、眩 光（眩　目）

眩光，是光线在眼球内角膜与网膜之间媒介质中产生散射现象而引起的反应，这种情况出现时，人会有耀眼感。汽车的前方大灯与一些道路照明器均可能使人产生眩光现象。夜间驾驶人受强光照射后，由于残留的模糊而使人视力下降。眩光可分为连续性眩光和间断性眩光两种。汽车行驶中对向行驶车头灯引起的间隙性眩光又称生理性眩光，道路照明引起的是连续性眩光，这种眩光也称为心理性眩光。当夜间眼睛受到强光照射后面造成的视力下降，要完全恢复到照射前的视力约需 2 ~ 3min。引起眩光的主要因素有光源宽度，光源外观的大小、光源周围的亮度等。研究眩光对改善道路照明(夜间环境)以及设计道路防眩设施等均有重要意义。

六、视觉特性浅析

(一)视觉特性小结

视觉特性的研究是研究公路美学与公路景观设计的基础,行人行走或车辆低速行驶时,眼睛的视力以最强的部分看到物体细节时的视场角为3°,如集中精力观察某物体时人眼的舒适角度大约为18°,有些情况下我们观察物体时头部不动而需转动眼球,一般眼睛容易转动的角度为30°,其最大界限为60°。如果看不清,在身体不动情况下转动头部,视场角范围可扩大40°~120°,行走或乘车者有时为了扩大观察范围,还可以转动身体,以扩大视场范围。

一般用路者在道路上活动时,俯视要比仰视来得自然而容易,站立者的视线俯角约10°,端坐俯角15°,如在高架上对道路眺望8°~10°则是最舒服的俯视角度。在一般速度较低情况下,速度对视场角没有明显的影响,因此对路面以上一段高度内的景物,用路者印象较清晰,而对上部则印象较为淡薄。

道路上的用路者是进行有方向性的活动,特别是车辆驾驶人,在速度逐渐增高的情况下,头部转动的可能性也渐渐变小,注意力被吸引在车道上,视线集中在较小的范围以内,注视点也逐渐固定起来,这就是前面所讲到的隧道视。(前苏联)《公路美学》一书中列举的速度与视觉及注意力集中点的距离关系如表1-1-4所示。

车速与视角及注意力集中点关系表　　表1-1-4

速　度(km/h)	20	40	60	80	100	120	140	160
视　角(°)	70	55	43	30	20	12	7	5
注意力集中点(m)	—	46	180	300	420	540	640	720

从表中反映了视角随车速提高而缩小并形成隧道视的过程。(日)《透视图在公路设计的应用》一书中刊有小林实的可视距离及车前距离与车速的关系图,虽然各种资料中数据不尽相同,但大致范围也差不多。如图中有小林与汉密尔顿等的车速与可视距离关系对比,其中小林的车前距90km/h时为30~35m左右,与汉密尔顿等大致相近(图1-1-16),汉密尔顿的范围见图1-1-9。从图中可以看出车速增大则车前距增加,也就是驾驶人员对自己前面不容易注意到的范围越远,如车速64km/h时,车前距为24m以外,96km/h时前距为30m以外,如在上述车速情况下,相应距离小于上述数值的物体,则不易看清。

现代的汽车交通,驾驶人只有在行车不紧张的情况下,才可能观察与道路交通无关的事物或注意两旁的景物。行车过程中两侧景物在中等车速情况下,驾驶人或乘客需有1/16s的时间,才能注视看清目标,视点从一点跳到另一点时中间过程是模糊的,如要看清则需相对固定,当两侧景物向后移动得很快时,一旦辨认不清,就失去了再次辨认的机会。同时外界景物在视网膜上移动过快时,则视网膜分辨不清,景物就会模糊(图1-1-17)。如注视的物体相对眼睛以大于每秒72°回转运动时,视网膜上景物也呈现模糊的景象(图1-1-18)。实验证明当 64km/h 车速时,要注视看清景物需 24m;96km/h 车速看清景物时则需 33m,而且周边视力也随车速与年龄增加而降低。

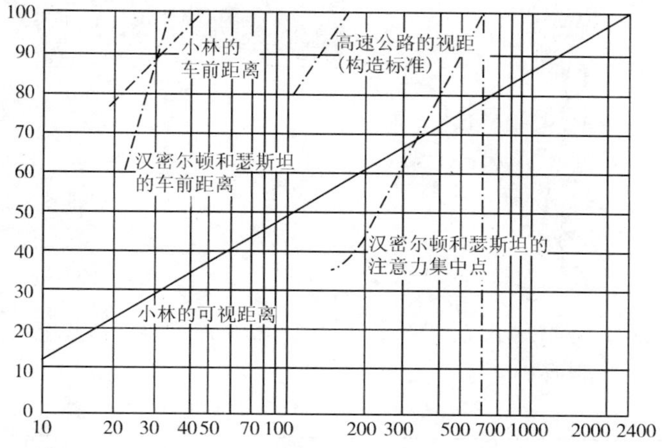

⇧ 图 1-1-16　车速和可视距离以及车前距离的关系(小林实)

a)

b)

⇧ 图　1-1-17

a)车速稍高时离路边近的景物开始模糊,稍远的较清晰;b)当车速高时路边景物成像模糊,稍远的也开始不清,在车速再增加时景物会连成一片

从上述资料的分析中,我们看出运动过程中视野的大小(即宽度与空间深度)随车速在变化,而视野中画面也随着道路周围环境而变化(图 1-1-19),路面在驾驶人视野中的比例也因车速增加而变大。如车速比较低的乡村公路上,路面在驾驶人的视野中所占的比例是 8%,根据地形与种植情况,道路两侧在视野中占 80% 以上。以 40km/h 的速度行驶,在六车道高速公路上时,路面在视界中所占比例增加到 20%。以 96km/h 的速度行驶时,视野缩小,路面所占的比例成为 50%,公路两侧所占的比例减少到 20% 以下,特别是地形平坦的情况下还要下降 5%。联邦德国的德尔、卡默波认为,驾驶人长期注意的只是玻璃上 10cm × 16cm 的长方形,视野角度与视轴左、右各 9°,合计 18°(图 1-1-20)。

在车厢内的人与骑车者、步行者视野上不同点之一,是车厢内视线受到车窗尺寸的限制形成多处死角(图 1-1-21),同时驾驶者夜间视野又受到头灯角度及中心光束等限制(图 1-1-22)。乘坐公共交通工具的人则随在车厢内的不同位置,有不同的视界死角。因此改善大型客车的车窗,使乘客有较大的视野范围,则是客车现代化的重要标志。

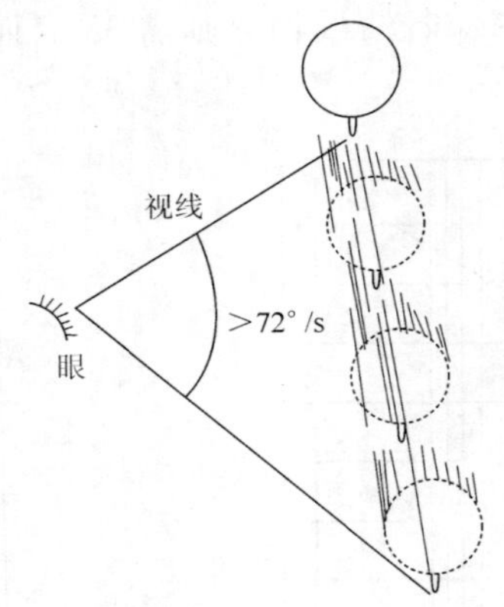

⇧ 图 1-1-18　景物以 72°/s 回转角在视网膜上运动时的示意图

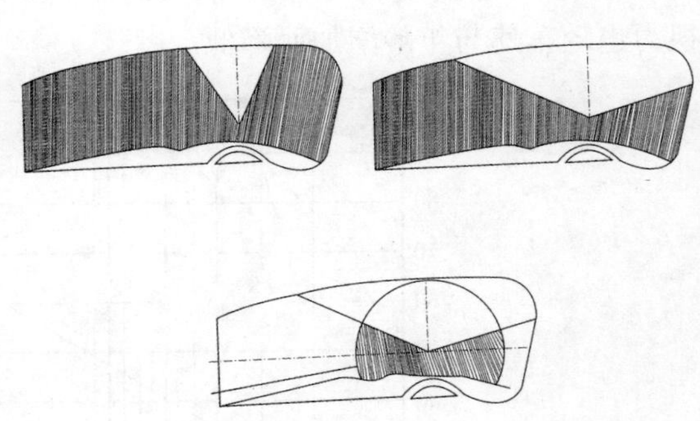

⇧ 图 1-1-19　驾驶人的视野随车速的变化(左行)

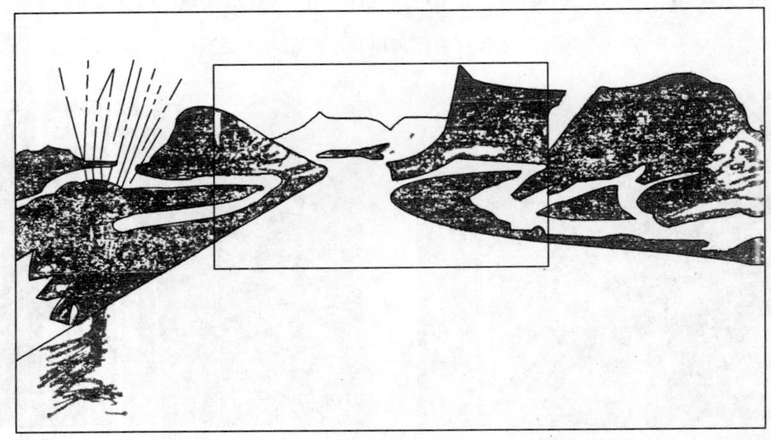

⇧ 图 1-1-20　驾驶人的视野中长期注意玻璃上 10cm×16cm 的长方形范围

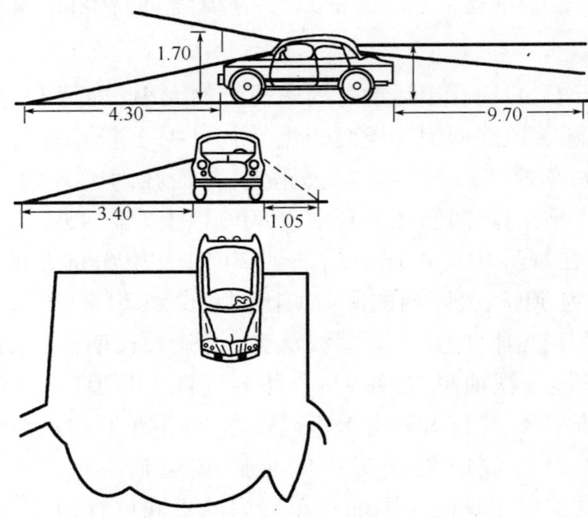

⇧ 图 1-1-21　小轿车视界死角(尺寸单位:m)

在视觉原理中我们曾讨论过中心视力与周边视力问题，只有在视轴附近的中心视力是最能清楚辨认较远距离的景物及细部，而稍离视轴视力会迅速下降，前面周边视力中已提到，周边视力距视轴 3°下降 80%；6°降 90%；距视轴 12°则降低 95%；当达到 3°时则下降为 99%。那么动视力随车速增加而降低，动视野又随之变窄，对周边景物的辨别能力则降得更低，从而形成隧道视。

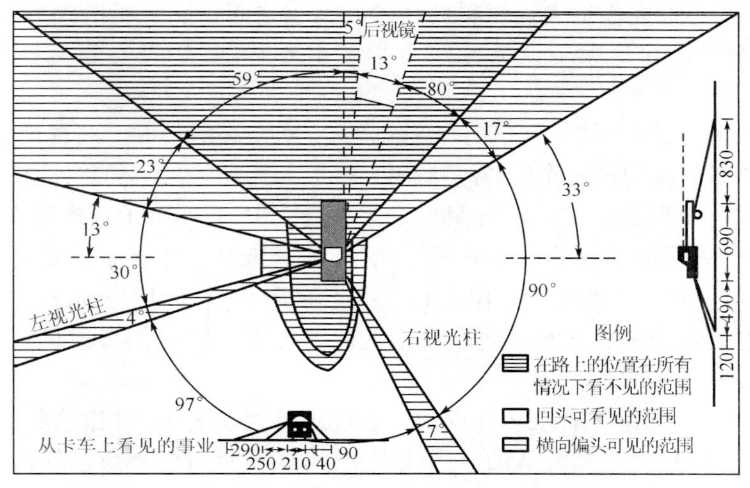

⇧ 图 1-1-22 卡车视界死角(尺寸单位：m)

(二)视觉特性应用

对道路空间的视觉特性研究与分析表明，在采用步行、马车等出行的低速交通工具时代，用路者的视觉问题在一般状况下并无十分显著的影响，而汽车成为道路上主要交通工具后，对用路者来讲，乘坐交通工具的连续活动就有和以前不同的体验。对高等级公路的景观空间构成要充分考虑汽车速度因素，这意味着一切景观尺度需要随车速增加而扩大，建筑细部尺寸要相应扩大，绿化方式也需要改变，而且速度越高，这种变化就越大。汽车时代产生的新视觉问题，要求设计人员用大尺度来考虑时间、空间变化，同时环境中也需要有特殊吸引人的景观。这是技术进步给我们带来的划时代的革命。这些新的概念，是对传统景观理念的挑战与冲击。因此高等级公路，几何设计与环境设计必须充分考虑车速的影响，只有考虑上述各种动视觉特性，将不同车速影响的差异正确应用于设计理念中去，才能形成具有当代特色与风格的公路景色。

第二节 建筑形式美的一般法则

公路美学是在现在交通条件下讨论公路的建筑艺术，我们讨论路及它的附属构造物、建筑物、小品、沿线风景都是在一定车速条件下，在有方向性的连续运动过程中的体验。而建筑美学研究与找寻的是形成建筑美的法则。美对建筑家来讲与功能一样重要，而这种美很大程度上是通过视觉感受获得的，建筑的美可以使人精神感到愉快和满足，在建筑设计中建筑师都有意识地寻求这种建筑的美。关于建筑美学思想大约分两大类，第一类认为美是形式上特殊的关系所造成的基本效果，诸如高度、宽度、大小或色彩等。认为美是寓于形式本身或其直觉之中，或者是由于它们激发而起，因此美的感受是一种直接被形式所造成的情绪。这种美学思想在评论中重视高、宽、厚的关系，在三角形、圆形、五角形等几何形状以及黄金分割、算术比例等之中追求建筑的美。另一类美学理论则认为，首先要看一个作品的美是要表现什么，如果它表现得十分得体，它的形式才是美的。这一类美学理论家认为最有动力的美，是最完善地表达材料的强度和荷重之间的斗争所形成，并将结构看成建筑美的基础。而近代评论家则认为建筑美学的主要基础，是表现建筑物的功能或使用目的。

美学的近代发展是以科学的心理学为基础的，它有众多的学派。一种理论认为，美是由观赏者对建筑物所引起的现实作用的体验而得来的，如简朴、安适、优雅，也就是说愉快富于建筑物强烈感人的丰采之中，宁静寓于修长的水平线之中，明朗寓于轻松率真之中等。另一种理论认为，美的感受不是简单孤立的情绪，它能从其他情绪中被抽象出来。它是一种感觉、联想、回忆、冲动和知觉的集合。作品的美感就在于这个不同反应的巨大集合体，美是来自许多水平面上紧张的缓和。它在建筑理论上的要点则是在建筑形象里找到可以联想的部位。

建筑美学的基本理论虽有众多的说法。但建筑是视觉艺术，对建筑美的感受，是通过人们对建筑观赏获得的，这是公认的。因此揭示建筑本身属性，评价世代都公认是美的建筑，就可以得到一些关于建筑美的法则，这些属性就是统一、均衡、比例、尺度、韵律、高潮及设计中的序列、色彩等，研究这些属性将有助于我们研究建筑的美与创造美的建筑。

一、统　一

任何艺术品都必须具有统一性，统一是公认的艺术评论原则，伟大的艺术就在于把最复杂的多样性变为高度的统一。所以建筑师的任务就在于将复杂的多样化，组成引人入胜的统一，形成一个和谐的整体。如建筑中简单几何形状的统一，这种统一可以通过次要部位对主要部位的从属关系与一座建筑物所有部位中细部和形状的协调达到目的（图1-1-23～图1-1-25）。

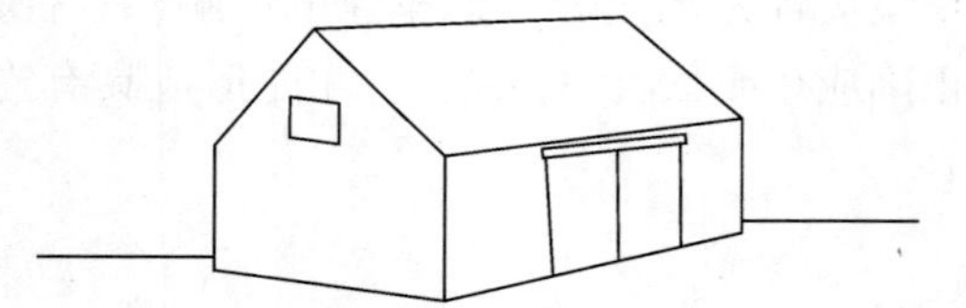

⇧ 图 1-1-23　谷仓的简单几何形状的统一

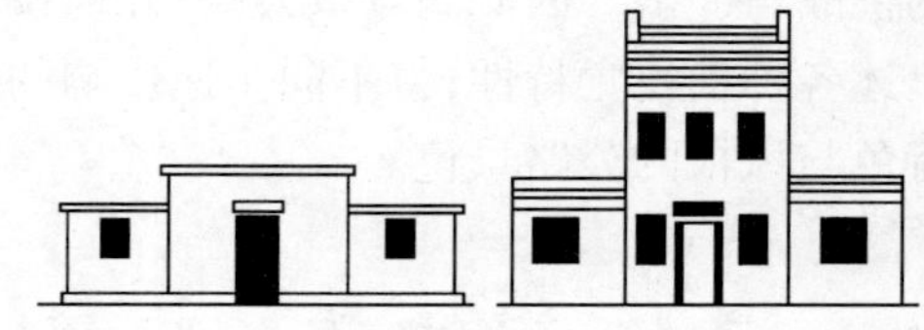

⇧ 图 1-1-24　由较小的翼部从属较大中部所形成的统一

再就是色彩的统一。要达到色彩的统一就需要正确选择主要色彩。正确应用色彩对比，也能产生好的统一效果，成功的例子中总是一种色彩占主导地位，而对比的色彩或材料仅仅用来加重和点缀而已。其他还有表情的协调，表情的协调可以由结构来表达，一个建筑应采用统一的结构系统让结构支配外观，这样就可以协调。另一种表情的协调是表现使用的目的，使特殊的功能需要与建筑外观达到统一。

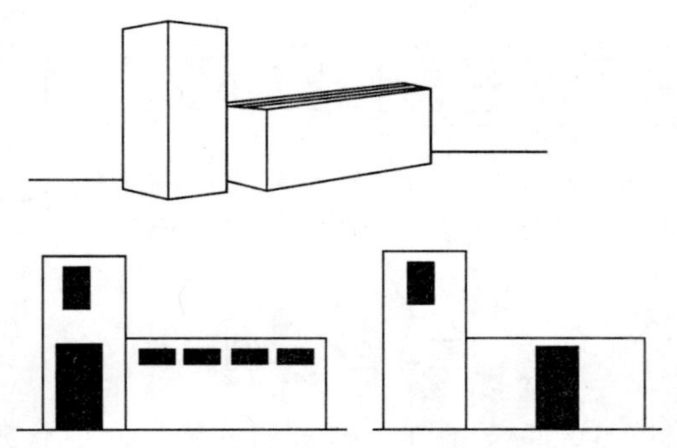

⇧ 图 1-1-25 宽度对高度的从属关系

二、均 衡

在视觉艺术中,均衡(图 1-1-26)是任何观赏对象都存在的特性。均衡中心两边的视觉兴趣中心,分量是相等的。均衡可以造成审美方面的满足,当左右两半边的吸引力是一样时,注意力最后就会停在两极的中心,观赏者就会产生一种健康而平静的瞬间。

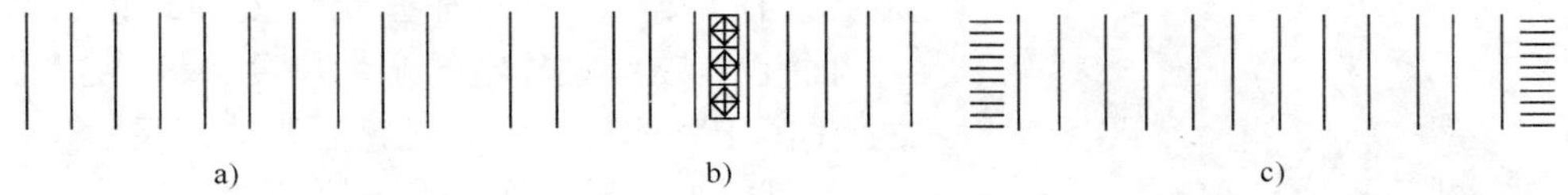

⇧ 图 1-1-26 均衡

a)是一种数字上的均衡,中间两侧的数目对称,但这种均衡不明确,仅仅是一个系列;b)由于强调了中心,同一系列垂直线的均衡性就可以被觉察;c)在系列的两端做了有力的停顿,均衡表现得清楚了,从而也显示了其间的均衡中心

均衡中最简单的是对称,对称的建筑使人产生均衡感,对称是一种规则式的均衡。比较复杂的均衡问题则是不对称或不规则的均衡问题。不规则的均衡首要原则是对均衡中心的强调。即均衡中心在形式上两边也可能不同,但美学意义上有某些等同时,就需要对均衡中心的强调。它的第二原则称之为杠杆平衡原理,即一个远离均衡中心的较次要的小物体可以用均衡中心附近意义上较重要的大物体加以均衡,见图 1-1-27 ~ 图 1-1-29。

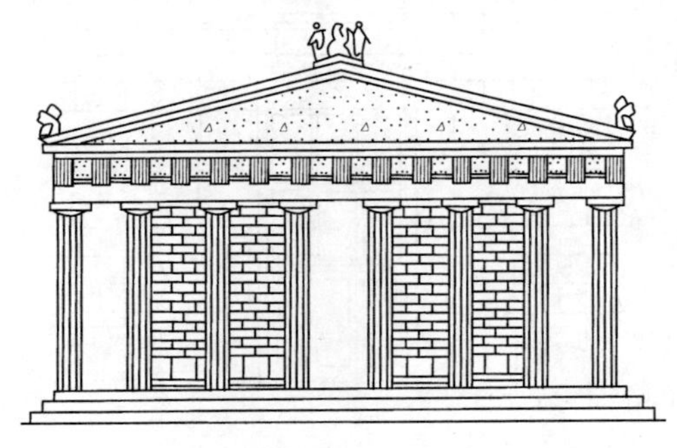

⇧ 图 1-1-27 由柱的间距安排强调出来的均衡中心

⇧ 图 1-1-28 一副均衡的立面构图:有中部体量,端部重点和联结作用的翼部

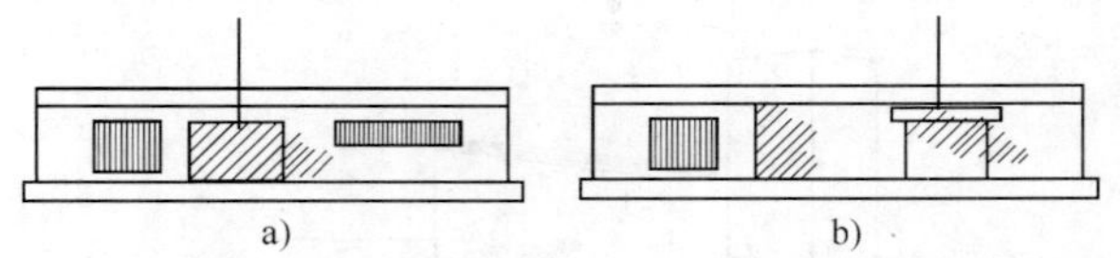

⇧ 图1-1-29　不对称的均衡:杠杆平衡原理

a)均衡中心靠近建筑物凸出翼部和主体交角处;b)门廊的轴线和自然形成的均衡中心不一致时出现松散和令人不快的效果

三、比　例

具有优美的比例是建筑美的重要条件。建筑的各种尺寸形状要有合适的比例,局部与整体的尺寸也要有一定比例,比例的源泉是形状结构,用途与和谐,从这基本要求出发,并进行不断的调整是可以得到优美而和谐的比例。威奥莱·勒·丢克在法国《建筑理论词典》一书中讲:"作为比例,其意思是指整体与局部之间的实际关系——这个关系是合乎逻辑所必要的,而作为一种特性,它却同时又满足理性和眼睛的要求。"

四、尺　度

在建筑学中,尺度是和比例密切相关的又一建筑特性,尺度的特性能使建筑呈现预期的恰当的尺寸。人们都喜欢大型建筑的壮观场面,也喜欢小型住宅的亲切尺度,尺度使人们产生寓于物体尺寸中的美感。要体现尺度这一特性就需要把某个单位引到设计中去,使之产生尺度,这引入单位的作用,就像一个可见的尺杆,它的尺寸使人们很容易地判别出来。这个单位小,建筑就会显得大;而这个单位大,整体就会觉得小。在建筑中人的活动与建筑之间有着密切联系,如台阶大小与栏杆高低都和人有关,大于或小于习惯尺寸就会别扭,它们与人之间应有恰当的尺寸关系,这样人也成为度量建筑的真正尺度了(图1-1-30、图1-1-31)。

⇧ 图1-1-30　埃及,基泽,大金字塔

形式的本身并不存在尺度,只有与其他因素发生关系的情况下,才能具有尺寸的感觉

⇧ 图1-1-31　借助于附加的已知尺度因素所得的尺度感

a)栏杆、台阶、台座都帮助观察者了解门道的尺寸与亲切的性格;b)台阶、台座、平台墙、雕塑、石砌和铭刻都促使门洞显得宏大,显要

尺度的印象分为三种类型，首先是自然尺度，超人尺度和亲切尺度。设计者应能正确选择尺度并注意尺度的协调，一个建筑的基本尺度感也应始终贯穿在全部结构之中。

尺度的实质是反映人与建筑之间关系的一种性质。建筑物的存在应让人们去喜欢它，当建筑物与人在身体与内在感情上建立某种紧密与简洁的关系时，这种建筑就会更加适用和更加美观。

五、韵　　律

在视觉艺术中，韵律是任何物体的各种组成元素成系统重复的一种属性。韵律可以是一系列不相连贯的感受获得规律化的最可靠方法之一。在建筑中的韵律形式是常见的，有形状的重复、尺寸的重复；其他还有一种复杂的形式，是以不同的重复为基础的。体量与线条的韵律，可以产生紧凑与趣味性。正确的韵律处理必然使建筑内部或外部产生有机的美感，所以韵律是建筑美的重要因素之一（图 1-1-32 ~ 图 1-1-34）。

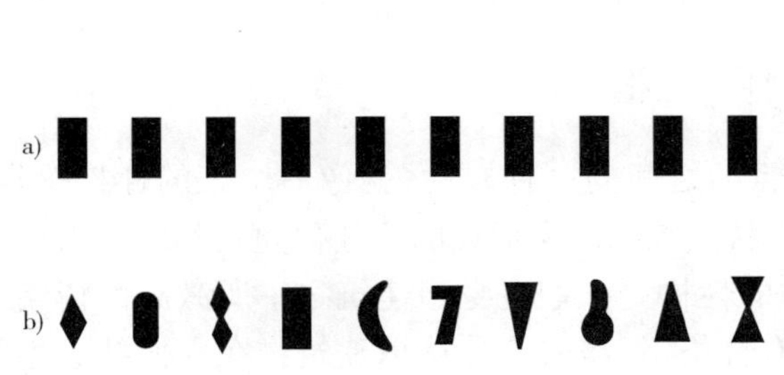

⇧ 图 1-1-32　韵律和重复

a）相同的形状，虽间距不同，但形状的重复而形成韵律；

b）形状不同，但间距相同，相同的间距重复而形成韵律

a)

b)

⇧ 图 1-1-33　渐变的垂直韵律

a）大→小→大；b）小→大→小

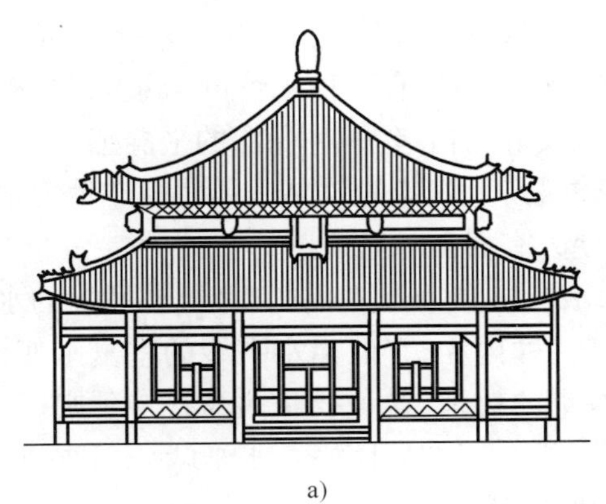

a)

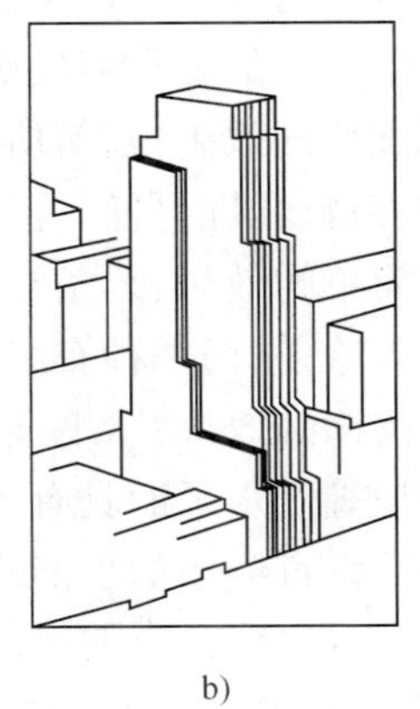

b)

⇧ 图 1-1-34　建筑物的韵律

a）中国建筑的垂直方向和水平方向的生动渐变规律；b）现代高层建筑的垂直韵律

六、布局中的序列

作为空间艺术的建筑学,它是一种时间的艺术。建筑物作为一个审美的实体,对观察者来讲,它应该是独特的、连续不断的审美体验。对建筑物美的感受就应像交响诗一般,是变化的因素,又犹如源源不断的溪流一般。在许多建筑中应有结构的序列、功能的序列和审美的序列。一个序列必须有明确的开始和结束,这序列可以从入口处自然开始,并自然地引导向某种规定的结束,而这结束又必须是序列在艺术上和功能上的高潮。序列的布局分为规则的布局与不规则的布局。规则序列的布局是依靠一个贯通的空间程序,这空间本身是规则的均衡。通常规则序列布局是以贯穿平面的直线为基准,把所有重要因素集于主轴线之上,沿轴线(直线)前进时,所有新的感受之间的相互关系,是有意识地在视野中追随着一个明确的结尾而组织起来的。规则的序列可以使人获得庄重、爽直和明确的印象。另一种不规则的序列布局,通常是以曲线的进程为基础,以自由的均衡代替对称均衡,不规则的布局可以得到出其不意的戏剧式效果,而为布局的高潮所做的准备也是十分精妙的。不规则布局可以使人得到流动与各种运动感,是充满了感染力的布局方式。

七、性　　格

建筑性格反映建筑物外部观瞻和内在目的之间的一种属性,就像一个人的性格一样。建筑的性格是建筑物中一些显而易见的所有特点综合起来形成的。任何建筑物都有自己的性格,并以此区分于其他的建筑物。建筑物的性格是人们置身于建筑之中所激起的情绪上的反应所决定的。要将一个建筑物设计得有性格,就需要充分认识建筑物在人们社会生活和个人生活的地位,而在各类建筑中,抉择要表达的适当情绪也是一个十分困难的事情,如这种表现来帮助产生安逸、宁静、家庭感、强调、志趣、好客、华丽、庄重或敬畏等情绪。这些独特的情绪可以由建筑形式所引起,形式本身带有产生某种情绪的信息,引起情绪上的效果,这些效果可以归纳为:体量和容积的效果,质量与支持的效果,复杂与简单的效果以及线条效果与色彩的效果。

体量与容积的效果:大的尺寸与单位结合会产生壮观的感觉,尺寸达到足够的程度会使人感到敬畏感。小的体量与周围关系处理得当可以产生亲切感。

质量与支持的效果:建筑所表现的重量感使人感到有一种永恒的力量。对巨大质量有效而从容的支持,立即可使人们得到一种十分安静的情绪,一种深深的平静感。

复杂和简单的效果:线条和体重简单的建筑产生安稳的效果。尺寸则产生力量的效果,小的尺寸使人珍爱,而一种有组织的复杂性使人有振奋与紧迫感。

线条与韵律的效果:水平线条有平稳松缓感,并能唤起人们的想像,如平静的水面,宽阔而伸展的平川等。水平面具有单一性和统一性的内涵,有韵律水平线的重复则使上述效果大增。有力的垂直线条似乎能产生进取和看重的效果,这种线条向高处伸延则产生一种抱负和超越感。垂直线条有韵律的少量重复,产生一定的悠闲感。水平线条与垂直线条结合有平衡感,弯曲线条向水平方向伸展使人感到轻快闲适。

色彩的效果:色彩具有情绪上的涵义,具有情绪的力量。色彩有冷色、暖色、鲜色、素色。色彩是以人所引起的情绪特点为基础的,可以从色彩中得到建筑的性格。

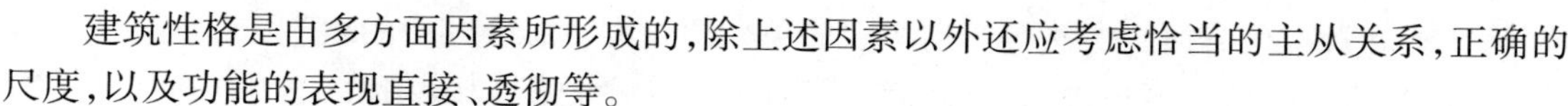

建筑性格是由多方面因素所形成的，除上述因素以外还应考虑恰当的主从关系，正确的尺度，以及功能的表现直接、透彻等。

八、风　　格

风格是表示建筑物与建筑设计的一种格调，不同的时代或不同的文化有着不同的风格。建筑学中的风格是指的以某种观念或理想施加于设计，并将这种观念或理想一清二楚地表现在设计创作的每个末梢细节之中。内部与外部相一致，实际安排与艺术表现相一致，这就是优秀建筑风格的基础。建筑要具有风格就需要有完善、清晰的统一设计，并具有完美的一致性，到处表现得一目了然。建筑材料的选择处理以及建筑物所在地区的地理、阳光、雨量、日照、风向的协调等，都是风格一致性的基础。

九、色　　彩

建筑形式美的一般法则实际上可归纳为两大类。前面讲的都是有"形"的法则，而后面讲的是"色"。很难想像离开色彩，世界会成为一个什么样子。在视觉原理中对色彩的属性已做了初步介绍。本段落重点将对表色的方法、配色、色的协调与相应的心理效果等再做较详尽讨论，有"形"有"色"才是完美的。

（一）色的属性

色的属性也称色的特性，即色别（色相）、明度、饱和度（彩度）。色的显示一般定在光线下显现出光源色，如花、桌子因光线反射而产生的物体色，称之为表面色。而有色玻璃透过的光线产生的色为透过色。本段落主要讨论的是表面色。

表面色分两种，一种叫做单色，即白、灰、黑三种。另一种叫彩色，如红、黄、绿、蓝、紫等色。彩色具有色别（色相）、明度、饱和度（彩度）三种属性。色别（色相）取决于物体反射光的波长，代表一种颜色，饱和度是指颜色的纯净程度，饱和时即发挥了该颜色的全部特性。明度指色彩的明暗程度，取决于光的反射强度（色的属性可见色视野一节有关内容）。

（二）表色的方法

利用色的色相、明度、彩度三属性，即可将空间的某一点特色表示出来。也就是以色的三种属性为基本点，将所有物体色在空间有规则地用单色轴、色别环、等色面排列出来，见图 1-1-35。

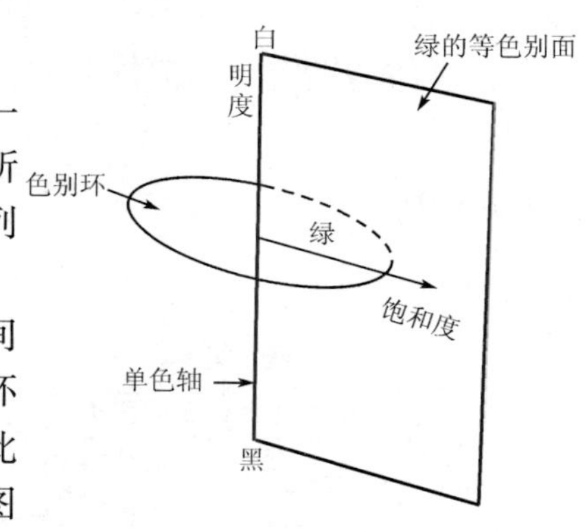

⇧ 图 1-1-35　色的排列

图中单色轴将白色置最上部，黑色置最下部，其中间按灰色的明度顺序排列，由此得出单色排列，图中色别环则是按红、黄红、黄、绿、蓝、紫蓝、紫、红紫顺序配置。按此顺序再回到红色，这种环状色别排列称之为色别环。而图中的等色面就是以单色轴为主轴，围绕该轴配置色别环，如从单轴上的某一点设一色别方向，如图 1-1-35 中的绿色方向引一条线，则由单色轴与该直线构成的平面即为绿的等色面，该面的特点是配置了具有绿色别的一切颜色，其余色依此类推。并依此可以制成色立方体。表色法有芒塞尔法、奥斯特、瓦特法和日本色彩研究所法等。这里仅简单介绍日本色彩研究所的表色法。

日本色彩研究所的表色方法是由红到浅紫红等 24 个色别(相)组成(图 1-1-36a),其色别环有从 1 ~24 的色别编号,将基本色细化。而明度为竖轴,黑色为明度 10,白色为 20,中间插入 9 等级的灰色由 11 级组成单色轴。其沿竖轴下切的剖面即为等色面。等色面上由于明度不一而颜色不同,而等色面沿环的径向从中心到外饱和度(彩度)也不相同。由此法可构成立方体,如图 1-1-37 所示。

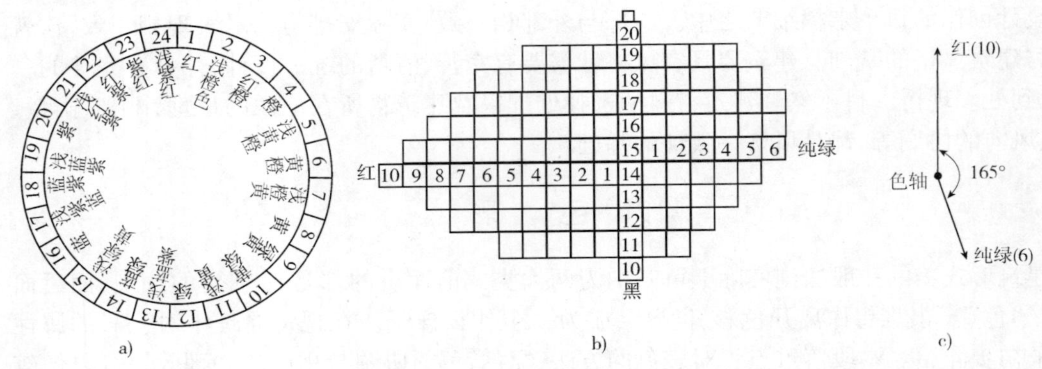

图 1-1-36 日本色彩研究所表色法

a)色别环;b)等色面;c)剖面角度

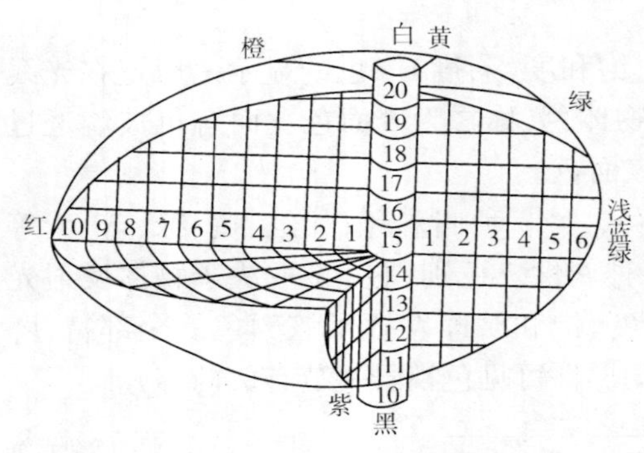

图 1-1-37 日本色彩研究所的色立方体

这种表色方法是按色别—明度—饱和度的形式来表色的,如 12-15-6,从图 1-1-36a)中可看出 12 序号在色别环上是绿色,而 1-1-36 图竖轴上看到这时它的明度为 15,这 15 的水平切面则是色别环,从这切面径向找到它的饱和度为 6,这颜色是绿色其明度为 15,饱和度为 6,同样 1-14-10 代表明度 14,饱和度 10 的纯红色。

这样就可以 10 种不同明度的 24 种色盤,从暗到明组成色立方体,这就是日本的表色法,其形呈橄榄状。而其他二方法的色立柱呈上下尖中间粗的大致锥体状,如图 1-1-38、图 1-1-39所示。

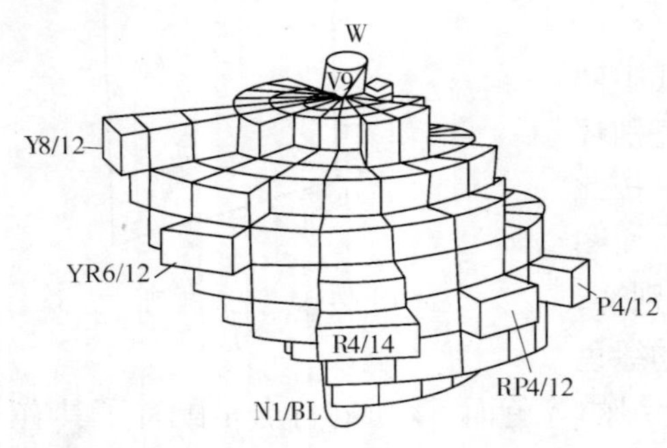

图 1-1-38 芒塞尔法的色立方体

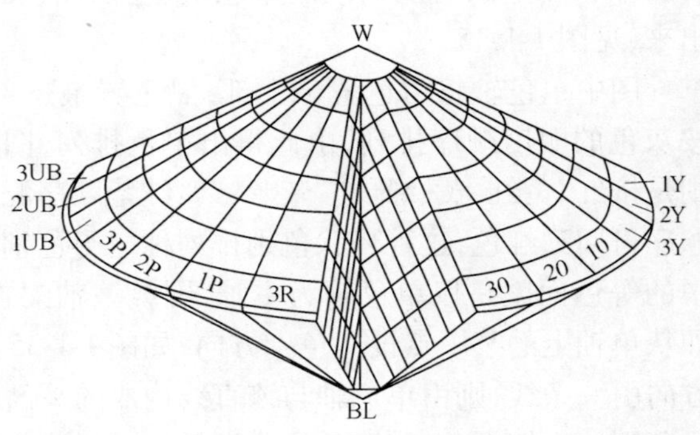

图 1-1-39 奥斯特瓦尔特色立方体

(三)色的心理效果

做为色彩的应用,希望与环境协调,心理上要有安全与舒适感,因此要了解色的心理效果。

1. 冷暖感、前进感、后退感

色有冷暖感觉,即暖色与冷色(图 1-1-2),前进、后退感等。关于色的心理效果在色视野一节中已做介绍。

2. 膨胀和收缩感

在灰色背景上放红、蓝大小相同的两个色板,红色看上去大,这就是色的膨胀感。一般暖色看上去比相同的冷色要大,法国国旗为红、白、蓝三色采用的是 30∶33∶37 的比例,其目的就是让人在视觉上看上去等宽。

3. 重量感

一般对一个几何体而言,相同大小形状的物体,由于色彩不同,在心理上的感觉却不同,往往色彩明亮的看上去显得轻,而深暗色则感到笨重。而从色相上讲暖色看上去重,冷色看上去较轻。如一物体上部色重下部色轻,往往使人心理上感觉重向下而产生不稳定感。

4. 对色彩的感情

色彩联系人的情感,对色彩的感情,不管你懂得色彩科学与否,它都与你的情感相关联。

(1)对色彩的情绪

一般与色相和明度饱和度有关,人对色彩的情绪表见表 1-1-5。

对色的情绪　　表 1-1-5

色　别	暖色	亲切、喜悦、活泼、活跃
	中间色	平静、平凡、协调
	冷色	阴沉、悲哀、凄凉、停顿、沉思、宁静
	单色	衬托其他颜色而取得协调
明　度	高明度	爽朗、轻快、明朗、轻薄
	中等明度	稳重
	低明度	忧郁、笨重、稳重
饱和度	高饱和度	华丽、新鲜、进步
	中饱和度	稳重、舒畅
	低饱和度	朴素、古雅、保守
明度和饱和度	高明度低饱和度	柔和
	低明度高饱和度	坚强

(2)对色的联想

一种色彩可以使人引起许多联想,如红色想到火、太阳,但红色又能从情感上感受到热情、热烈。而绿色让人想到草、森林,同时也让人想到和平、安宁,这种联想又分具体联想(表 1-1-6)和抽象联想(表 1-1-7)。

具体事物的联想 表 1-1-6

红	火、血、太阳	紫	紫花地丁、葡萄
橙	灯火、火焰、柑橘	白	雪、白云、砂糖
黄	光、菜花、柠檬、银杏	灰	阴天、灰、老鼠
绿	草、叶、森林	黑	黑夜、墨、碳
蓝	海、水、天空		

抽 象 的 联 想 表 1-1-7

红	热情、活泼、强壮、积极、自我中心、自信、危险
橙	温和、喜悦、舒畅、友情、疑惑、嫉妒
黄	希望、愉快、明朗、幸福、自信、外向
绿	和平、安全、新鲜、成长、理想、公平、宽容
蓝	冷静、理智、悠久、清澈、深远、神秘、保守
紫	优雅、高贵、庄严、神秘、不安、呆滞
白	洁白、清洁、清净、神圣、永恒、命运
灰	平凡、失意、谦逊、不安
黑	严肃、神秘、命运、永恒、恐怖、不祥、憎恶

(3)色的记忆和辨别

色有引人注意和不引人注意的特点,引人注意的具有较高识别性。根据研究,具有识别性和记忆性的色彩,按红、橙、黄、黄绿、绿、蓝绿、蓝、紫、单色(无彩色)的顺序识别性逐次降低。一般鲜艳的比朴素的易记,纯色比中间色易记,饱和度高、明度高的比低饱和度低、明度低的好记等。

(四)配色和色的协调

将两种以上色彩混合获得另一种色彩效果称之为配色。如构造物需要"环境色"和"安全色",以便和环境协调。

色的协调理论认为色的协调有三种类型:

①同一(Identity)——相同色的平衡。

②相似(Similarity)——相似色的平衡。

③对比(Contrast)——补色的平衡。

配色的协调方法经一些学者通过实验和统计得出上述三种类型。而配色不是工程师能解决的,应请色彩方面专家协助,应用他们的知识才能解决的。下面仅对配色给人视觉与情感上的印象做一些简单介绍,这有助于对色的协调后的感情效果的了解。

1. 整体色调

将不同色彩混合,即得出配色的整体色调,其心理效果如表 1-1-8 所示。

整体色调的心理效果　表 1-1-8

H	V	C	心理效果
R		>5(3)	极度刺激,极阴暗
YR		>5(3)	刺激,有温暖感
Y		>5(3)	略刺激,略有温暖感
GY		>5(3)	较平静,无暖冷感
G		>5(3)	平静,稍有荫凉感
BG		>5(3)	极平静,有荫凉感
B		>5(3)	无刺激,很冷
BP		>5(3)	无刺激,有荫凉感
P		>5(3)	略刺激,无暖冷感
RP		>5(3)	刺激,略有温暖感
任意	>6.5	任意	爽　朗
任意	<3.5	任意	忧　郁
任意	任意	>3	无刺激—无冷暖感

注:H——色相(R 红、Y 黄、G 绿、B 蓝、P 紫);

V——代表明度;

C——饱和度(彩度)。

从配色和整体色调效果看,彩度即饱和度应在 5 以上,3～5 之间有一定效果,小于 3 则心理效果不存在。而明度大于 6.5 时显得色彩明快,小于 3.5 则沉闷。

2. 以色相为主的配色

(1)相同和近似色相的配色

这就是上述的同一、相似色的平衡法,一般有下列各法:

①暖色调之间的配色——温暖、活泼。

②冷色调之间的配色——阴凉、宁静、冷漠。

③中间色调之间的配色——宁静。

④近似色相之间的配色——稳重。如其明度与饱和度也很接近,则显得非常柔弱,十分接近则给人感觉模糊不清。

(2)对比色相的配色

对比色相之间的配色——色相反差大,给人一种强烈感。

如色相的明度与饱和度反差也大,则给人感觉更加明亮,如其中饱和度过大则色彩刺目使人感到庸俗。此时如对比色相之一的明度或饱和度之一较为接近,这种情况则有所缓和。事实上明度与饱和度很接近的配色均会使人感到刺目和不安。

①暖色和冷色的对比配色——满足、舒适。

②补色或接近补色之间的配色——对比强烈(如交通信号红与蓝、绿的补色对比就是实例)。

一般明度与饱和度都很接近的配色,都很刺目。而明度差别大的配色、明度高的配色或饱和度低的配色，这三种配色方式都会使人对色彩的对比强烈感淡薄。

3. 以明度为主的配色

以明度为主的配色方式有两种。

(1)同明度或相近明度的配色

其色彩效果是：

①高明度之间的配色——明亮、舒畅、轻快、明确。

②中间明度之间的配色——稳重、雅致。

③低明度之间的配色——稳重、笨重，有时显得阴沉忧郁。

④明度接近的单色间的配色——模糊不清。

(2)明度差异很大的配色

①明度差异性很大的单色之间配色——明度差异越大，就感到越强烈，特别是黑与白的配色，体现十分明显的强烈感。

②明度差异性很大的单色与彩色之间的配色——明度差异越大，越感到强烈。一般单色和任何彩色相配，均能达到该色增强的目的。

③明度差异很大的彩色之间配色——当色相和饱和度，差异很大时，给人以非常强烈的感觉，若色相与饱和度的任一方较为接近，就取得令人心情舒畅的配色。

4. 以饱和度为主的配色

(1)相同饱和度或相近饱和度的配色

①高饱和度之间的配色——朴实、稳重。

②单色和低饱和度之间的配色——效果不显著。在明度很接近时，显得模糊不清，如明度与一定差异，效果即可改善。

(2)饱和度差异很大的配色

①单色和高饱和度色彩的配色——由于单色对高饱和度色彩有衬托作用，因此配色后，色彩鲜明、强烈。

②低饱和度和高饱和度的配色——在明度与色相不同时，能获得稳重和令人满意的配色。

此外配色受色彩面积，材料质地，照明情况的影响，色彩面积增大，所涂色彩饱和度增加，明度也相应增加，因此面积增大时而保持原色彩彩度，则适当降低配色时的饱和度。材质和色彩有关，要考虑它们的协调，色彩是在非标准照度下看到的颜色，因此有不同照明时，应考虑它的色变性。

建筑的色彩是建筑美学的重要问题，最重要的是主导色相的选择，从外观上看新建的建筑在环境中要突出到什么程度，如何使它融合在周围环境之中，是使它十分引人注目，还是使其与其他建筑朴实无华地置于同等地位，这些均涉及设计这的主导思想。另外还有辅助色相问题，一个主导色相可以伴随两个辅导色相来充当调节色。色相决定后，还需要决定它们的明度与彩度。用色是十分复杂的问题，只有好的、适宜的色彩才能使人有美的感受。

上述建筑形式美的一般原则(或叫法则)，是人类长期对建筑美学研究的成就，也是对建筑的美学评价的基本原则。对工程构造物、对道路的景观设计以及桥梁建筑形式的美学评价均有十分重要的意义，但前后两者之间存在一定差异。道路景观是线形的动态环境，有明确的方向性与运动速度问题。在动态环境中，如何应用形式美法则，这也是本书要探讨的课题之一。

第三节　道路透视图

道路透视图，是根据用路者沿道路前进方向，并在横断面上处于不同位置所看到的道路景象。最常用的透视图，其视点位置选择在机动车道上，它可以反映驾驶人员随时间的流逝而看到的不同道路景象，当然有些街景透视图也可以根据步行者的立点位置绘制透视图。从透视图上可以看到道路线形的立体形象，采用不同视点位置与不同用途的透视图，便可以研究道路线形配合、道路与环境配合等问题。早在20世纪30年代，德国工程技术人员就开始应用道路透视图来分析线形配合，后来又发展为研究线形和风景协调。特别是，电子计算机的广泛应用，道路透视图已从人工绘制的复杂劳动中解脱出来。20世纪80年代，瑞典和德国又将电子计算机计算的透视图坐标，输入模拟电子计算机，由示波器上显示出道路透视图后，再将这些图像用自动高速摄影机摄制成电影，经过放映用来研究道路线形设计。经过这种方式处理设计图纸先变成坐标再变成动态透视图，尽管这种透视图还缺乏环境要素和景物，但它能使道路尚未按设计图纸施工建成之前，就能获得在到路上行驶的线形视觉感受了，因此道路透视图是我们研究公路景观的主要基础手段，目前，检查路线设计与地形（环境）协调时采用的三维仿真技术，则使检查手段更为先进。

一、道路透视图的种类

道路透视图可以广泛地用于平面线形与纵断面的配合研究、道路人工构造物的设计，以及道路与环境协调等方面，在道路上的行人、驾驶人，以及路外对道路空间的视觉形象，都可以在不同视点位置的道路透视图中得到反映。道路透视图可以根据不同的绘制目的，视线的高度，以及所描绘的对象、绘制的精度等不同而有不同的分类方法。

（一）根据绘制道路透视图的目的性来分

1. 为研究道路线形的透视图

公路设计中线形是很重要的问题，城市道路中车速较低的街道不是线形设计对象，而城市快速路线主要干道要适应机动车的高速或较快速度行驶，则对其线形设计进行研究是完全必要的。绘制线形透视图的主要目的在于从行车角度出发，看看路线立体线形是否顺适，路线是否具有可识别性，以及路线的视线情况等。这种透视图一般仅对平、纵配合有疑问的路段进行绘制，做检查之用（图1-1-40）。

2. 为研究道路和环境的透视图

公路与地形、公路与绿化、公路与建筑等配合问题，它是能否形成一条美的公路的关键。因此需要绘制公路全景图来对公路与景观元素进行综合研究，一般是首先绘制线形透视图，然后再绘制有全景的道路景观透视图。

3. 为设计人工构造物的透视图

为研究桥梁或隧道入口而绘制的，可以从用路者视觉与路外人印象等方向来绘制，要研究人工构造物的环境设计时，一般需要绘制全景透视图来研究构造物与风景，构造物与公路、构造物与环境协调等方面的关系。

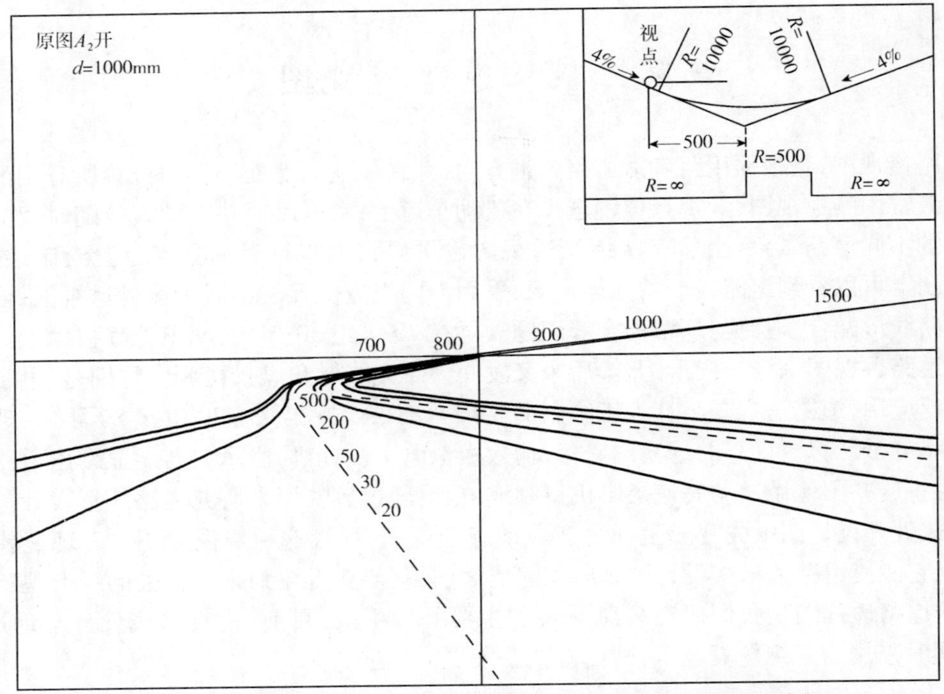

图 1-1-40　为研究道路线形的透视图(日本资料,按左行视点绘)(尺寸单位:m)

(二)根据观察者不同的视线位置分

不同的用路者在公路上的活动受到现代交通管理规则的限制,根据用路者不同的立地点位置和不同的视线方向,可以得到在人行道、慢车道、快车道等不同立地点位置对公路景观的不同印象。也可将立点选择在路外,得到路外观察者对环境的印象。

立地点和视轴方向的选择是绘制透视图的关键。研究线形的透视图主要是从驾驶人员的视觉特性出发,在不同行驶速度下,驾驶人员的车前距大致相同,而注意力集中点则差别很大。线形给驾驶人员的感受好坏是对线形优劣判断的重要依据。

不论是公路还是城市道路,人们对道路的眺望是存在的,这种宏观印象往往令人激动不已。因此根据不同立地点,也可以绘制路旁透视图。而桥梁设计的透视图,一般立地点选择在正面就是用路者的主要印象,而桥梁的正侧面或宏观的印象,用路者一般是不易获得的。(日)《透视图法在公路设计中应用》一书讲的桥梁透视图方向为"斜上方 45°~60°比较合适",认为这样能比较好地表现桥梁特点,但这种印象只有桥头引道是弯道,而且在下坡的情况下用路者才能获得,并不能代表用路者和一般人的宏观印象。

按不同视点或立地点的取法,透视图可分为下列三类。

1. 驾驶人透视图

从驾驶人的视觉出发,将立地点取在车行道上,视点放在按驾驶人的视线方向所绘制的透视图,这种透视图用来研究线形和驾驶人员视野内的视觉环境。

驾驶人透视图的绘制涉及立地点与视轴的选择问题,现将立地点及视轴选择简述如下。

立地点的取法,根据不同要求可以取不同的车道位置,一般取法如图 1-1-41a)、b)用路者的视点高度如表 1-1-9 所示。一般透视图采用视线平行高度为 1.5m,视轴就是注意力集中点与视点的连线，视轴方向大致是画面的中心。如视轴是水平的，即在立地点的路表面上加1.5m与视点高相同。在纵断面有坡度变化时，视轴则应采取与纵坡平行的倾斜的视轴，同时视轴也应尽量和路线相交（用视轴把路线串起来）。一般不应用计算机时，以通过画面左右中心的水平线为视轴，在利用计算机的情况下，视轴可以自由选择，可用画面左右中心与适当倾斜的轴线为视轴，通常认为将1/5道路表面放在视轴之上比较好。

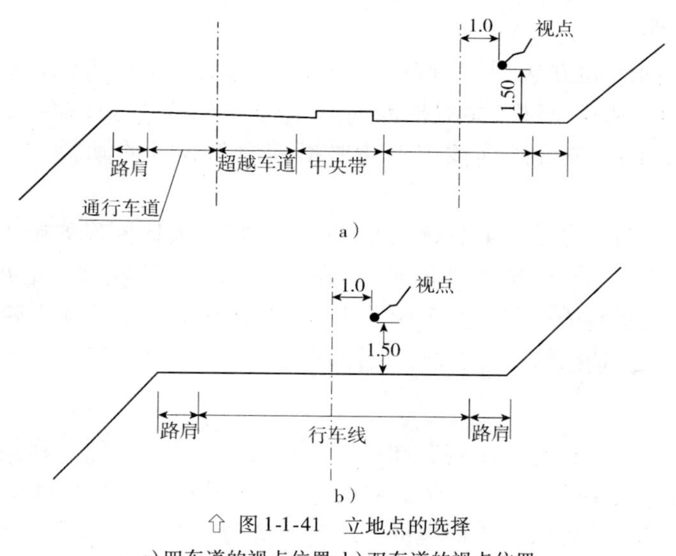

图1-1-41　立地点的选择

a）四车道的视点位置；b）双车道的视点位置

用路者视点高度　表1-1-9

用路者	视　点　高　（m）
行　人	1.5～1.6
乘坐小汽车	1.3
货车驾驶人	1.9～2.2（新型卡车2.2～2.5以上）
平均值	1.5～2.0

2. 路旁透视图

主要从路外来观察道路景观，用以研究路外人对线形配合、路线与环境协调的印象。对于人工构造物，可用路旁透视图来研究它与周围环境协调情况。对公路来讲立地点可以选在路线、桥或挖方的边坡上方。对城市道路，只有道路宽度较大，或路线附近比较开阔时才能获得这种印象。路旁透视图立地点不能离路线太远，否则道路就变成一个细条而失去绘制路旁透视图的意义。

3. 鸟瞰图

把视点放在空中，这种透视图因立地点过高对线形本身的立体感已不能很好地反映，因此不能用于路线设计的线型配合检查。鸟瞰图可以了解较大范围的路线情况，也可以从高空看到路线与环境的关系，它是一种宏观印象。在城市中的视点可放在城市高处，高层建筑之上或空中，它不是一般人所获得的道路环境印象。

（三）按精确度分类

根据绘制的方法与其精确程度不同而分为概略透视图、精密透视图与普通透视图。透视图的视线主要根据用路者的运动方向所看到的道路景观来绘制的,由于道路是平、纵、直线、曲线(圆曲线、缓和曲线等)构成的,而视轴是直线方向,所以道路横断面与视轴就可能不平行,而大部分是倾斜的,有绘制透视图就要求得断面上主要特征点(物点)的坐标,这种坐标的求算,是根据不同透视图绘制的目的而有不同的精度要求。因此我们可以根据透视图的用途,采用不同的绘制方法。

1. 概略道路透视图

概略道路透视图绘制方法,是根据道路平面图、纵断面图计算道路横断面中心的坐标,先正确地绘制出路线中心线,而对横断面其余特征点只进行概略的计算,只假定横断面与画面是平行的,而不考虑路线线形变化时横断面与视轴的倾斜(如弯道处),也不考虑道路的横坡。

概略透视图的绘制可以采用1∶5000的图纸,而不需要大比例尺的施工图。概略透视图可以检查某一路线的线形总体顺适程度,也用于更大范围的线形检查,并可以作为准确透视图的一部分使用。在概略透视图上绘上绿化及建筑,就能比较正确地反映各种不同用路者的一般街景印象,它是研究道路景观设计的重要手段。

2. 精密透视图

精密透视图中物点坐标是根据有关图纸计算后而绘制的,它是一种全靠计算来绘图的方法。因此它的误差只是绘图本身产生的误差,一般熟练人员的误差约±0.25mm。精密透视图费时费工,计算繁杂,可以应用计算机来进行计算与绘图。除研究超高过渡段或其他过渡的特殊需求以外,一般并不需要这种精度。

3. 普通透视图

这种透视图的优点,介于概略透视图与精密透视图之间。绘制时利用平、纵面图,从决定道路横断面位置和高度的主要物点(这些特征点如横断面上的路中心点、分隔带、行车道线、路缘带、路肩边缘等位置)向视轴做垂线,并量取这些点与视轴的距离,以此求算各物点坐标。这种透视图的精度受到设计图的比例尺以及图上量距误差的影响。

普通透视图可以用来绘制道路线形透视图、局部透视图以及全景透视图,除研究精度高的超高缓和段不适用以外,其具有广泛的适用性。但我们研究路线与环境协调时,不一定需要这样的精度。

二、道路透视图的绘制

为了研究道路线形配合以及道路与环境协调,就需要根据不同的需要绘制道路透视图,现仅对分析线形及道路与环境协调的概略透视图、全景透视图的绘制方法做简略的介绍。

(一)概略透视图的绘制

现举例说明概略透视图的绘制。

已知资料,某路2K+120~3K+120段,路基宽$b'=10$m,路面宽$b=7$m,平曲线交点处$\Delta_{左}=5°44'$,平曲线半径$R=6000$m,平曲线曲线长$L=6000$m,纵断面的道路纵坡-1.0%坡长300m;$+1.0\%$坡长600m,此处凹形竖曲线半径$R_m=30000$m,竖曲线长$L=600$m,试绘制该路段的概略透视图。

1. 先确定视点到画面距离

视点到画面的距离 d，如图 1-1-42 所示。如变更视点到物体的距离透视图就会产生变化（图 1-1-43）。一般取画角度 30° ~ 45° 比较合适。这样视点和物体的距离取与画面的 1.5 ~ 2倍就可以了（$d = 1.5L \sim 2.0L$，d 为视点到画面距离，L 为画面的宽度）。一般画面尺寸与视点的距离 d 的关系如表 1-1-10 所示。

2. 视轴方向与视点位置的确定

视点在横断面上的位置由视点高度与视轴的位置来确定。视轴位置选择离中线 1.0m，视点平均高采用视线高 1.5m，则根据资料已知起点 2K + 120 的视线设计高为 30.40 + 1.5 = 31.90m，见图 1-1-41a）。

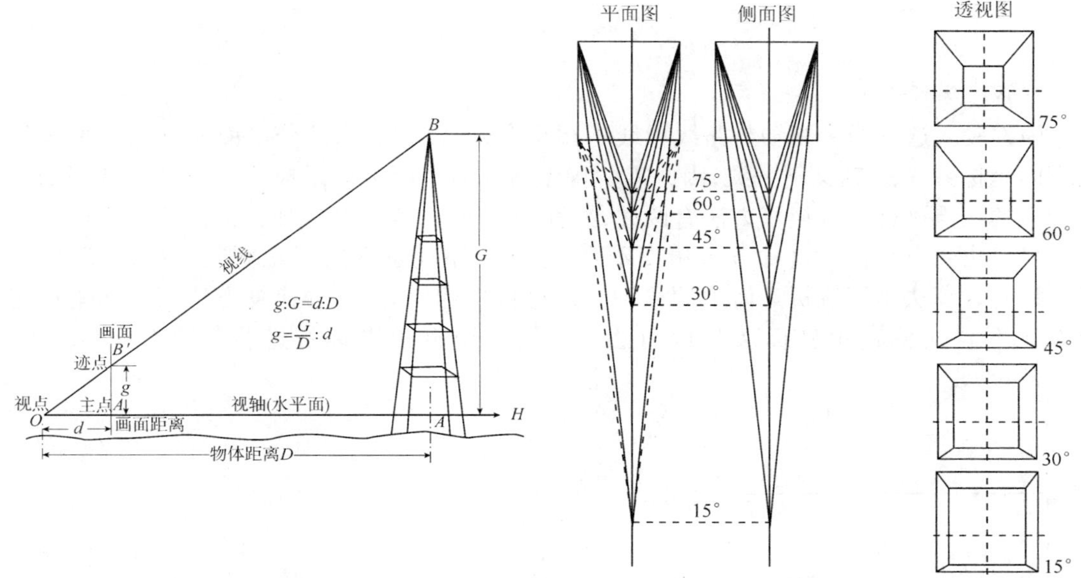

⇧ 图 1-1-42 画面距离 b 与物体距离 D

⇧ 图 1-1-43 变更视点所引起的透视图形的变化

本例决定取 $d = 1000$mm。

画面与视点的距离 d 以及画面尺寸的标准值 表 1-1-10

画面尺寸（mm）	画面与视点的距离 d（mm）
A_t 开 201 × 297（十六开）	500
A_2 开 420 × 594（四开）	1000
A_1 开 594 × 841（对开）	1500

视线的注意力集中点位置，可以根据前述的车速与注意力集中的关系来确定。做线形分析时，一般注意力集中点可取 500m 以上。

视轴方向，根据需要纵向可以选择与路面平行或任意方向，但一般选择水平方向，这样计算、绘图都比较方便。本例视轴纵方向也选择水平方向。在平面上视轴应围绕注意力集中点来定，并且希望视轴两侧画面大致均衡（图 1-1-44）。本例视轴在平面选择与路线方向夹角为 $\alpha = 2°57'$（逆时针方向），见图 1-1-47c）。

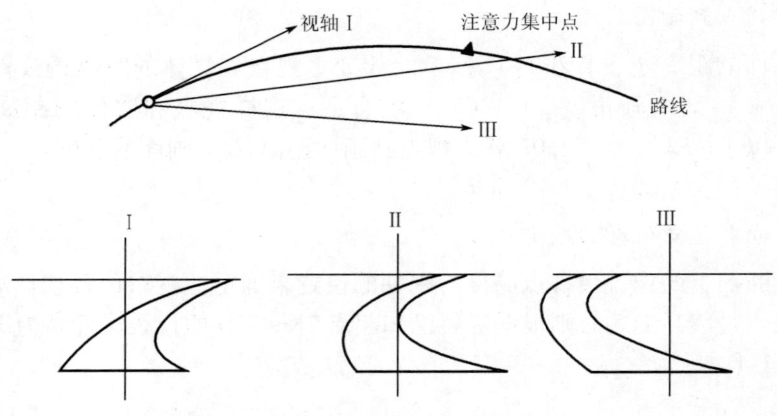

↑ 图 1-1-44 视轴方向的选择

3. 物点坐标计算

因驾驶人透视图中视轴与路线中线不相重合，同时在曲线部分平面坐标系与所采用的空间坐标系 X、Y 轴又不一致，因此需要将原路线的平面坐标系换算为计算透视图的坐标所需的物点坐标。其换算方法有两种，一种是图解法，直接从大比例的路线平面图上按比例尺量出物点坐标。这种方法精度不高，但作为路线景观的宏观研究是可以满足的。另一种是计算法是用解析几何中的移轴公式进行坐标换算，这种换算方法因平面坐标建立方式不同又分直角坐标法与偏角法。本例采用直角坐标法进行换算（图 1-1-45、图 1-1-46）。

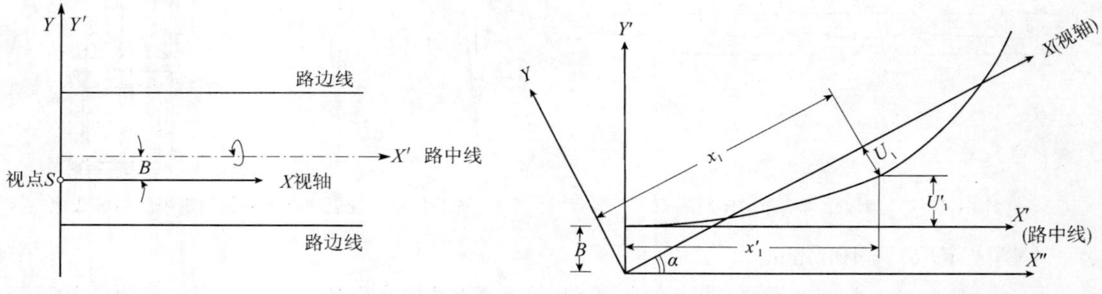

↑ 图 1-1-45 直线坐标换算图式　　↑ 图 1-1-46 曲线段采用转轴公式进行坐标换算的图式

（1）直线段的坐标换算（图 1-1-45）已知路线平面坐标系为 X'、Y'，视轴平面坐标系为 X、Y，视轴与中线间距为 B，采用平移轴公式，则其换算如下：

$$\begin{cases} Y = Y' + B \\ X = X' \end{cases} \tag{1-1-1}$$

因 X' 与 X 平行，则横坐标相等，其值即为物点与视点的桩号差。

（2）曲线段位置的换算可采用转轴公式（图 1-1-46），从图中可以看出其换算关系如下：

$$X_i = X'_i \cos + (B + y'_i)\sin\alpha \tag{1-1-2}$$

$$y_i = (y + B)\cos x + X'\sin\alpha \tag{1-1-3}$$

式中 X_i——路中线上任意点 i 对 X 轴的物点坐标，X_i 的值为 i 点在 X 轴上的投影；

Y_i ——路中线上任意点 i 对 Y 轴的物点坐标，Y_i 的值为 i 点在 Y 轴上的投影，也就是 i 点到视轴（X 轴的）距离；

X'_i——路线上任意点 i 的在路线 $X'Y'$ 坐标系的坐标，X'_i 值可用切线支距法求得（或查切线支距表）；

Y'_i——路线上任意点 i 在路线 $X'Y'$ 坐标系的坐标，Y'_i 值可用支距法求得（或查切线支距表）；

α ——X 轴与 Y' 轴的夹角（也就是视轴与路线夹角），逆时针为正值，顺时针为负值。

根据上述方法，我们先将路线直线、曲线分段，然后计算路线平面坐标 x'、y' 填入表 1-1-11（3）、（6）项，按表 1-1-11 各项，依次计算各值，再计算物点坐标 x、y，透视坐标 y''、z'' 并列入表（15）（16）项。再按比例计算路面边缘与路基边缘位置，列入表（17）（18）项。最后根据表 1-1-11结果，绘制路线透视图。见图 1-1-47d）。

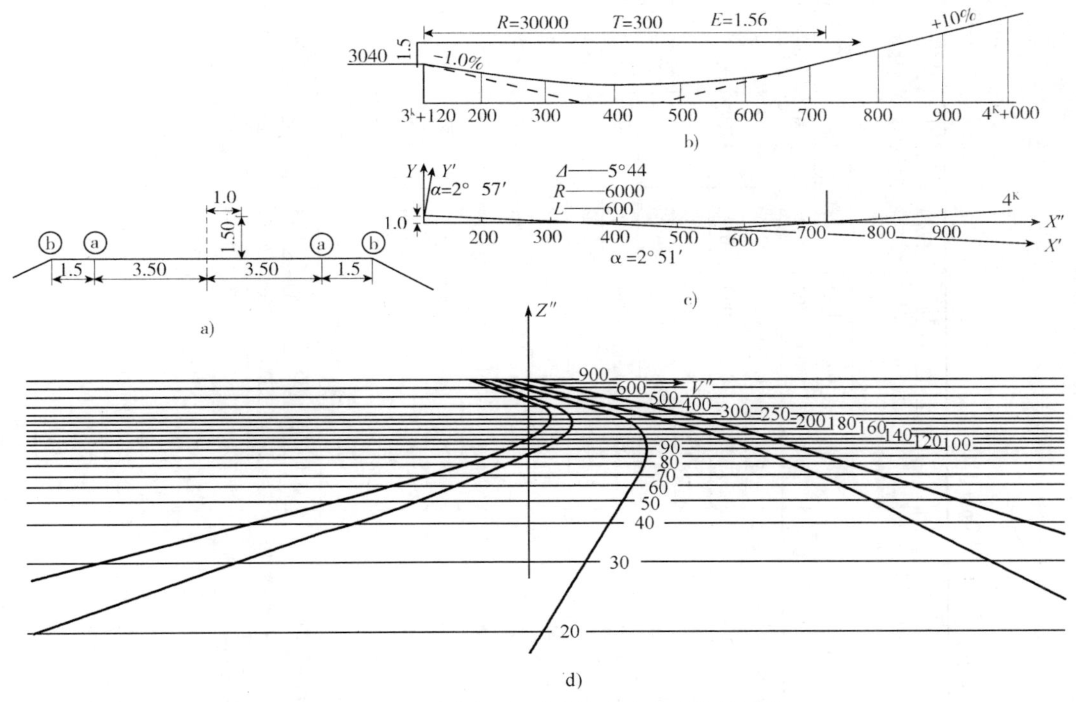

图 1-1-47　道路透视图示例（西安公路学院资料）

a）横断面；b）纵断面；c）平面；d）透视图

（二）全景透视图

为了研究道路与环境协调就需要绘制道路的全景透视图，全景透视图真实地根据用路者的立地位置，反映用路者所看到的道路景观，是直观研究道路景观的重要方法。城市道路街景的透视图绘法，在建筑透视中也有些介绍，但建筑学中所讲的这种透视图没有根据道路透视图的绘制方法绘出道路骨架，如一般用路中线作为立地点等。对于公路的全景透视图绘法有一套比较完善的方法，因此城市道路全景透视图的绘制可以借鉴。公路的全景透视图的绘制方法主要有四种。

第一种：写生法，即站在立地点，用风景写生的方法，目估环境元素尺寸，按比例绘在路

透视图计算表

表 1-1-11

$\alpha = 2°57'$　$\sin\alpha = 0.05146$　$\cos\alpha = 0.99867$

$B = 1.0\text{m}$　视点高 = 31.90m　$d = 1000\text{mm}$

路线名称及桩号：× ×路 $2K+120 \sim 3K+020$ 视点桩号 $2K+120$

半路基宽 $b'/2 = 5.00\text{m}$，半路面宽 $b/2 = 3.50\text{m}$

序号	柱号	x' (m)	$x\sin\alpha$	$x'\cos\alpha$	y'	$y'+B$	$(y'+B)\sin\alpha$	$(y'+B)\cos\alpha$	物点坐标		计算点设计高	距视轴高度(z)(12)-试点高	透视图比例 d/x	透视坐标		路边线位置		备注
									x(5)+(8)	y(4)-(9)				y″(11)×(14)	z″(13)×(14)	路面边缘 3.5×(14)	路基边缘 5.0×(14)	
(1)	(2)	(3)	(4)	(5)	(6)	(7)	(8)	(9)	(10)	(11)	(12)	(13)	(14)	(15)	(16)	(17)	(18)	(19)
1	2K+120	0	0	同(3)	0	1.00	0	1.000	0	-1.000	30.40	-1.50	∞	-∞	∞	∞	∞	
2	+130	10	+0.515		0.01	1.01		1.009	10	-0.494	30.30	-1.60	100	-49	-160	352	500	
3	+140	20	+1.029		0.03	1.03		1.029	20	0.000	30.21	-1.69	50	0	-84.5	175	250	
4	+150	30	+1.544		0.08	1.08		1.079	30	+0.465	30.12	-1.78	33.33	+15.7	-59.9	116.7	166.7	
5	+160	40	+2.058		0.13	1.13		1.128	40	+0.930	30.03	-1.87	25.00	+23.7	-46.8	87.5	125	
6	+170	50	+2.573		0.21	1.21		1.208	50	+1.365	29.94	-1.96	20.00	+27.4	-39.2	70.0	100	
7	+180	60	+3.488		0.30	1.30		1..298	60	+1.790	29.86	-2.04	16.77	+30.0	-34.0	58.3	83.3	
8	+190	70	+3.602		0.41	1.41		1.408	70	+2.194	29.78	-2.12	14.29	+31.3	-30.3	50.0	71.5	
9	+200	80	+4.117		0.53	1.53		1.528	80	+2.589	29.71	-2.19	12.50	+32.4	-27.4	43.8	62.8	
10	+210	90	+4.631		0.68	1.68		1.678	90	+2.953	29.64	-2.26	11.11	+32.8	-25.1	38.9	55.5	
11	+220	100	+5.146		0.83	1.83		1.828	100	+3.318	29.57	-2.33	10.00	33.2	-23.3	35.0	50.0	
12	+240	120	+6.175		1.20	2.20		2.197	120	+3.987	29.44	-2.46	8.32	+33.2	-20.5	29.2	41.7	
13	+260	140	+7.204		1.63	2.63		2.627	140	+4.577	29.33	-2.57	7.14	+32.7	-18.4	25.0	35.7	
14	+280	160	+8.234		2.13	3.13		3.126	160	+5.108	29.23	-2.67	6.25	+31.9	-16.7	21.9	31.3	
15	300	180	+9.268		2.70	3.70		3.695	180	+5.573	29.14	-2.76	5.56	+30.9	-15.3	19.5	27.8	
16	+320	200	+10.292		3.33	4.33		4.324	200	+6.468	29.07	-2.23	5.00	29.9	-14.2	17.5	25.0	
17	+370	250	+12.862		5.21	6.21		6.201	250	+6.664	28.97	-2.93	4.00	+26.6	-11.7	14.0	20.0	
18	+420	300	+15.348		7.50	8.50		8.489	300	+6.959	28.90	-3.00	3.33	+23.2	-10.0	11.7	16.7	
19	+520	400	+20.584		13.33	14.33		14.311	400	+6.273	29.07	-2.83	2.50	+15.7	-7.1	8.8	12.5	
20	+620	500	+25.780		20.83	21.83		21.901	500	+3.929	29.57	-2.33	2.00	+7.7	-4.6	7.6	10.0	
21	+720	600	+30.876		30.00	31.00		30.959	600	-0.083	29.40	-1.50	1.67	+0.1	-2.5	5.8	8.3	
22	3K+020	900	+46.324		59.94	60.94		60.855	900	-14.531	33.40	+1.50	1.11	-16.14	+1.7	3.9	5.6	

注：此表立足点为右行（西安公路学院资料）

线透视图上，这种方法比较粗略，而且测绘者要有一定的美术素养，才能比较准确生动地对风景进行描绘。

第二种：是剪辑照片注，即站立在立地点位置，摄风景照片，在风景照片上装上道路透视图以代替徒手写生，这种方法要求透视图与风景照片的立地点（视点）一致，视轴是同一的，两者画面的距离 d 也是一致的，两者十字线也是相同的。

第三种：风景拼装绘图法，主要用等高线地形图经过计算画出地形，然后再画上树木与建筑物而成为全景透视图（图 1-1-48）。

第四种：是采用纠正仪写生风景。它是用刻有十字线的透明板，作为透视图中心的透视孔，以及决定两者间距并使视轴成水平的有支杆的水准器，三种部件所构成。将透明纸贴在透明板上，通过透视孔将看到的风景画出来，透视纠正仪法比剪辑照片法，具有能准确决定画面距离 d 与有较快的绘图速度等优点。

对于城市道路的全景透视图的绘制方法，一般和上述方法相同，如写生法，照片剪辑法，风景拼装的绘图法对不同情况均可应用。城市道路的直线路段全景透视图的绘制比较简单，只要正确选择好视轴与 d 值，即可按前述方法先绘制出道路透视图（一些中间点不必全部计算），然后可根据平面图上的建筑位置，以及建筑高度（建筑立面）等，按比例尺寸绘于道路两侧，并根据位置布置上绿化、照明灯具等等，而成为道路全景透视图（图 1-1-49）。如道路有曲线部分，可按概略透视图所述方法先绘制好道路透视图，然后在配上建筑与其他景观元素。

⇧ 图 1-1-48　用拼装绘制的全景透视图（立地点路外）（东京一名古屋高速公路静冈县庄内村）

⇧ 图 1-1-49　城市街道全景透视图

三、道路透视图的应用

道路透视图，是研究道路线形配合及道路与环境协调的一种有效的直观研究方法，它的应用主要有以下三方面。

（一）透视图用以研究与检查平、纵线形配合

主要对于高等级的公路及城市快速路（或主要交通干道）的线形配合是否合适而绘制的。例如，有段路线平、纵线形比较方案，见图 1-1-50a）、b），为研究其平、纵配合的视觉效果，绘制了道路线形的透视图，见图 1-1-51a）、b）。

分析结果表明，方案 A 纵断面上的波浪形使驾驶人员对平面线形产生错觉，并且感到空间线形不顺适。而方案 B 将纵断面上凸形竖曲线改为三个连续曲线后，改善了视觉，线形也比较顺适。从线形配合的视觉分析上看，B 方案优于 A 方案。

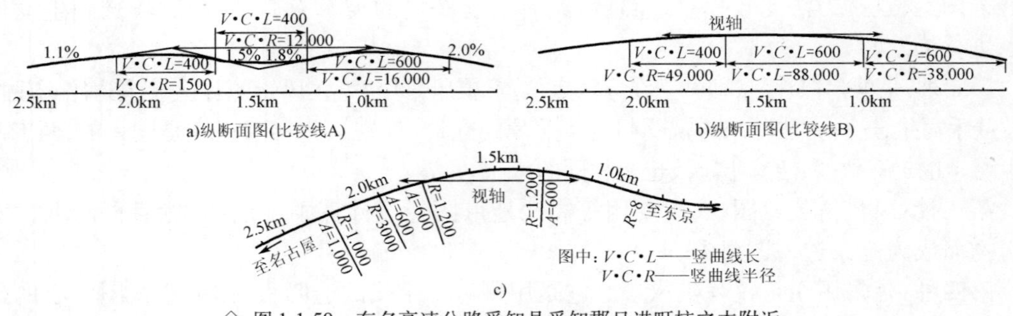

图 1-1-50　东名高速公路爱知县爱知郡日进町柿之木附近方案比较(日本资料.按左行立地点绘)

a)纵断面图(比较线 A);b)纵断面图(比较线 B);c)纵断面图(比较线 C)

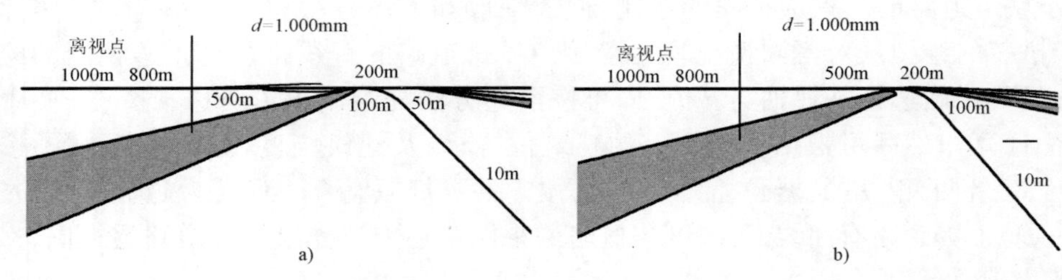

图 1-1-51　比较线 A 与比较线 B 的透视图

(本图摘自日本资料,按左侧行驶规则绘制)

a)比较线 A;b)比较线 B

(二)透视图用来研究道路线形和风景协调

为说明透视图在研究线形与环境协调方面的应用,现举日本东名高速路静冈县庵原郡町神泽附近一段道路为例(图 1-1-52)。该路通过附近山嘴时,原计划采用隧道方案,因为 1960 年比町寺尾地内发生滑坡,所以改为利用滑坡土填海筑堤,并让路线从上面通过。透视图立地点是选在从山旁通往海岸最能看清海岸线线形的地点。具体要求是首先要考虑有助于研究海岸线的风景与路线线形协调,因道路纵坡从山旁大到海岸为 2%,在这种地形情况下,2% 的坡度算是比较陡的,所以要能弄清这样大的坡度下,前方出现 $R=2400\text{m}$ 的圆曲线,视觉情况如何,需绘制路线与环境配合的透视图(图 1-1-53)。从图中可以看出 $R=2400\text{m}$ 的曲线从行车角度要求是平顺的,但与地形配合方面看,从图中显得 $R=2400\text{m}$ 的半径不大,而且感到比实际设计的半径看上去要小,因此为改善行车条件,增加驾驶人安全感,在路肩外边缘植树以改善视觉条件。

(三)用透视图研究构造物及构造物与环境协调

在道路上对构造物的印象,以及构造物与环境是否协调可以通过透视图来检查。同样以东名(东京—名古屋)为例,在静冈县庵原郡蒲原町蛭泽川附近,高速路通过山坡,道路上、下行车道改在两个不同的高度,在路线上方有两座跨线桥,这两座桥与道路配合,从桥型上和从环境上看是否存在问题,这需绘透视图进行检查(图 1-1-54)。从透视图立地点位置看,两座跨线桥在视线中不重叠,桥型与高速路和环境配合适当,在驾驶上与视觉上均无问题。

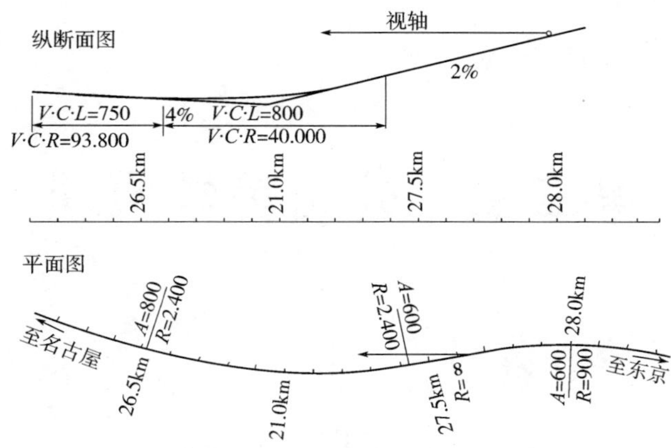

⇧ 图 1-1-52 日本静冈县庵原郡蒲原町神泽附近平、纵面及视轴选择(日本资料按左行道绘)

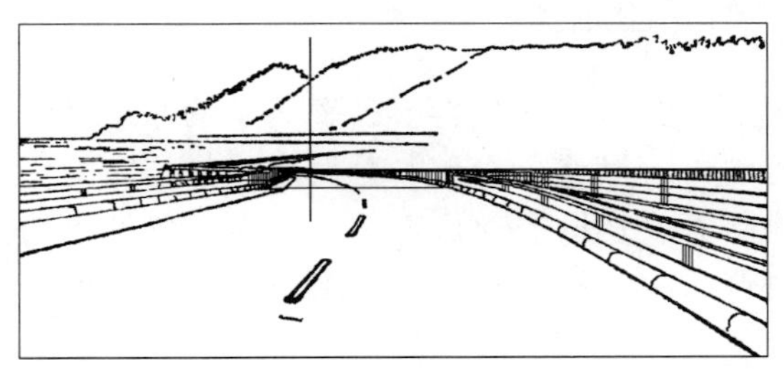

⇧ 图 1-1-53 研究路线与环境配合的透视图
(日本资料按左行道绘)

⇧ 图 1-1-54 检查桥型与道路配合的透视图
(日本资料按左行视点绘)

(四)用电子计算机绘制的透视图

在 1963 年法国公路工程师,将透视图作为用计算机做道路设计的副产品而问世,结合计算土方与平、竖曲线的输入数据就能很方便地产生骨骼状的透视图(图 1-1-55)。这种透视图可以用来分析线形配合,检查标志可见性、交通安全等,电子计算机绘制透视图是道路三维空间外观的快速检查方法,如透视图立地点的间隔为 100m,这样绘制出来的透视图则可以对整条线路进行深入的视觉分析,而且还可以做出两个行驶方向的透视图,电子计算机绘制的透视图,还可以显示任何观察点所看到的道路透视图。目前国内许多小型计算机配备有绘图仪的均可利用来绘制道路透视图。在绪论中也介绍过可以用断面之间距离很小的透视图摄成电影(类似动画片),用来模拟在任何车速下驾驶人在道路上行驶时的道路景观。随着电子计算机的应用普及,今后应用电子计算机进行道路视觉环境分析将越来越普遍。

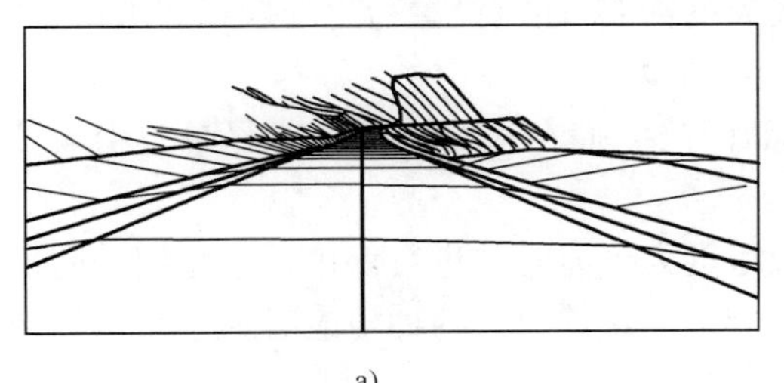

a)

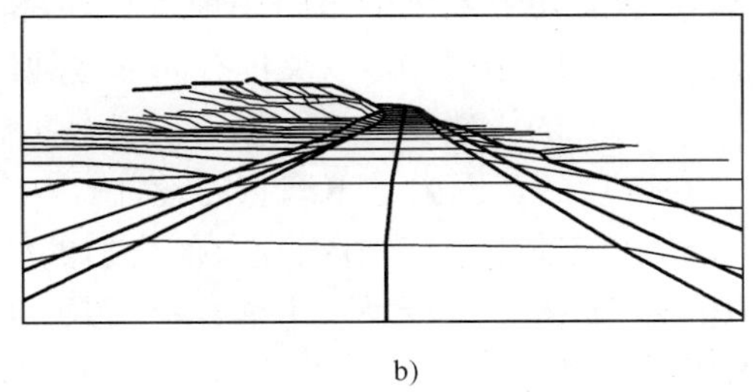

b)

⇧ 图 1-1-55 电子计算机绘制的透视图
(日本资料按左行视点绘)

第二章 公路美学原理

第一节 概 论

一、对国外公路美学研究的回顾

在公路美学基础中我们讨论了视觉原理及建筑形式美的法则等。公路美学的原理是试图寻找公路美的规律,并以此去设计公路景观,创造一条优美的公路与公路环境。公路的优美与否,主要取决于两点:一是公路本体线形、横断面以及构造物是否符合动视觉条件下的审美特性;二是动视野中公路与周围环境是否协调,并有悦目的外观,为用路者创造一个行驶安全、舒适的旅行环境。

《公路美学》(美)一书中指出:在现代高等级公路发展初期(著者注:20 世纪 30 年代),人们已掌握改善公路外观与美化公路的原则。但这些原则没有能为设计与施工人员熟悉与应用。这些原理可归纳如下。

(1)设计路线时,应能提供所经过地区视野的多样性,路线应利用最佳的风景特征以引人入胜,避免单调。

(2)公路应当“适应地形”不要大填大挖。选择公路设计车速和几何设计标准时,应充分考虑适应地形这一重要因素。

(3)公路应尽量与周围环境融为一体,而不露出施工痕迹。不可避免时应及时予以恢复,可以通过适当修整或种植来恢复其自然外观。

(4)从驾驶人角度看,公路应具有优美的三维空间外观,视觉中线形应当顺畅、连续、可预知、没有扭曲、行车不别扭,而且与周围环境保持适当比例。

(5)为了适应公路外观和结构整体性的需要,应当进行绿化并防止冲刷。

(6)应有足够宽度的道路用地,以适应将来发展的需要,还应设置稳定的坡顶或坡脚,并做成弧形边坡与排水沟,以及具有向邻近地区过渡的路边带。

(7)必要的构造物,如桥、涵、挡土墙、护栏、标牌等,它们在道路画面中应尽量不引人注目,并在合理的范围内作出满意的设计。

(8)在道路用地范围内,现有的合适的植被应尽最大可能对其进行保护。不是用于防冲刷的植被(如树木、灌木丛、花草)应少布置在路边带上。这些地带的种植应有助于路边带与周围环境连成一片。

该书指出:“符合上述原则的公路不多,许多公路纵坡呆板,边坡很陡,不能和地形轮廓糅合在一起,普遍存在平、纵线形配合不好的问题,从低角度视线看公路三维空间外观时,既别扭,又难看。”美国 20 世纪 70 年代前出现的问题,和我们今天已建或在建的高等级公路所面临的问题是何其相似。其存在的原因仍是专业人员没能应用公路美化的原则与规律去进行设计。

在汉斯·洛伦茨(前联邦德国)的《公路线形与环境设计》一书中,主要论述的内容为道路视觉、线形、造型、土工、栽植。显然,他将视觉线形作为公路设计的主要任务,而将造型、土工、栽植作为环境设计主要内容。全书有关视觉论述甚多,可见汉斯·洛伦茨是将道路视觉作为线形与环境设计的出发原点。

20 世纪 80 年代我国兴起研究“交通工程”,公路美学是研究方向之一。当时还有一个重要研究方向是“人机工程”,讲的是驾驶人与汽车的关系,一些学者汇集了不少动视觉原理方面的素材。这使我们了解了在不同车速条件下视觉的变化,以及心理、生理方面的反应,公路设计人员也对这些问题有了许多新的认识。

综上所述,用路者的视觉特性、线形、环境三个主题是国外对公路美学研究的主要内容。

二、关于公路美学原理的讨论

在总论中我们对公路美学原理已有初步讨论,从对国外已有成果的分析中,可以知道一条优美的公路,首先要有优美的公路线形,这线形从三维角度来讲要流畅、平顺、不别扭,从四维角度看有良好的视线诱导,行车安全舒适。《公路美学》(美)将美学、驾驶人动态与公路安全列为一章,并指出:“不管公路多么优美,如没有安全感,就不能认为在美学上是满意的。美学涉及人类的全部感觉与感情”。因此舒适的来源之一是安全性,而另一来源是视野的多样性。美国著名风景建筑师詹斯·詹森认为“如果路旁过于单调而使驾驶人打瞌睡,或者使人怕得神经紧张起来,那么不管公路多么好,都是危险的”。由此可见公路的环境是衡量公路舒适性的又一标志。因此一条好的公路除具有优美的线形以外,还应为用路者提供安全优美的公路环境。这两条就是公路美学的核心内容。

(一)视觉原理的应用

在视觉原理中,我们介绍了动视野,并介绍了 R·汉密尔顿和 L·L·班斯坦所绘的车速与视野和注意力集中点的关系图。这两位先驱早在 1937 发表的“视觉原理”中,对动视觉特性就有描述,现摘录如下,可作为前面论述的补充。

(1)驾驶人的注意力集中度和心理紧张的程度随车速增加而增加。

(2)驾驶人的注意力集中点随车速增加而向远方移动,当车速增加至 60 英里/时(97km/h)时,他的注意力集中点在前方 2000 英尺(610m)以外的某一点。

(3)当车速增加时,视觉对前景细节开始变得模糊不清。当车速超过 60 英里/时(97km/h)时,对前景细节反应实际等于零。

(4)驾驶人周边感觉随着车速的增加而减少。当车速达到 45 英里/时(72km/h)时,驾驶人可看到公路两侧的视角为 30°~40°。当车速增加到 60 英里/小时(97km/h)时,则视角在 20°以下。当车速继续增加时,驾驶人的注意力随之引向景象中心而置两侧于不顾。

(5)即使中等车速条件下,驾驶也需要有 1/16s 的时间才能将视线注视在能够看得见的目标上。此时眼睛从注视的某一点跳到另外一点,在跳动之间是绝对看不到什么东西(可参见图 1-1-8)。同时为看清目标,应使眼睛和目标相对固定(著者注:即使相对固定,回转角超过 72°/s 时影像仍然会模糊不清）。这就是高速行驶时车速增加，驾驶人眼睛注视角点越来越远的原因。

视觉原理使我们了解公路美学的特质是不同车速行驶下用路者的视觉特性。这种特性可归纳为随车速增加用路者的感知能力降低，表现在注意力集中程度增加，焦点距离变远。视野范围随之减小，车前可视距离降低，对周边感觉敏感度降低，而且路面比例在视野景框中加大。因此建筑形式美法则在公路设计的应用中充分考虑不同车速的影响，车速越高这种影响越显著。而对风景学理论的应用，同样也是在不同车速下出现不同的“动态景框”。上述视觉特性的论述给我们带来了研究公路景观与环境设计的全新概念。

（二）公路自身协调和公路与环境协调

设计车速是线形设计与环境设计的控制因素，不同车速对线形及环境设计均有不同要求，大塚胜美、木仓正美（日）所著的《公路线形设计》中，以不同车速为前提列出了不同的线形设计内容，如表 1-2-1 所示。

设计车速与线形设计的美学关系 表 1-2-1

设计速度	公路等级	公路性质	线形设计内容
60km/h 以上	城市之间高速路；城市快速干道；主要国道（市区主干道）	主要处理远距离交通，根据需要控制出入，可以持续高速运行	注意高速、安全、舒适性；考虑和地形、地区相适应；要求线形协调、平顺
40～60km/h	一般国道；主要地方道路	处理中距离交通，平台交叉，也包含断续的运行	注意安全性；线形与地区相适应；工程费用低廉为前提，尽可能地希望线形平顺
40km/h 以下	局部地方道路	处理地方交通，平面交叉，车速较缓	安全性；与地区生活范围有机结合；除原来意图的线形设计对象以外的内容

大塚胜美、木仓正美在表 1-2-1 下有一段说明：“由表可知，线形设计主要是在预期的公路上高速连续行驶时，应强调其安全、舒适，这是应当首先考虑的问题。对最低限度、设计速度超过 40km/h 的公路，切记要把它作为具有原来意义的线形设计对象。”

由表与说明可以看出，视觉线形设计对象主要是针对车速 60km/h 以上高速连续行驶，同时对安全性、舒适性要求较高的路线，而且要与地形和地区环境相协调；而 40km/h 以下的一般地方道路，强调的是安全性，而与地区生活范围相结合的含义可理解为方便群众出行，除对线形有特殊要求的以外，仅作为几何设计对象，而不是视觉线形设计对象；而车速 40～60km/h 是中间过渡。综上所述公路美学从操作性角度讲主要有两大内容，即公路自身协调和公路与环境协调。

公路自身协调和公路与环境协调的主要内容如下。

1. 公路自身协调

(1)二维线形——研究平面配合或纵面配合。

(2)三维线形——是立体线形,用以研究平、纵面配合,解决路线平顺性。

(3)四维线形——视觉线形是三维线形加时间变化,用以解决平顺性、视线诱导、可预知性与评价舒适性。

(4)公路本体协调——即公路线形与横断面协调和公路构造物与公路的协调。

2. 公路与环境协调

(1)研究公路与环境配合,使公路适应地形在环境中恰如其分,并成为风景的一部分。

(2)研究公路与公路交通服务设施及路边等垂直要素的协调。

(3)研究公路与绿化的协调,绿化要有科学合理的种植,有利行车安全和改善环境,特别是要解决公路与周边环境的衔接。

(4)研究影响公路景观、环境的其他自然气候、人文环境的各种因素。

(5)研究路外人对公路的宏观印象。

(三)公路美学原理的构思

以上论述使我们可以将公路美学理解为:**"公路与环境的三维空间随时间变化时,用路者视觉与心理感受等形成的综合效应。"**也可理解为:**"用路者以不同车速在公路上运动时,用路者的视觉(心理)中,公路及公路与周围环境的四维空间印象。"**

动视觉原理加建筑形式美法则再加景观学构成公路美学基础。因此公路美学原理就是要用动视觉原理来研究建筑形式美法则、景观学在现代交通条件下公路线形与环境设计中的应用。其具体化就是用动视觉原理、建筑形式美法则去解决公路自身协调,用动视觉原理、建筑形式美法则与景观学去解决公路与环境协调。这就是著者对公路美学原理的研究思路。

第二节　公路自身协调

公路自身协调是研究公路线形协调与横断面协调,线形、横断面与构造物的协调,这些因素构成公路本体的自身协调。公路自身协调直接关系到路线行驶的平顺性、安全性。从美学上讲线形流畅、断面比例恰当、构造物与线形和横断面融为一个整体,这是形成公路美的最重要的内容。

一、线形设计美学

公路几何设计要对公路的平、纵、横几何元素进行设计,再加上构造物共同构成公路本体,由平、纵轴线构成的公路线形是公路的主轴。对公路设计的一般要求是安全、舒适、经济。线形设计的技术要求是平顺、流畅(不扭曲)、有良好的视线诱导与可预知性。而对线形设计的美学要求,则是要有优美流畅的三维线形,并且线形与地形和环境有良好配合,行车舒适,有安全感。而且路线随时间变化要有运动感,使用路者感受到线形与环境随时间变化的韵律与节奏,给用路者带来舒适性。

(一)线形美学的一般论述

用路者在公路行驶过程中,注意力集中于前车窗的“框景”中,而最突出的部分就是带状向前延伸的公路。前方的视距长短取决于车速与地形。而在用路者的视线范围内,路线应当是流畅、连续和可预知的。因此必须保持视觉的连续性。

1. 公路直线美学特征

公路线形为直线时,有明确的方向性,长直线有无限透视性,沿路线两侧绿化及设施也容易和公路协调,使其有具有强烈的线性特征,给人整齐、简洁之感(图 1-2-1)。但长直线在美学上线形呆板,景观单调。如果在曲线中插入一段直线,若处理不好,容易破坏线形的连续性。除平原地区以外直线很难与地形融合。长直线美学上的缺点在于它的均匀性,由于道路画线、路肩、护栏、绿化等元素都与路线平行,使这种单调加重。如路边风景同样没有引人注目的景色,则往往会使用路者厌烦,甚至因瞌睡带来安全隐患。因此要控制直线长度,如没有超车道在车速 100km/h 时,应控制其长度为 3min 行程,相当于 5km 以下,即使 5km 长直线也足以使用路者感到单调,一般认为应控制在 3km 以下比较合理。在双车道公路上单向只有一个车道,因此从行车角度考虑在满足超车视距的前提下,在适当间隔的路段提供 800~1600m 的直线路段,给超车提供机会也是必不可少的。

2. 曲线线形美学特征

圆曲线、复合曲线是线形基本要素,在曲线半径较小时往往还应插入缓和曲线,使直线向圆曲线或复合曲线之间过渡时比较平顺,以改善行驶的操作性和舒适感。

曲线的美学特征是线形平顺流畅且具有动感,曲线易配合地形,宏观印象上很容易形成优美的景观(图 1-2-2)。

⇧ 图 1-2-1 用路者位置看到的长直线景观(美,艾瓦州)图中路线消失在前方地平线

⇧ 图 1-2-2 用路者位置看到的曲线景观(美,明尼苏达),图中地形有小的起伏,前方有树木与划线诱导,线形可预知

公路工程师在按传统方法设计时希望出现左右交替设置的曲线,此时两曲线间应有适当长度的直线进行缓和,若处理不当则会出现断臂曲线,但现在新的曲线插法则可解决这一问题了。同样曲线与直线过渡时插入缓和曲线,这样衔接则可以改善。

全曲线形的道路线形流畅,如曲线与超高段的过渡都很平顺则是好的设计。如公路不过分蜿蜒曲折,又能提供合理的超车机会(双车道),则全曲线公路与直线公路具有一样的通行能力。当然双向四车道的高等级公路,本身就有超车道,此时地形如适合采用全曲线形当然是一种不错的选择。著者 20 世纪 90 年代时曾因×路路线曲折而尝试将大量缓和段插入圆曲线，而使公路形成连续曲线，行车平顺、安全、舒适等方面都得到地方与驾驶人的一致肯定。连续曲线能使公路更好地适应地形，这在今天已得到广泛应用。如果没有特殊需要，曲线间插入不超过 1.6km 长的直线在美学上也是可行的。而在视线范围内能看到几个相连曲线是否是好的线形呢？前方一个弯道感觉是好的，看到二个曲线是反向的也是优美的，如果曲线左右反复变化，视线中看到三个以上这种反复弯曲的线形，则给人是“蛇形”的印象。如这种曲线反复出现，则需要用绿化的遮蔽理论去处理了。如能遮挡后面弯曲部分，视觉效果则有所改善(图 1-2-3)。

a)

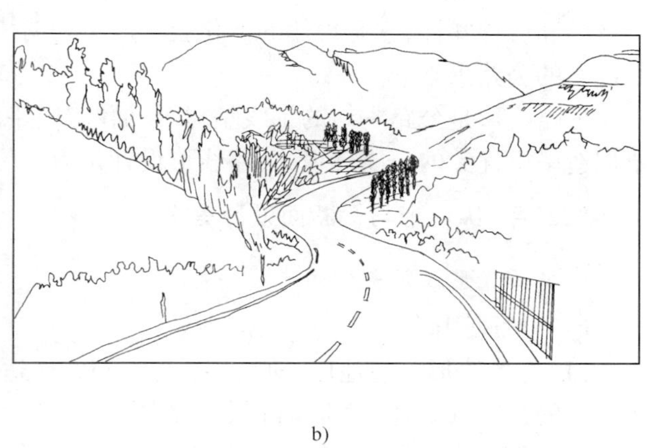

b)

⇧ 图 1-2-3

a)蛇形曲线示意图，一般视野中出现三个以上平面弯曲即为蛇形路线(本图是鸟瞰图，实际在车行道上行驶，图中上路线因前方有土丘坡脚遮挡，行驶时一般只能看到 1～2 个弯道)；b)蛇形路线前方可用树木遮挡改善多弯印象

3. 立体线形美学简述

立体线形是由平面、纵面组合而成的三维线形，其主要美学研究内容将在线形自身协调中详细讨论，上述平面线形的直线、曲线的美学特征指的是在平原或地形变化很小时呈现的景象。我国多数地区为丘陵或山区，展现在我们面前往往是平面线形随地形变化而出现的平面和纵面的变化，此时路线是由平面、纵面线形组合而成的立体线形。

就纵面而言，具有小纵坡的长直线在上坡时，因纵面有微小变化，其单调感比平原区长直线单调感有所缓解。而坡度稍大的上坡则会使用路者心理压力增加，舒适感降低。如纵坡过大，前方线形与环境的连续意象则会中断，此时坡顶应注意路线前方的视线诱导。而下坡时用路者往往可俯视前方风景，同时下坡产生的运动感可以给用路者带来舒适性。但过陡的坡降，往往使用路者产生心理压力而带来不安全的感觉。如是缓坡，上述感觉则会有很大减少。纵面线形从技术角度讲主要解决好凸、凹竖曲线与平面线形的配合，如配合恰当则行车平顺，视觉上流畅，从景观角度上来讲上坡可看到前方多层次的景物，而下坡特别是凹形曲线部分则可获得该区域全景印象，而其前后变坡点则可能成为景观小区的分界线。纵断面的变化，在不同区域如环境特征也有变化，则可提供视野的多样性。一般讲凸形曲线不如凹形曲线形成优美景观的条件好，而长直线的前方纵面多次起伏的地形出现的锯齿形断面，会出现视觉中的不连续线形（图1-2-4）。

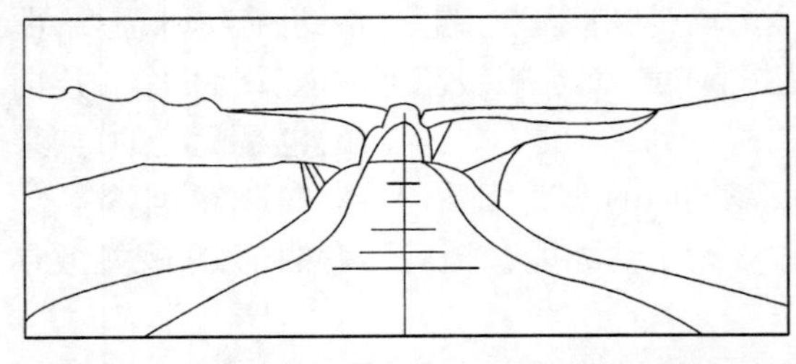
图1-2-4 纵面线形多次起伏形成锯齿状断面

平、纵配合好坏是线形评价的主要因素。从行车角度来讲平面线形要求平顺，没有急弯，直线、曲线设置均衡（如无长直线前方相对较小的圆曲线半径或较短的圆曲线）。而纵面要减少反复起伏，减少较大纵坡。平纵要有良好配合，立体空间线形没有扭曲，符合汽车行驶特点与力学要求。其立体线形随汽车行驶的时间变化的四维线形应流畅，有视线诱导和可预知性，它有规律的变化会形成一种韵律与节奏，给用路者带来舒适性并呈现一幅优美的公路景观。

公路线形是公路本体的轴线是树干，而路基、路面、附属构造物就像树干上的枝、叶、果。要创造一个优美的公路环境，公路线形设计是第一位的。

（二）平、纵线形与横断面设计美学

1. 平面线形设计美学

1）一般原则简述

（1）好的线形要与地形、地物相适应。路线应适应地形与地物，才能与风景相协调，以形成优美的公路景观，同时也可降低工程费用。

（2）好的平面线形应有良好的安全性与舒适性。当车速60km/h以上时，一般认为已是高速行驶，此时线形与安全、舒适密切相关。线形应满足汽车行驶力学上的要求以保证车辆的稳定性。同时人对高速行驶的适应性也应从人机工程角度来研究线形与视觉、心理方面的关系。

从线形的安全性与舒适性出发，要求线形是连续的，应避免突然变化，如长直线的端部设置小半径的急弯。因地形限制而必须设置急弯时，应能事先识别，并有前置曲线设置。除平原地区以外，长直线不宜适应地形，而往往成为影响线形连续性的原因，同时长直线事故多，应适当控制直线的长度，避免出现过长直线。从视觉要求出发，平面线形要避免小交角的曲线，这种情况容易产生错觉，应当避免，有缓和曲线时交角不应小于10°，同时交角大的地方也不应用小半径曲线。一般希望小交角的位置应加大半径使其有足够的曲线长度而避免错觉，而曲率半径越大越好。一般使用的半径应为极限值的4～8倍以上，同时采用超高值2%～4%相对应的曲率半径以上的半径。在填方路堤等路段为让用路者能判断曲率应采用绿化等视线诱导等措施。

在两圆曲线之间不应插入短直线，这样也会产生视错觉，破坏线形连续性，如圆曲线两端需插入缓和曲线时，其参数A应满足$\frac{1}{3}R \leqslant A \leqslant R$，而且缓和曲线∶圆曲线∶缓和曲线，其各自长度相当于1∶1∶1。同时圆曲线应与纵断面线形有良好的配合，才能形成良好的立体线形。

（3）好的线形应有良好的平顺性。线形平顺对平面设计来讲一方面是直线与曲线应用的均衡，另一特征因素就是直线与曲线过渡应尽量采用缓和曲线，这样既可缓和离心加速度的变化率，又能增加加速行驶的安全性，也有利于形成优美的平顺线形。

(4)其他。为保证行驶安全要注意道路交叉的处理，特别是平交口的安全问题。另外线形设计应予以优化，优化的同时也希望能降低工程建设费用。

2)平面线形要素及应用

平面线形有三要素，即直线、圆曲线与缓和曲线(一般采用回旋曲线)，对上述线形要素应随技术标准、地形、地物等变化而恰如其分地应用。

(1)直线线形及应用。

直线线形是基本线形也是常用线形，但直线除在平坦地区以外不容易与地形协调。直线在几何学上是不柔和的形态，可理解为直线线形不是理想线形，既不流畅又降低行驶舒适性。从视觉与行车要求看，过长直线由于单调性，既分散用路的注意力，又会增加其疲劳感。在长直线上用路者为摆脱这种单调路段而加快行驶速度，并会错误判断车头距离，这往往是造成事故的诱因，大量交通事故的统计与人机工程学实验都证明了这一点。因此对直线长度在使用时应有控制，如长度不当也会破坏路段线形的连续性。一般最大直线长度按前面前联邦德国《市郊道路技术标准》(RAL-L)规定：$L_{max}=20V$，如120km/h车速为2.4km。但在同向曲线中插入短直线时会形成断臂曲线，因此前联邦德国标准(RAL-L)中要求，此时最短直线长度为$L_{min}=6V$。而反向曲线间插入的直线长度应满足两端超高缓和段的要求。直线应用长度如表1-2-2所示。

直线适用长度 表1-2-2

设计速度(km/h)	最大长度(m)	最小长度(m)	设计速度(km/h)	最大长度(m)	最小长度(m)
120	2500	700	80	1500	500
100	2000	600	60	1000	350

注：最小长度是指同向曲线之间的断臂长度，反向曲线除外。

(2)圆曲线线形的应用。

技术标准规定了圆曲线最小半径有三个概念，即一般值、极限值和不设超高的最小半径。其极限值是满足汽车行驶力学要求与人对横向力的耐受程度确定的。因此极限值在极端情况下方能采用，它是平顺性与舒适性的最低要求。一般应尽量采用大半径，但有些地区受地形或地物限制不得已采用极限最小半径时，也应在设计车速下确保安全。

同样，直线与圆曲线、大圆与小圆直接连接，曲率都不连续。只有路面比较宽时，车辆行驶轨迹才有可能自然过渡，否则应考虑设置缓和曲线。对于半径的设置德国、日本等国最小半径的期望值如表1-2-3所示。表中所列值也就是我们目前公路工程技术标准中所列的最小半径一般值。

圆曲线最小半径期望值 表1-2-3

设计速度(km/h)	R_{min}期望值(m)	设计速度(km/h)	R_{min}期望值(m)	设计速度(km/h)	R_{min}期望值(m)
120	1000	80	400	50	150
100	700	60	200	40	100

(3)缓和曲线的应用。

一般缓和曲线我们采用的是回旋线，其变化较符合行车轨迹。当直线向圆曲线过渡或大圆曲线向小圆曲线过渡时，其曲率的过渡、横坡的过渡、宽度的过渡从理论上讲都应该设置缓和段使其逐步过渡，当然过渡段越长则越平顺。但需要满足这种平顺过渡的最小长度是多少呢？实际应用中一般我们是按曲率过渡所需的长度与超高缓和所需的长度来确定的，要考虑汽车行驶时离心加速度、操作条件、舒适性等来决定的。缓和曲线的最小长度如表1-2-4所示。

缓和曲线的最小长度 表1-2-4

设计车速(km/h)	缓和曲线最小长度(m)	设计车速(km/h)	缓和曲线最小长度(m)
120	100	60	50
100	85	50	40
80	70	40	35

美国国有公路管理员协会(AASHO)规定："在超过缓和段上，以车行道边缘外观上过渡平顺来决定其长度"，一般其长度相对较短，从横坡过渡来看美观与舒适性是重要因素。在大塚胜美(日)所著《线形设计》一书中有横坡缓和率这一概念。所谓横坡缓和率就是车行道边缘纵断面线形基准线的相对坡度，如缓和率1/200，即车行车道边缘对纵断面基准线相对坡度为0.5%，不同车速下的横坡缓和率如表1-2-5所示。

横坡缓和率 表1-2-5

设计车速(km/h)	横坡缓和率	设计车速(km/h)	横坡缓和率	设计车速(km/h)	横坡缓和率
120	1/200	80	1/150	50	1/115
100	1/175	60	1/125	40	1/100

缓和率平缓些，美观性、舒适性都好。但缓和率过渡时，特别在变曲点附近要注意能保证排水的横坡，因此要限制最小缓和率，前联邦德国RAL-L根据经验设为0.3%(1/333)，日本东名高速公路的经验是采用横坡-2%～+2%，以确保1/350的最小缓和率。

早期缓和曲线仅从运动力学角度考虑，现国外已将其作为主要线形要素设计，使其成为改善平面线形舒适性与外观的又一重要手段(图1-2-5)，应充分加以利用。对是否需要设置缓和曲线可以从以下几方面考虑。

a)

b)

⇧ 图1-2-5 在行驶力学上认为不需设置缓和曲线的半径的线形(图a)，在一旦设置缓和曲线后，其线形变得平顺(图b)

①直线与圆曲线之间。

a. 当圆曲线内移距小于0.20m时，一般可不设缓和曲线，但从汽车行驶力学条件考虑，操纵方向盘实现直线到圆曲线过渡需要有3s行程，由此推算为满足行驶条件不设缓和曲线的极限曲线半径，如表1-2-6所示。

不设缓和曲线的极限曲线半径　表 1-2-6

设计车速(km/h)	极限曲线半径(m)	设计车速(km/h)	极限曲线半径(m)
120	2100	65	500
100	1500	50	350
80	900	40	250

表中所述半径大约相当于我们技术标准中半径的一般值的两倍。

b. 如考虑美学上的视觉平顺要求时。如考虑视觉上平面线形的平顺性与符合用路者行驶的心理要求,则半径值应符合表 1-2-3 推荐值的左右。据前联邦德国的经验,回旋线参数 A 符合 $\frac{R}{3} \leqslant A \leqslant R$ 条件时,可获得视觉上协调,可过渡到平顺的线形。符合此条件的表 1-2-3 中半径值是按内移距 0.20m 和符合 3s 行程就不设缓和曲线的极限半径。但日本实践认为上述条件在 $100\text{m} < R < 300\text{m}$ 时,实际效果较好,如不在此范围,则线形平顺性则很难保证。

c. 考虑驾驶人舒适性。考虑到驾驶人舒适性,一般应符合相当于表 1-2-6 大致 2 倍的半径时,则可以同时满足行驶、视觉平顺性及舒适性要求。

直线和曲线之间的过渡,除上述给出的几种极限半径以外,是否需要缓和段,在美学上特别是考虑视觉与舒适性的要求来决定的,应用这种理念大于极限条件的半径并不等于不需要设置缓和曲线。

②在复合曲线中插入缓和曲线的讨论。一般认为如在两圆曲线之间插入缓和曲线后其内移距小于 0.1m 时,可以不设缓和曲线。由此也可以推算出复合曲线间大小圆的比例关系。假如小圆半径大于公路技术标准中极限值 3 倍以上时,则可以满足视觉与平顺性要求。此时大小圆半径的比例关系如表 1-2-7 所示。

复合曲线中不插入缓和曲线的极限条件　表 1-2-7

小圆半径(m)	大圆与小圆的比率($R_大/R_小$)	小圆半径(m)	大圆与小圆的比率($R_大/R_小$)
100 ~ 500	1.3	1000 ~ 2000	1.7
500 ~ 100	1.5	2000 以上	2.0

③以曲线为主的平面线形设计方法。配合地形最好的方法是采用以曲线为主的平面线形设计方法。通常平面线形设计的路线是先绘出路线直线,再根据圆曲线外距或直线长度来选择半径[图 1-2-6a)]。这种线形中间有短直线段的,则平面线形不很平顺。若采用以曲线线形为主的手法[1-2-6b)],可改先定直线为先定曲线。

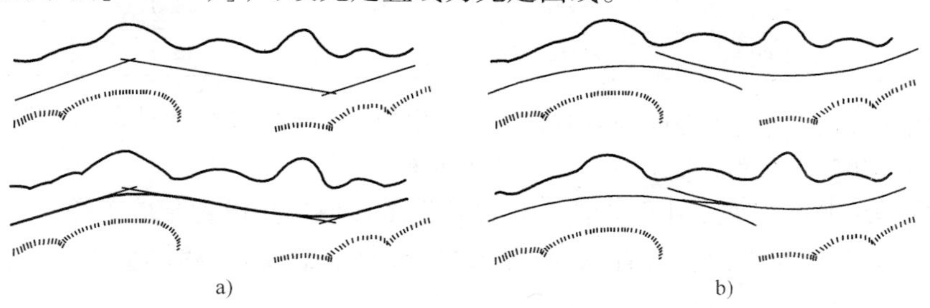

a)　b)

图 1-2-6　平曲线设置方法的变迁

注:图 a 为传统手法先定直线,再选定半径插入曲线;图 b 为新手法先根据地形确定圆曲线,然后用缓和曲线将两曲线相联,也有称:以曲线为主的线形设计。

而曲线之间用缓和曲线一连接，当然也可以将缓和曲线部分插入圆曲线中，这样线形平顺、流畅、富有动感。

在曲线上行驶，易判断方向的变化，并能在变化中观察两侧风景，如一侧有部分封闭则能形成很优美的景观。丘陵、山区、平原地物较多地方，如采用以曲线线形为主的设计手法，公路线形外观、线形连续性、平顺性等都会得到很大改善，这是一种新的方法，无论从行车角度还是美学角度都是值得推荐的。

2. 纵断面线形设计美学

1)纵断面设计要素

纵断面的线形要素有两个，一是直线，二是抛物线。直线用于坡度相同路段，而二次抛物线用作插入变坡点的竖向曲线。纵坡受地形条件控制而纵坡大时事故会增多，在设计车速范围内应尽量采用缓坡。无论从行驶要求或视觉(或美学)要求来看，纵断面的竖曲线是否平顺往往成为评价线形优劣的重要因素。人们对线形印象不好常常是认为纵面线形不好，而且一般认为是过多插入竖曲线与竖曲线半径小所引起的。因此使平、纵面线形均衡，平顺，在美学上、视觉上以及运动心理学的舒适性上看，都是必需的。

2)纵断面设计的一般原则

①线形应适应地形，纵断面应该平顺，短距离内不应有过多起伏。

②避免前方纵面视线中间出现凹陷，这样中断视觉连续性，因驾驶人对前方路况不能正确判断而不敢超车或加速。

③避免两个凸形曲线间插入小于500~700m的中间直线而影响视觉上的平顺性。

④平面直线段的路线中间有凹形曲线时，驾驶人往往有错觉而不能正确判断坡降而加速，此时容易事故多发。这种线形在纵坡设计时要注意平缓或变更平面线形插入平顺的平曲线来进行改善。

⑤缓坡有利于行车，但应注意不小于最小排水纵坡。

⑥竖曲线应尽量选大，使线形平顺、连续而且有安全感。考虑视觉上、心理上的因素，用表1-2-8中的半径均可满足上述要求。

从视觉观点考虑的竖曲线半径参考值 表1-2-8

设计车速(km/h)	从视觉观点考虑的竖曲线半径(m)		设计车速(km/h)	从视觉观点考虑的竖曲线半径(m)	
	凸形竖曲线	凹形竖曲线		凸形竖曲线	凹形竖曲线
120	20000	12000	60	9000	6000
100	16000	10000	50	4500	3000
80	12000	8000	40	3000	2000

⑦根据前述，在下坡道前方的凹曲线容易产生错觉，因此卡车爬坡前，在降坡段设置惯性坡以便于卡车爬坡时增加车速的方法一般不作推荐。

⑧纵坡长大，卡车爬坡车速会降低。此时是设置缓坡还是设置爬坡车道应进行比较。

⑨纵面线形好坏与平面线形有关，应尽量协调，而且要按立体线形要求，使其成为良好的线形。

3. 横断面协调设计美学

公路横断面是道路景观的重要组成部分，公路本体就是平、纵、横三位一体组成，对形成道路特征与景观构成均有很重要的作用。横断面由行车道、路肩、边坡、排水沟等构成。在上、下行分开时还有中央分隔带,此外还有边沟、挡土墙、护坡等组成不同形式的横断面。公路横断面的构成有一块板、两块板及三块或四块板等形式。三块或四块板主要考虑低速或非机动交通较多时,两侧设置慢车道。另外也可按路基形式分为低路堤、路堤、高路堤、半填半挖、路堑等形式。从美学的角度看,横面形式,路面质地,公路空间的开敞、分隔及空间的完整性等都能对用路者视觉与心理产生影响,是公路形式美的主要构成元素之一。

1)公路横断面几何设计要素

(1)路面横坡。根据路面类型,宽度等因素决定,其考虑因素主要是排水。一般有单向坡和双向坡两大类。

(2)超高与超高过渡段。超高有按路线中心旋转与按路面边缘旋转两种形式,采用何种形式要从有利于排水和便于施工两方面着眼。从正常横坡到超高段中间设超高过渡段以缓和这种过渡。同样两个有不同超高的复曲线的超高部分也应进行过渡,同时超高段有时还存在内侧加宽,因此超高坡缓和段长度应与加宽缓和段与缓和曲线长度相协调。超高缓和段内外侧过渡边缘线在视觉上应平顺,否则就应进行修正。

2)横断面协调设计

道路横断面由车行道、路肩、中央分隔带、边坡等组成,横断面设计要考虑交通量、车速、路面类型、排水、土质、岩石类型等因素。

横断面的形式选择应适合地形,设计时就应避免大填大挖,要充分利用地形,灵活充分地发挥各景观因素的作用,避免单调。在山坡上也可将上、下行车道分在不同层高的断面上,这种形式既可避免过分地开挖,形式也很生动。从美学角度希望横断面的形式应该有变化,但这些只能在丘陵或山区实现。一般认为短路段内断面形式不宜变化频繁,而在平坦地形情况下,断面形式没有特殊需要,一般也很少会有变化。

横断面设计上对美学有影响的主要是中央分隔带与路基(堤)的边坡,中央分隔带影响的因素是中央分隔带的宽度与中央分隔带的种植高度,中央分隔带有利于绿化、排水和对向行驶的安全感(图1-2-7),而中央分隔带中的高大种植则会将景观空间分割,影响用路者对左侧风景的观赏视线(图1-2-8)。

⇧ 图1-2-7 美国艾瓦州某高速公路采用较宽中央分隔带,公路空间开敞,不需防眩,与环境衔接自然

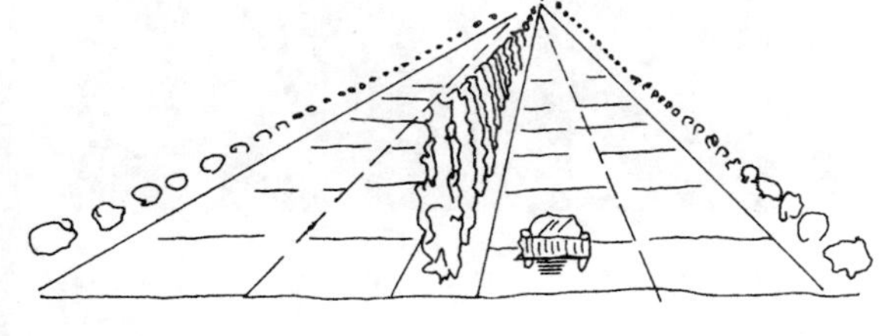

⇧ 图1-2-8 中央分隔带绿化较高时,分隔了公路空间,遮断观赏左侧风景的视线

国外很重视横断面边坡的设计,边坡(包括排水沟)是公路本体与周围地形衔接的重要过渡与缓和地带,可用边坡来清除人工痕迹,AASHO(美)的设计资料中规定边坡度为1:4 ~ 1:5之间,认为这种属于漫坡,可以缓和人工土工印象。前联邦德国与奥地利资料中采用的

边坡度见表1-2-9。

BBA-Q边坡坡度 表1-2-9

边坡高(m)	边 坡 坡 度		边坡高(m)	边 坡 坡 度	
	漫坡	陡坡		漫坡	陡坡
1.5以下	1:4	1:3	3.0~4.5	1:2.5	1:1.5
1.5~3.0	1:3	1:2	4.5以上	1:2	1:1.5

采用缓坡可以有足够的宽度来消除施工痕迹,使路与原地形自然衔接。我国高速公路修建,因用地和农村通道等原因往往路堤多采用陡坡,连弧形路肩、弧形边沟也很少采用,因此路与环境衔接生硬在所难免,建议有条件地方应采用缓坡与弧形边沟,以改善外观。

(1)土质边坡处理

表1-2-9所列坡度为土质边坡从美学与工程经济两个方面考虑的坡度。一般认为越缓越好。土质边坡处理最重要的美学原则就是自然的与原始地面衔接,较陡的边坡比较理想的方法也是做成弧形(图1-2-9)。而挖方要注意边坡的变化,德国人认为具有一定坡度的挖方边坡给人感觉是生硬呆板。就是说不要根据土工标准去决定边坡度,而是在满足边坡稳定的前提下,自由立体地设计边坡形状。

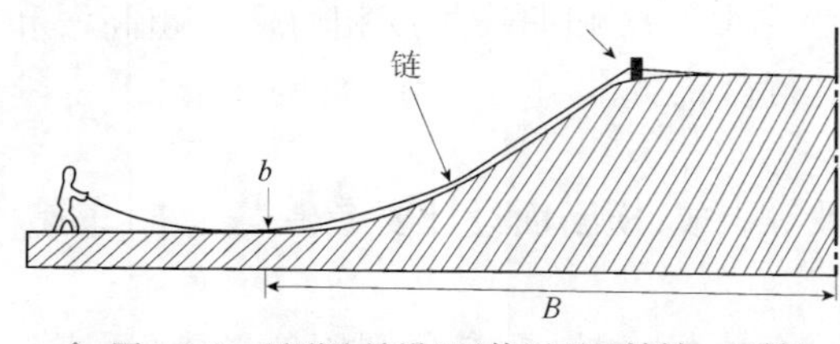

⇧ 图1-2-9 弧形边坡设置(使用下悬铁链—悬链)

(2)岩石边坡的处理

岩石边坡往往一侧有挡墙,一侧为陡坡。路堑式的则两侧均可能出现陡坡、落石、塌方,这都是不利季节常有的病害,过窄过陡的开挖给用路者缺乏安全感,因此开挖后的石方若能用于填筑时,应尽量拓宽开挖宽度使岩石坡面后退。但这种开挖又往往破坏原有的自然景观,因此要注意开挖面上植被的恢复(图1-2-10)。

a)

b)

⇧ 图1-2-10 岩石边坡

a)边坡岩石裸露;b)边坡采用绿化恢复植被

(3)中央分隔带处理

中央分隔带的目的是使相对行驶车辆的驾驶人神经紧张得到缓和,中央分隔带距越宽,缓和程度越高。在较宽的中分带中如有好的绿化,会为风景锦上添花(图1-2-11)。德国汉斯·洛伦茨认为,在较宽的分隔带中,还可以利用原来的自然地形和植被,这样公路与地貌结合更自然。

我国高速路，一级路中分带为4.5～3.5m（其中1m为两侧路缘带）。德国汉斯·洛伦茨认为美国许多州中央分隔为5～4m，太窄了，它削弱了心理上和美学上的效果，他认为中分带应有合适的宽度，不少于6m的最好。中央分隔带较宽时，两侧超高可能影响视觉的平顺，因此线形设计应该合理。

⇧ 图1-2-11　在较宽分隔带中栽植景观树木，视野开阔，公路与环境连接自然（栽植初期）

（4）山坡路线横断面处理

山坡较缓时，路幅较宽也可以在一个断面上处理，或填或半填半挖。但山坡稍陡仍这样处理则填挖较大，对地形、地貌破坏也严重，此时可以将上、下行车道设置在不同的高度上。上、下行车道分开设计时，如中间带较宽，中间还可保留原自然地形，如上、下行车道较近则应设置挡墙，如高差超过2m时，则应有防止对面来车眩光的效果。对山坡线横断面处理要以对原有地貌破坏最少为原则。

二、立体线形美学

平面线形、纵面线形在平面与立面上的投影是二维的。而现实中的线形本身就是一个三维形象，是立体的。之所以分成平面、纵面是为了便于设计，如何将它们分开设计后再组合在一起，又成为我们理想中的空间线形呢？这就是本段讨论的内容。

一个好的线形从最初方案设计时对线形组合就应有全面考虑，如事先线形组合本身存在缺陷，那么线形的连续性、视觉的平顺性都难以保证。一个好的线形首先必须满足汽车行驶力学的要求，使线形与环境和风景协调，并具有良好的舒适性。技术标准中的最小值就是满足汽车行驶力学的最低要求，如要满足视觉与心理要求则应在一般值以上。在上节平、纵设计中推荐了一些比技术标准高的值，这些值根据经验能较好地满足视觉、心理方面的要求。现代道路设计已不是满足于“通”的时期。“建设资源节约、环境友好、经济适用的公路系统是时代赋予的光荣使命”，因此立体线形设计应作为线形设计的核心内容。抛弃将几何设计标准作为“油、盐、酱、醋”的烹调式设计方式。

（一）立体线形设计的研究方法

用路者乘坐交通工具，在公路上做有方向性的运动时，是通过视觉与运动感觉来体验和感受立体线形的。用路者在运动过程中，视野里的公路随时间在变化，所以也有称其为视觉线形。由此可见，视觉是联系公路与用路者的媒介，公路线形、标线、标志、周围景观及公路环境中所有图像信息，都是通过视觉提供的。但对公路体验的另一重要方面信息则是通过运动感觉和平衡感觉所提供的，如曲线路段行驶的离心力与离心加速度，上、下坡段行驶的加减速度等，则是通过耳内器官感受到的。从线形角度看，通过视觉运动感的信息只是一种补充，作为运动感，它与行车的舒适性密切相连。

目前研究立体线形主要是用透视图来检查，运动感的信息只是作为科学研究的补充手段。在公路美学基础中我们已对透视图的种类、画法、用途作了介绍。但透视图检查应是驾驶人视觉中的透视图，目前很多描绘公路、桥梁的图都是路外人的宏观印象，这些图或图片，只能用于欣赏而不能用于研究立体线形设计(图 1-2-12a)。因此,以行车道驾驶人位置及他的视线描绘的透视图(图 1-2-12b、c、d)是我们研究立体线形的主要手段。它一般用于检查一些重点段落的线形配合,以便于在修改设计时加以改善,现在大量运用计算机绘图软件,这项工作变得简单起来。

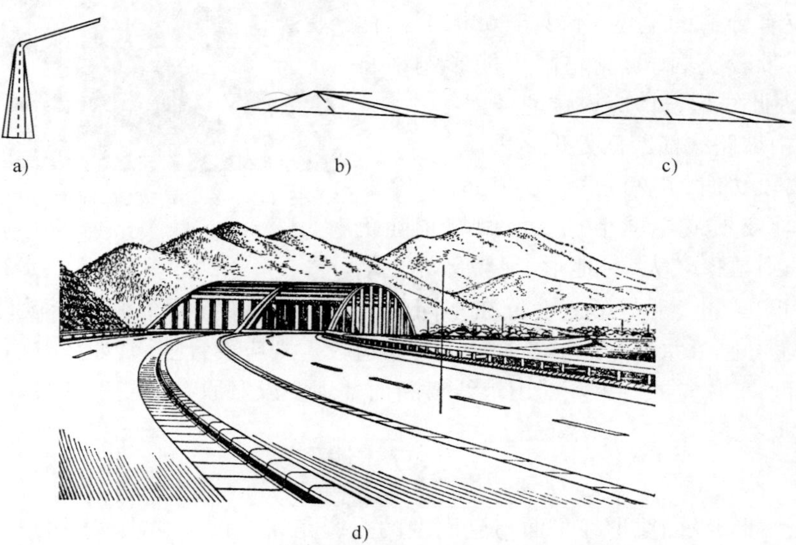

⇧ 图 1-2-12 透视图与车行道

a)作为鸟瞰图面看到的透视图;b)驾驶人看到的和 a)相同的车行道表面的情况;c)与 b)相同,但是由曲线段的起点看到的车行道;d)检查桥型与道路配合的全景透视图

(二)平面线形与纵断面线形组合

平面线形与纵断面线形组合问题,是立体线形好坏的关键。特别当纵断面起伏变化大时,从线形美学角度考虑线形应平顺流畅,方能获得好的视觉效果。

平面、纵断面线形配合的最基本要求,是视觉上能很自然地诱导驾驶人的视线。如在凸形竖曲线的顶部设置竖曲线时,驾驶人要靠近竖曲顶都时才可能发现,这样事先对路线不可能预知而产生方向上的迷惑,见图 1-2-13a)。这种情况平时可以经常遇到,在低速时没有多少问题,但高速时就不能立即作出反应。如平曲线在达到竖曲线顶部以前设置,很自然地有视觉上的诱导,见图 1-2-13b)。但只有视线诱导还是不够的,线形还应是连续和平顺的。平面、纵断面线形组合除考虑上述要求外,还应注意保持平面、纵断面两种线形大小的均衡。两种线形的均衡在视觉上可以带来平顺性,也可以减少工程费用。此外线形的配合还应考虑到排水方面的因素,在满足汽车行驶力学要求的前提下,如何满足视觉和心理方面的要求,并设计出满意的线形,一般可从下述几方面考虑。

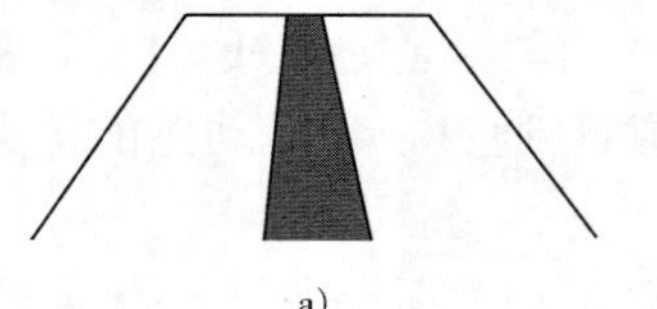

a)

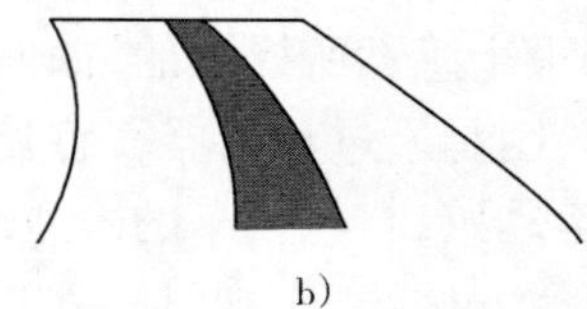

b)

⇧ 图 1-2-13 平曲线与竖曲线的设置

a)平曲线在竖曲线顶部开始设置缺乏视线诱导;b)平曲线在竖曲线顶部之前开始设置自然的产生视觉上的诱导

1. 平曲线和竖曲线要重合

如线形设计时，能使平曲线和竖曲线重合在一起，并且要平包竖，即可取得在视觉上诱导驾驶人视线的效果，同时驾驶人也会感到线形优美、流畅和顺适。要使平曲线和竖曲线重合，就需要使平曲线和竖曲线一一对应，并且要求平曲线的曲线长度比竖曲线长，即竖曲线起、始点均在平曲线范围之内。如果平曲线和竖曲线位置错开，在线形上就会产生不均衡的现象(图 1-2-14)。

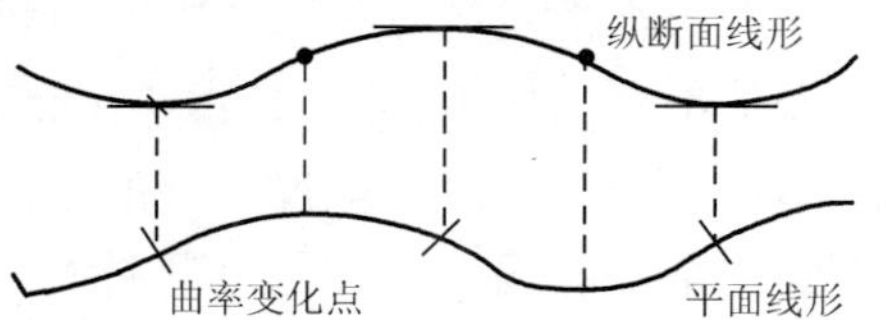

⇧ 图 1-2-14　平曲线和竖曲线位置错开，在线形上就会产生不均衡的现象

2. 平曲线和竖曲线半径大小要保持均衡

对于平、竖曲线配合在视觉上、工程费用上如何达到均衡的要求，原联邦德国用大量数据，经电子计算机处理后，得出定量的配合范围如表 1-2-10 所示。从表中可以看出，平曲线半径增大时，竖曲线半径对平曲线半径有成倍增长的趋势。从这关系中也可以看出，如平曲线曲率增至无限大，竖曲线半径相当大，也可能有起伏不平的印象。

平曲线与竖曲线半径的均衡　　表 1-2-10

平曲线半径(m)	竖曲线半径(m)	平曲线半径(m)	竖曲线半径(m)
600	10000	1100	30000
700	12000	1200	40000
800	16000	1500	60000
900	20000	2000	100000
1000	25000		

一般平、竖曲线配合，要注意一方大而平缓时，另一方就不要多而小。例如一个竖曲线中就不能包含两个以上平曲线，这样容易失去视觉平衡，并造成线形上的扭曲。同时平面、纵断面两种曲线配合时，也要遵守平曲线为竖曲线先导的原则，使两种曲线重合，这样就可以大致保持两种线形的均衡。一般认为平曲线半径在 1000m 以下时，竖曲线的曲线半径为平曲线半径 10～20 倍左右时，即可取得均衡效果。

3. 选择能有适当合成坡度的线形配合

由单向横坡与路线纵坡组成的合成坡度不应过大，一般最大值为 10%，最好为 8% 以下，但也不应太小，太小对排水不利，最小合成坡度最好能保证在 0.5% 左右。合成坡度过大在纵坡较陡而平曲线半径较小时，冬季容易发生危险。但过小会导致排水不好，影响车辆高速行驶。因此，一味认为纵坡越小越好，从线形设计的观点来看是不合适的。

4. 在凸形竖曲线顶部或凹形竖曲线底部要避免插入小半径平曲线

如在凸形竖曲线顶部插入急转弯的小半径曲线，因没有视线诱导而突然出现急转弯，驾驶员对转弯缺乏足够的准备，不能从容操作，就容易发生危险。而在凹形竖曲线底部插入小半径平曲线，驾驶员在下坡过程中虽然没有视线上的障碍，但因下坡车速较高而急转弯造成危险，这种事例很多，对这些地方尤应引起注意。

5. 在凸形竖曲线顶部或凹形竖曲线底部要避免设置断背曲线的变曲点

在凸形竖曲线顶部如有断背曲线的变曲点，线形会失去诱导，在接近顶部时才知道线形开始向相反方向弯曲，故操纵方向十分危险困难，凹形底部的变曲点在排水上可能产生困难。这种线形的道路在变曲点前、后看上去是扭曲的，视觉效果不好，只要遵循前面平曲线和竖曲线重合的原则，就可以避免上述缺点。

6. 在一个平曲线内要避免纵断面线形的反复起伏

在一个平面线内，或一段直线内均应避免在纵断面线形上的多次起伏。这种情况下往往看不见中间线形而产生视觉上的不连续性，并使驾驶人不安（图 1-2-15，图 1-2-16），最好要做到一个平曲线只对应一个竖曲线。

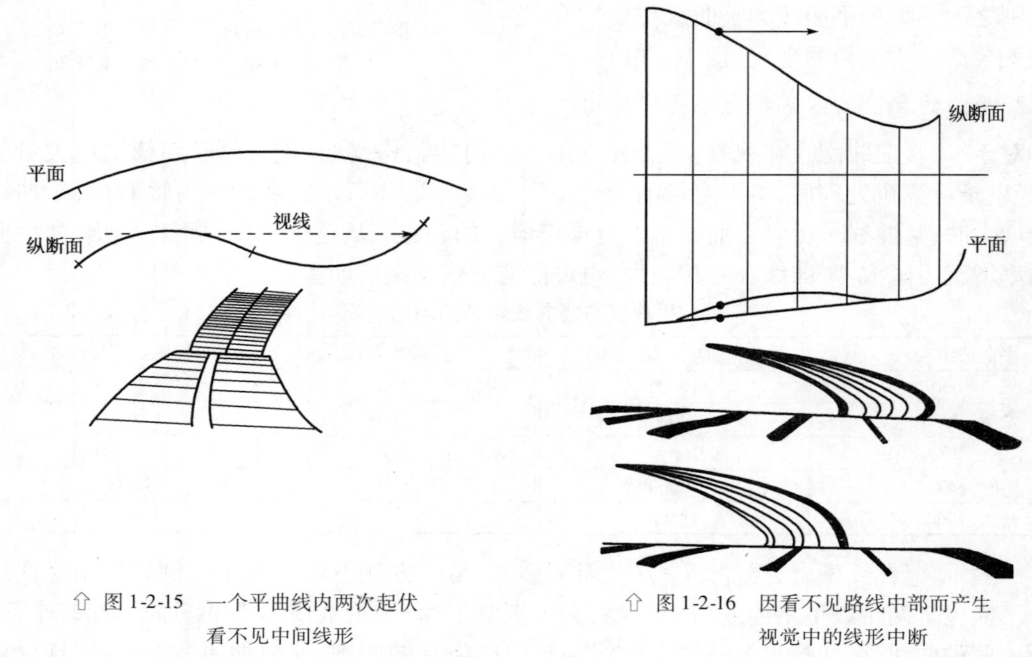

⇧ 图 1-2-15　一个平曲线内两次起伏看不见中间线形

⇧ 图 1-2-16　因看不见路线中部而产生视觉中的线形中断

平纵线形组合的结果，要使线形流畅、不扭曲，有良好的视线上的诱导。这样不但符合汽车行驶力学的要求，同时有良好的视觉效果，这是路线线形美学的核心问题，应引起重视。

（三）立体线形要素

前面我们已讲过线形要素分为平面线形要素和纵面线形要素，根据现代交通的需求而对线形上的要求比以往任何时候都高，因此需要对线形从三维空间加以仔细研究。将平面、纵面线形组合在一起成为立体线形要素，作为研究设计连续的立体线形的基本对象，这些要素要求平面、纵断面元素对应，排除那种平、纵面元素错位的组合。目前这种组合有两种方法。一种是前联邦德国《市郊道路技术标准（RAL）》中首先提出的，其线形有四种组合方式（表1-2-11）；另一种立体线形要素，其平纵面组合是由日本东京大学中村良夫建议的，其线形有六种组合方式，所不同的是因缓和曲线的大量使用，它在路线上所占比例增加，将缓和曲线也作为平面线形要素加以考虑，其组合方式见表 1-2-12。

立体线形要素前联邦德国《市郊道路部分技术标准（RAL）》　　表 1-2-11

组合内容	立体线形要素			
	Ⅰ	Ⅱ	Ⅲ	Ⅳ
平面线形	直线	直线	曲线	曲线
纵断面线形	直线	曲线	直线	曲线

立体线形要素(日本中村良夫建议)　　表 1-2-12

组合方式	立体线形要素					
	Ⅰ	Ⅱ	Ⅲ	Ⅳ	Ⅴ	Ⅵ
平面线形	直线	直线	圆曲线	圆曲线	缓和曲线	缓和曲线
纵断面线形	直线	曲线	直线	曲线	直线	曲线

按前联邦德国《市郊道路技术标准(RAL)》的分类是由直线和曲线组合成四类。按中村良夫的方法将曲线按圆曲线,缓和曲线再分类则变成六类。现按前联邦德国(RAL)的分类方法将Ⅱ、Ⅳ两类纵面曲线中进行凸凹之分,即有$Ⅱ_{凸}$、$Ⅱ_{凹}$和$Ⅳ_{凸}$、$Ⅳ_{凹}$两种,这样则变为六种组合,用平、纵面图来表示它们的关系,见图 1-2-17。

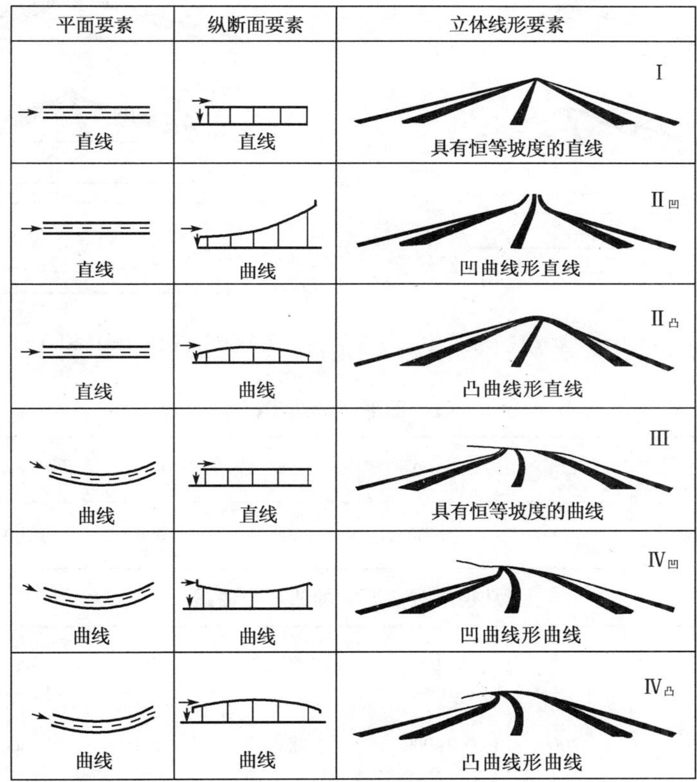

图 1-2-17　平、纵线形组合的立体线形透视形状

注:图中曲线为圆曲线或圆曲线加缓和曲线,竖曲线为二次抛物线

六种立体线形要素的主要特征讨论如下。

1. 立体线形要素(Ⅰ)

由平面直线与纵面直线组成的线形要素(Ⅰ)(图 1-2-18),这种线形比较单调,在视觉上缺乏变化,同时容易引起驾驶人高速行驶。但交通繁忙的路段,立体线形要素(Ⅰ)还是有利的,在地形平坦时,立体线形要素(Ⅰ)也容易与地形相适应。

2. 立体线形要素($Ⅱ_{凹}$)

平面线形为直线,纵断面线形设有竖曲线,称为立体线形要素Ⅱ,是凹形曲线者称为立体线形要素(Ⅱ凹)。从图 1-2-17 中我们可以看出立体线形要素(Ⅰ)在视觉上显得呆板生硬,而在纵向设置凹形大半径竖曲线后(立体线形要素Ⅱ凹),这种情况得到很大缓和(图 1-2-19)。在丘陵地区因地形起伏,多出现这种地形,这种地形可以弥补直线段所具有的单调性与生硬感,在凹形竖曲线及坡道上行驶时,可以赋予驾驶人运动感,并获得路线动态印象,具有广泛的适用性。但这种动态上的愉快感往往容易使驾驶人因高速行驶而产生交通事故,故两端纵坡不宜过陡。对凹形底部的竖曲线半径,从运动力学角度考虑,其最小值一般如表 1-2-13 所示。但为了保证视觉上的平顺性,一般凹形竖曲线最小值要大于表中的 3 ~4 倍(表 1-2-14)。此外从行车角度的要求,对各类竖曲线的最小长度限制,则根据在竖曲线行驶时间不少于 3s 来计算。最小长度如表 1-2-15 所示。

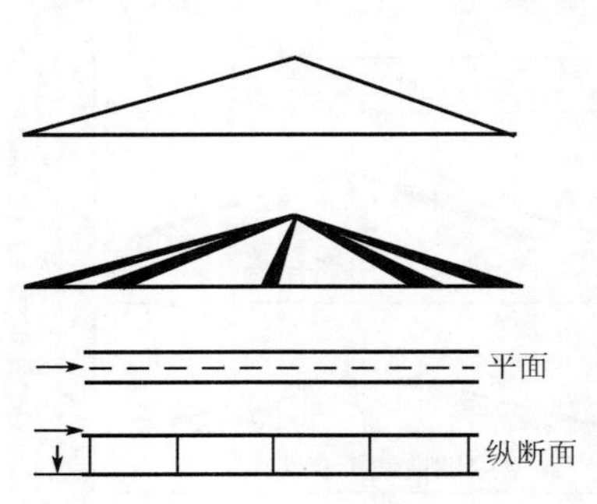

⇧ 图 1-2-18　立体线形要素Ⅰ

⇧ 图 1-2-19　立体线形要素Ⅰ与立体线形要素Ⅱ凹比较

最小凹形竖曲线半径　　表 1-2-13

设计速度(km/h)	120	100	80	60	50	40
竖曲线最小半径(m)	4000	3000	2000	1000	700	450

从视觉观点要求的凹形竖曲线　　表 1-2-14

设计速度(km/h)	120	100	80	60	50	40
满足视觉要求的凸形最小竖曲线半径(m)	12000	10000	8000	6000	3000	2000

竖曲线的最小长度　　表 1-2-15

设计速度(km/h)	120	100	80	60	50	40
竖曲线最小半径(m)	100	85	70	50	40	35

如果在两个立体线形(Ⅱ凹)之间插入立体线形(Ⅰ),则形成所谓断背曲线,见图 1-2-20a)。这种线形从视觉上看,中间插入直线段有要起的印象,破坏了线形的平顺性。为了改善这种情况可将两凹形竖曲线做成半径相差 3 ~5 倍的复合曲线,这样就可以保证线形在视觉上和行车上的平顺性,见图 1-2-20b)。

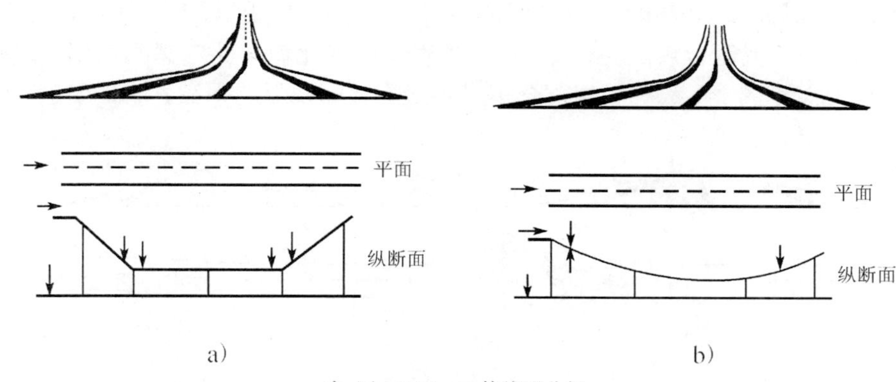

⇧ 图 1-2-20　立体线形分析

a)立体线形 $\text{II}_{凹}$之间插入立体线形 I,形成断背曲线;b)用复合曲线来改善断背曲线,提高视觉的平顺性

3. 立体线形要素($\text{II}_{凸}$)

平面线形为直线与纵面线形为凸形竖曲线组合而成的立体线形,定为立体线形 $\text{II}_{凸}$(图 1-2-21)。这种线形的好坏,主要由前方的通视情况来决定,如前方线形不能确认,则驾驶人就会降低车速,这种线形的前方线形连续性也往往由于视线受阻而中断,公路景观的深度也受到相应的影响。

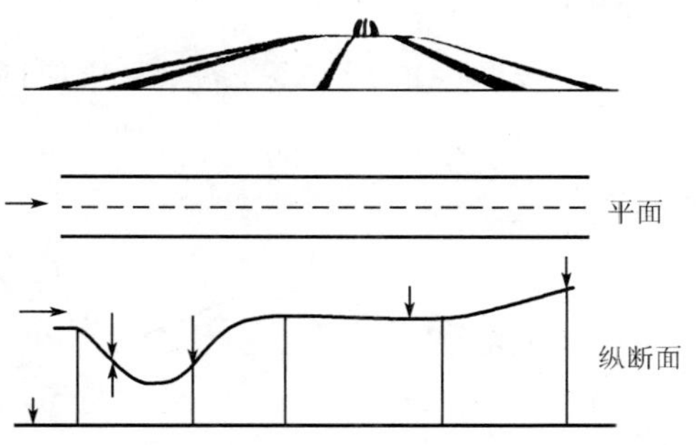

⇧ 图 1-2-21　由平面直线与纵面凸形竖曲线组合成的立体线形 $\text{II}_{凸}$

对于凸形竖曲线的半径行车平顺性与行车视距、安全等方面要求的最小视距见表1-2-16。最小凸形竖曲线半径如表 1-2-17 所示。最小竖曲线长度同表 1-2-15。由于立体线 $\text{II}_{凸}$存在上述的缺点,往往采用较大的竖曲线半径的办法使其得到改善。从视觉观点考虑也必须提供足够的视觉上的安全感,这种情况下要求凸形竖曲线半径值如表1-2-18所示。

为确定竖曲线半径的最小停车视距　　表 1-2-16

设计速度(km/h)	120	100	80	60	50	40
最小视距(m)	210	160	110	75	55	40

最小凸形竖曲线半径　　表 1-2-17

设计速度(km/h)	120	100	80	60	50	40
竖曲线最小半径(m)	11000	6500	3000	1400	800	450

从视觉观点要求的凸形竖曲线一般值　　表 1-2-18

设计速度(km/h)	120	100	80	60	40	20
从视觉要求的最小半径(m)	20000	8000	12000	90000	4500	3000

4. 立体线形要素(Ⅲ)

由平面曲线与纵断面线形要素直线组合而成的立体线形定为立体线形要素(Ⅲ)。

这种线形因纵面没有变化，只要平面曲线大小选择适当线形，就会获得良好的视觉效果，在这种线形上行驶可以看到路侧景观，这种观象的变化使用路者感到新鲜，驾驶人也能从容自然地操纵，见图1-2-22a)。但配合不当则影响平面线形的平顺性，甚至使驾驶人视觉上感到路线是曲折的，见图1-2-22b)。

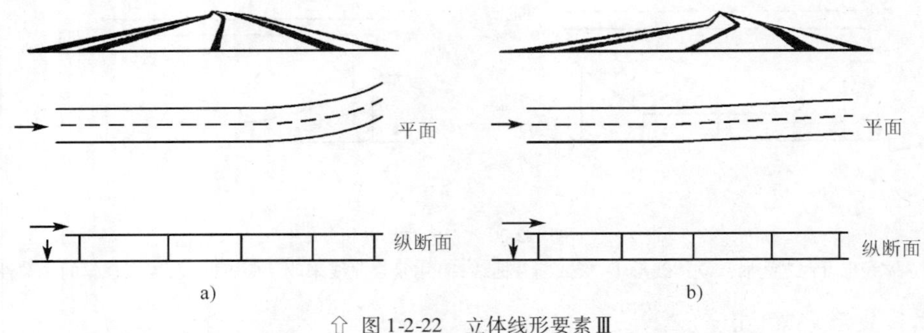

⇧ 图1-2-22 立体线形要素Ⅲ

假若在两个立体线形Ⅲ中间插入立体线形(Ⅰ)，也同样会产生断背曲线(图1-2-23)。这种情况下可以将两个平曲线做成复曲线或同一曲线而使线形得到改善。

5. 立体线形(Ⅳ凸)

平面线形为曲线与纵断面为凸形曲线组合而成的立体线形，定为立体线形(Ⅳ凸)(图1-2-24)。这种线形只要线形要素配合适当，就能得到视觉平顺性具有良好的视觉诱导的线形。

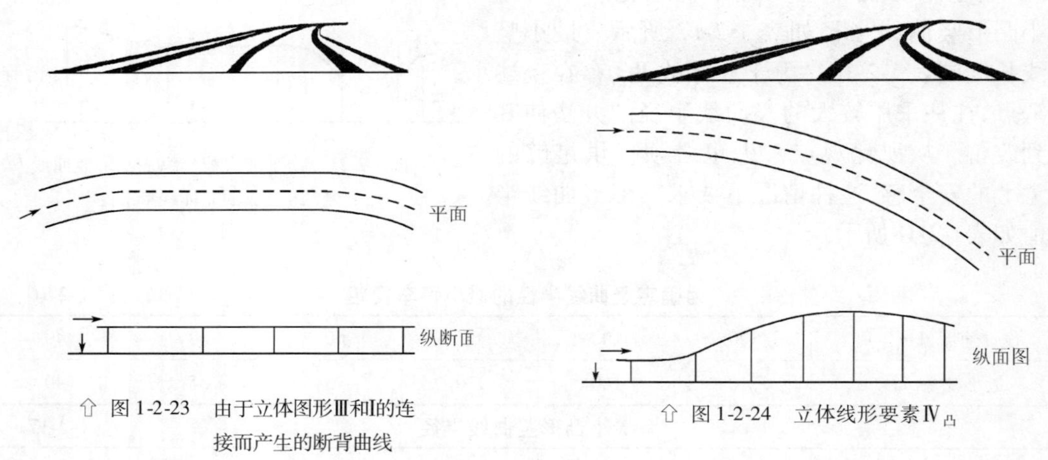

⇧ 图1-2-23 由于立体图形Ⅲ和Ⅰ的连接而产生的断背曲线

⇧ 图1-2-24 立体线形要素Ⅳ凸

6. 立体线形(Ⅳ凹)

将平面曲线与纵断面凹形竖曲线组合而成的立体线形称为立体线形要素(Ⅳ凹)(见图1-2-25)。这种线形的关键是平面、纵断面的曲线要素大小配合适当，平衡良好，这样就可以得到最平顺、流畅的视觉线形。

(四)立体线形的设计方法

立体线形的要素，平、纵组合原则，什么是良好线形在前几段已进行了一般讨论。通常公路设计就是按技术标准进行平面设计，再按技术标准要求进行纵断面设计，其设计以平面为主导,纵面设计时注意平、纵配合……那么这样能否构成平顺、流畅,有视线诱导的视觉线形呢?答案是应采用一些新的设置方法和必要的线形修正后,才能构成满意的线形。

1. 使用常规曲线尺,进行纵断面设置

长期以来,纵断面设计先试坡,再设置变坡点,然后根据竖距选择竖曲线半径,即先设坡线,再设曲线[图 1-2-26a)],这是老方法。汉斯·洛伦茨在《公路线形与环境设计》一书中讲的平面设计以曲线为主的设计方法,早已被人广泛采用。但纵断面设计仍是老方法较多,其实纵断面如也采用竖曲线先设置,然后坡线也以曲线代替,变成一种全曲线纵坡,这就是新方法[图 1-2-26b)]。这种方法设置的纵面线形则更为平顺。这里要说明的是竖曲线是用的二次抛物线(而不是回旋线),这样可将其近似地按圆曲线处理,与前述的内容在实用上并无妨碍,因此纵面设计也可用圆曲线尺进行。

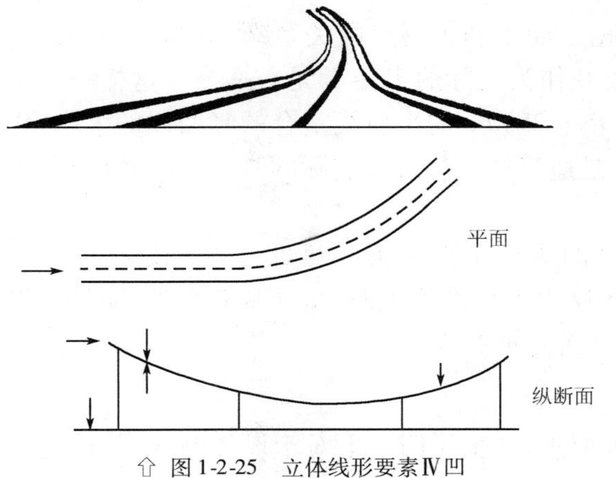

⇧ 图 1-2-25 立体线形要素Ⅳ凹

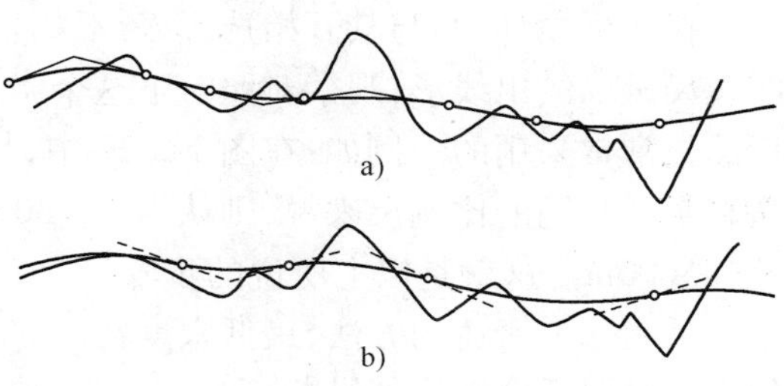

⇧ 图 1-2-26 纵断面线性的设置(新设计方法的方案) a)先设置直线,然后用竖曲线连接其交点(变曲点)的设计方法;b)结合地形,先设置圆曲线(竖曲线),然后再把这些曲线连接起来的新设计法

老方法一般是根据地方控制点试坡以后确定坡线,根据变坡点的填、挖高(竖距)来选择竖曲线半径,方法简单,但要真正做到平、竖曲线重合而且平包竖还有一定困难。如结合地形并注意控制点而直接设置竖曲线的新方法则较为简单,按日本大塚胜美《公路线形设计》所述的使用圆曲线实际设置纵断面线形的方法如下:

现假定平面线性已经设定。并且其平面线形假定为如图(1-2-26)所示的那样,由线形的变曲点起加画虚线。

然后,一边注视地面线和控制点,一边尽量使平曲线的变曲点和竖曲线的变曲点一致,用曲线尺设置纵断面线形,将它平顺地连接起来。这时应该选择的竖曲线大小是以平曲线的 10 ~ 20 倍作为大致的标准。此外,表 1-2-10 的数值等也可作为参考。主要是与平曲线取得平衡,选定与地形相适应的大小半径。

想要使用的竖曲线半径和圆曲线尺以及与图面缩尺之间有下列关系。即设竖曲线半径为 K(m),在纵断面图中设横距比例尺为 $1/H$,设纵距比例尺为 $1/V$ 时,在画竖曲线用的 $1/n$ 比例尺的圆曲线尺上,刻画曲线半径 R,其值可由下式得出:

$$R = \frac{V \cdot n}{H^2} \cdot K \qquad (1\text{-}2\text{-}1)$$

例如,在图 1-2-27 中,作为与 $R = 1500$m 的平曲线重合的竖曲线的半径,假定 $K =$

30000m 是适当的。图面的比例尺横距为 1/5000，纵距为 1/500，如果曲线尺的比例尺为 1/100，则：

$$R = \frac{V \cdot n}{H^2} \cdot K = \frac{500 \times 100}{5000^2} \times 30000 = 20$$

即最好使用 $R = 20$m 的圆弧曲线尺（图 1-2-28）。

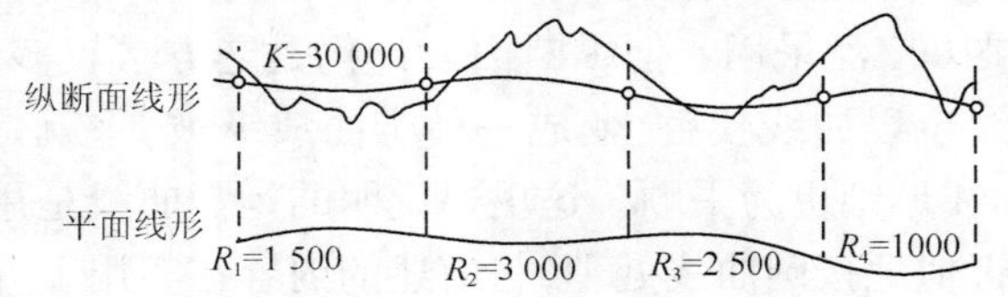

图 1-2-27　使用曲线的纵断面线形的设置（尺寸单位：m）

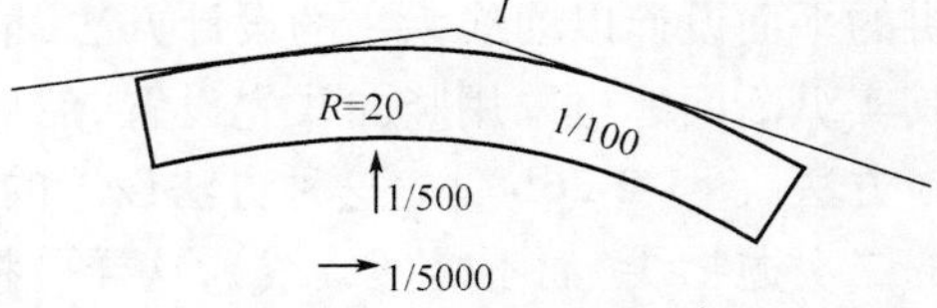

图 1-2-28　圆弧曲线尺的选法

在实际设计中，与其开始选择 K，不如根据地面线和控制点的关系，先选择适当的圆弧曲线尺试描绘出线形，观察对照一下这个半径 R 作为实际的半径 K 是否适当。这样一种反算法是常常采用的。例如：在图 1-2-27 中，与 $R_3 = 2500$m 的平曲线重合的竖曲线的大小，作为和例子相同的比例尺来说，则认为 $R = 30$m 是适当的。如果按实际的竖曲线半径反算，则 $K = 45000$m。这就是以上所说的步骤。

采用如上所述的方法，最低限度在 1/5000 的图面阶段，从开始尽量与平曲线一一对应，如果先设置适合地形的纵断面线形，即使移至 1/1000 的图面上时，也非常有帮助，而且可以取得平面、纵断面两种线形的协调，能够设计出优美的线形。

2. 用线形图来研究立体线形

到前节为止，叙述了立体线形设计的各种原则，这里说明一下对于设计的线形，如何鉴别是否有缺点呢？首先需要有线形图的知识，所以对此要加以论述。

（1）平面线形的表示——曲率图

对于表示平面线形的线形图，经常使用曲率图。这就是用平曲线的曲率半径的倒数 $\frac{1}{R}$ 来表示。直线在曲率图的基准线上，圆曲线作为平行于基准线的直线，并且缓和曲线用斜直线表示，圆曲线虽然用平行于基准线的直线来表示，但在基准线的上边或下边则有区别。在一般图面上，从左向右看，右转（顺时针转）的圆曲线划在上边，左转（反时针转）的划在下边。

一般在比例尺为 1/1000 的画面上描绘曲率图时，用 1cm 表示曲率 1/1000（曲率半径 $R = 1000$m）。因此半径 500m 的圆弧用距离基准线 2cm 的平行于基线的直线表示，半径 2000m 的圆弧用距离为 0.5cm 的平行直线表示。

如用曲率图表示实际的平面线形，就能在狭窄的范围内标记，同时和纵断面线形图并用，以便于研究整体线形的构成、平面线形和纵断面线形的协调等（图 1-2-29）。

（2）纵断面线形的表示——坡度图

在线形图上表示纵断面线形时，很少使用像平面线形那样的曲率图。纵断面线形既表示真实的线形，又多在纵断面线形的下面用曲率图表示平面线形。然而对于汽车行驶速度的研究，排水的良好与否，并且对于就要在后面叙述的立体线形的简单的研究，利用曲率图是方便的。但在纵断面线形的情况下，与其称为曲率图，不如理解为坡度图为宜。

如图1-2-30所示，纵断面线形的坡度图，是把纵断面线形作一次微分的图形，直线坡度段用平行于基准线的直线来表示；竖曲线用斜直线（坡度同样变化的线）来表示。在1/1000比例尺图面上表示时，用距离基准线5mm的线绘出1%的坡度，通常从图面的左面向右看，由基准线上边的线绘上坡坡度，由基准线下边的线绘下坡坡度。

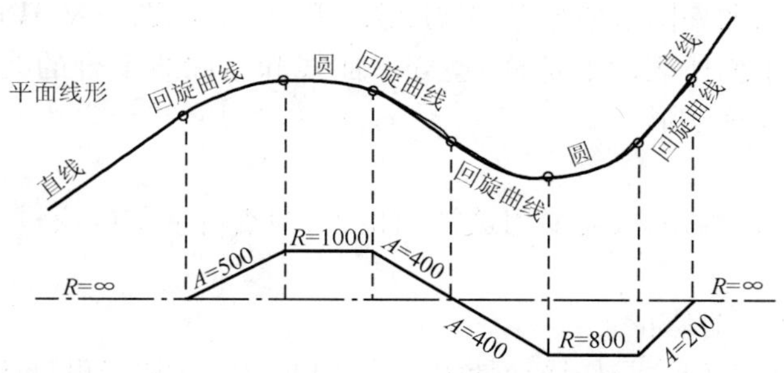

图1-2-29　平面线形的曲率图（曲率图可以先理解为把平面线形进行了一次微分）

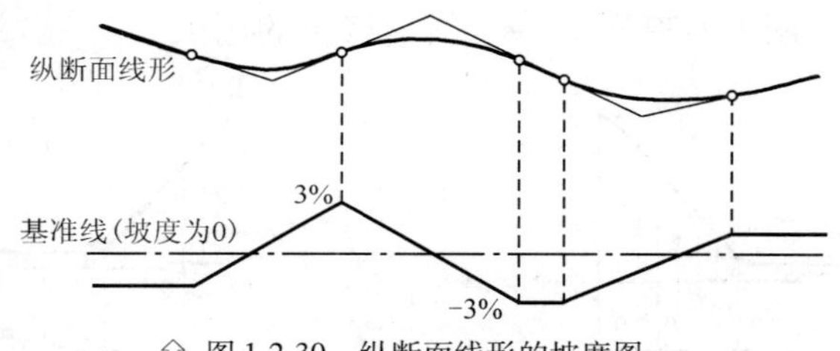

图1-2-30　纵断面线形的坡度图

（3）利用线形图研究立体线形

通过比较平面线形的曲率图和纵断面线形的坡度图，一看即能基本上判定立体线形的好坏。判定点就是比较曲率图上的零点和坡度图上的零点。

像图1-2-31那样，在线形图上表示的曲率零点和坡度的零点处于同一位置或几乎处于同一位置是一种不好的组合。这两种线形的零点一致，大体一看，就可知道在排水上有问题。图1-2-31a）的下边是按实际线形把上面的线形图描出修改的，零点相互一致的Ⓐ、Ⓑ、Ⓒ三点表明了下列缺点。

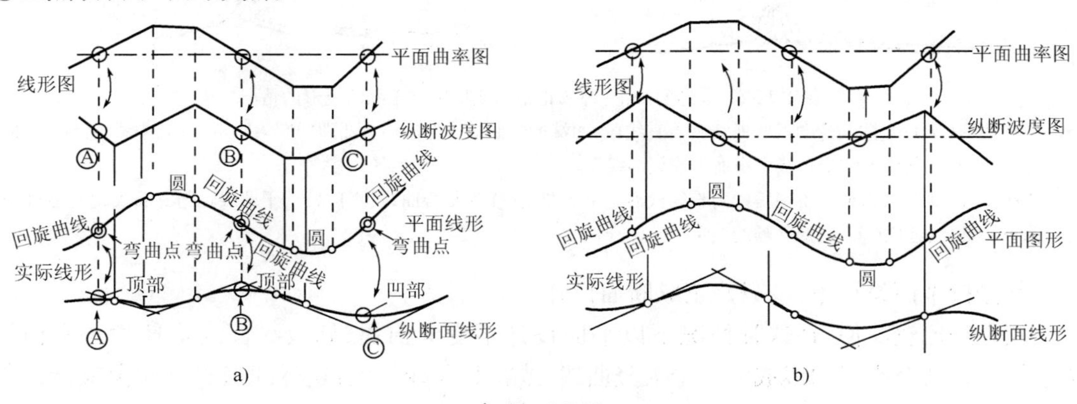

图　1-2-31

a）线形图的零点一致的情况——不好的组合；b）线形图的零点交错布置，形成平曲线和竖曲线重合的理想组合

即，点A和B在纵断面线形的顶部与平面线形的弯曲点重合时，除了如图1-2-31所示的

那种没有视线诱导的缺点以外，在排水上也发生困难。此外，在点 C 上，平面线形的弯曲点与纵断面线形的凹部一致，虽然没有视线诱导上的问题，但排水极成问题。

由上可知，在线形图上，查明其零点是否互相一致，或者是否接近，一看就可发现立体线形设计上的缺点，这是极其有效的方法。

与上述情况相反，曲率图上的零点和坡度图上的零点，像图(1-2-31)那样交错插入的线形，如同在同一图中下面所表示的那样，遵守平曲线和竖曲线重合的线形设计上的基本原则，就可得到良好的立体线形。

(4)线形修正

立体线形设计后是否完善，需要用透视图检查，检查有缺陷的应进行修正，修正线形的方法有下列三种。

①平面纵面线形同时修正

这是最理想的方法，但这是伤筋动骨的手术，因此只能在初步设计阶段做纵断面设计时就应研究，并遵循平、纵配合与协调的原则，处理好平、纵曲线的配合与均衡，发现线形视觉上不平顺要及时修正。图 1-2-32 就是一个线形修正的例子。

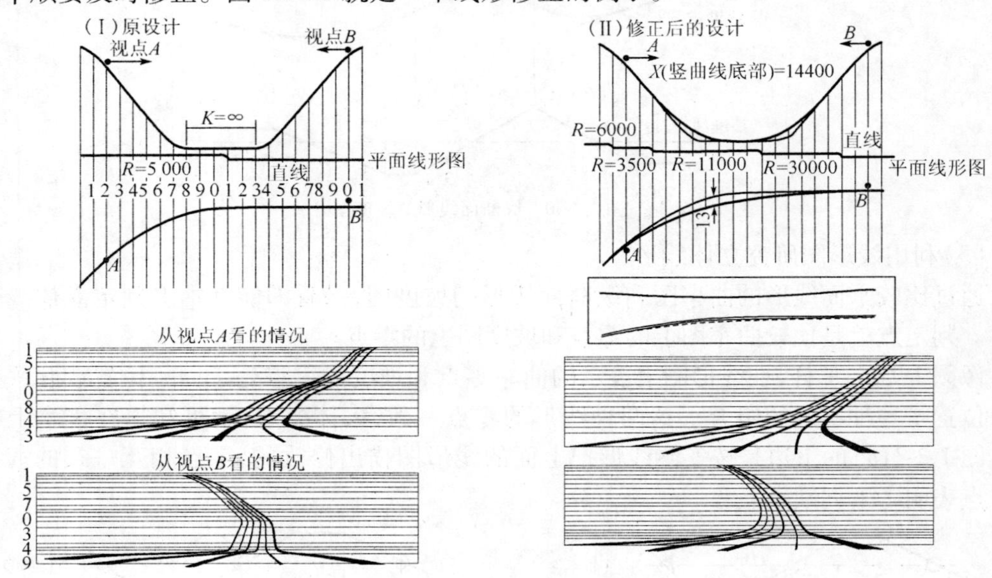

图 1-2-32 线形的修正(即修正平面线形也修正纵面线形的情况)

注:①在图形(Ⅰ)中，同向弯曲的竖曲线夹着直线段，两端的竖曲线就像反向弯曲那样映入眼帘(在图中看到浮起来的部分)。插入的竖曲线半径成了小而不连续的线形。

②在图形(Ⅱ)中，做成了不保留中间直线段的一个竖曲线(作为复合曲线也可以)。平曲线也与竖曲线的大小同时修正，能得到远比(Ⅰ)图形平顺的线形。

②保持平面设计不变，只修正纵断面设计

此方法比较简便，在这种情况下以平面设计不变为前提，修改纵面线形使之与平面协调。如合并几个小竖曲线成为一个大竖曲线，或将竖曲线加大，这样线形整体印象就会改善(图 1-2-33)。

(5)缓和横坡度的方法

如能修正平面纵面线形往往是比较理想的方法，而使用这种方法应在初期检查中发现才行，而通常很多设计并没有认真做这种视觉平顺性检查，而是土石方工程接近完工才发现这些问题，再修改平纵设计已不可能。此时可以采用缓和横坡过渡等方法来弥补线形设计的缺陷，特别是排水困难的地方尤为重要，如设计比较细致能有横坡过渡（缓和）的图，进行此项修改工作则比较便利。这里面涉及回旋曲线长度与超高过渡段长度的使用问题，其基本原则是过渡时视觉上要平顺，并满足排水要求，同时也要满足汽车行驶力学要求。

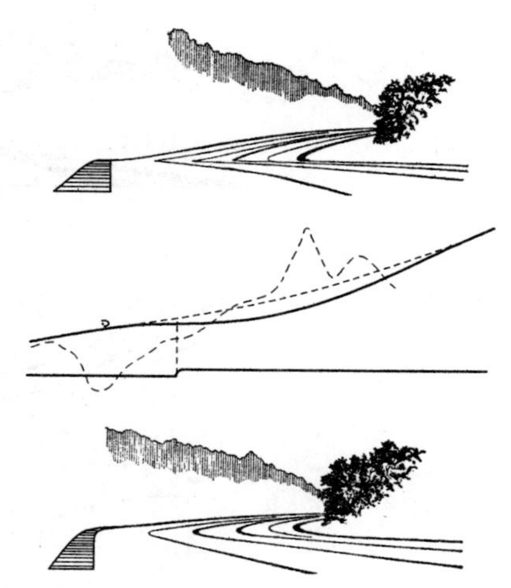

⇧ 图 1-2-33　线形的修正（只修正纵断面线形）

（五）好的线形与不良线形

良好线形的平面与纵断面线形要有好的配合。一般平坦地形主要以立体线形要素（Ⅰ）或纵断面上起伏较小的线形（Ⅱ）为主，从对公路景观有影响的角度看，著者把它们归为一类。因为这种情况下对绿化或附属设施布置没有显著的影响。但地形有一定起伏时，如线形中有适当大小的立体线形要素（$Ⅳ_{凹}$）、（$Ⅳ_{凸}$）与之连接并配合时，线形就显得最富有连续性和平顺性，以及对视线有良好的诱导。我们可以将三维线形分别分解为平面与纵断面各自的二维线形，如果平面曲线的曲率变化点与竖曲线变曲点大致位置相同，也就是通常讲的相互对应（图 1-2-34），如能做到这一点，那么不论从视觉上或是从排水角度以及汽车行驶力学上分析，都是很好的线形。一般要使曲率变化点具有相同的位置，就需要在驾驶人的视觉能瞭望到竖曲线顶部的范围内，平曲线才开始弯曲。这样车行道的视觉形态就能反映到驾驶人的眼中，使驾驶人感到线形是连续平顺的，前方线形也是可以预知的（图 1-2-35）。在纵坡较大的路段如受地形限制，应该使平面的曲率变化点接近竖曲线底部起点，使驾驶人可以尽早察觉下面的变曲点。只有线形是平顺的、连续的对视线有良好的诱导性，我们才能说这线形配合是好的，行车是舒适的，有安全感，在美学上也是令人满意的。

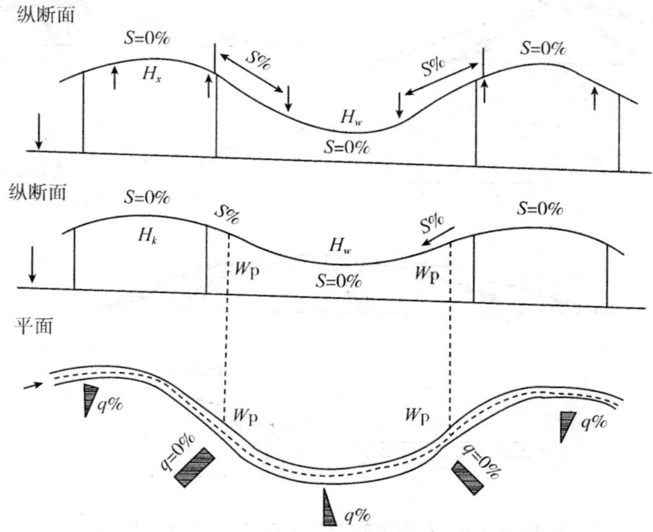

⇧ 图 1-2-34　良好线形构成的一般手法即平纵面曲率变化点的位置要相互对应

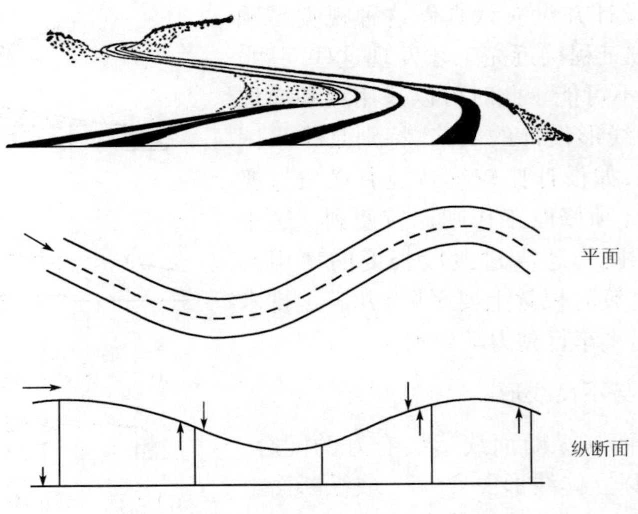

图 1-2-35　具有良好平纵配合的线形

如线形配合不好，则线形往往缺乏平顺性和连续性，缺乏对驾驶人的视线诱导。一般直线的坡道上插入小半径竖曲线则破坏了平顺性，并使路线变得曲折，这种线形在视觉上和心理上都是不好的（图 1-2-36）。另一种情况就是平曲线插在竖曲线顶部，这样驾驶人不能察觉前方的明确方向。判断不清平曲线变化的曲率，这样对行车是不安全的。但插在顶部范围之内使其能察觉前面平面的变化，这样线形可以得到改善。不良线形的又一种表现是，线形在较短路段内呈凹凸隆起，在视线的前方短的路段内的隆起或过多起伏，也破坏平顺性，在夜间行车的灯光下这种起伏尤为明显。其次，还有路线呈蛇行弯曲，车行道突然跳起或落下，这两种情况均破坏了路线行车的平顺性与线形在视觉上的连续性（图 1-2-37 ~ 图 1-2-39）。不良线形对汽车行驶不利，在美学上也是不可取的，应尽量避免。

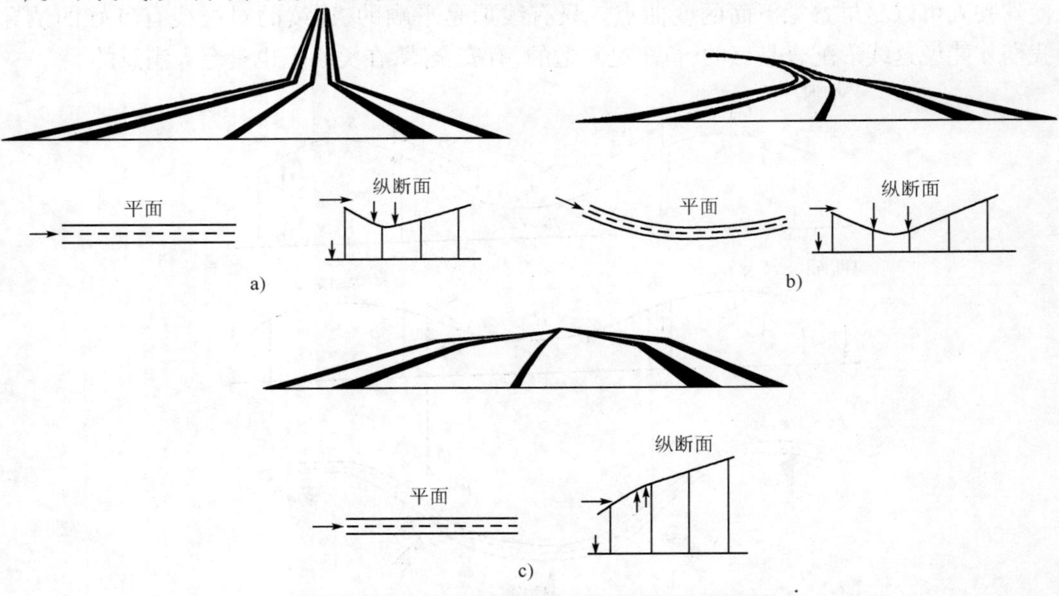

图 1-2-36　坡道上的小半径竖曲线破坏了平顺性

a）平面直线在坡道上的小半径凹曲线；b）平面曲线在坡道上的小半径凸曲线；c）平面直线在坡道上的小半径凹曲线

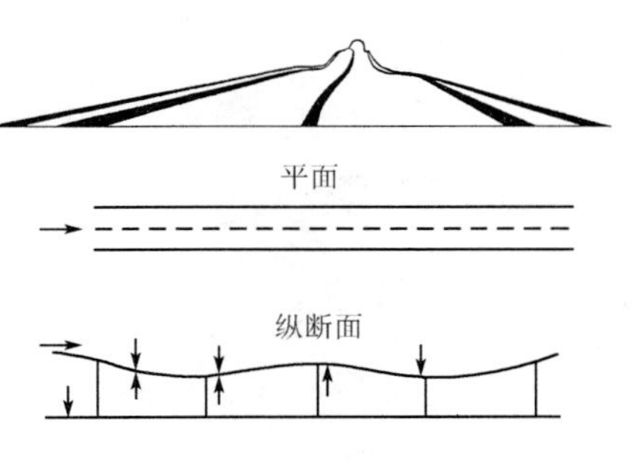

⇧ 图 1-2-37　线形呈凹凸隆起

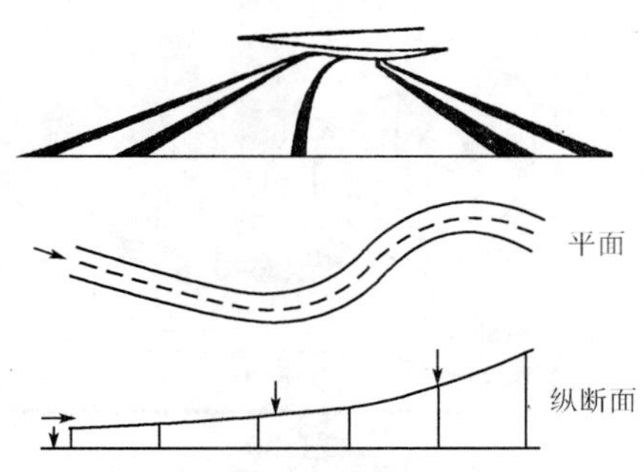

⇧ 图 1-2-38　线性呈蛇形弯曲

上述对好的线形与不良线形的分析中广泛涉及路线的视线诱导问题。好的线形必须有良好的视线诱导，它会使驾驶人对路线有明确的印象，并能看清楚路况，对路线前方隐蔽的地方给予线形上的暗示，使驾驶人不至于产生方向性的迷惑。视线诱导作为线形设计的本身就应充分注意和通过其他形式予以加强。视线诱导在高等级公路上因车辆高速行驶，驾驶人需要迅速判别方向，此时视线诱导对驾驶人操作及行车安全有重大意义。

符合行车轨迹的线形本身就有良好的视线诱导作用。一般公路的分隔带、路面划线、路缘带均有很好的视线诱导作用。郊区道路高路堤的护栏，也可产生很强的视线诱导。上述的各种方式均能给驾驶人以连续的安全感。

在视线诱导中沿路线的各种垂直要素能够很好地突出路线的形象，特别是对于在曲线上行驶车辆（包括竖曲线），有了垂直要素后，在行驶时有利于安全，并对公路线形有更明确的感受，垂直要素中以沿道路的绿化效果为最好，见图 1-2-40、图 1-2-41。垂直要素还能作为驾驶人判断行驶距离和速度的指标，并能使行驶过程增添许多变化，从而打破单调感。同时它作为距离的指标可以成为行驶过程中里程上与时间上阶段化的标示。从美学上考虑诱导视线的垂直要素加强了线形的特征，同时也美化了道路环境。

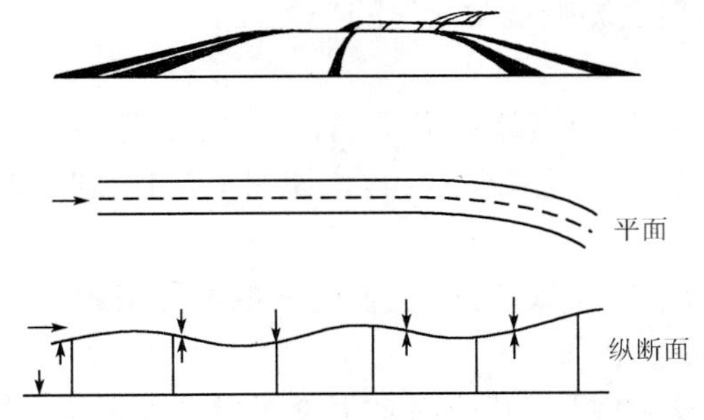

⇧ 图 1-2-39　车行道突然跳起或落下

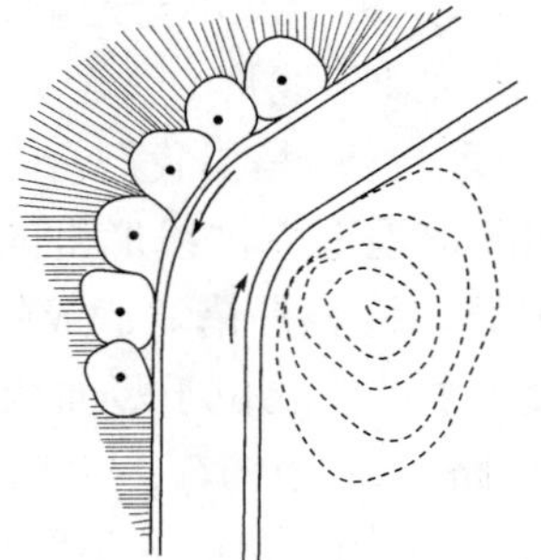

⇧ 图 1-2-40　用植树作为垂直要素对视线的诱导作用（一）在弯道外侧植树产生的视线诱导

这里要说明的是公路两侧绿化采用列树当然对加强线形特征作用显著，但对高等级公路则不宜用列树作为主要诱导方式。其详尽内容将在绿化栽植中讨论。

（六）公路线形表现形态与分类

1. 立体线形的透视形态

影响舒适性的重要因素之一是视觉，线形所提供的透视形态按其组合方式可能产生下列情况：

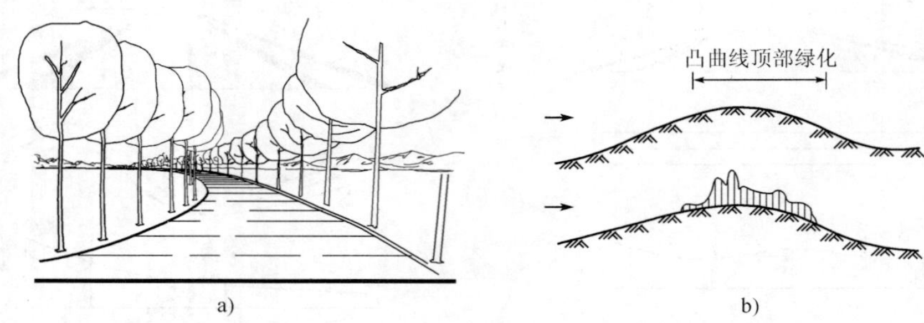

图 1-2-41　用植树作为垂直要素对视线的诱导作用(二)

a)通过植树(垂直要素)就能预知前方线形;b)在凸曲线顶部通过绿化对驾驶人的视线诱导

①看到的线形形态是真实的。

②线形虽没有变曲点,但看上去有扭曲情况。

③能引起错觉(即看到的线形形态不是真实的线形)。

上述三种情况中,我们认为线形不论用什么方式组合,其产生的透视形态都不应产生错觉,并能真实反映线形才是理想的组合方式。一般可将其透视形态分为:

(1)简单组合的线形

简单组合情况下,看到的线形形态是真实的,如平面与纵面都是直线(立体线形Ⅰ)的组合,其线形看不到直线以外的任何情况。又如平曲线和竖曲线是重合的(立体线形$Ⅳ_{凹}$、$Ⅳ_{凸}$),这两种情况线形都是平顺的,看不见扭曲(图 1-2-17 中Ⅰ、$Ⅳ_{凹}$、$Ⅳ_{凸}$)。

(2)透视图的立体线形

有些线形在平纵断面上实际没有变曲点,但立体的透视图中看到像有变曲点并有扭曲如图 1-2-42 所示。

立体线形的透视图是用来检查线形组合是否平顺或扭曲,一般情况下实际没有扭曲而透视图有扭曲,这种情况不会影响行车的平顺性,但会影响视觉线形的平顺性。

(3)视觉(心理)线形

视觉(心理)线形是指我们行车过程中看到的线形与实体线形不同,是一种引起错觉的线形。前述的透视图立体线形讲的是通过一个长路段产生错觉的组合,如图 1-2-43、图 1-2-44 所示的断背曲线就是错觉造成的。

而且交角小的曲线位于竖曲线底部之前的平曲线,直线段的上、下陡坡都可能引起视错觉,因而在用路者视觉中产生与实体不相同的线形。

笔者以往著作中均将“立体线形设计”称为“视觉线形”其原因是不论线形是何形态,其最后均是由用路者的视觉去体验的,但视觉中呈现的线形有可能不是真实的线形,因此立体线形与视觉(心理)线形实际上还是有差异的。但可能产生误判的线形或能产生错觉的线形都应该避免。我们希望所设计的线形无论在行车上、透视图上,还是在视觉上都应该是平顺的。

2. 长路段线形的定量表现

长路段线形的定量表现的提出是因为要研究路线随时间变化的四维线形,没有一定长度则很难对其进行描述,公路线形表现形式的曲线半径、回旋曲线参数、纵坡度仅是短路段中线形状态指标,并不能反映一长路段的形态。我们可以将用路者体验到的公路视觉环境和运动力学环境看作随时间变化的动态环境。而视觉环境中的主体是公路线形，它是公路景观构成的主轴，所以线形规划时应考虑线形随时间的变化与视觉的关系，以寻求整个长路段的最好状态。

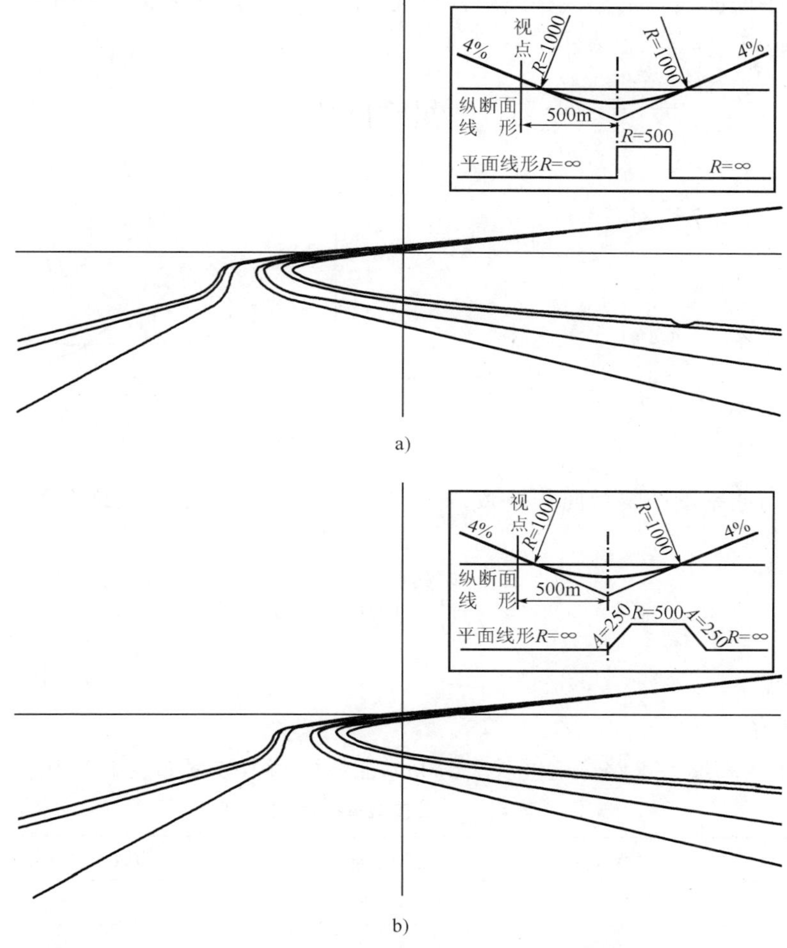

⇧ 图1-2-42　平、凹曲线配合不当，即使插入缓和曲线透视图也无改善。

a）平曲线是从凹形竖曲线底部开始的不好的例子；b）即使在平面线形中插入缓和曲线也没有修改好上图的缺点

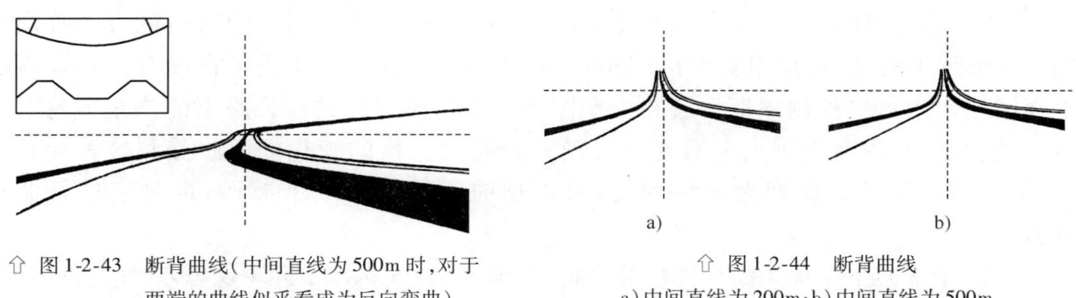

⇧ 图1-2-43　断背曲线（中间直线为500m时，对于两端的曲线似乎看成为反向弯曲）

⇧ 图1-2-44　断背曲线

a）中间直线为200m；b）中间直线为500m

按日本科警研究所的村田隆裕研究意见，长路段的定量表现形式可采用曲线率和曲线周期来表现。

(1)曲线率

曲线率定义为:某一路段(数公里至数十公里)的平曲线弯曲度总和除以该路段总长。

某一任意平面曲线 C 的曲线率图用 $f(l)$ 表示。从 C 上任意两点引出两根切线的交角为 θ[图 1-2-45a)],在曲率图上表示为:

$$\theta = \int_A^B f(l)\,\mathrm{d}\left(\frac{1}{r}\right) = \int_A^B f(l)\,\mathrm{d}l \tag{1-2-2}$$

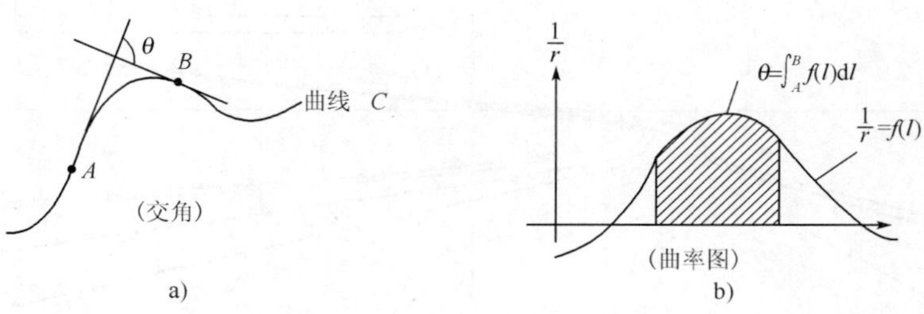

图 1-2-45 交角和曲率图

图中 θ 值与曲率图中斜线面积一致,如将曲线的方向与符号均按绝对值考虑则曲线率 r 为:

$$r = \frac{1}{L_{AB}}\int_A^B |f(l)|\,\mathrm{d}l \tag{1-2-3}$$

式中:r——曲线率;

L_{AB}——AB 之间曲线长。

例:日本东名高速××路段之间长 23.7km,曲线率与事故率如表 1-2-19 所示。

东名××路曲线率比较表 表 1-2-19

路段	距离(km)	r(弧度/km)	事故率(件/亿公里)
大井—是柄	23.7	0.953	151
菊川—浜松	29.2	0.252	78

(2)曲线周期

将曲率图的曲率变化做成一个波形[图 1-2-45b)],则可用波形解析的方法算出周期。波形解析法之一,是用功率谱(Power spectram)的方法。此法可在没有一定周期的不规则波形中求出控制周期。公路曲率图与以一定车速行驶在公路上的汽车前轮变化角度是相似的,因此驾驶人左右变换行驶从方向盘操作的变化上而感受到这种变化节奏,那么为了测量其周期为何种程度,可以把曲率图作为一个波形,再对它进行波形解析。

不过,有关这些情况还没有进行得到证实的研究,这里只限于介绍设想方法的要点。

(3)公路线形分类

一般公路线形可分平面线形与纵断面线形两大类。如考虑线形的时间变化和节奏感等,则可将线形用新的概念分类,即分为二维线形、三维线形、四维线形。

- 二维线形（平面线形、纵断面线形）——
  - 按曲率分类——直线、圆（二次抛物线）、缓和曲线
  - 按形状分类——直线、单曲线、S 形曲线、卵形、复合曲线等（上坡或下坡，右转或左转）
- 三维线形——
  - 简单组合
  - 透视图线形（以立体线形看时有扭曲）
  - 视觉、心理的线形（像产生错觉的线形）
- 四维线形——时间要素成为评价的对象（动态视觉环境的移动变化、节奏感）

此种线形中立体线形、四维的视觉线形是技术进步带来的全新概念。立体线形已有分类，并有设计与检查方法，从技术上讲比较成熟。但四维的视觉线形的概念还有待进一步探索，本书就是以四维线形作为研究公路美学、景观评价的主要研究方向，以此理念来研究创造一个行车安全、线形平顺、视觉优美的公路环境。

（七）线形评价

1. 一般分析

所谓线形评价是指作为视觉线形设计对象的道路的评价。本章概论中表 1-2-1 列出了设计车速与线形设计的关系，在大塚胜美（日）《公路线形设计》书所列列表中，将设计车速分为 60km/h 以上，40 ~ 60km/h，40km/h 以下这三档。40 ~ 60km/h 是过渡，书中强调切记最低限度设计车速超过 40km/h 公路要作为具有原来意义的线形设计对象，表中对 60km/h 以上车速强调的是高速行驶要求安全舒适线形协调平顺；40 ~ 60km/h 的强调的是安全，希望线形尽可能平顺；而 40km/h 以下的除安全外对线形没有特别强调。由此可见线形评价重点是 60km/h 以上高速行驶的公路。不同时代不同人有不同评价标准，线形设计评价虽然没有完全客观标准，但存在着评价的必要性。

传统的线形评价简单而"古典"，我们读书时学的就是采用"技术经济论证"，将两种不同方案的技术指标比较一下优劣，再就是把建设费用比较一下，看谁省钱。还有的是用汽车运行的动特性图来检查平纵线形行驶效果上，看其经济性（当时铁路用牵引动特性图来检查线形）以此决定路线方案好坏。

时代进步了，概念也更新了，美学、环境提上了日程。从新的角度出发，一条路线好坏除经济性及技术达标以外，它的安全性、舒适性，以及对环境影响，都要作为受益对象加以评价。强调快速、安全、舒适则往往增加了建设费用，但安全环境当今已是社会关注的首要问题，因此这种评价观点的更新是技术进步、社会发展的必然结果。然而将安全、舒适作评价对象，每个人的感受差异是大的，在某种程度上很难定量分析。即使作为受益评价，也有很大困难，有待深入研究。

目前识别的方法是在评价时，先考察线形评价要素和不同评价者的观点，然后再从不同角度进行评价。日本道路公团的武部健一先生将评价的观点与要素列为表 1-2-20。

线形评价的要素与观点　　表 1-2-20

主要立场	评价要素或项目	主要立场	评价要素或项目
建设者的观点	建设技术，建设费用，用地的取得、养护管理，对企业是否有利，对国民经济是否合算	环境观点	景观、公害、灾害，与地区社会的联系
用路者的观点	安全性，舒适性，迅速性，经济性		

表中从建设者、使用者、环境三个角度来评价线形。建设者重视的是建设成本、运营费用与收益,用路者要的是安全、快速、舒适、经济,而从环境角度要求的是好的景观、无公害、少灾、方便地区的联系。用路者的经济要求与建设者的要求相同的是使用成本要低。如果线形与地形和风景协调,若建设者的观点认为是经济的,用路者当然也认为这是好的。但进一步要求提高安全性与舒适性,则有可能要增加费用,这时建设者认为是要慎行的。三方要求有一致的,也有对立的,因此线形评价(包括后述的景观评价)都应该结合各方立场综合加以评定,目前一些方案确定代表面不够,显然是有缺陷的。

线形评价的主要评价对象与次序应是安全性、舒适性、快速性与经济性。而安全是第一的,时代进步,生活水平提高,舒适性应提升到应有位置。通常在初步设计阶段(也称宏观线形阶段)经济性与快速性是主要评价项目。而技术设计阶段(也称微观设计阶段),安全性和舒适性就成为主要评价项目。事实上这四项内容在宏观线形阶段就应充分考虑,否则就会出现前述线形修正那节里出现的各种问题。而安全、舒适在技术设计的每个细节都应得到充分的保障。从视觉与美学角度我们着重从安全与舒适两方面内容来评价线形。

2. 从安全性要求来评价线形

安全性是线形评价的第一位,难以想像一条存在安全隐患的路能成为一条优美的公路。安全性是指安全度的高低,它以安全事故的多少来衡量。安全性和安全感是不同的,如果在某一路段行车使人心惊肉跳,但不一定是不安全的,但用路者会感到不舒适。因此安全感与舒适性成比例,而安全性与舒适性不一定成比例,我们希望线形具有安全性的同时也要让用路者有安全感。

安全感是一种生理反应,因此可用脉搏次数、呼吸次数及皮肤电的反射等对比加以确定。应该是安全感高的路段这些指标正常,反之安全感低。危险性高的路段生理反应次数会增多。

从安全性与安全感角度将线形划分如下:

①路段危险性高,但不能引起驾驶人的警觉。这种路段安全性低,事故率高,但有安全感(其生理反应正常)。

②驾驶人认为危险的路段。这种路段安全性低,事故率也高,安全感也低(生理反应次数增高)。

③路段不危险,驾驶人也感到不危险。这种路段事故率低,安全性高,安全感也高(生理反应正常)。

④路段并不危险,但驾驶人感到危险。这种路段安全性高,但安全感低(生理反应次数增高)。

上述四种路段中,第三种是理想的,第二种可能是由于建设费用受限的原因,否则是设计有误。对于一、四两种情况则应在设计上或视觉诱导上加以改善。安全性、安全感是和驾驶人视觉感受紧密相连,应进一步研究,但从宏观角度可将事故发生程度和安全性共同研究。

方法一:对事故多发地点进行调查,标出事故多发路段,并以此判断事故多发与该路段几何构造要素的关系,以探求构成"危险的条件"。

方法二:将全部事故与发生路段的几何构要素相联系,并做解析。根据日本资料对高速

公路检测结果总解析，其结果如下。

①除去高速路出口和立体交叉部分以外，在所谓单车道部分，其直线段事故率最低，圆曲线段比直线段高，而回旋曲线段比圆曲线段又高。

②距事故发生地点前30～50m的线形要素与事故发生原因有较紧密的关系。

③圆的半径和事故之间有相关性，当半径小于200m时，事故率增高。

④回旋线的大小和事故之间也有相关性，当参数小于90时，事故率增高。

⑤纵坡对事故发生有直接关系，在1.1%～3.5%的下坡路段，无论平面线形如何，事故率均高。

⑥从纵坡路段交通事故整体上看，平曲线半径小的事故就高，特别是长下坡尽端的小半径曲线更甚。

⑦凹形竖曲线上的事故比凸开竖曲线多30%，但竖曲线半径大的相对比较安全。

⑧从平纵组合看，竖曲线与回旋曲线组合时，事故率为平均事故率的一倍，而平曲线与竖曲线组合时事故率低于平均事故率的一半。

⑨凸形竖曲线与平面S形回旋曲线重叠，特别容易引起事故。

从事故统计数据看陡坡下坡路段事故高发，一般下坡比上坡事故高，特别是下坡时前方小半径曲线更易引发事故。事故与线形以及设计速度有密切关联，因此几何设计时对线形组合半径、纵坡选择都应考虑将来线形对安全的影响。安全关乎用路者的全部感情，没有安全性或缺乏安全感的都不是良好线形。

3. 从舒适性和景观角度评价线形

(1)舒适性的感觉

一条路是否舒适主要是通过用路者的感觉器官去感受的，可以通过视觉器官、运转感觉、时间变化三个方面获得，舒适是用路者的一种切身感受和感觉。

①通过视觉获得舒适性。

视觉是用路者连接公路与周围环境的主要媒介，有关公路线形、周围景观、标志标线及公路与环境的大部分信息多是通过驾驶人的视觉获得的。通过视觉可以知道公路的平顺性和线形的连续性以及增强安全感。所以公路线形协调和舒适性是我们对线形评价的着重点，视觉是获得舒适感的主要渠道。

②通过运动感或平衡感获得舒适性。

汽车在曲线上行驶的离心力及在不同曲率的曲线段行驶的离心加速变化率，在上、下坡道上行驶的加减速度，及绕车道中心轴左右变换的转动速度及其变化等，均是通过内耳三个半圆形管来感受的。如为确保运动感的平顺性，这种缓和容易达到，而要确保视觉平顺则需要较大半径与相当长度的缓和曲线才能满足。视觉比运动感更为敏感，所以线形研究中视觉与透视形态尤为重要。

③通过视觉、运动感的时间变化获得舒适性。

汽车在三维公路空间做有方向运动，短时间内出现视觉优美的时间变化（移动变化的动态视觉环境），以及运动感觉的时间变化（节奏感）的四维现象，给用路者带来舒适感。

因此将线形和景观随时间变化带来的视觉与运动感的四维现象用来研究舒适性是一项很有价值的评价方法。虽然这个问题已提出四十多年，而且本书也是以四维景观作为研究方向，但是在理论与实践之间还有一定差距，值得深一步探究。

在高速(一般 60 ~ 80km/h 以上)行驶情况下,在某路段或地方通过均是瞬间消逝,路线景观按时间持续向前推移而形成一种节奏,这种节奏被定为"有计划的推移一定时间内的印象",这种节奏只要在公路上行驶就会有感受,但至今我们不能像建筑形式美法则的韵律节奏在公路建筑物中用一定形式表达出来。

在公路上行驶如果视觉与运动感均无变化,用路者会感到厌倦。反之视觉环境变化过快,也会使人感到紧张和不知所措,这种情况下会导致交通事故。

视觉中节奏感的产生,是因视觉环境等的变化缓慢出现后,又缓慢消失,或者是刺激绝顶和弛缓期适当反复,这两种方式都能提供行驶中视觉的节奏感(图 1-2-46、图 1-2-47)。这种节奏感使用路者行驶时感受到一些令人愉快的变化,特别是在研究较长路段线形时,这种节奏感是不可缺少的要素。

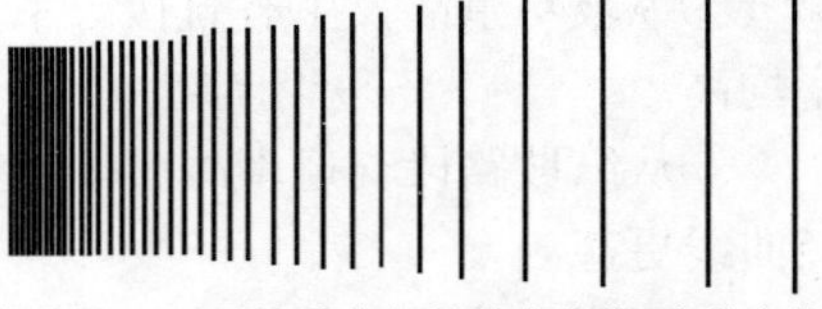

⇧ 图 1-2-46 沿线特征的梯度变化,这种变化的反复会产生节奏感

⇧ 图 1-2-47 沿路线变化及两侧特征、空间变化而产生的韵律与节奏

(2)舒适性的表现形式。

舒适性可以通过视觉、运动感受、时间变化去感受(感觉),但用什么形式来判断舒适性呢?用什么判断形式来判断舒适性呢?目前直接评价舒适性的程度还不能量化,只能用定性的方法对视觉及运动感和一定时间长度的节奏感进行评价。一般只能用(A)非常舒适、(B)舒适、(C)一般、(D)不舒适、(E)非常不舒适来进行主观判断。如想减少这种主观性,还可用皮肤电反射(G、S、R)、脑电波、脉搏、呼吸等生理反应通过检测用数值反应,但由于人与人之间个体差异、习惯等影响,仍很难用这种物理、生理的方法真实掌握感情和反应的关系。因此用这种方法判断也存在一定困难。上述舒适性的感觉与表现形式归纳如下。

舒适感觉:
- ①由视觉引起的——视觉平顺性、连续性、开阔景观、雄伟展望。
- ②由运动感觉引起的——平顺的行车舒适性,合适的加减速度由汽车滚动引起的缓和刺激。
- ③四维节奏感——由动态景观引起的全景移动变化,及运动感引起的刺激的时间变化。

舒适表现:
- (A)感觉上直接定性判断——即驾驶人的自身感觉的反应报告。(是主观判断)
- (B)当作舒适性反应的判断——皮肤电反射(G、S、R)脉搏、脑电波、呼吸(是定量的、客观的,但尚难掌握其与情感的关系)。

(3)线形与周围环境对舒适性的影响

将公路作为观赏对象,作为公路美学的基本原理就是公路线形自身协调和公路(线形)与环境协调两个内容。

公路几何设计要解决自身线形协调,就是要解决公路车行道的视觉形状,但是用路者行驶空间的视觉形状除行车道主体部分外,还有形成与围绕车行道空间的视觉形状(这形状可理解为公路景观与环境)。根据前联邦德国的调查结果,用路者的行驶条件如下:

行驶空间的视觉形状+驾驶人行驶经验→行驶方法和行驶速度的选择

此条件可以看出驾驶人的驾驶方法与行驶速度是根据对道路空间的视觉形状判断与选择的。一些研究表明，路面在行驶空间的占有比例随车速增大而增加，视觉原理中已介绍如六车道公路40km/h 车速时路面占的比例是20%，而96km/h 车速路面比例为50%，两侧比例减至20%以下。这就说明车速越高，线形的重要性越大。根据各项调查显示，景观对驾驶人的影响也占相当大的比重，线形与景观对驾驶人的影响大约各占50%。

由于景观对舒适性的影响有这么高的比重，因此要求公路及其线形应和景观协调，首先公路线形要与周围地形和景观协调，第二要确保线形本身的平顺性、连续性，这样才能形成行驶空间的视觉舒适性。

如果讲建筑形式美的法则有统一、均衡、比例、尺度……那么我们可以讲公路美学的法则就是公路（线形）自身协调和公路（线形）与环境协调两大法则。

三、构造物与公路（线形）协调

构造物是公路本体的一部分，是公路自身协调的主要内容之一，公路构造物有桥、涵、隧道、支挡构造物、护坡、护墙、排水构造物等。除跨线桥梁、山坡截水、泄水构造物外其余应与线形协调，这种协调既指平面线形的协调，也是纵断面线形的协调，新的观念可泛指与立体线形协调。因一般桥、涵都是公路本体的一部分，对路线与环境均不起主导作用，而对环境有支配作用的特殊大桥与路和环境的关系，要视跨越位置具体条件决定。《公路美学》（美）中强调："最好的美学处理是尽量使桥不显眼，使桥和路线一致，例如桥梁路段也有全宽路肩，就有助于做到这一点。"因此桥梁线形是构成路线整体线形的一部分，不应在通过桥梁时中断路线流畅线形的连续性。

（一）桥梁与平面线形协调

平面协调是指与平面线形协调，也要与横断面协调，除直线段以外，也可在圆曲线缓和曲线内布设桥梁，目前完全S形的高架桥也时有出现（图1-2-48），国内海湾大桥、跨海大桥也多有这种线形（图1-2-49、图1-2-50）。当然梁桥做成弯桥比较便利，但桁架桥、索桥、斜拉桥则宜布置在直线段上，在其两端引道配以平顺的缓和曲线。

此时如视野开阔，从桥两头曲线部分可以透视其侧面，可以看到桥梁优美的结构造型与壮观宏伟的景象（图1-2-51）。

⇧ 图1-2-48　以高架弯桥来配合地形的S弯桥

⇧ 图1-2-49　线形流畅的钢箱梁跨海湾桥（主跨为斜拉桥）

⇧ 图 1-2-50　采用S形曲线线形的跨海湾桥

⇧ 图 1-2-51　桥头有弯道或弯道或引桥时，上桥前便可以看到主桥造型（海沧桥）

特大桥梁不应附属于公路，因为它对环境有支配作用，因此在平面上往往是由桥位控制路线定向，不管其重要性达到何种程度，其两端接线与桥构成的线形均应是平顺的。

（二）桥梁与纵断面线形协调

将桥梁的纵断面做成凸形，这是传统的建筑方法，这种桥梁中间像拱一样隆起（图 1-2-52）。在山岭地段跨越深谷式河流时，两侧分别为上、下坡，将桥做成平坡而将凹曲线插入两端。原联邦德国的 Werra 桥在更换时，经研究后将凹形竖曲线插在桥上，取代了过去平板形状的桥梁，改善了纵断面平顺性。跨越高速路的桥梁通常桥梁纵面坡度小而两侧为陡坡。原联邦德国在两端引道中的桥梁插入平缓凸型竖曲线的方法很普遍，这样中间短直线段的平顺性得到改善。

（三）特殊情况的桥路协调

1. 跨大江大河的桥梁

跨越大江大河的桥梁，以桥位为主导路线，平纵线形与之协调构成平顺线形，如将桁架或拱放在下面，在用路者视线中桥梁线形则更为平顺，否则从桁架中穿越有狭窄感，同时栏杆要简单、轻盈、敞开，但要使人有足够的强度印象，以增加安全感。

跨越大江大河的桥梁往往成为一种标志建筑，最好的效果是向用路者展现桥梁。美学上的处理则是桥头引道的部分布置成曲线段，使用路者上桥前就能看到桥梁全景，以引起兴趣与关注，在寻求一种优美的配合形式和满意外观的同时，路与桥应构成一个整体（图 1-2-53）。

⇧ 图 1-2-52　传统典型的建桥手法不少将桥建成拱形，多数为了造形优美，也有的是为过水与通航

⇧ 图 1-2-53　一般情况下要求桥梁线形与路线保持一致

2. 跨线桥

路线交叉跨线或互通都采用跨线桥，早期田园公路的建筑师们采用钢筋混凝土桥在表面用块石镶面，看上去粗笨、古朴，在汽车道路发展初期，这是桥梁工程师与风景建筑师们的共同杰作，以其继承石桥艺术传统，美观、和谐而普遍受到赞扬，这种风格在第二次世界大战前持续将近三十年（图1-2-54）。

⇧ 图1-2-54　谐调、平衡厚重的中墩和坦拱是20世纪20～40年代跨线桥的风格（美）

但第二次世界大战后，大量高速路的修建，材料、技术的进步使这种风格逐渐改变，而上部构造简单、结构轻盈、色彩明快、有一桥飞架之势的各种跨线桥被普遍来用（图1-2-55）。一条路上跨线桥型式应有适当变化，以改变视觉的单调，这种做法是好的。但变化频繁反而杂乱，特别是采用较复杂的上部结构反而破坏了用路者的美好印象。

3. 跨越沟谷的桥梁

跨越山谷要修建高桥，但应选择与环境和谐的桥型，如美国加利福尼亚州的桑马特奥沟大桥，因桥高桥长支配周围风景，最初人们都想在U形沟谷中修建大跨径拱桥，像一跃而过的优美跨越峡谷，但经模型试验后感到桥过于优势与风景不相协调，而且结构繁杂，不是理想桥型。最后选择不支配风景而与环境协调的外观单薄、轻盈的五跨焊接等厚钢梁桥进行跨越，宏观上非常和谐成了一道风景（图1-2-56）。和谐是桥梁与路线协调的主题。一般路为主，桥为仆；而特大桥，桥为主，路为仆，路要与之协调。但从风景与环境角度看，除了和谐还是和谐，否则就叫“煞风景”。山谷地形中有沿河谷而行的路线，如两面山坡较陡时，目前不少高等级公路在山谷中采用随地形走势的高架桥，这些桥梁都随沟谷中的平、纵线形变化而变化，极其生动、流畅，是非常优美壮观的风景（图1-2-57）。

⇧ 图1-2-55　二战后结构简单、色彩明快的轻盈的跨线桥被普遍采用（美）

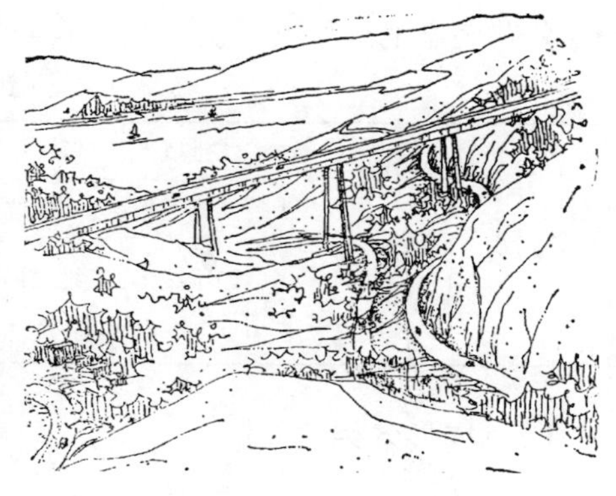

⇧ 图1-2-56　跨越桑马特奥沟的等厚钢板梁桥和周围环境（深谷等）十分协调

⇧ 图 1-2-57　在峡谷地形条件下采用高架桥适应地形变化，优美壮观，线形流畅（右侧白线为山坡线老路对山坡破坏严重）

4. 挡土墙、隧道与线形的关系

挡土墙在平面上与道路线形是一致的，但不能像一般桥涵一样与路基构成同一结构体。挡土墙最好的处理是使其不显眼。通常的做法是在墙脚前栽植常绿乔木将其掩蔽或用攀缘植物来覆盖，护坡的处理也是如此。有些大型护坡或挡土墙用上述方式处理时，会有不少困难，如何降低其突出程度还得采取一些措施，应力求掩去一部分。大型混凝土结构的挡土墙，其外观应通过艺术处理，如表面可镶面或粗琢其表面，目前不少高速路在墙面上做些装饰图案，这种处理虽不能使其与环境融合，但也能引起用路者的兴趣，从而减少烦躁感。在国外也有做桥墩镶面的，若挡土墙镶面也采用相同材料则也可形成一种统一的风格。挡土墙顶部设计应与其拦截的边坡构成一条光滑曲线，墙面不应直立，应后倾，这样视觉效果会有所改善。

对于隧道来讲，传统的观点认为用路者看到隧道只是洞口。从建筑艺术角度来看它多成拱形，跨线桥讲究轻型敞开，而隧道洞口则应显得坚固，使其在视觉上产生力量感，可承受巨大土石的重量。隧道洞口不应只采用标准设计（铁路尤其用标准设计多），而应与建筑师一起做出满意的设计，使其成为一道风景。这些年城市隧道多兴内部装饰，有些内部灯光非常华丽，但公路上尚不多见。隧道内部线形不应过多变化，受隧道出入口地形位置的限制，隧道内部通常也布置半径较大的曲线，隧道内对线形的可预知性也尤为重要。

四、公路自身协调小结

公路美学的原则之一就是路线自身协调（表 1-2-21），其主要内容如下。

路线内部协调表　　表 1-2-21

路线内部协调	二维线形（可解决平面或纵断面线性组合）
	三维线形（为立体线形可解决线形的平顺性与连续性）
	四维线形（三维线形加上时间变化可检查线形的诱导、可预知性，用以评价安全感与舒适性）

（一）线形分类

1. 按线形几何要素来分可分为：

①二维线形——平面直线、曲线组合的线形；纵断面坡线凸凹曲线组合的线形。

②三维线形——平面线形要素与纵断面线形要素组合的线形。

③四维线形——三维线形(立体线形)随时间变化的视觉心理线形。

2. 上述线形也可按组合与透视觉效果划分:

①简单组合——按技术标准规定布设的线形。

②透视图立体线形——按上述组合后,用透视图对平顺性进行检查。

③视觉心理线形——简称视觉线形,其感觉可能与实际线形有差异,可以避免产生视错觉。

(二)从安全感舒适性评价线形

1. 从安全性评价线形

(1)安全性与安全感

{ 安全性——指路段出现事故的多少,表明它安全度高低状态,但安全性好的不一定是舒适的。
安全感——安全感与舒适性成比例,安全感好的则是舒适的。

(2)从安全感角度对线形分类

安全感可以与生理反应(皮肤电反射,脉搏,呼吸)次数来比对,安全感与之成反比。以安全感将线形分为:

①实际上是危险的但不能引起驾驶人注意的(安全性低,但有安全感)路段。

②驾驶人认为危险的路段(安全性低,安全感也低)。

③路段不危险,驾驶人也感到不危险(安全性高,安全感也高)。

④路段不危险,但驾驶人感到危险(安全性高,安全感低)。

从舒适性角度要求线形应安全性高,同时视觉、心理给用路者安全感也高的公路才可能是舒适性高的线形。

2. 从舒适性来评价线形

舒适性的感觉(舒适性的获得) {
①视觉引起的——视觉平顺性、连续性、优美的景观;
②运动感引起的——平顺的行车舒适性;合适的加速度;汽车滚动引起的缓和刺激;
③四维节奏感——景观随时间的变化;运动感觉随时间的变化。

↓

舒适感的表现 {
①用路者感觉上的直接定性判断(主观的);
②用仪器判断——皮肤电反射,脉搏,呼吸脑电波等(客观的,但难以判断其与感情关系)。

3. 公路(线形)和周围环境对舒适的影响

公路线形是公路轴线,它由路面、路基、桥涵及其他构造物构成公路本体,公路本体的所有部分必须以线形为主轴与之协调,与线性一致就是对线形的强调,有助于加强线形特征,这是线形自身协调的基本原则。公路自身协调要点如下。

①公路(线形)自身要有良好配合——内部协调——确保公路线形的平顺性与连续性。

②公路(线形)与周围环境的配合——外部协调——公路(线形)要与地形和风景协调。

③公路本体与环境对舒适性的影响,根据研究判断其各自影响程度约占50%。

④没有与环境良好配合的线形,不能判断为良好线形也是不舒适的线形。

而环境对舒适性的影响则应注意以下几点。

①公路与环境协调,并成为风景的一部分。

②视野的多样性(但要避免杂乱)。

③路线与环境应给用路者在视觉与运动感上体验到随时变化的韵律与节奏。

第三节　公路与环境协调

一、概　　述

(一)公路美应具备的条件

从美学角度讲,公路建筑作为技术产品,它必须具备两个条件。

(1)应该具备"生活必需的条件"。

(2)要具备"丰富生活的条件"。

"生活必需的条件"即产品的功能与效用,而"丰富生活的条件"则是精神与心理的要求与满足。这可以理解为一种技术美,而技术美对"生活必需的条件"与"丰富生活的条件"而言,前者可以理解为功能美,而后者为形式美。公路的形式美必须是公路自身形态是美的,而与环境结合形态则更美。公路自身的美取决于视觉线形设计,要使其具有满足功能要求的空间流畅、平顺的造型,而与环境结合就是要将公路与环境融为一体,功能是"生活必需条件"而其余的重点是要创造满足"丰富生活的条件"。

(二)环境与景观的概念

环境就是人类生存的外部世界,环境与人息息相关。以人类为中心来观察与人生存、生活密切联系的外部世界,称之为环境。就人类而言,环境是影响人的物理、化学、生物学及社会方面的各种现象的综合。人类生存受环境影响很大,从心理影响的角度可将环境分为:社会环境、文化环境、自然环境三类。也有分为地理(物理)环境与行为(心理)环境两类的。

地理与自然环境是人类生活的周围物理(环境),这种环境一般是有形的(空气则无形),当自然环境被当作人们视觉对象时,其视野中的视觉形象便成为"景观"与"风景"。

(三)公路与环境协调

上面已讲了公路建筑作为技术产品应符合技术美的原则,即它应具备功能美、形式美与环境协调三项准则(桥梁美学也如此,技术美、形式美、功能美在桥梁美学中另有祥述)。作为建筑形式美的法则,统一、均律、比例、尺度、韵律等也适用于公路造型和公路与环境协调,其不同在于这一法则如何在动态环境中应用。是否可以这样讲:形式美法则加上时间的四维空间视觉变化也能成为公路美的法则。也就是"公路(四维线形)自身协调,和公路(线形)与环境协调"就是公路美学两大法则呢?公路自身协调是几何线形、立体线形、四维的视觉(心理)线形的协调。使公路在满足公路功能的条件下,自身有令人满意的四维空间形象,这主要是公路专业人员的工作。而公路存在于自然环境、社会环境、人文环境之中,也应与之协调。作为桥梁与环境协调,可以融入社会与人文因素,而公路线形却很难。因此公路主要是将地形及自然环境融入在公路几何设计之中,这样才能使公路与环境构成一个整体,形

成优美的景观，并使公路成为一道风景。这就需要有景观设计师的参与，国外几十年前就这么做了，国内近十年也开始做这方面工作。本书讨论的环境侧重于自然环境，社会、人文环境只有少量涉及。

（四）公路与环境协调的研究内容

公路美学研究的是车辆以不同车速在公路上做有一定方向运动时公路和环境在用路者视觉（心理）的四维印象。路线三维线形作主轴，有路面、路基、构造物等构成公路本体。本体的自身协调与路线的四维空间变化的有关内容在上节中已经讨论。用路者视野中除路以外，有路外的地形、地貌，有山川、田野、村落等各种风景元素，也有人工栽植的公路绿化、沿线附属构造物、服务设施等。这些自然风景元素与人工风景元素，公路都应与之协调。其中公路与地形协调和风景资源的利用是与自然景观要素协调的主要内容，而公路绿化、土石方工程修饰则是人工景观要素与公路协调的主要内容。通过这些协调我们希望获得下述两种结果。

（1）用路者在公路上行驶时，视野中要有优美的线形和线形与优美环境结合的印象（这是用路者的印象）。

（2）公路融入环境（自然、人文……）并成为风景的一部分（这也包括路外人的宏观印象）。

（五）公路与环境协调的一般原则

根据动视觉原理来研究路线与环境随时间变化时，如何协调并提供视野的多样性呢？因车速不同，其协调重点也应有差异，当车速增高，路面的比例在视野中不断增大，而对周边反映的敏感度降低，此时路边景物（如绿化、交通设施）更应充分考虑在高速行驶时的视觉要求，通常公路与环境协调应遵循下列原则。

（1）公路（路线）要适应地形，要有优美的三维空间外观，随时间变化时，线形应平顺、流畅，具有连续性、可预知性，并有良好的视线诱导。

（2）路线布置时要充分利用当地自然人文与风景资源，提供视野的多样性。

（3）公路应和自然风景融为一体，公路在环境中要有适当比例并成为风景的一部分。

（4）应用绿化来改善环境并恢复植被以使绿化和环境自然衔接。

（5）一般构造物不应主导风景，要使其不引人注目，并使其成为环境的一部分。特大型桥梁可成为风景的主题，但也要和周围环境相协调。

（6）要保护现有的自然环境，设计施工均不应有重大破坏。施工痕迹应予消除，适当地恢复地貌，土石方工程应该修饰。

（六）公路与环境协调的研究方法

在路线踏勘时就应充分了解地形与自然环境特征以及沿线的风景资源，在初步设计过程中就应对景观生态、自然条件等因素在布线时予以充分考虑。应有与自然景观协调的初步措施，并充分掌握景观生态与景观造型的关系。通过选线、土方工程和人工构造物来共同构成景观。而技术设计时则对景观空间平面造型、立面造型、横断面造型作出具体详尽设计，以满足保护自然景观和公路与环境尽可能协调的美学要求。因公路与环境协调是景观设计的内容，应编制到设计文件中，作为公路设计文件的组成部分。

对路线自身协调，我们是用透视图来检查并修正。而公路与环境协调是用全景透视图来检查,但即使有问题,修正也很有局限。所以在初步设计后就应用适当方式进行检查,对发现路线可能与环境不协调的路段进行修改,并在技术设计阶段再加以雕琢,这样可以获得更佳效果。

二、路线与地形协调

公路布设要充分考虑地形条件,这是最基本的原则。对如何适应地形并没有什么规则可循。在平原区一般没有多少地形上的障碍。其障碍无非是村落、经济林木、良田,而丘陵、山岭、山脊、河谷、台地等天然障碍,公路既要适应地形又要造价经济,这正是我们的研究课题。

(一)一般原则

《实用公路美学》[美]中对公路如何适应地形有一段论述,现结合我国实际,著者阐述如下。

1. 适应地形是相对的

公路应适应地形,但它首先要满足交通量的需求,而不同交通量又对应不同的公路等级(设计速度,路幅),哪类等级的路适合哪一种地形则是相对的。完全适应地形的公路只有在平坦地形条件才有可能。而我国山区、丘陵居多,多数地形复杂,即使冲刷剥蚀形成的洼地和沟谷,包括黄土高原,它们的地表也极不规则,因此路线切割地形在所难免。否则技术要达标,地形又要适应是十分困难的,因此适应地形是相对的。

2. 为适应地形应运用"平衡设计"理念

美国自20世纪40年代开始,已按"平衡设计"的理念来指导设计。公路的几何设计标准与几何尺寸是与交通量成比例的。所谓平衡设计,就是先假定设计速度,然后再决定与速度有关的设计标准,如平、竖曲线半径,超高,视距,纵坡等,使之与设计的几何速度相适应。在复杂地形下一般采用较低设计速度,以在工程造价与运营费用之间寻找平衡。我国早期公路工程技术标准中某一等级公路只有相应的一种设计车速,而后来的有了改变,如高速、一级公路分别有三种设计车速,即使二、三级公路也有两种车速可选择,这就符合了平衡设计的理念。

公路要适应地形,其地形特征是选择设计速度的主要因素。如我国高速公路分别规定设计车速为120km/h、100km/h、80km/h三种,就是为了适应不同地形(或不同交通量)需要。过去技术标准中还有设计车速按山岭重丘、平原微丘分两个档次,这也是出于这种考虑。因此同一等级的路,平原比丘陵、丘陵比山区设计车速高的选择方式是正确的。同样大交通量的公路比小交通量的公路设计车速也要高,这也是为从用地、造价与车辆运营养护费用上寻求一种平衡。

目前我们决定公路等级主要是交通量,交通量大则等级高相应的车速也高。那么地形平坦交通量不大如何选择?目前三、四级路中有两种设计车速可选,一般应就高不就低。只要安全有保证采用合理的较高车速,才能理解为适应地形。除非有限速规定,用路者选择与调整它的车速不是按公路的等级去调整的,用路者是按曲率、纵坡、视距、路面平整度等公路行车内外部条件来调整行驶车速的。

采用何种车速才能适应地形又能降低造价与运营成本。这是一个难解的公路几何题目。节约用地、降低造价等措施是以不损坏风景,减少施工痕迹,减少对环境的不利影响为

前提。而往往采用较高速度就成为祸首,因此“平衡设计”是保护环境的一种折中理念。

(二)关于任意取直的设计手法

为保证平顺、视线、车速而路线取直成了常用手段。其结果是在平原穿村、过林、占良田,而山区、丘陵则切割地形,其对地区影响,和对环境生态的损害也可想而知。早期低等级公路曾在丘陵区用长直线来缩短里程,但造成了纵断面的起伏,甚至是大起大落。(图 1-2-58)。长直线可以用于平坦地形,如草原或荒漠。但我国平原地区村落较多,直线也不宜过长,因此在平面上绕越障碍时也应在线形上有适当变化。丘陵地区使用弯曲的线形和低缓纵坡来适应不规则地形,通常在美学上是有利的,而且造价也比较节省(图 1-2-59)。因此任意取直的手法除特殊地形外在美学上不是一种好的手法。

⇧ 图 1-2-58　即使在起伏不大的地形长直线也能造成视线连续性中断

⇧ 图 1-2-59　一般公路以较小填挖在丘陵区适应地形的例子

(三)公路适应地形的视觉比例

公路要适应地形也就是和地形协调,那么在视野中公路在环境中突出与否,是否有理想的视觉比例呢?如在一个山区沟谷有一条弯曲顺地形延伸的小路,他在视觉中应该是不显眼的,但同样的沟谷中修建一条四车道的公路则显得十分突出,甚至可能控制环境。同样一条公路在草原或荒漠中,它就能和风景融为一体(图 1-2-60)。

⇧ 图 1-2-60　草原中公路能和风景融为一体

1. 视觉比例的定义

视觉比例是描述一物体与指定标准(或人)的相互关系,如图 1-1-30 中金字塔与人的比例关系。视觉比例与绝对的比例或尺寸有所不同。因此视觉比例的定义是:不同物体或地区间的大小关系可以从一个与另一个视觉影像的比较中获得。从这个定义可以看出,只有同时能看到可以比较的物体时,这件物体才会有视觉比例,它与物件的绝对尺寸无关,只有观察到的那一部分才能产生比例印象。

2. 公路在环境中要有恰当的视觉比例

我们要求公路不要支配环境,在环境中路要有合适的比例。这对于双车道以下的公路较易做到，而多车道特别是有较宽分隔带的高等级公路在有些环境中就难以实现恰如其分的比例关系。这种情况下在高速行驶的高速公路上，路幅在视野范围内可能占去大部分景观空间。

3. 视觉比例的改善

改善视觉比例的有效方法是采用隐去法，所谓隐去法就是将物体隐去一部分，每次只看到其中一部分，如弯曲的公路视觉规模通常比笔直的路看上去要小，也可以定线时利用地形隐去一部分。在较宽的分隔带中也可通过分隔带的种植减小公路的视觉规模，但这种方式有可能影响用路者对风景的观赏。其他可以改善的方式，如坡脚采用挡墙比高填方坡脚看上去比例好。用隧道代替深路堑等都可以达到改善视觉比例的目的。一般驾驶人的视野中路与路外景色融合得越多，道路的视觉比例就不显得突出。

（四）关于公路（路线）适应地形的小结

一条景色优美的公路其先决条件是适应地形，而适应地形的条件是路线布设时应注意运用平衡设计理念，适应地形是相对的，但对地形的切割应减至最低。公路应融入风景，在环境中应有恰当的视觉比例。当公路过于突出时，可以用隐去的方法加以改善。公路与地形协调的核心是路线三维线形要与地形协调，不论什么地形均应保护好视觉的连续性，在一定的视线范围内线形应是顺适、连续和可预知的（图1-2-61）。

a)

b)

⇧图 1-2-61

a）适应地形获得平面线形与纵坡连续性的例子（美联邦公路局）；b）几何线形连续性良好的公路（美加利福尼亚州）

三、风景资源的利用

（一）概述

1. 一般原则

公路路线对风景资源的利用是公路美学的基本原则，原则之一是公路应融入周围环境并与自然风景融为一体，成为风景的一部分，原则之二是公路布设时能提供所经地区的视野多样性，这就要求路线应采用最佳方式利用风景特征以引人入胜，从而避免行车的单调。而视野的多样性又和景观随时间在变化，而用路者的注意力集中程度、行车安全、舒适感又和这种变化存在着内在联系。

2. 什么是风景

路边以外的自然景色与人工建筑物都是风景。自然风景不一定都要是桂林山水，奇山怪石。田野、荒漠、草原、湿地、森林、树丛、山川、丘陵、小丘、江河、湖海、山涧、小溪、蓝天等都是自然风景。路边村落、大坝、桥梁、塔以及壮观的高压线塔等都是人工构筑的风景。公路

美学研究的风景如下。

(1)路边的风景——路边的风景是指路面轮廓线以外延伸到视线极限的景致(景致定义在景观评价中再讨论)。

(2)驾驶人眼中的风景——驾驶人眼中的风景主要指的汽车前窗视野中公路与自然风景的画面。

(3)乘客眼中的风景——乘客从前窗、侧窗看到的路与自然风景画面。

(4)煞风景——这是中国通俗的说法。一是讲风景不一定全是优美的,二是讲美好的风景被破坏了。这些能煞风景的元凶主要是施工痕迹,如弃石、弃土,废弃的取土坑,荒废的房屋,路边广告,沿途村镇墙上的涂抹等,这些是破坏公路环境与自然景色中的视觉公害。

(二)公路定线与风景利用

(1)利用风景的原则——公路定线时用路者视野中不应出现的是连绵不断的公路,而应使公路消失在风景之中。

(2)定线时要发现风景并利用风景——定线时应在路线走向的带状走廊里发现风景,并研究风景特征,并将风景利用作为定线与公路设计的组成部分,处理好路线与景物的关系。

(3)利用风景的公路定线——山脚、林边、河谷、台地都是风景外貌边界,路线应沿风景外貌布设;分水岭、河道岸边是景观的天然轴线,公路路线应沿景观轴线布设。沿溪线、山谷线、山脊线都是沿景观轴线布设的实例。

(4)直线布设时远方应有明显的目标或有主导建筑——以丰富视野,改变单调感,产生距离感(图1-2-62)。如长直线消失在远方而形成无限透视,就会显得枯燥单调。

⇧ 图1-2-62　长直线前方的土丘成为视线目标,改善了线形的单调,丰富了视野

(5)风景利用的一些手法。通常的利用手法是借景与对景,视野中的风景目标在路线前方名曰"对景",景观目标在视野中路线的一侧叫"借景"。生活中借、对景的实例很多,这些景可以是天然的也可以是人工构造物,既可以丰富视野的多样性,也可以改善旅行环境。借、对景在布线时要特意做好处理,以增强其美学效果(图1-2-63、图1-2-64)。

(三)公路用地外的风景保护

公路用地内的土地保护相对容易,但公路用地以外的风景也应保护,路外的开山采石,毁林都是破坏风景。著者曾目睹秦岭内的山川优美,胜似仙境,但20世纪60年代某条低等级公路沿溪越岭施工时,沟谷两边林木尽遭毁坏,如同扫荡一般。路外用地不属公路部门,如何保护呢?应该立法规定保护的范围,那些影响风景的地方不准采石、采伐、不准乱建。近几年著者在黔、桂旅行时,路边经规划的农舍,十分有特色,已成为一幅美丽的风景,既改善了居民的生活条件也改善了风景,真是一举两得。随着国民经济发展,路边风景保护应提上日程。美国早在1940年国会就规定"各州可以动用联邦补助金,用于公路用地范围内的风景开发与路边休息区的建设”(图1-2-65)。并且规定可以“购买沿线附近一定宽度的用地,主要用来保护已建公路通过地区的自然美”。在1956年美国又颁布了《公路美化条例》,条例应允从联邦政府总基金中可动用部分款项资助“在公路用地范围内风景美化与路边开发”,同时“用来恢复、保护公路附近的风景与环境改善”。上述除联邦基金投入以外,也还有各州大量的自筹资金投入。如同我们今日地方自筹中央补助一般。公路美化与风景保护,有联邦国会规定(立法),又有条例规定资金如何落实,这种保护公路两侧自然环境的做法,值得我们交通主管部门效法与借鉴。

⇧ 图1-2-63　路边土丘作为借景丰富了公路景色

⇧ 图1-2-64　长直线的视轴前方用人工构造物对景,在行驶至前方曲线段时成为借景目标

(四)施工痕迹应予修饰,适当恢复自然外观

因公路施工造成公路用地范围内与临时用地及采石、取土等场地内地形、地貌、植被的破坏,这些施工破坏严重影响公路与周围景观。因此施工中破坏的植被应予恢复,弃土堆应使其变为自然状态,影响视线的应予推平,并应恢复植被和予以适当绿化栽植。取土坑应予加工使其成为水景并可栽植水生植物使之有自然生态气息。石方路段弃渣及边坡对视野内景观有影响部分都应尽力处理,并使之与公路有自然的衔接。(图1-2-66)。

⇧ 图1-2-65　通过取得公路用地以外用地修建的路边休息场所以保护风景(美国家公园)

⇧ 图1-2-66　宁杭高速(江苏段)推平土石堆恢复植被

(五)处理好公路用地、公路建设费用与风景保护的矛盾

当今的世界潮流对生态保护、自然环境保护已是举世一致的共识。上段已讲了发达国家从20世纪40年代已立法保护公路环境,但保护环境与增加建设费用始终是一对矛盾,不

应让子孙捅我们的脊梁，该用的费用还是不能省的。取土坑利用来作为景观，有的地方涉及用地，有的还涉及还田。为节省用地，排水沟、截水沟处理生硬，使得路基很难与自然衔接；为节省用地，公路路基多数未采用缓坡与弧形路肩和弧形边沟，这都是目前景观上的问题。恢复原地貌要做好路基与自然环境衔接，又涉及用地、建设费用的矛盾，应在力所能及的范围内，寻求处理好用地、费用与保护的矛盾。

四、公路绿化原理

绿化是改善公路环境的重要手段，在现代交通条件下应提高公路绿化的科学性和栽植的合理性。

（一）公路绿化概述

（1）重要性——公路沿地形前行除公路平、纵组成的立体线形以外，绿化是公路视觉环境中主要的垂直景观元素，对改善公路环境，美化景观，诱导视线以及和自然环境衔接有重要作用。

绿化可以使公路具有地方特色，不同绿化的树木，花卉，不同的栽植形式，可以赋予一条公路具有区分于其他公路独特的个性与性格，从而使一条路具有显明的特征。

（2）特点——公路是线性环境，也是一条交通走廊，车辆在公路上行驶，用路者是以不同车速在公路上做有方向运动。车速是影响视觉的主要的因素，因此公路绿化的原则应符合动视觉特性的要求。

（3）动视觉原理的应用——一般认为60km/h以上为速度较高；40～60km/h为过渡；40km/h以下为一般车速。当速度较高时，绿化栽植应运用新的理念处理；40km/h以下不等于不考虑车速，但其影响没有速度较高时显著。

（4）栽植形式

公路绿化是改善、美化公路环境的重要手段，运用绿化垂直要素可以丰富垂直景观的多样性，运用它可以诱导视线，同时通过绿化可将公路与路边地带自然衔接起来，起到与公路的周围环境衔接时的过渡与缓冲作用。其栽种形式有以下三种。

①功能栽植。功能栽植是要通过栽植来达到某种功能效果，从美学的角度我们认为不存在纯功能的栽植，我们追求的是功能要求与美学要求的一致性。

功能栽植有遮蔽栽植，如遮蔽挡墙，如在挡墙上采用攀缘植物又叫拟态栽植。功能栽植还有遮荫、种植、防音、防风、防雪栽植。公路上常用的栽植形式还有视线诱导栽植、指示栽植等。

②景观栽植。景观栽植从造园的角度来研究栽植，其历史久远，这一般是园艺家的专长。但公路的景观栽植除传统的理念之外，从公路美学角度出发，必须考虑其栽植形式，绿化树种、配植要符合用路者在不同车速下观赏的要求，这对绿化来讲是一种全新的理念。

景观栽植就传统的形式而言有整形式与非整形式，又称为建筑式与风景式。整形式是学习建筑和对称形式，是一种规整的栽植形式。而风景式是以自然风景为基础，也称自然式栽植。

③地被栽植。地被栽植也可以列入功能栽植，也是风景栽植，通常的地被如草坪。地被可以改善小气候（大面积情况），可以防土、防尘，防冰冻，防泥泞，防冲刷、侵蚀。公路

上常在中央分隔带、路边护坡上种植地被植物。地被植物绿色宜人，反光少，不眩目，如路边配以花卉形成对比，会有更好的效果。目前地被已成为公路与环境衔接和缓冲的重要手段之一。

④布置方式。这些栽植形式都应根据路线功能要求、路基防护要求、环境保护要求、景观要求等合理布置，以改善交通环境、美化环境。

（二）绿化植物的性质与状态简述

公路绿化植物有树木（灌木）、花卉、草等，性质与状态简介如下：

（1）树形：树木依树形分乔木、灌木、蔓生三种，决定树形和尺寸的主要因素是树高，树冠高度、宽度，目测树干周长、树干高度、树形等（图1-2-67）。

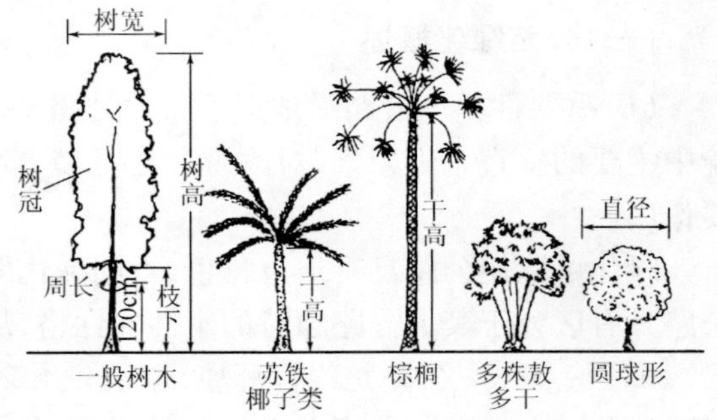

⇧ 图1-2-67 树干主要尺寸特征

（2）色彩：部分树木叶子除绿色以外还有丰富鲜丽的色彩，如山茶、樱树、枫树等，一般花草也有色彩变化。就乔木而言，常绿阔叶为深绿色，落叶树多为浅绿色。不同树种树干也有不同颜色如梧桐树干为蓝绿色，白桦树干呈灰白色或白色，而红松呈红褐色等。

（3）质地：树冠质地构成要点有叶和花形，以及树冠大小，生长密度和生态状态等。如大叶的树木和建筑尺寸大的多车道公路与较大服务区的广场相协调，小叶树木则宜适用于在路边或分隔带绿化。

（4）季相：指的是树木萌芽、展叶、开花、结果、叶红（叶黄）、落叶等现象，他与环境的季节变化有关。由于植物的季相变化，可以使人们感受周围景观季节性变化，也就是常说的春色、秋色等

⇧ 图1-2-68 一条极富特色的公路绿化，木棉、棕榈、红花、绿草充满了南国风情

（5）树势：树势是指的树木生长度、萌芽性和移植难易程度。有的树长势快，有的长势慢。长势快的到一定程度要进行整枝修剪。如萌芽性强的树木耐修剪程度也高。树木移植后成活率也不相同，有的树种移植后成活率低，一般春季树木萌芽期前移植容易成活。落叶树初冬和初春均可移植，而早春开花的树宜在初冬移植，萌芽晚的可到初春移植。

对应上述性质与状态的有不同的树种与绿化植物，可以根据绿化植物的性质与状态在公路绿化中合理应用，以加强公路的地方特色（图1-2-68），并赋予一条路个性。尽量做到四季有绿，好花常开，春夏秋冬有相宜景色。

（三）用视觉原理探讨公路绿化理论

目前公路绿化多由园艺师设计，不少人用造园的理念来设计公路绿化，没有充分考虑公路动态环境的特点。根据国外对栽植理论研究成果，结合动视觉原理及视网膜上成像清晰

的条件，对绿化栽植的遮蔽理论与绿化栽植的株距以及成片栽植之间用路者要眺望风景的间隔距离等研讨如下。

1. 前方遮蔽段的一般条件

路线前方有连片树林、有可能部分或全部遮蔽景物，侧视时，若树干较低也可能遮断观察视线，同样前方若是蛇形路线或有碍风景的景物需要遮断时，都应根据满足遮断条件的方法进行处理。

满足树木前方遮断的条件(如图1-2-69)。

从图1-2-69中可知，应被遮蔽的范围和视线高和树木高有关，其关系如下：

$$\tan\beta = \frac{e}{D};\tan\alpha = \frac{H-e}{D} \tag{1-2-4}$$

则

$$h = d \cdot \tan\alpha + D \cdot \tan\beta = \frac{d}{D}(H-e) + e$$

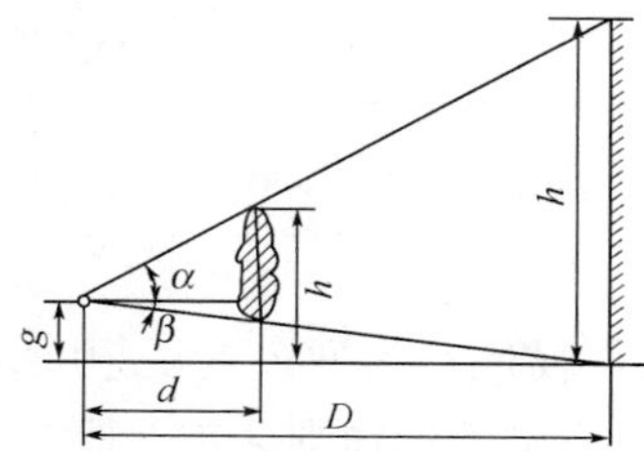

图1-2-69 遮蔽栽植的树木与被遮物的关系

式中：h——遮蔽树木高度；

d——视点与被遮蔽树木之间水平距离；

D——视点与被遮蔽物体间的水平距离(实测)；

H——被遮物的高度；

e——视线高度，人站立1.50~1.60m，小车1.1~1.2m，大客车2.2m以上；

α——水平视线上部与被遮物上部连接的仰角(可实测)；

β——水平视线下部与被遮物上部连接的俯角(可实测)；

从上述关系可研究树木遮断的范围，以及需要遮蔽时树木应有的高度。

2. 在汽车行驶条件下成行树木的遮蔽问题

在车行道上车辆以一定速度行驶，假若驾驶人或乘客只注视前方，此时能否从树间看到树木侧景物，除与树形、树冠大小有关外，关键决定于树木的间距S(图1-2-70)。一般人视线最容易看清的地方是偏离视线中1.5°左右范围内，60°的平面视野角度范围内也能清楚可见，虽然两侧平面视野可达160°，但超过60°范围的清晰程度就会减少。当树冠直径为d，遮断视线的间距为S，则有如下关系；

$$S = \frac{d}{\sin\alpha} \tag{1-2-5}$$

式中：d——树冠直径(m)；

α——汽车行驶方向的平面视角(°)。

当平面视野为60°时，$\alpha=30°$，此时$\sin\alpha=0.5$，$S=2d$，故可认为当$S\leqslant 2d$时，则驾驶人只有注视前方时，侧方视线才可以遮断，此时路侧景物可被认为看不清或看不到。

上述仅考虑的是驾驶人只注意前方，这种情况只有在高速行驶时才会发生。通常速度不高情况下，驾驶人有时会左顾右盼，特别是乘客会透过树间看景色，视线不只是前方而时有侧视，因此$S\geqslant 2d$时不能遮断侧方视线，使乘客可从树干间隙中观看景色。当车速提高影像会重叠连片，则景色模糊不清，因此考虑乘客视觉要求就必须有合理的株距。

3. 关于影像融合问题

高速行驶时行道树(或桥上密排栏杆)和后面风景会相重叠,这种物体影像在极短时间内不断重复的现象可以看成融为一体状态,也就是影像融合现象。

(1)临界融合频度(CFF)

发生融合状态的最小周波数叫融合频度(CFF)。一般值为 50 ~ 60 周波/秒,这数值即为发生融合现象的临界融合频度。

(2)看清行道树而看不清树后景物的条件(图 1-2-71)。

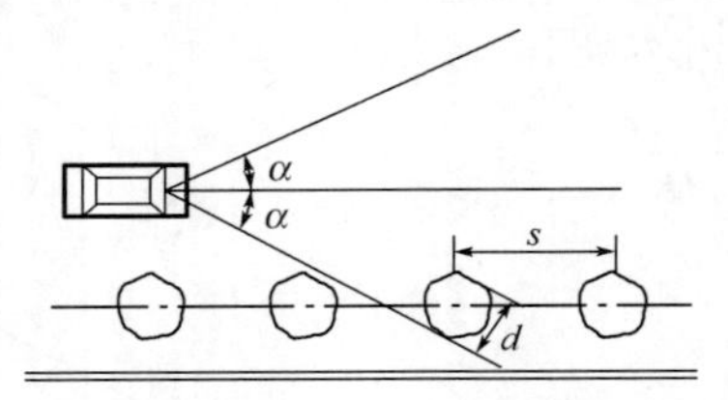

⇧ 图 1-2-70　汽车行驶时列树与驾驶视线的关系

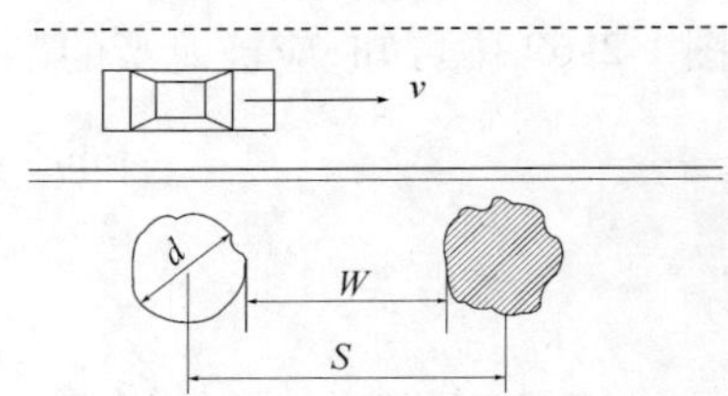

⇧ 图 1-2-71　S. W. d 的意义及关系

图中 v-车速,d-树尺寸大小,S-株距,$\bar{W}$-树尺寸间距

假若 F 为列树重复频度,t 为行道树露出时间,T 为树木间休止时间。此时如满足下列条件,树后景物则会被遮断:

①树木的重复应在 CFF 值以下,当中心视角为 1.5°时,$F = v/S$ 值在 18 周波以下。

②行道树的露出时间,应能在觉察它的形状的露出时间以上,即时间 $t = d/v$,为 0.03s 以上。

③如相邻树木不重叠,则树木休止时间也应保留在一定值以上,大体相当于视觉反应时间。

即　　$T = W/v$,一般 T 为 0.2s。

如满足上述①、②、③三项条件,可看清一列树的形状,树后景物会被遮断,且景物不会与树木融合。

④如要看清路边树木,则树木距路边应有合适距离,并应满足被注视树木的后掠角速度不大于 72°/s,此时视网膜成像才能不模糊。

4. 驾驶人与乘客透过树间空隙有看清景物的必要宽度(树间距离)与露出时间

(1)条件是如在树木之间能观赏风景,则树木之间必须有足够的露出时间和辨认时间(图 1-2-72、图 1-2-73)。

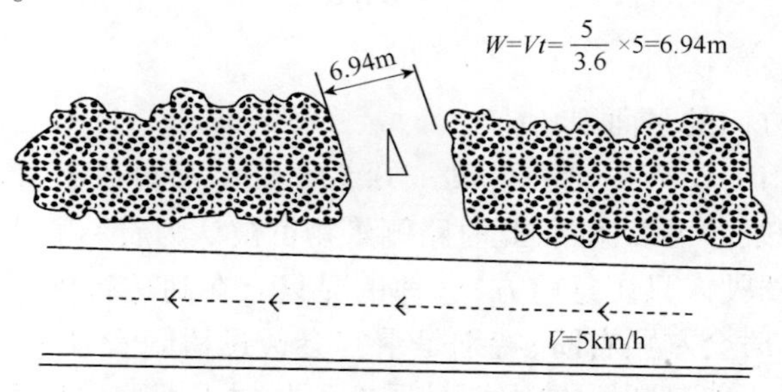

⇧ 图 1-2-72　步行者 5s 眺望时间所需的树木距离

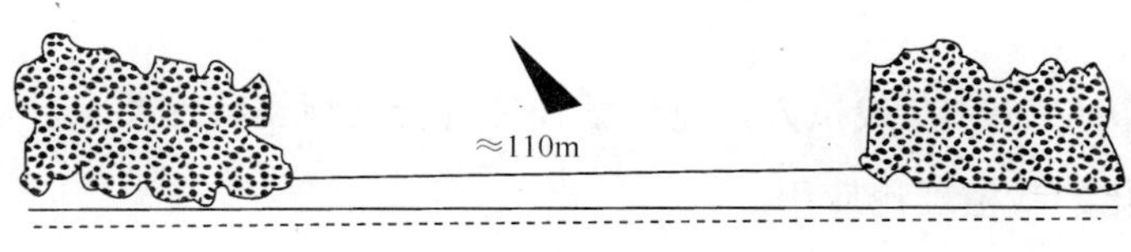

⇧ 图 1-2-73 在车速 80km/h 时,汽车上乘客所需的 5s 眺望距离

(2)辨认时间是由用路者反应时间和风景露出时间组成,用路者反应时间一般为 0.2s;所需露出时间最少为 0.03s。

上述合计为 0.23s,在讨论 CFF 融合频度时,我们采用了 0.25s。

从上述研究中我们可以得出以下结论。

①清楚辨认景物最小时间为 0.23 ~0.25s。

②通常认为要清楚辨认至少应有 4s 间隔。

③(前联邦德国)汉斯·洛伦茨在“公路线形与环境设计”一书中认为眺望景物应运用 5s 的视野,方能满足用路者眺望要求。

④实际应用中电影、电视始像时间也是 5s,否则你会感到太快,画面跳跃。

(3)满足眺望要求树木之间的间隔距离(W)如表 1-2-22。

$$W = v \cdot t \tag{1-2-6}$$

式中:v——汽车与树木之间的相对速度;

t——为清楚辨认风景的时间(最小 0.23s,满足清楚眺望应为 4 ~5s)。

满足眺望要求的树间间隙(m) 表 1-2-22

车速	km/h	20	40	60	80	100	120
	m/s	5.56	11.11	16.67	22.22	27.78	33.33
W_1 (t =0.23s)		1.23	2.56	3.83	5.11	6.39	7.67
W_2 (t =5s)		27.80	56.55	83.35	111.10	138.9	166.65

从表中我们可以知道在不同车速下满足眺望的间隙大小,也可以看出车速对栽植影响的重要性,其中 W_1 间隔是仅能看到景物出露,而不能清楚辨认。小于这要求就模糊不清,甚至产生融合。而 W_2 满足用路者在不同车速下能眺望风景的间距(如图 1-2-73)。

以上我们讨论了视线在什么条件不会发生遮断,什么情况下列树可能与后面景物产生融合,以及树木、树丛之间眺望风景的必要距离,公路绿化时是否考虑到车速因素带来的上述特性是关系到绿化方式是否科学合理,这一点尚未被多数人所认识,目前一些地方仍在规划并宣传要在多少时间内将公路两侧建成绿色林带、景观带,密植是主要形式,而密植的结果多是变成绿色走廊或绿色隧道,如其路段较短尚可接受,如几十、上百公里如此,其视野的多样性和沿线风光景色尽失,变成了遮断种植,这不是公路绿化的目的。同时绿化种植也不只是单纯的园林种植,除功能种植以外,一般列树景观种植应满足下列要求。

①用路者观赏风景的视线不应遮断。

②种植列树时,不应与后面景物融合。

③树木栽植在合理的视野范围与距离内,树木的后掠角速度不应在视网膜上产生连片

和模糊影像。

④为满足眺望风景要求,栽植方式应科学合理符合动视觉特性要求。

(四)公路绿化的栽植理论应用

1.树木距外侧车道边缘的最小横向合理距离

(1)按景物后掠速度满足回转角小于72°/s的横距要求。

多车道公路用路者在外侧车道行驶时如车速较高,路边树木一晃而过,影像连续且模糊不清,使人头晕目眩。为避免这种情况发生,应满足树木后掠回转角速度小于72°/s,并以此来推算树木距离外侧车行道乘客位置的距离,见表1-2-23。

按树木后掠满足回转角小于72°/s的横距表 表1-2-23

车速(km/h)	20	40	60	80	100	120
距离 D_1(m)	1.80	3.61	5.42	7.22	9.03	10.83

注:D_1 是树木距外侧车道乘客位置的距离(为最不利位置)。

如考虑车辆在外侧车道行驶,此时乘客也应能看清树木(当后掠回转角小于72°/s时),假定乘客位置距路面边缘为0.5m时,其绿化距外侧路面边缘的距离为 D_2,如表1-35所示。

绿化距外侧路面边缘距离 D_2 表1-2-24

车速(km/h)	20	40	60	80	100	120
距离 D_2(m)	1.30	3.11	4.90	6.72	8.03	10.33

注:D_2 是满足乘客需要,树木距离外侧车道路面边缘的最小距离。

从 D_2 结果分析可知,例如在平原微丘区绿化树木距外侧土路肩的距离,见表1-2-25。

平原、微丘树木距土路肩的距离 表1-2-25

高速路	一级	二级	三级
7m	5m	5m	4m

(2)按景物后掠回转角速度小于72°/s,又同时满足景物要有5s注视时间才能看清细部的要求,以此推算 D_3 结果,见表1-2-26。

按5s注视时间推算的能清楚辨认景物的距离 表1-2-26

车速(km/h)	20	40	60	80	100	120
距离 D_3(m)	9.03	18.05	27.08	36.10	45.3	54.15

上述距离根据一些国外实验资料看,车速在64km/h时能看清车辆两侧24m外物体,车速在90km/h时能看清车辆两侧33m之外物体。其结果与著者依动视觉特性推算的表1-2-26中 D_3 值基本一致,注视距离是从前方向注视后回转时的初始距离,不作为横向距路边的要求,如横向能达到 D_3 要求,景物肯定可清楚辨认。上述 D_1、D_2、D_3 均为著者对两侧绿化按动视觉特性进行定量研究所推算的数据,可供公路绿化选择合理横向距离时参考。

2.关于合理的纵向绿化间距讨论

绿化距道路外侧保持最小距离可使行车时路边树木在视网膜上不会产生景象模糊,但不能解决透过两树之间眺望景物的问题,透过树间观看景物还应满足下述条件。

（1）应避免树干间距过小，车辆行驶时，透过绿化看景物时会产生景物与树干的融合，故应满足树木重复值 $F=v/S$ 在18周波以下（当中心视角为1.5°时）此时在不同车速下树干间距大于表1-2-27的要求。

$F=v/S$ 为18周时的 S 的理想值 表1-2-27

车速	km/h	20	40	60	80	100	120
	m/s	5.56	11.11	16.67	22.22	27.78	33.33
$S=v/F$(m)		0.31	0.62	0.93	1.23	1.58	1.85

注：$\bar{v}$——车速(km/h)；

S——纵向间距(m)。

从表1-2-27中可知一般乔木植距均大于上述要求，不会产生融合现象，我们看到桥栏杆中往往有小于上述间距的一些竖向杆件，透过这些竖杆看景物时，就会有这一融合现象。

因 $F=v/S$ 值在18周波以下景物易被遮断，所以融合频度的最小周波数CFF值一般定为50～60周波/s，因此当 F 满足50周波/s时的 S 最小值，见表1-2-28。

$F=50$ 周波时的 S 值（最小值） 表1-2-28

车速 $\bar{v}$	km/h	20	40	60	80	100	120
	m/s	5.56	11.11	16.67	22.22	27.78	33.33
$S=\bar{v}/F$(m)		0.11	0.22	0.33	0.44	0.55	0.6

从上述两表看，遮断景物条件都能满足，但桥梁栏杆如想不产生融合，在60km/h车速以上则有一定困难，如竖向采用大于0.4～0.7m的栏杆间距，其安全性会受到影响。

（2）为保证乘客在外侧不利位置看清景物，回转角应小于72°/s时的树木纵向株距。

此时为了让乘客更好的观赏两侧风景，树木之间应有合理的间距，以使树木在视网膜上能形成清晰的画面，此时回转角速度应小于72°/s，如图1-2-74所示，假若树干间距为 S（此时可以透过树干之间看风景，如考虑树冠，此距离则需加上树冠直径 $D_1/2+D_2/2$），外侧车道驾驶人距树木的横向距离为 X（因最不利位置为右外侧乘客，因此距离需增加2/3车辆宽度。此时应满足下列条件：

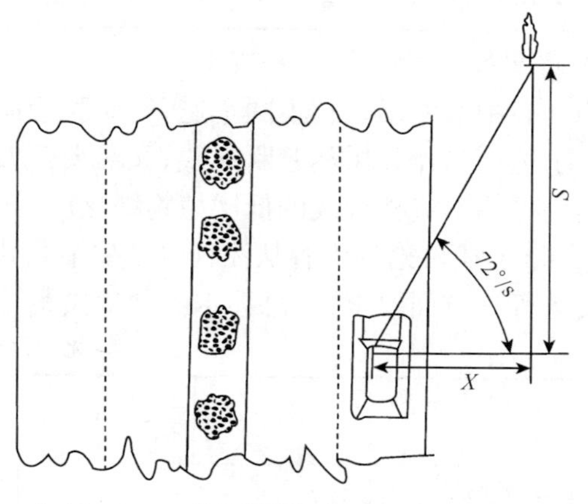

图1-2-74 外侧车道驾驶人看清树木所需的距离

$$\tan 72° = \frac{S}{X} \tag{1-2-7}$$

$$S = X \cdot \tan 72° = 3.0777X \tag{1-2-8}$$

式中：S——绿化时乔木的株距(m)；

X——用路者视线距树木的横距(m)。

因此不同车速下较理想的纵向理论株距见表1-2-29。

当树木与路面外侧距离为 D_2 时，树木株距 S　　表1-29

车速(km/h)	20	40	60	80	100	120
横距 D_2(m)	1.30	3.11	4.92	6.72	8.03	10.33
株距 S(m)	4.00	9.57	15.14	20.68	24.71	31.79

注：表中 D_2 是外侧路边距树木距离，同时乘客边座在外侧，见表1-2-24。

如能满足表中 D_2 和 S 要求，树木在视网膜上就不会模糊，也就是说车辆行驶在车道外侧，乘客在边座时，注视路边树木不会连在一起。从表中株距可见，当车速在40km/h以下时，株距小于10m，也就是一般种植行道树的株距，它说明目前传统的栽植方式，在速度较低时影响并不显著。当车速大于60km/h时，株距则需要15～30m，而且要有足够的横距，因此高等级公路绿化是否科学合理必须考虑车速因素。

(3)为满足在树丛中眺望风景要求的纵向间隙。

在图1-2-73中，我们已经讨论过如要满足乘客对两侧风景的眺望要求，纵向树木不能因成林而遮断视线，对于可利用的风景资源在林木之间可以留有5秒行程作为间隙，供眺望之用(表1-2-30)。

满足5秒行程眺望要求的树丛之间的间隙　　表1-2-30

车速(km/h)	20	40	60	80	100	120
5s行程 S_1(m)	27.80	55.55	83.35	111.1	138.89	166.65

注：表中 S_1 是按横距 D_2 计算的结果。

上表中数值反映在不同车速下，对眺望间距的要求，而不是对一般栽植时的株距要求，这要求适用当连片树丛遮断视线，又需要观赏两侧景物时，中间应保持的眺望距离，在此段落内仍可用不遮挡视线的低矮植物绿化。

(4)上述讨论的内容从注视景物要清晰辨认，必须有充分的露出时间，从遮断条件与眺望要求等三方面要求，汇总乔木的种植横距、纵向株距等要求，如表1-2-31所示。

绿化间距分析汇总表　　表1-2-31

车速(km/h) 株间距高(m)	20	40	60	80	100	120
树穴距外侧路面边缘的横距 D_2	1.30	3.11	4.92	6.72	8.03	10.33
当满足树木与景物不产生融合时的株距 S_1	0.30	0.62	0.92	1.23	1.58	1.85
当满足回转角不大于72°/s时的株距 S_2	4.00	9.57	15.14	20.68	24.71	31.79
满足树木间隙有0.23s辨认要求时的株距 S_3	1.28	2.56	3.83	5.11	6.39	7.67
满足眺望要具有5s行程的要求时 S_4	27.80	55.55	83.35	111.1	138.89	166.65

注：表中所数值是横距为 D_2 时的计算结果(所有值均为著者推算的理论值)。

(5)著者关于树木距路边横距与树木纵向株距推荐意见

为保证路边栽植用路者在不利条件下视网膜成像清晰,满足透过列树中间观看后面景物产生融合,以及在观看风景时,树丛之间满足眺望的要求,著者根据理论推算并结合国外实践推荐如下。

①树木距路面边缘距离的横距 D(表1-2-32)。

推荐树林距路边最小距离　　表1-2-32

车速(km/h)	20	40	60	80	100	120
理论横距 D_1(m)	1.80	3.61	5.42	7.22	9.03	10.83
理论横距 D_2(m)	1.30	3.11	4.92	6.72	8.03	10.33
推荐横距 D(m)	1.50	3.00	5.00	7.00	8.00	10.00

上表是满足用路者注视目标回转角不大于72°/s时,满足视网膜成像清晰所要求的横向目标距离,其中 D_1 是坐在靠路边侧的乘客位置,D_2 是目标距路面边缘的位置,D 是推荐种植树木时,距路面边缘的最小距离,这个距离应该是树冠的距离,实际植株横距应加上树冠直径 $D/2$,才是理想的。上述推荐横距说明路肩不应植树,同时横距也多在公路用地范围之内,应该是可行的,只要合理种植,注视目标时视网膜成像不模糊的要求还是可以满足的。

②树木种植时的纵向间距。

从汇总表中可以看出,景物与树木不产生融合的要求容易满足,同时要在树木间辨认景物的0.23s行程也容易满足,而其中对在视网膜上清晰成像的要求则稍高,但也应该满足,否则树冠会在视网膜上成连片影像,而且图像模糊。因此表中株距是比较理想的株距,我们将其中作为推荐纵向株距(表1-2-34)。而为满足0.23s的纵向极限最小株距如表1-2-35。

树林种植推荐的纵向株距　　表1-2-33

车速(km/h)	20	40	60	80	100	120
理论纵向株距(m)	4.00	9.57	15.14	20.68	24.71	31.79
推荐纵向株距(m)	>5.00	10.00	15.00	20.00	25.00	30.00

注:1.表中值均按横距 D_2 推算。

2.表中值满足外侧乘客注视目标时回转角不大于72°/s的要求。

树林种植的极限纵向最小株距　　表1-2-34

车速(km/h)	20	40	60	80	100	120
理论极限纵向最小株距(m)	1.28	2.56	3.83	5.11	6.39	7.68
极限纵向最小株距(m)	1.50	2.50	4.00	5.00	6.50	7.50

注:1.表中 S 值满足0.23辨认时间要求。

2.表中是树干间距,考虑树冠时,应加进相邻两树冠的各1/2直径。

3.表中值均按横距 D_2 推算。

满足观赏风景要求的间距(m)　　表1-2-35

车速(km/h)	20	40	60	80	100	120
连片丛林的理论间距	27.8	55.55	83.35	111.10	139.89	166.65
连片丛林的推荐间距	30	55	80	110	140	160

注:表中值按 D_2 要求和5秒行程要求推算。

③满足眺望要求树丛之间的间隔。

当路边有较高密植灌木或较密的常绿树木时，如形成绿色走廊则影响用路者观赏路外风景，因此在外界风景较好时树丛可以断开，以满足观赏要求。这样的变化可避免单调，此间隔也可供成片景观种植的距离参考（表1-2-35）。

3. 关于遮光种植

中央分隔带的遮光种植是一种功能性种植，但中央分隔带的美化也是十分重要的环境元素，遮光种植过密分隔了公路空间，过稀又达不到防眩目的。其核心问题是植株距离，树冠大小和高度。一般情况下按汽车行驶方向平面视野60°考虑，当植株距离大于两倍树冠时可遮断。而防眩则要考虑前大灯的照射角度（表1-2-36），而中心光束照射角度为6°，因此防眩种植比侧向遮断要求还低，所以种植时满足防眩要求即可，而不应侧向遮断，更不应密植，树冠大小按防眩要求及时修剪，以保证侧向通视，不要使防眩种植变为遮蔽种植（表1-2-37）。

汽车驾驶员眼睛高度、汽车前照灯的高度及照射角　　表1-2-36

种　别	眼睛的高度	前照灯的高度	照射角
轿车	120cm	80cm	12°～14°
大客车、卡车	200cm以上	120cm	12°～14°

防眩种植间距与树冠直径　　表1-2-37

植株间距（cm）	树冠间距（cm）	备　注	植株间距（cm）	树冠间距（cm）	备　注
200	40		700	140	
300	60		800	160	
400	80		900	180	
500	100		1000	200	
600	120	sin12° = 0.207 ≈ 0.2			

从高度上看小车应在1.5m左右，大车应在2.0m以上，但高等级公路一般内侧行驶小车，以1.5m比较合适。故中央分隔带栽植不宜过高，否侧白天空间有分隔感而影响一条路的整体环境。若分隔带宽在1.5m以下时，一般用防眩隔栅而不采用绿化防眩。

4. 关于功能栽植问题

道路绿化体现了对人的一种关怀，应该对它有新的认识，当然绿化对改善道路景观有着其他任何方式都不能替代的作用，但绿化必须要充分发挥其功能。功能栽植有视线诱导性栽植、标志性栽植、遮光栽植、明暗适应栽植、缓冲栽植、护墙防护、防风、防噪声、遮蔽栽植等方式。上述各种种植方式都应根据路线功能、路基防护、环境保护等要求合理布设，以改善美化公路环境。

5. 关于高等级公路的栽植要点

高等级公路因车速高，动视觉特性影响显著，驾驶员行驶时动视野较窄，视线几乎固定在一定距离，前方景物迅速接近，视野中两侧风景也迅速向后掠过，景观变化很快，公路绿化应考虑到车速变化对视觉的影响。

(1)目前高等级公路列树种植很普通,单一树种或几种树种的列树种植都不是好的栽植形式,密植尤不可取。即使有必要种植列树时,其栽植的位置应按动视觉要求所推荐的距路边的横距和纵向株距进行栽植。

(2)沿线种植不能密排遮挡用路者观赏风景的视线,应留出观赏风景的间隔。除花卉、地被、低矮灌木以外,高大乔木、常绿树可采用自然风景种植、群落种植、集团栽植等形式来美化环境。这些栽植形式之间可以按5s行程,即按120km/h间隙160m;100km/h间隙140m;80km/h间隙110m;60km/h间隙80m的方式留够观赏风景的间距,以丰富旅行生活,其间距间仍可采用不遮断视线的植物进行绿化。

(3)在竖曲线的坡顶、弯道外侧应用诱导视线种植,使用路者能预知线形的变化,以便提前采取措施,提高行车的安全性与舒适性。

(4)沿线种植灌木时,不应遮挡两侧观赏视线,生长过高时应及时修剪(自然风景种植或群落种植等情况除外)。

(5)在公路进出口位置,可有指示性种植。这种种植在一条路线中要有统一规划,使驾驶者意识到这是一种提示,这样才有预知和指示作用。

(6)边坡和边坡以外可种植地被植物和低矮灌木或成片花卉,作为公路与外界环境的连接与缓冲。

6.公路绿化小结

公路绿化不能单纯的作为园林式绿化或城市行道树式的绿化,应根据公路环境的特点,考虑动视觉特性科学绿化、合理绿化,以提高绿化的设计水平。使绿化也能融入自然,成为公路环境的重要景观。近年,国内宁杭高速公路南京段在绿化方面有不少新的理念,路边两侧没有裸露的土石,满山的植被,施工痕迹多被改善,挡土墙上植物上攀下挂,形成一道风景墙,路边沟渠也种植了水生植物,形成了湿地景观。广东最近开始规划打造沿线生态景观林带,如"金色长廊"、"四季缤纷大道"、"紫仪长廊"等。这些均反映对高等级公路绿化的重要性与绿化水平的提升,是改善公路景观环境,使公路融入风景的重要举措。但应注意各种走廊不应建成视线封闭的廊道。同时"夏有荫"的提法对高等级公路未必适合,如要有荫,行道树就会靠近车行道,又因斑斓的树影晃眼而影响行车安全,因此公路绿化栽植理论应用是科学技术进步的必然,公路绿化要由公路技术专家、园艺专家、景观专家共同去完成,方能实现对绿化设计水平质的升华。

公路绿化是重要的景观元素,乔木与高大常绿树木又是断面最主要的垂直要素,绿化是目前改善公路环境的主要手段,应充分运用。现将有关绿化论述小结如下。

(1)考虑用路者动视觉特性,种植要科学合理。

(2)利用绿化来加强公路特征。公路是线形构造物,特别在平坦地形条件下显得单调、雷同,其改善的主要方式就是采用不同的绿化方式、不同的绿化树种、不同的绿化植物(灌木、花卉),去赋予公路特征,使不同公路,有不同的特征,避免千佛一面。公路的连续性与线形特征,可采用科学合理与线形一致的各种绿化种植方式来加强。

(3)绿化要注意地方特色。绿化要尽量用当地的树种、灌木、花卉、地方植物。这些植物除有良好的适应性以外,极富地方特色,有浓郁乡土情结,本地人感到亲切,外地人看了感到新鲜喜爱。

(4)绿化要有适宜的树种与多品种的协调。绿化树种应避免单调,注意植物的树形,色彩、香味、季相，充分地考虑它们在绿化功能与视觉上的不同效果，要多品种搭配、四季有青、三季有花，春、夏、秋、冬各有相宜景色。

(5)绿化应有不同栽植方式的协调。注意多种栽植方式的协调，单一品种、密植列树（小于科学间距）、隧道式或两侧屏蔽式的栽植是当前主要弊病。因此可以合理种植列树，采用列树、自然风景栽植，群落栽植、集团栽植、连片灌木、花卉、相应的地被植物等多种栽植方式在不同路段种植、相互搭配协调，体现绿化的多样性，但要注意风格的统一，不应杂乱。

(6)绿化是风景的一部分，应和自然风景与环境融合，即绿化树种与栽植方式要和环境中诸多景观元素协调，这一点有一定难度，应在有关专家协助下完成。

(7)应用好路边绿地，将其作为路与环境相连接的过渡带，要十分重视这种缓冲种植。

(8)注意绿化对公路景观空间的分隔作用。上面已讲了路边两侧密植高大乔灌木形成绿色走廊，封闭了公路两侧的视线，同样上、下行分开的中央分隔带中高大的绿化种植也会对公路空间进行分隔。除有必要遮挡视线的情况以外，公路景观空间应是开敞的，视野应具有多样性，这是公路美学的原则。因此公路两侧景观不应被绿化所分隔，同样中央分隔带种植高度间距及树冠大小也应以小车左侧视时不发生眩目为原则，保持防眩所需的高度、株距与树冠大小，超过高度或树冠过大就应该修剪。

(9)其他。①注意有影响的区域的树木高度与树冠形状，如立交区高大树木影响视线，休息区的树木系园林种植，因此立交、休息区的景观种植树形应注意修剪。②功能种植的视线诱导种植，指示性栽植目前尚未引起注意，应注意这种栽植方式的应用。③改善公路环境的沿线及路外种植应提上日程，并适当的加大投入以保护自然环境。

五、公路构造物与公路（路线）协调

（一）公路构造物

公路本体除路基以外还有大量的人工构造物，如桥梁、涵洞、通道、跨线桥、挡土墙、护坡等。广义地讲，排水构造物也是公路构造物的一部分，所有公路构造物都应与公路（路线）协调。因桥梁涉及造型的美学，特大桥梁主导风景，所以桥梁美学特另列章节论述。

（二）公路与一般桥梁、涵洞、隧道的协调

一般桥梁是指除特殊大桥或对环境有主导作用以外的桥梁。桥梁、涵洞、通道的平面，纵面线形都应与公路线形一致。即使有通航、过大型车辆等要求需提高桥、通道下部净空时，其纵面线形也应自然平顺的过渡，不应因设置构造物而形成驼背，同时横断面在这些位置不应产生收缩而形成瓶颈，一般应与路肩同宽（很多地方没有做到）。如横断面宽度有变化，必然影响平面线形的美观。

对桥梁而言，在上承式桥梁或中承式桥梁通过时，往往有狭窄感，对于一般桥梁如地形允许，拱与桁架应以下承方式处理为好。如地形平坦又必须采用这些形式时，造型上要与路线配合并成为风景为佳。桥梁上部垂直元素构造要简洁、明了不应杂乱，对栏杆的处理应简单、轻盈、敞开，但高桥的栏杆则要显得坚固以增加安全感。

综上所述，公路构造物与公路（线形）协调的处理原则是：

公路构造物是公路（线形）本体的组成部分，平纵线形及横断面要保持一致。对于用路者而言，视觉中通过公路桥涵时，应平顺流畅，其美学上的最好处理是使构造物不突出，不显眼。

(三)高架桥

在高等级公路与其他道路相变时,多采用跨线通过,主要道路在下,次之的在上。如需互通则要增添匝道形成互通立交,高等级公路常见的是地方道路甚至是农用路跨线(在不能采用通道形式时),这样跨线多于山区、微丘,当然平坦地形下也有地方道路跨线的。跨越公路的桥梁是用路者视野中的一道风景,但接近跨线桥时,前方景观空间上、下会产生分隔,如上面有多层匝道则会感到繁杂,在过宽的跨线桥下通过时会感到压抑。早期国外公路上方跨线桥多考虑用地方传统建筑格调,如外墙采用块石镶面,这种处理看上去比较粗笨(图1-2-54),而随着新材料的诞生,设计技术的进步,跨线桥上部构造多采用细长的水平构件,在公路上方轻越跨过,而且使竖向部分不显突出,这样的结构与四车道式多车道公路显得协调和谐,并展现当代的建筑风格图(1-2-75)。

⇧ 图1-2-75　现代跨线桥简化下部支撑对水平构件予以强调

目前也有的跨线桥采用诸如单塔斜拉等结构形式跨线,以此来美化公路环境,但需注意在突出这种结构的同时,其上部构造形式、建筑体量应与公路和周围环境协调,否则也会造成公路沿线景观统一风格的破坏,跨线桥型式也不应单一,可以有多样性,不能复杂多变,适当与恰如其分的变化,并在统一中展现每座桥的风格与个性,从而避免雷同,这样在美学上也是可取的。

(四)隧道

隧道位置往往取决于其地质构造,路线对长大隧道要服从它的位置,而一般隧道没有特殊地质上的原因应服从路线。隧道内的平纵线形应和两端连接线的线形相协调,由于隧道修筑技术的提高,曲线形的隧道已很常见。隧道内的行车由于空间闭塞,有些内部色彩灰暗、混凝土衬砌外观亦未做处理,往往使用者感到单调、枯燥。但也有的隧道内进行了表面装饰配以及彩色灯光,成为色彩缤纷的灯光隧道,景致也十分诱人。在长大隧道内长时间行车的单调枯燥,甚至会产生厌烦。如果说它有吸引人的地方,无非是这隧道长度使用路者惊讶。在不影响行车安全的前提下如何改善隧道内的行车环境值得研讨。

用路者对隧道的第一印象是洞口,洞口建筑是可以与周围环境协调的唯一部分。从建筑艺术的角度看隧道口的拱形构造可视为桥导建筑的特殊形式。它给人的视觉与心理感受应该是坚实、牢固、安全,可以支承洞顶巨大土石压力从而获得安全感。隧道口的建筑形式是设计的关键,由隧道工程师来设计是不够的,公路美学(美)中指出应由结构工程师,建筑师和风景建筑师合作,做出洞口是最满意的设计。

（五）挡土墙与护坡

挡土墙是支挡构造物，用来支挡土质或破碎的石质边坡，有山坡挡墙与路基坡脚挡墙，特别是山坡挡墙和线形走向是一致的，但桥梁、涵洞可以和路基构成一个整体，而山坡挡墙却不行，因此对其最好的美学处理使其变得不突出和不显眼，一般可以在边沟外面有台地进行绿化遮挡或用攀缘植物和下挂植物进行改善（图1-2-76）。但大型挡墙因结构过大十分突出，如结构是混凝土的有可能表面可以镶面，粗琢或图案加以装饰挡墙上部应与被拦截的边坡构成一条光滑的曲线，而不应将上端做成阶梯状，墙面应适当后仰给人安全感。

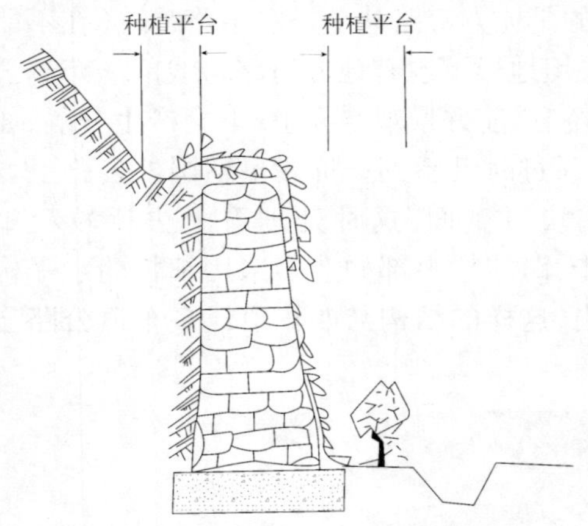

⇧ 图1-2-76　挡土墙上、下应留种植平台以便绿化

目前护坡形式很多，表面采用各种改善方式的均有，在表面复原是最好的美学措施。在不能复原时表面喷浆加固也应在形状与表面色彩、质地上尽量与周围环境协调。有些景区边坡上的仿真山石做得极其自然，假若条件（费用）允许，在重要公路景观路段可以效仿，以改善公路外观。

六、公路附属设施与公路协调

公路附属设施多指的是公路服务设施，如服务区、加油站、汽车维修点、收费站、路边休息区等。

（一）服务区

目前一般高速公路在一定距离内（30～50km），设有服务区，这些服务区集购物、餐饮、加油、车辆维修为一体，也有功能少一些的，而一般道路的加油站十分普遍。国内服务区主体建筑由于用地原因多在路边附近。一般情况下，用路者在公路上经过时，即可看到服务区的全貌，服务区设计要体现现代公路建筑风格，但也要富有地方特色的元素，这样才能使不同的公路有不同的特色，从而避免雷同。这些特色可反映在建筑形式、绿化、服务区布设或标志性的雕塑等方面（图1-2-77、图1-2-78）。

国外不少服务区沿用休息区的理念，二十四小时提供服务，提供住宿、餐饮、电话、邮寄、供油等服务，使旅客进入服务区心情愉快，可以进餐，舒适地喝咖啡，提供舒适实惠的服务。服务区也可选在道路附近风景优美的场地林间，有的选择大桥终点的附近作为休息区。当然这些场所有的将停车场选在建筑的背面，这样的布置，前庭的环境会优美得多，如宁杭高速某服务区，在路边不是敞开的，而掩在绿树后面，眺望时微露建筑的顶部，其风景十分诱人，而从匝道进入后犹如进入园林和别墅，十分雅致。目前国内大部分服务区前面是敞开的广场，多用于停车。繁忙的服务区人流窜动、车辆鸣叫犹如闹市，而在服务区住宿其夜间车辆发动机的轰鸣与汽笛声叫你难以安静。著者曾有在长途奔波后住过这类服务区，有过这种叫人难以忍耐的体验。设计者应换一种思路，前院应是庭院树木花卉宜人，又有椅凳可以小憩。餐饮、咖啡室外就是花园。将停车场地放在主体建筑的后面，这样公路上的用路者可以看到服务区优美景致,而在休息区的人又能在这里消除一路劳顿。此举涉及用地问题,但这已不是新鲜事,上面已介绍美国早在1940年国会就有动用联邦资金用于风景开发与路旁休息区建设,并用来购买沿线一定宽度的用地。我以为这种建筑前庭院后停车的方式,实在比以前服务区广场的人车混杂喧闹多了不知多少倍的休息区感觉。好的例子很多,如沪京高速阳澄湖服务区主建筑前景深大,后面又临湖,有观景平台。开放初期不少苏、沪等地游人假日去那里休闲,周围风景也十分秀丽,又有美食,叫人流连忘返。在一定长的路段修建一些功能齐全的服务区是必要的,但在这些路段中间如有些休息加油的小服务点,则会使用路者感到更加方便。服务区是沿线公路服务设施中最重要的平台与垂直景观元素,其建筑群应或为公路景观小区的主体建筑,体现一个景观区的特色,它的定位应是:乘车路过旅客视野中的风景,进入服务区旅客赏心悦目,吸引人的休憩之地(图1-2-79、图1-2-80)。

⇧ 图1-2-77 美国艾瓦州×路服务区很有特色的建筑风格与雕塑(此服务区除有一般功能以外,主卖狩猎用具,其卵石门柱,驯鹿雕塑及其卵石基座的鲜明特色,使人产生户外狩猎的联想)

⇧ 图1-2-78 美国艾瓦州×路服务区,因田野很空旷,农舍般的小体量,小尺度的建筑与周围环境相协调

⇧ 图1-2-79 宁常高速滆湖服务区主要以骑楼方式建筑,用路者可在楼上休闲用茶鸟瞰高速与滆湖风光,两侧有停车场,湖边也有亲水平台。主楼欧式古典造型与隔湖景色协调,仿佛置身欧罗巴洲

⇧ 图1-2-80 江苏宁常高速某服务区,修建在太湖边停车场与主楼分开布置,服务楼环境幽雅,风光绝佳,湖光山色似是江南胜境

(二)收费站

收费站是一条路或一个行政区划的门户,是集中反映这条路的标志性建筑,一眼看去印

象难忘。如宁杭高速收费站离南京禄口机场很近，其收费大棚采用机翼的造型，宛如轻柔飞起的一只翅膀，表现高速路快速和现代的特征。也表现了它的地区(机场)特征，是一种很好的设计构思(图1-2-81)。

⇧ 图1-2-81　宁杭路收费大棚在禄口机场附近其造型时尚和现代，宛如空港银燕的翅膀，切合环境

收费站大棚在造型上要有时代特征并富有地方特色，要让用路者见到以后就能对这条路与地方产生联想。一条路的起终点和沿途站点的站棚由于交通量的差异，其规模与体量应该与交通量相适应。在反映地方特色的同时对一条路来讲还应有相对统一的风格，地方特色也可从建筑细部、绿化、标志等方面得到体现。一些收费站大棚建筑体量过重，上部结构厚重繁杂，影响美观并造成建设费用上的增加。与大棚相配套的服务人员的生活、办公设施这些建筑是收费站的一部分，其建筑风格应与大棚相协调，并且这些建筑也是收费站景观的一部分，收费站这一建筑群体也应成为用路者视野中很好的风景。但目前收费站设施仅为工作人员服务，功能单一，假若附近能有停车设施并为用路者提供短暂的休息服务，既能使其功能扩大，也能使收费站精心设计的园林花木等设施去为更多的人服务。

(三)休息区

目前国内路边休息区不多，但江苏也有些“景观路”设有路边休息区，供用路者停车、休息、眺望风景。休息区往往没有服务区的嘈杂更适宜休憩，这些休息场所常是引人注目和吸引人的地方。我们讲的休息区不同于服务区，它可以停车、休息，但无人照看也不提供服务(图1-2-82)。

⇧ 图1-2-82　设在风景优美地点的路边停车场地，供用路者休息和欣赏风景(江苏宁常高速实景)

这种休息区可在林边、湖边、河畔，有的也可设在路边山坡或坡顶上，它分向内瞭望与向外瞭望两种形式[图1-2-83a）、b）]。因此在路边有风景的地方可以适当开辟一些场地，满足旅客下车眺望与赏景的愿望。

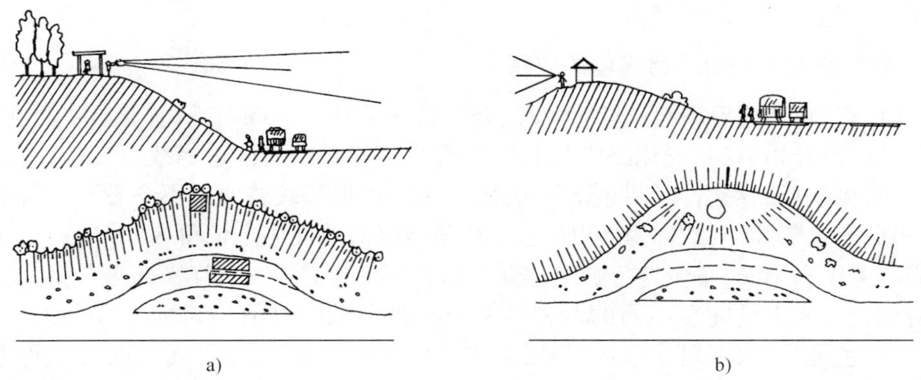

图1-2-83　设置平台向外眺望风景或沟谷景色

a）在边坡上方设置上台，自由瞭望路边自然景色；b）在路边高地或山谷弃方土石场，设置平台向外瞭望风景或沟谷景色

七、交通设施与公路协调

公路沿线设有交通标志、里程标、百尺标、反光标志与紧急电话，还有LED显示牌、交通监控、照明等交通设施。这些标志大部分是为用路者提供前方的信息。此外还有道路划线、防撞等交通安全设施及防（隔）音墙等，上述设施均是公路环境的一部分，也应与公路线形和环境协调。

（一）交通标志与信号

是通过图案、文字、符号来达到交通管理的目的。标志可用立柱、悬臂、门式框架等方式设置在路边或悬挂在车行道的上方，这些标志牌的尺寸、用词、书写形式、位置、颜色均已标准化，使驾驶人在临近前的瞬间就能做出判别和反应，车速与视认距离的关系见表1-2-38。

车速与视认距离的关系　　表1-2-38

车速（km/h）	<50	60	70	80	90	100
视认距离（m）	240h	239h	236h	227h	209h	177h

注：h为文字大小，以m计。

表中说明不同车速有不同的判别距离，标志牌的大小应该根据道路的尺度与车速来确定，考虑动视觉要求其字体大小也是不同的。标志牌的颜色应考虑颜色之间的对比度，白天与晚上因照度的变化会影响标志的识别性，目前多采用反光标志提高夜间的识别性，但尚未见在白天不同照度下与夜间反光标志在灯光照射下判别距离有多大变化的详尽研究报告。一般认为夜间反光标志的判别要求在驾驶人注意力集中情况下，能满足安全行驶要求，因车辆在较远距离时即可看到标志反光而引起警惕，从而提高了注意力，这样不易失去判别的机会。标志设置不应杂乱也不应在一处相近地方设置几个标志牌，同时一个牌上不宜存过多的信息，这样容易引起混乱。要减少标志牌的相互干扰。美国有在标志牌后植树遮挡对向车辆视线的例子，其目的是减少干扰。

有些公路在平交口设有信号灯，为行人与车辆提供信息，信号灯应醒目，便于观察。信号灯不应被其他绿化及树木遮挡。

(二)公路交通标线对交通环境的作用

从20世纪80年代后期起，道路划线已开始普遍采用。GBM工程前身是陕西在著者宣讲公路美学以后开始搞的“美化路段”，其最主要内容就是搞路面边缘线。最初在路两边划石灰线，后来搞条形路缘石，以昭显路面边线，原来一般低等级路两边不齐看不出线形，两侧石灰线一划，实显了线形，被称为“双眼皮”，其美感也油然而生。记得80年代初，日本学者看到我们路上没有划线，车辆自行游走时讲：“怎么车辆像游泳一般穿来穿去”。由此可见有无划线对用路者来讲是完全不同的两种视觉与心理印象。目前公路标线有白色与黄色两种，白色比黄色醒目，用于划分车道、分隔交通，停车带、导流等，是路面上的交通管理标志。由于车道划线与路边划线一般均平行于中心线，是对路线线形一种强调，赋予公路以鲜明的线形特征。同时在弯道处的划线有很好的视线诱导作用。目前高速路划线均含反光材料，在夜间行车时，对驾驶员操纵提供了很好的导向，有利行车安全。

公路划线是一种渠化交通，对公路线形连续性的视觉与心理效果是一种强调，有极好的美学效果。

(三)车辆安全设施等

车辆安全设施包括中央分隔带的隔离岛、隔离墩(路中的双黄线等)，以及视线诱导设施、防撞护栏(索)、防眩设施等。这些设施均与道路平行，在美学上来讲，最重要的是要保持整齐与线形一致。如防撞护栏只要有一点看上去与公路平、纵不一致就十分刺目，路基变形时这些设施也随之变形，特别是纵面上的起伏也从划线与护栏的变形上端反映出来。这些设施的设计比较统一，色彩也比较单调。也有的涂抹一些色彩，但缺乏很好的视觉效果，从安全角度来讲这些设施应该醒目，因为它是路幅边缘的垂直要素，所以醒目没有问题，重要的是协调，目前护栏有白、绿、灰等色，似乎多数用路者倾向于后者，这种色彩自然与天空色彩相近，在绿色背景衬托下形成对比。由于我们目前设计很少采用缓边坡，一般2m以上路堤即设置护栏。在低路堤情况下若不采用护栏让车辆冲出路堤与冲撞护栏(甚至反复两侧相撞并与其他车辆再冲撞)，相比这种方式更安全，值得探讨。

在中央分隔带较窄时，一般设立隔离墩。隔离墩在公路上造型比较单一，是路面上的垂直要素，视觉中也醒目，但在美学上没有可取之处。它与道路中央分隔带绿化相比除安全防撞外，它的优势就是节约用地。车辆在靠近隔离墩行驶时，有一种来自侧面的压力和车辆两边不平衡的感觉，如离得很近时由于心理压力甚至会减速。而大于3m以上的分隔带这种感觉会有所缓和，因此采用宽的中央分隔带时，这种压迫感基本上不存在(图1-2-84)，此时驾驶人心理也十分放松。多数隔离墩由于过于突出，从色彩上造型上均很难与公路协调。只要用地允许，应尽量采用中央分隔带绿化方式，而不用隔离墩。

(四)其他

1.隔离栅栏

高等级公路用地边缘应设置隔离栅栏禁止(防止)人、畜进入。

这种栅栏不宜太高，色彩应接近背景颜色，尽量不要突出，有的用混凝土立柱外加铁刺网，如防盗贼一般，这种方式在美学上不值得提倡。

2. 隔音墙(声屏障)

民房附近为防止对居民干扰应有防噪音设施，这些设施的外观一般和公路环境并不协调。目前有改进做成透明隔墙，可以透景。而京珠高速湘耒段将防音墙做成混凝土预制，拼装后粉饰绘彩变成花墙，而且图案多样，墙前绿化(图1-2-85)使其更加自然。从(图1-2-86)可以看到它与遮挡的村庄背景相协调，使人误判为村庄的围墙，因此与环境相协调，粗看不会有人认为它是防音屏障。

⇧ 图1-2-84　国外高速路有采用分隔带的地方，多采用宽中分带，使对向来车的压迫感得到消除

⇧ 图1-2-85　京珠湘段高速的防音墙一举两得既防音又当隔离栅栏，预制拼装，春夏秋冬四季花树皆有，是不错的创意

3. 防眩板

防眩板一般采用绿色与中央分隔带色彩一致，但桥梁中分带采用这种颜色与桥梁色彩不相协调。防眩板多采用长矩形形状，造型单调，宽度窄造成密度大，影响侧向视线，应在满足防眩要求同时，其高度应与中央分隔带修剪以后的树木高度一致。京珠高速湖南段中央分隔带植有防眩松柏，而有些路段防眩板也做成松柏树冠状，而且与树冠大小形状相近，远眺真假难分，很有创意(图1-2-87)。

⇧ 图1-2-86　京珠湘段隔音板其造型色彩与背景村落相协调

⇧ 图1-2-87　京珠高速湘耒段在较窄分隔带中设置松柏状防眩板富有创意

上述声屏障、防眩板两种造型给我们的启示是一些公路交通设施一直很难与公路协调，但经过各种专业人员的共同努力，必会有适合环境的创意，而使其功能要求与美学要求得到统一。

八、公路雕塑与公路建筑小品

(一)公路雕塑

作为公路雕塑一般可以分为纪念性的、主题性的、装饰性的和功能性的四类。如果按它的设置位置可分为交通性质的路边雕塑和休息广场的雕塑两类,前者作为公路景观路段的标志性建筑。后者可以有两种功能,一是被经过路段用路者观赏,更主要的是供休息区旅客欣赏。

公路雕塑早在20世纪80年代北京老机场路(设计车速80km/h)沿途就有,80年代天津二环快速路边也有浮雕。这些雕塑虽很精美,但其体量、尺度、位置与环境均不相适应,难以满足快速经过的用路者观赏要求。

⇧ 图1-2-88　京珠高速湖北大悟段拟建的“开路人”雕塑效果图

曾看过新华社发过这样一段消息“刚刚建的京珠高速公路湖北段在建造高质量公路的同时,在全线沿途修建了大量反映荆楚文化的壁画及近三十座大型雕塑,将自然景观和人文景观有机的结合起来,使该路段高速成为一条‘文化走廊’”。该报附图指出:“这是日前拍摄的计划在京珠高速湖北段大悟处兴建一座由武汉雕塑家创作的大型铜雕效果图,该雕塑题为《开路人》,设计主体宽度近五十米,高近二十米”。图1-2-88是这座雕塑的效果图。

从这则报道可以看出公路雕塑已成为这条路改善公路环境,创造具有地方文化特色的重要手段,公路雕塑可以成为一条路各景观路段的主题建筑,也可以丰富旅行生活,提供视野的多样性,并提升一条路的人文景观品质。

路边公路雕塑是在特定的公路动态环境中的艺术作品,其观赏要求不同于公园、广场的雕塑,速度是重要的参数,不同车速对雕塑的体量、尺度、位置均有不同要求。一个雕塑造型再精美但体量小,近路边,远眺细部看不清,近观又一掠而过失去辨认的机会。因此随车速增加其造型应趋简单,体量与尺度也随之增大,应宜于较理想位置,以增加用路者的观赏时间。

而广场雕塑则以休闲者为主,也照顾以一定车速路过的乘客观赏,因此离路边要有足够的辨认时间与距离。前面介绍了一个美国艾瓦州×路驯鹿雕塑的例子(图1-2-77),这座雕塑不靠近路边,在服务区建筑前,路过的用路者有足够的距离和判别时间看清这座雕塑,而在服务区广场又可以细致的欣赏这雕塑的精美与生动,以及卵石镶面造型的基座上的野外生活气息。

图1-2-88做为路边雕塑,其手臂跨过公路,造型富有创意,“开路人”其力量无比,一手推开山石,天堑变通途。这雕塑体量大,甚为壮观。其造型线条简洁,远眺也会十分清晰。从效果图看如以路宽或小车作为尺度,则雕塑高度(20m)似乎没有效果图这么高,由于身体体量巨大,与公路和周围环境并不十分协调,而巨大手臂凌空而过,用路者通过时重压感会

油然而生。因此雕塑要与环境协调，同时也要与公路协调，并应有适当的体量与尺度感，造型要简单，位置要理想，在考虑视觉效果的同时还要考虑心理上的效果。

至于公路浮雕的应用，比上述情况更为复杂，远眺不会有效果，近观要注意一掠而过时，尽可能让用路者看清其内容。离路边应稍远，画面应简单便于快速识别，否则很难有理想效果。

（二）公路建筑小品

近来不少地方在公路立交区、公路起终点或服务区设置建筑小品，如广西兴六路与桂海高速交点就有一座小园地，有多块石柱组成的建筑小品，因位置适宜，除了成为兴六起点的标志以外，也成了桂海高速路边的风景。建筑小品要有合适的建筑地点，要有适宜快速通过用路者观赏的体量并与当地特色与文化紧密相连，要以反映人文特色作为主题，过目就会引起联想。

⇧ 图 1-2-89　公路路边建筑小品一例（江苏宜兴附近）

图 1-2-89 中的建筑小品从造型到主题内容均切合苏南 × 地特点，只可惜在路边离护栏太近，在外侧车道通过时，如乘客注视会飞掠而过，其文字要表达的主题与内涵就不得而知。路边、起终点、服务区的建筑小品的设置要点如下。

（1）要有与该路、该地相结合的文化内涵。

（2）要有优美的造型，造型简单、适宜的体量，符合动态观赏要求。

（3）其造型色彩应和环境（背景）相协调。

（4）周围要有相应的绿化，似小小的路边造园。

（5）最关键的是小品置放的位置，要从动、静结合的方式，按动视原理，与绿化原理中介绍用路者欣赏、辨认景物的适合距离（不同车速下），将小品置放于理想的最佳位置。

（6）目前有在中央分隔带中置放小品的例子，这些只有在分隔带有足够宽度和中分带以植被、灌木、花卉为主时，驾驶员或乘客才能在较远的位置注视并看清，而不能等路过时靠侧视方式去观赏，这种情况不会有好的视觉效果。

公路建筑小品可以丰富公路景观内容，只要有条件应由公路与造园专家共同去创作，以丰富用路者的旅行生活。

九、公路（路线）与环境协调小结

公路美学两条法则之二就是公路与环境协调，公路是以空间线形为主轴和附属构造物构成公路本体，因此公路与环境协调就是公路在环境中要恰如其分，也就是说路是在风景之中，路也成为风景的一部分，对公路与环境如何协调应注意以下各点。

（1）公路与环境协调最重要的是路线要适应地形，应用平衡设计的理念去求得技术、造价，运营费用与自然地形相结合的平衡。

（2）以公路路线为主轴与之协调的构造物、交通设施构成公路本体，在环境中应有适当比例。

(3)公路应利用风景资源并和自然环境融为一体,并成为风景的一部分。

(4)一般桥梁、构造物应与路线一致不应突出,对风景有主导作用的桥梁其造型、色彩应和环境协调并成为风景中的主题。

(5)公路附属构造物等大型建筑是路段主体建筑,其体量、尺度,首先要和公路协调,同时与环境也要协调,公路上各种构造物及设施的造型、色彩都应与公路环境相宜,以达到功能与美学效果的一致。

(6)公路绿化要考虑动视觉特性,将车速作为设计因素(构造物、附属建筑也是如此),要考虑功能与美学要求,科学合理的栽植,绿化是改善公路环境的重要手段,也是公路与环境连接的手段。

(7)公路大型建筑及附属设施、体量、位置、尺度要重视动态观赏与静态观赏两方面的要求。

第三章　桥梁美学概论

桥梁是公路构造物，在上一章已对构造物（桥、涵、通道……）与公路的关系进行了粗浅的讨论。由于桥梁在环境中的重要性，特别是一些大型桥梁往往成为环境的控制因素，在景观上、美学上有着特殊地位，故在此单独列章，再做论述。

第一节　概　　说

桥梁是公路景观和公路路线的重要组成部分，桥梁应与公路（路线）协调并与自然环境协调，一般桥梁（除在弯道上可以眺望的以外）都不应突出，其线形、纵坡、路幅应与公路保持一致。但一些大型桥梁往往是环境中最吸引人的景观，驱车在桥上跨越大江、大河、高山、峡谷、碧海、深湾，其壮观、动人的景象令人久久难忘（图 1-3-1）。一座成功的大桥是一道美丽的风景，又是一座丰碑，它反映了一个时期人们在工程技术、材料和建筑艺术的成就（图 1-3-2）。由于用路者通过一般桥梁的时间短暂，而且用路者没有机会看到桥梁的侧面景观，视觉中只有桥面栏杆、灯柱这些垂直要素，因此要注意在瞬间通过时用路者对桥梁的印象（图 1-3-3）。

⇧ 图 1-3-1　跨越海湾的桥壮观、动人的景象（美）

用路者通过桥梁时看到的路与桥的关系，如果没有桥梁的上部构造，用路者对通过的桥很难有难忘的印象。

⇧ 图 1-3-2　采用新技术、新材料的桥梁是现代工程技术与建筑艺术的成就

⇧ 图 1-3-3　用路者从桥梁上部构造上看到的路与桥的关系

一般对桥梁的观赏和体验大致有如图 1-3-4 所示的各种位置。

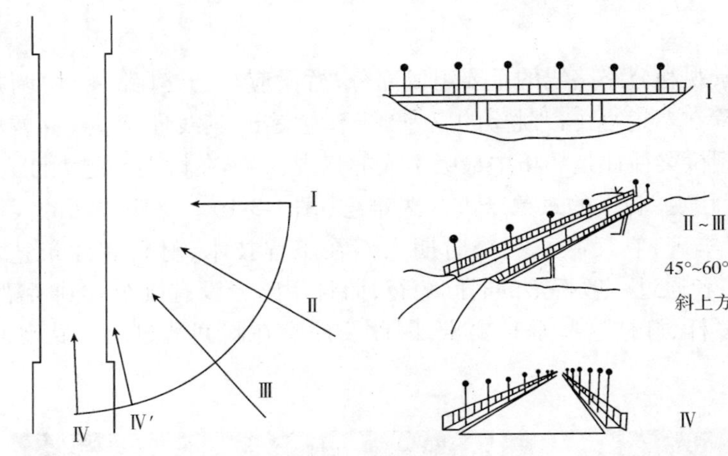

⇧ 图 1-3-4　观赏桥梁的几个典型位置

观赏位置：

Ⅰ——观赏桥的典型位置，是路外人的印象，只有河道中或远离桥梁岸边的位置才能获得，这位置是多数建筑学家对桥梁审美的位置（图 1-3-5）。

⇦ 图 1-3-5　观赏位置Ⅰ看到的桥梁（这种位置只有河中才能获得）

Ⅱ、Ⅲ——表现桥梁特点最好的位置，其观赏位置在桥的一侧斜上方（平面呈 45°～60°），一般只能在空中，或附近有高地俯视才可获得，也是一般建筑学家绘渲染图的位置，这是路外人的宏观印象。江阴长江大桥西南桥头高处有观赏平台，是欣赏大桥风景的极佳方

式,但这不是用路者的印象。

图 1-3-6 是从Ⅱ、Ⅲ位置看到的桥梁形象。

Ⅳ——顺桥向位置,是多数用路者的印象,只能从桥面以上构造,如栏杆、灯柱、桥面,或桥面以上建筑(桥塔、拉杆、拱……)及桥面竖曲线去感受,如图 1-3-7a)、图 1-3-7b)所示。

Ⅳ′——当桥头有平面曲线,或桥头公园,用路者(观景者)可在桥梁侧向位置观赏(透视)桥梁全景,并获得对桥梁的深刻印象[图 1-3-7c)、图 1-3-7d)]。

⇧ 图 1-3-6　从(Ⅱ、Ⅲ)斜上方位置看到的桥能很好地展示桥梁全貌

⇧ 图　1-3-7

a)多数用路者在上桥前看到的桥;b)用路者通过桥梁时看到的桥;c)有桥头弯道时,用路者可以从引道上看到桥梁侧面的全景;d)有滨河路边时观赏者和用路者可以获得桥梁的全景印象

上述五种观赏桥梁的位置,可多方位地获得桥梁部分或全景印象,其中通过桥梁的方向(Ⅳ)是多数用路者的印象,而方向(Ⅳ′)只有桥头有弯道时,用路者才有机会从桥的一侧透视侧面景象。目前多数桥梁美学研究人员多从路外角度研究桥梁,把桥梁作为建筑艺术品加以评判,著者认为用路者对桥梁的感受也应作为设计者主要关注的方向,并深入研究。

除桥梁对周围环境有控制作用以外,一般中、小桥涵,高架桥均是路线设计的一部分,其特点是与线形保持一致。在美学上的处理是使这些构造物不显眼,不突出,并使其成为公路的有机部分。

⇧ 图1-3-8 具有当代建筑风格的桥梁（大的跨度，水平方向的动感，结构简单的塔柱，充满力感的拉索）

桥梁是工程构造物，是工程技术、工程材料结合的产物。同时，桥梁作为一种标志和观赏对象，丰富了人们的物质生活和精神生活，因而又成了建筑的艺术品。

现代高速交通的出现，对桥梁观赏无疑要考虑用路者的动视觉特性并提出一些新的设计理念。由于新技术、新结构、新材料的应用，一些结构轻盈、线条简洁、色彩明快，能反映时代特点的桥梁已形成了当今桥梁的建筑风格（图1-3-8）。

第二节　桥梁技术与美学

一、什么是桥梁美学

桥梁是建筑技术的产物，但它又是观赏对象，我们有必要对技术与美学的关系进行一些讨论。

桥梁首先要满足交通要求，交通要求是指具有一定的通行能力，能承受相应的车辆荷载，这也是工程技术的要求。桥梁在自然环境或城市中作为人工构造物形成整体景观，对环境产生影响，除给生活带来变化以外还给人们提供眺望与观赏的机会。所以希望桥梁在形态上能使人获得美好的心理环境。因此桥梁的造型也影响人的情感。一座桥梁具有工程与精神两方面的价值与形态。出于功能目的技术设计产生了“效用价值”，而通过视觉的造型产生了“精神价值”。因此以“物”为基础，同时与形而上学相结合，便产生“桥梁美学”。从这观点出发了在研究桥梁结构与造型的美学时应满足以下要求。

(1)桥梁设计在满足工程技术与经济要求的同时，还必须有美观的形态。

(2)桥梁的形态应与桥位、周围自然环境和景观环境相协调。

(3)桥梁应有与造型意图相适应的色彩。

(4)桥梁的造型除满足上述条件以外，应有令人满意的外观和自身特色。

根据上述要求，桥梁美学设计可以按下述步骤进行。

(1)根据设计意图和方针决定桥梁的形式，使功能目的形态化。

(2)在初步形态化的基础上，深入研究提出经济、美观、结构合理可供选择的几种造型方案。

(3)在上述基础上比选出理想的造型与色彩，以建成使人能怀有形态感情的桥梁。

二、桥梁的特征

桥梁不是“千佛面”的建筑，不同桥梁由桥梁本体与环境构成一座桥的风格，从而使它具有自己的标记与特征。一座桥有它功能的一面，又有它供观赏的一方面，如同过日子一样，桥梁功能一方面是“生活必备的条件”，而观赏的一面则能满足心理与精神上的要求，就是

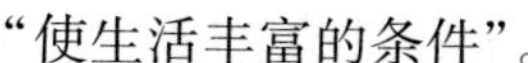

“使生活丰富的条件”。

(一)桥梁特征

1.桥梁是以静态的建筑形式存在

人、车、路构成交通,桥梁是公路上的构造物,以固定的位置和形态存在,它在同一景观和环境中处于静止不变的状态。但在现代交通条件下,多数人对桥梁的感知是通过桥梁时具有速度感的变化中获得的。而这种以静态存在的桥梁,只有距桥有一定距离并有弯道的路段上才能看到。大型桥梁主导环境,往往成为一个具有功能美与形式美的观赏对象。

2.桥梁是一种强调一维方向的空间构造物

一般情况下桥梁长度与宽度、高度相比才能形成水平方向的强调,同时也有一种方向性。因此从力学出发,希望减少下部支撑点的数量,也就是增加跨度、减少桥墩,要解决这问题涉及费用与材料及形式等问题。但从视觉上来希望构造物纵横尺寸在视觉上应均衡,即匀称的美。自古以来均衡就有黄金分割的美学法则。上述为满足通航、通车而增加高度或增长水平跨度,则长与高、长与宽会失去均衡而不符美学上比例的法则。

3.桥梁使用的材料与结构形式的多样性

技术进步、材料的进步,越来越多的人追求建造大跨度的桥梁,这需要高超技术与可靠的材料,这种创造性的勇气意味着人类对自然与人自己的不完善性进行挑战。桥梁由于外力荷载及自然会产生变形,如应力超过强度会发生危险,即使变形超限也会妨碍交通与安全,因此要对应力与变形进行控制。

(1)选择合适的形式

桥梁有梁式、桁架、刚构、拱、斜拉、悬索等形式,不同形式具有不同的力学特征,要根据不同的地形河流特点选择合理、经济的结构形式。

(2)选择合适的材料

从传统的砖石到钢筋混凝土、预应力混凝土、各种钢材和现代的轻型铝合金材料,丰富的材料为我们的选择提供了多样性,使之适合不同跨度与结构形式桥梁的要求。

(3)选择合适的构件断面

材料与构件影响桥梁形式,同时材质也与美学息息相关。

4.外露的桥梁组成构件

简单还是繁杂的构件,均是以桥的上部或下部构造呈现在视野中,外露的构件是造型与美观的重要视觉因素,这些构件之间应相互协调组成良好的整体,并保持视觉上的稳定性。

5.桥梁是人们心理上的结构物

以静态形式存在的桥梁,材料与形式多样的桥梁,构件外露的桥梁,均是以有形的“物”呈现在人们的面前,表现了它交通的功能性,是“生活必备的条件”。但桥梁具备使人们“生活丰富的条件”,存在使人们对它怀有感情方面的特征,这些特征有以下四方面。

①如桥梁造型美观并与周围环境和景观协调,就会激发人们产生各种感情,从而将桥梁作为审美对象。

②由于桥梁建筑在河流、山谷、海峡等有显著地理特征的地方,因此桥梁也可以作为一处地理标志给人留下深刻的印象。

③桥梁具有较长的使用寿命，一些年代久远的桥梁变成了历史遗产（图1-3-9）。

⇧ 图1-3-9　巴黎早期钢拱桥与周围环境、巴黎铁塔十分协调，是时代的遗产

④桥梁具有信号或标志特征，是构成自然美、田园美、城市美的重要因素。

桥梁上述心理上的特征，使人们对桥梁怀有特殊感情。桥梁具有壮观、地理标志、怀古和环境中的特色，因而从情感角度，形成了桥梁的性格。

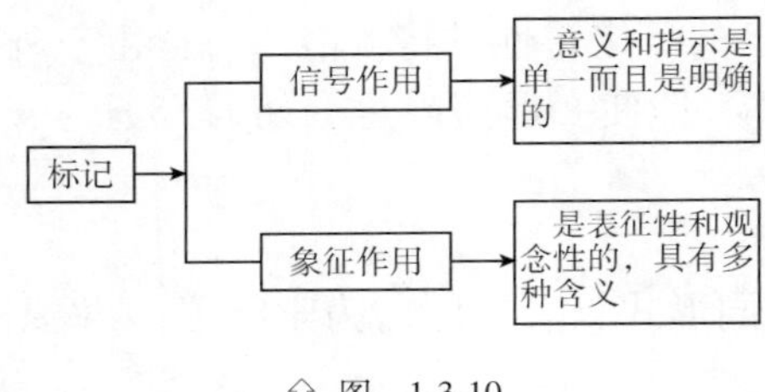

⇧ 图　1-3-10

（二）作为标记的桥梁

当人们看到桥梁时，桥与周围环境使人对工程本身的稳定和精神上安全感产生复杂的感情。因此可以认为桥梁是提供上述信息的一种“标记”。这种标记也称为“信号”或“象征”（图1-3-10）。（日）中林良夫曾对此做如下解释。

“看到红色信号的驾驶人，会立即脚踏刹车；听到电话铃声时，人们会条件反射地伸手去接电话，此时红色信号、电话铃声就是一种信号。这种信号指明接受者要采取某种行动，因此这是唯物的。”

而“象征”不同于“信号”。“信号”指明接受者要采取某种行动，而“象征”不是信号，它不指挥行动，而是使人憧憬眼前不存在的事物，起着一种显示作用，它是表征性和观念性的。如一朵花使人获得视、嗅觉信息，使人心理上、头脑中产生上述表征性的感觉，从而对人情绪产生作用，表征的含义是多样而不是单一的。

信号与象征都表征了“标记”的两种不同性质。

简而言之，信号对桥梁而言是物，而象征对桥而言是桥的表征，是观念性的，是一种形态感情。例如泰晤士河桥与周围环境使人产生对18、19世纪英国工业文明的联想，其表征着工业革命时代的物质与精神文明。

三、技术与美学

桥梁是一种工程力学结构物，它具有信号作用，同时也是具有多种含义象征与性格的一种标记。人们看到的是技术的力量和力学上取得的平衡，同时又具有象征与信号作用的桥梁。这种桥梁可获得工程上的稳定感，心理上的安全感，以达到体内的平衡，从而得到精神

上的满足，此时一种美感也油然而生。

美学家认为美有艺术美与自然美。艺术美是艺术家创造的具有内涵美的人为作品。而自然美则是广阔大自然所赋予的美。（日）中村良夫认为在低速交通时代，人类以步行速度或视觉能力、人体功能等作为衡量尺度和标准，而形成人类空间。而在现代交通与发达的通信出现后，其已被新的尺度和大的人类空间所取代。这就是技术进步带来的新理念。以往一些人认为艺术与工程构造物是不相融的观念，从此也有了创新，并产生了技术美的新概念。（法）塔纳（Taine）曾说过："根据以美为重点的科学和科学真理所形成的美好结构，给科学与艺术两方面都带来光荣。"

技术是为满足人类生活条件而产生的，它的产物是实用品。

艺术家的作品是用来观赏的，而技术人员的产品是为使用目的而生产的，那么美的价值与实用价值之间必然有内在联系。由非美学动机制成的技术产品，其实用价值毋庸置疑，而内涵美的价值却难以用艺术美或自然美的概念来说明。这是另一类的美，即"技术美"，对一座桥而言就是"桥梁美"与"结构美"。

（一）桥梁的技术美

实用结构本身要具有功能的价值，离开了功能就不是桥了。建造桥梁是出于非美动机。但桥梁除功能作用以外，恰当的造型和相应的环境在人的视野中起了信号与标记作用，这种巧妙结合并取得统一时，其功能造型便会转化为美，并从"生活的条件"变成"使生活丰富的条件"。这种具有满足工程条件的形态和心理感受直到力学上安全稳定的形态，正是技术美与艺术美、自然美的差异。

1. 关于技术美的学说

（1）纯目的论的技术美学

纯目的论是指"功能主义"、"合理主义"、"结构即美说"之类的理论。这类理论认为"根据力学理论设计合理，并能满足功能要求的就是美。"同时也认为"满足功能要求的构造物就是美的"，"结构强度合理就是美的"，这种理论是基于"满足生活条件"的要求提出的，可以概括为"合理的东西就是美的"的基本理念，这种理论以满足功能要求，技术合理、节省经济为前提，认为符合下述条件就是美的。

①构造物及其结构应满足建筑目的。

②应选择技术成熟、经济合理的建筑材料。

③应采用技术先进、经济合理的结构形式。

④符合上述条件而自然产生的形态。

纯目的论的疑问在于坚固、耐久的结构不一定能断定它一定就是美的，这种理论只满足了"生活必要条件"而不一定具备"丰富生活的条件"因此是不完备的。

（2）完全目的论

完全目的论与纯目的论的不同在于，前者认为"为建造更美好的结构物，在注意它功能要求的同时，必须注意它对人类精神方面所产生的影响来对工程进行处理。"也就是满足工程条件的结构物，未必是美的，反之单纯追求美不能满足功能要求结构物，则是不合理，甚至是危险的。我们追求的是功能与美学的一致性，以求得物质与精神上的平衡。一些专家认为判断桥梁的美必须是"科学与艺术的密切结合"，"桥梁不同于一般艺术品，它是被建造于大自然之中和波光粼粼的水面上，是具有生命力的艺术品”。一个好的桥梁必须由桥梁工程师、建筑师、艺术家从开始就进行共同设计的产品。

(3)表现即美论与量即美论

表现即美论——它的重点是哲学意义上的美，即超越一切以自己主观放在第一位，认为主观上感到美，才是真正的美。

量即美论——它也不是完全目的论。量即美论者认为结构建造得宏伟就是美，如埃及金字塔即以其巨大的体量成为美的对象。

2. 技术美的构成要素

桥梁美学是构建在完全目的论的理念上的，构成桥梁技术美的要素是形式美、功能美、桥梁与环境的协调。形式美、功能美取决于建造地点环境与景观的结合，这三者结合构成合乎完全目的论的技术美。

(1)形式美

桥梁是由各种结构形式构成的，跨径大小不同，上部构造下部构造也可能各异，这些构造除发挥其力学作用以外呈现不同的形式，因此跨径、构造等取得协调与组合上的平衡，构成令人满意的桥型，由此产生的美称为形式美。桥梁的形式美除有它的特殊性以外，从宏观上看，也符合建筑形式美的一般法则。

(2)功能美

桥梁建筑的目的在于它的功能性，其功能性在形式上也应有明显的表达，这就需要有“功能美”。功能美要求桥梁能动人心弦，强有力地表现其功能，结构符合力学要求，没有多余构件，并能有足够的强度抵抗外力与荷重，呈现浑然一体的强有力的功能美。如紧绷抛物线形的悬索、斜拉桥的拉杆、下承的拱圈无一不显出抵抗外力的紧张感，桥型产生“形”的美，而功能美则附加了紧张感与力的传递等内容。以力学理论和结构强度为主构成桥梁技术，形式美与功能美则是由构件组成方法和抵抗外力的紧张感等共同产生的。

(3)桥梁与环境协调

这是桥梁美学构成的三要素之一，桥梁置身于城市或自然环境之中，除其应具有形式美与功能美以外，就是如何以周围环境与景观相结合，使之成为一道风景，或融入风景之中。一般桥梁应与公路协调并融入风景，而大型桥梁往往是环境中主导因素，可成为环境中风景的主题。

(二)桥梁构件组成与美学

桥梁美的形成依赖于各种水平、垂直、斜向、拱形等构件布置成的桥，这个空间构造物形成桥梁的形式美与功能美，桥梁受到各种荷载与外力，由此产生抵抗力来支承荷载，这就是内力或应力，同时也产生变形。这些构件应根据应力、变形决定断面形状与尺寸细节，使构件之间有“明确的力学传递”，这样就具有尺寸和抗力这种物理上的力感，而构成“功能美”。

1. 构件的组成

构件是组成桥梁的单元是力传递的“通道”，桥梁中的力是由直接承受荷载的构件逐渐传递的，构件接力的传递通道配置。繁杂的构件迷惑了力的传递，使人感到杂乱。因此从美学角度而言，力的传递应用最少的构件、最有效的传力通道构成，以求得整体上的视觉平衡。

因此构件组成应能直观地明确判别力的传递，并以简单、明确的几何形状的构件组成桥

梁，这才是力学上合理、结构精练、外观美丽的桥梁。这里面力的传递成为构件组成的主要法则是力的传递在构件上要感到是均匀的，不应有不顺利或局部应力集中而会产生突发性破坏的不安全感。为顺利传递要注意截面（断面）形状适应应力变化。又如梁承受荷载传至立柱，如此时连接柱做成弧形式连续梁采用梁高变化（做成变截面）。一是适应应力变化，从美学上讲力的传递则更为顺利[图1-3-11a)、b)]。

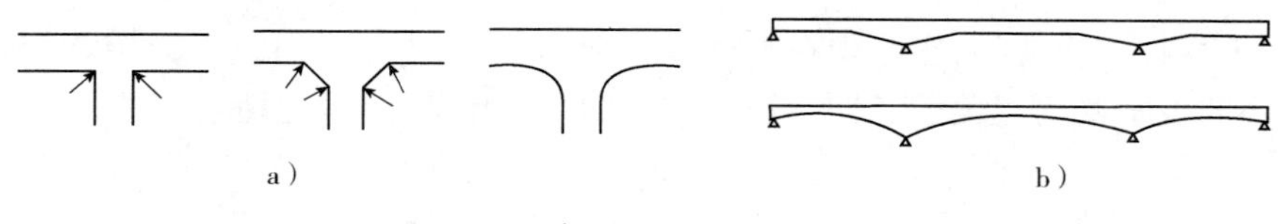

⇧图　1-3-11
a）梁与柱的连接；b）连续梁梁高的变化

2. 断面尺寸与形状

道路因不同交通量而具有不同的宽度，力的传递要通过构件的断面合理传递。从美学角度而言，其应采用合理的最佳断面，这样桥梁富有支承荷载的力的紧张感，感受这桥梁的巨大承载能力，而产生安全与美感。而断面粗拙、繁杂，则显得笨重，不符现代轻快感的追求。因此断面选择也是表现功能美的重要环节。

（三）桥梁的心理吸引力与桥梁的形态感情

1. 桥梁的心理吸引力

桥梁的结构中力的传递产生了功能美，这力是物理中的“力”，而这种力由于桥梁的标记作用，又使得它具有了心理上的吸引力。桥梁跨江、跨河、跨山间峡谷，使观赏者无不为之赞叹心动，其气吞山河的魄力为观赏者创造了愉悦的心理环境。

对视觉而言，力的传递方向简单又保持一贯，显示出良好的连续性，视觉上感到明快稳定，必然产生心理上的吸引力，为获得更好的心理吸引力应注意下列各点。

（1）心理吸引力的简化

一般人的心理看到复杂结构会形成迷惑不解的复杂心理吸引力，并会产生一种能否简化使其变得轻快简洁的想法，因此要从力学上对构件精心组合，用尽可能少的构件达到桥梁功能目的，以求得心理吸引力的调整与简化。

（2）心理吸引力的节奏感

不同的构件（如梁、拱）其心理吸引力呈现不同，将各种构件的心理吸引力记成整体就成为一群心理吸引力，此时如相同的形状重复出现则产生节奏，如呈有规律的变化则产生韵律。

（3）心理吸引力的紧张感

桥梁造型所具有力的紧张状态可使心理吸引力产生紧张感。这种心理吸引力的紧张感的产生来自于最佳断面结构没有多余部分，结构断面最大限度地抵抗了外来荷载的强力感与严峻感，据此产生充满紧张感的心理吸引力。

（4）桥梁结构整体要体现力的一贯性

心理吸引力的简化使之产生结构上的心理吸引力与紧张感，桥梁承受荷载后力的传递途径的优化，使可获得构件组成合理。桥梁形式简单，整座桥梁产生的心理吸引力，也简单合理，而且有连续的图形。从而能使桥梁呈现出力的一贯性和连续性，此时桥梁会有令人满意与轻快的外观。

上述四点与桥梁的“功能美”、“形式美”密切相关，但桥梁空间的吸引力，除桥梁本身以外，不应忽视周围环境中自然与人工构造物的心理吸引力，这些吸引力之间应协调配合，才能创造出桥梁与周围环境的整体吸引力。

2. 桥梁的形态感情

桥梁是工程技术构造物，它呈现在人视野中作为一种“标记”而存在。桥梁规划及造型时，应有明确的技术要求与美学意图，并按这些意图进行设计，以建造取得物质与精神的体内平衡状态的桥梁。这意图可以有上限与下限，其上限即为建造一座功能上、美学上两全齐美的桥，而下限可能满足了功能上的要求而不能成为一座有吸引力的桥梁。这种达到上限的桥必然要具备技术美的三要素，使人看到这座桥就能产生“形态感情”。

设计一件物体要使其具有“生活的感情”，从设计心里领域可分为“生命感”、“充实感”和“存在感”。专家认为各种形态对人们的心理产生作用，有时桥梁本身具有拟人化的方式存在，并与人们情感协调一致。

(1)关于生命感

桥梁内部蕴藏着力感，力的动感、紧张感和韵律节奏所产生的心理吸引力使桥梁显得生气勃勃，给人以有生命的感觉。没有这种感觉的桥梁，就不是一座好的桥梁，甚至令人厌烦。生命感的表现方式如下。

①舒展而庄重——这种情感形成过程迟缓。一些桥梁在力学上处理得很精炼，同时又雄伟壮观而使人感到有独特的气质。

②坚固有力——坚固牢靠其生动的力感贯穿桥梁整体，使人感到其具有生命力，并在造型上具有扣人心弦的吸引力。

③严峻活跃——由于抵抗外力而在桥梁内部隐藏着生动的力的紧张感，这使桥梁具有坚忍不拔的严峻性和青春活力。

④明朗生动——跨越河流山谷的水平方向构件使桥梁形态明朗生动自然。

⑤简洁轻快——上述各点形成桥梁精炼的现代感与当代的风格。

(2)充实感

不同时代建造的桥梁均反映了那个时代桥梁技术的进步和当时建桥技术的巅峰，成为一个时代的象征。这种具有时代感的桥梁就具有充实感。这种充实感会使人有生机勃勃的喜悦情绪。充实感由以下方面形成。

①技术完美——桥梁结构可靠有力，显示技术的完善并反映当代的技术顶峰。

②诚实丰富——技术人员运用当代的技术，怀着为观赏人群服务的理念进行设计，由这种精神面貌产生的对成果的满意感和满足的心情。

③严密、紧凑——精心设计的桥梁减少了繁琐的部分使形态变得简单精炼，在这形态中蕴藏着强劲的力感与生命感。

④富有人情味的统一感——结构的统一，桥梁与环境协调的统一感，意味着这些富于创造的人们丰富的情感和为所取得成就的喜悦心情。

3. 存在感

上述生命感与充实感的结合显示着桥梁在人们生活中的各种姿态，而桥梁作为拟人化

的存在面与人们生活相协调,这种存在感通过下述方式来表达。

①崇高、清新和严密——工程精炼的桥型缜密清新透着美感,能激发人们美好的向往和奋发向上的内心活动。

②安稳、令人温馨——桥梁的功能扩大了地面生活空间,加深了人与人之间的交往。其功能使命具有安稳、宁静的风姿,令人感到十分安定温馨。

(四)桥梁的空间构成

综上所述,桥梁设计应同时具有工程上实用的功能和精神意义。桥梁的功能可通过工程设计的手段达到,设计的结果提供了视觉上的对象,但桥梁作为一种心理上的结构物,需要其设计能为人们提供美好的心理环境,以体现形态感情并起到信号与标记的作用。功能与精神意义的结合就是构成技术美三要素的体现。三要素是桥梁空间构成的体现,空间构成与造型因桥而异,但其生命感、充实感和存在感及形态感情,则是其精神意义所在。

合理的力学结构与空间构成(包含环境因素),加上理想的造型可以满足“生活条件”与“丰富生活条件”两方面的融合与统一,这就是我们期望的结果。

第三节　桥梁美学基本法则

桥梁美学的基本法则可归纳为形式美法则、功能美法则及桥梁与公路(路线)协调、桥梁与环境协调四个方面。

一、形式美与功能美概说

(一)形式美

关于建筑形式美法则在第一篇公路美学基础中已进行了讨论,桥梁由于它地理位置与功能的特殊性,除可应用建筑形式美的一般法则以外,还应有自身的规律。

桥梁是人工建筑物,它的美的属性即为统一、比例、均衡、尺度、韵律及设计中的序列及高潮,这种属性也是桥梁造型的原则。美学家认为建筑物的美是要表现材料强度与荷重之间的斗争,这种斗争的表现是最富有动力美的,此时它这种表现形式也是美的,因此形式美的基础是结构的合理性与它力的表现。形式美的表现反映在各构件间组合的协调与和谐,以形成外形平衡的整体,这就是形式美。

(二)功能美

桥梁空间构成形式优美,形成“形式美”,而就桥梁而言,其生机勃勃的功能力量是桥梁美的价值不可缺的因素,功能美是“生活的必需条件”,没有生活的必需条件,那么“丰富生活的条件”就失去桥梁自身的价值。

桥梁以静态形式存在,但合理的结构具有抵抗外力与外力争性的能力,保持巧妙的力平衡。其外观上是宁静的,但其内部则遵循力学原理,毫无例外的抵抗外力,其内涵剧烈的力的紧张状态,在形态化的桥梁上,显示出具有力动感的功能美。

功能美的表现主要依靠“力的紧张感”,抵抗荷载的抗力紧张感可取得视觉上的平衡。

因此功能美主要强调桥梁的美与功能的一致性，评论家认为“建筑美学的基础之一就是表现功能或使用目的。”

出自于美学动机而建成的桥，也可能出于外观改善的目的涂以相应色彩，对灯柱、栏杆加以装饰并对墩台进行贴面，以获得好的视觉效果。但应摒弃不必要的繁琐装饰与点缀，桥梁自身内在的美，是最清晰悦目的，此时美就存在于简单之中。

二、桥梁造型的一般原则

功能美、形式美、桥梁与公路协调、桥梁与环境协调等桥梁美学基本要素最后要落实在桥梁造型上，没有离开功能美的桥梁美，同样也没有离开形式美的功能美，桥梁美应融合这些所有美学元素。

桥梁作为工程建筑物，适用、坚固、经济、美观是评价的主要因素，现代桥梁设计要求功能完善，结构先进，并有创新精神，而桥梁作为反映当代建筑成就的标记，必然成为人们关注与欣赏的对象。对建筑美的属性，专家有长期的深入研究。这些属性就是建筑美的一般法则，桥梁作为建筑物的一种形式，必然与建筑物有这种共同美学的属性。前面已分析了桥梁结构的外露性质，因此，除上述原则以外，还显露力的传递特征和水平方向延伸的特性。结合桥梁的这些特点，我们对桥梁造型的一般原则进行研讨。

(一)桥梁的建筑形式、目的和功能的一致性

桥梁建筑是为了一定目的，而功能要求不一定是唯一目的，但却是目的里最主要的因素。桥梁的功能首先是交通要求，它的功能可能是联系两岸交通，也可能是公铁两用桥，有些桥下还有不同的通航要求，这些均是功能要求。交通的功能要求还体现在公路的不同等级，有不同的交通量和车速要求，它们又对应不同的荷载与宽度要求，同时结构上还要有抗变形、抗振动以及要能抗御各种自然因素的影响，这些都应理解为桥梁的功能。有的桥梁建成后，除满足了交通的功能以外，还成了环境中的重要景观，这也可理解为目的。从上述目的和功能出发，就需要有相适应跨度、建筑高度及上、下部构造。上部构造的梁、拱，悬索等结构表明它的单纯，清楚并给人足够的稳定感，而结构又与材料有必然联系。例如大跨度的桥必然要求材料轻质，高强，反过来材料的选择又影响结构形式选择。因此桥梁建筑形式首先取决于它的功能。桥梁的质量和美的统一，也应表现在形式与功能的一致性(图1-3-12)。

a)

b)

⇧ 图1-3-12　桥梁形式与功能

a)与快速道路相交的跨线桥、大跨度、造型简单线条明快，体现了桥梁建筑形式与现代交通功能的一致性；b)传统的石拱桥是材料不发达与低速交通的产物，笨重的体量、粗糙的石块是力量的象征

(二)桥梁要有精炼的结构形式

一个美的桥梁必须有精炼的结构形式,特别是现代大型桥梁结构形式多样,以及跨径、墩台等都复杂多变。要想获得精炼的结构形式,就要求桥梁构图上做到引人入胜的统一。桥孔布置及上、下部结构的均衡,桥梁的线条有力、简洁而且具有连续性,才能恰当地反映形式美与功能美(图1-3-13)。

⇧ 图1-3-13　具有精炼结构形式的桥梁实例(日本)

注:该桥有唯一的方向性,结构轻盈,上下均衡,力的表达明确,没有多余的构件,一跨飞跃,气贯长虹。

对于桥梁精炼的结构形式,主要通过结构的统一、均衡连续性与明快的线条来表现。

1.统一

统一是艺术评论的主要原则之一,一个复杂的桥梁建筑要有高度的统一,使其成为一个和谐的整体。统一是指桥梁局部与整体的关系,要避免各局部自成体系,而使整体造型孤立分散,造成结构上不协调。统一首先要注意不同的结构体系不要混杂使用。这种结构体系统一,也与建筑学中所要求的简单的几何形状统一是同一道理。如一简单梁式桥其上部构造结构简单明了,有大量水平方向线条。那么墩台造型也要简洁,与上部构造相协调。

统一还可以通过桥梁次要部位对主要部位的从属关系来达到,即遵循主从与对称的法则。所谓"主"即桥梁的主跨,一般是桥的中心。两侧部位为"从",可以起衬托作用。如果以主跨中轴线来布置桥孔,则产生桥梁主次分明的对称形象(图1-3-14)。这种以中轴线对称来表现主从关系的手法主要是将桥孔选为奇数,中孔为主孔,其余对称配置。这样使主从关系十分清楚,而且桥型匀称、优美,给人以安定感。如果主从关系不清,结构形象就会平淡,不能强调视线中心,引起人们的注意,从而使观赏者视线涣散(图1-3-15),这样的桥梁难以给人深刻的印象。

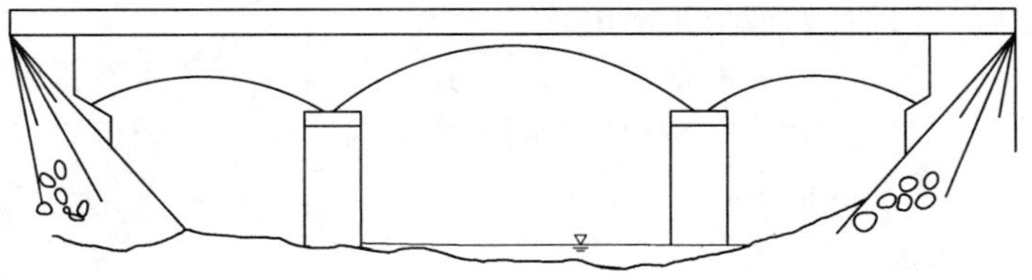

⇧ 图1-3-14　以主跨为对称轴线来布置桥孔,以达到结构统一的目的

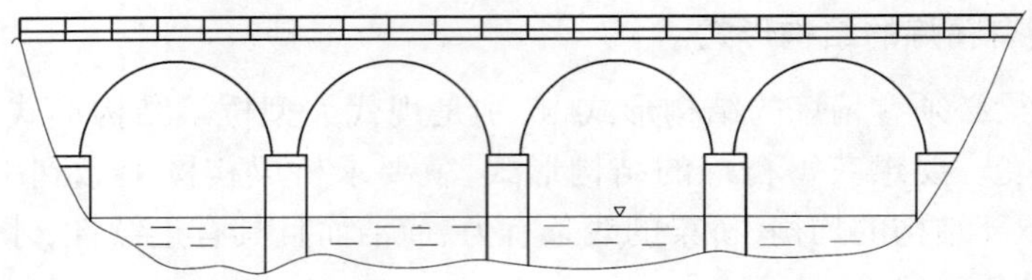

图 1-3-15 主从关系不清，视线中心得不到强调，而使视线涣散

统一，还表现在结构形式上的协调与几何尺寸的协调。如南京长江大桥的正桥与公路引桥采用的是完全不相干的结构形式，一个是钢梁，一个是钢筋混凝土的双曲拱，不论从哪方面看也很难形成一个统一的整体。几何尺寸的协调是要求几何尺寸不“跳跃”（图 1-3-16）。例如大的主孔与较小的辅孔是不统一的，高而窄的桥会显得上下不统一等。

其他方面的统一，还表现在色彩的协调、功能与使用目的的协调等。

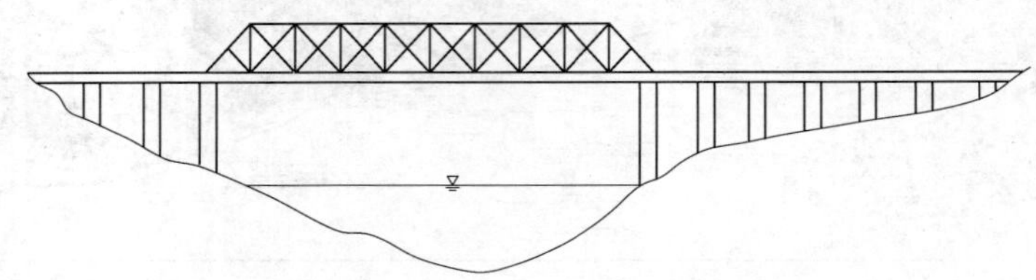

图 1-3-16 桥孔尺寸相差悬殊破坏了结构的统一感

2. 桥梁结构造型的均衡

桥梁结构造型要均衡，稳定均衡是观赏对象美的属性。均衡即要求桥梁中心的两边视觉分量是相等的，即左右两半吸引的分量是一样，而使观赏者产生一种健康而平静的瞬间。上述统一中讲到的以奇数来布置桥孔，两侧对称，就是最简单的均衡。而比较复杂的均衡则是不对称的或不规则的均衡。如河滩不对称，主槽偏向一边，主孔不在对称轴上，此时均衡中心的两边结构中心可能不同，但在美学意义上两边能等同时，也就是对均衡中心加以强调，同样使观赏者获得均衡感。利用构图上所谓杠杆平衡原理，也可以产生均衡感觉。如主孔偏一边，另一边有适宜数量的附孔，那么给人的感觉也是均衡的。均衡与稳定关系是密切的，均衡可以体现构造物的基本功能，表现出构造物的稳定感。

3. 桥梁的连续性

桥梁要有连续性，桥梁的连续线性首先表现在桥梁线形与道路线形的一致，即平面、纵断面线形与道路线形的连续性，这种连续性则是道路线形美学的重要标准（图 1-3-17），特别是一般桥梁要求平、纵线形和路线一致，这样道路上视觉的连续性不致在桥位处因为平面、纵断面线形的突然变化而使连续性中断，这样桥梁自身的连续性也得到了加强，特别是曲线桥往往因有好的线形连续性而产生很强的流动感。

桥梁的连续性还表现在桥梁的侧面构图上，其纵向通过水平线条或平顺曲线与两端相连，流畅的从一端达到另一端并与道路纵面平顺连接，而产生一种流畅的美感，这种连续性、流动感将给桥梁带来生动的形象。

4. 简洁、明快的线条

简洁的线条：桥梁精炼的结构形式还表现在结构上简洁的线条。以往用传统的观点看

⇧ 图 1-3-17　桥梁线形与道路一致(与环境协调)体现了线形的连续性,并有很强的流动感

待桥梁与现代不同,如粗笨而结实的桥墩,厚厚的拱圈,或其他复杂的上部构造形式,是为了使人感到桥梁有力量,如此等等。在材料比较原始的情况下,假若结构单薄,反而使人产生不安全感,并由于对这种结构感到担心而丧失美感。低速交通时代,桥上的复杂装饰物可供用路者品赏,因此这种装饰是美的。而现代交通,由于条件的改变,视觉特性的改变,同时新型的桥梁建筑材料的出现等,使现代桥梁造型设计的概念上产生新的变化,要求桥梁结构的线条简洁、明快、有力。简洁表明结构合理而有力量,同时使它们之间的关系清楚,并适应现代交通下的视觉特性要求(图 1-3-18)。

⇧ 图 1-3-18　现代变截面连续梁桥 V 型墩,造型简洁,结构合理,充满着时代气息

(三)适宜的比例与尺度

具有优美的比例与恰当的尺度都是桥梁美的重要条件,比例反映了桥梁整体与桥长、高度、宽度之间的关系,也反映了桥梁整体与局部,或局部与局部之间的大小关系。如桥梁上部与下部的比例应该协调,图 1-3-19a)、b)中;一种是细高的桥墩与上部构造不成比例,使人缺乏安全感;一种是粗笨的上部(包括较大的跨度)低矮的墩台不相协调;图 1-3-19c)则是桥孔布置比例不当,使人感到轻重不一,觉得两端尤为沉闷压抑。同样比例还存在纵向与横向关系上,一座小桥有很宽的桥面也是缺乏美感的。从上述分析的可以看出三维空间和谐的比例是达到建筑美的重要特性,尺度和建筑美是密切相关的又一建筑特性,合适的尺度会使

桥梁呈现预期恰当的尺寸,并使人产生寓于物体之中的美感。桥梁的尺度可以通过环境中某一参照物(如树、建筑物等)或行驶其上的车辆来判断,而桥梁自身的比例尺度可以通过和人关系最紧密的尺寸来判断,如桥上的栏杆、灯栓等均可用来判断桥的长度、高度等,从而使人们对桥梁产生尺度感(图1-3-20)。

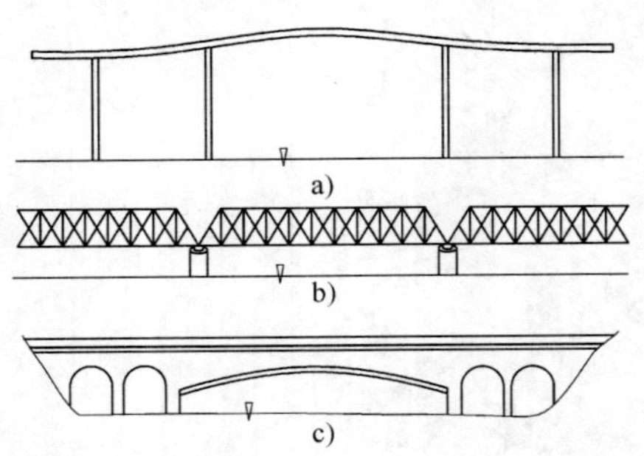

⇧ 图1-3-19 桥梁结构比例不当的几个例子

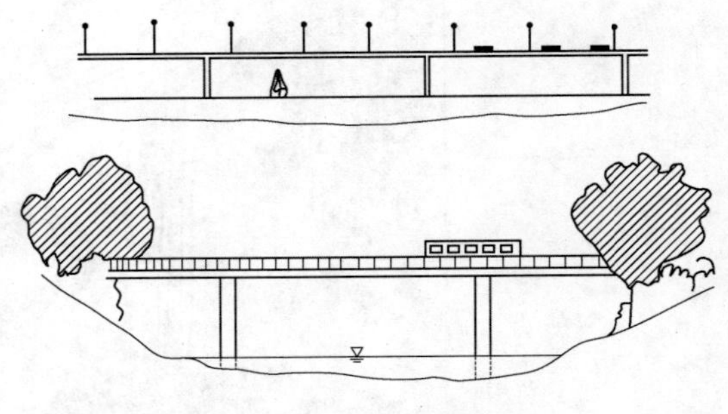

⇧ 图1-3-20 桥梁的尺度举例

(四)序列原则的应用

1. 序列

对一座桥的观赏是一种连续不断的审美体验。序列分有规则和不规则的两种。规则的序列产生一种庄重、爽直明确的印象,而且强调高潮。一般对称就是一种常见的规则序列,如中孔是大跨,而两边对称布置的桥孔逐渐变小的拱桥,许多梁桥就是规则的序列(图1-3-21)。因此当对称与功能要求不相矛盾时,应用对称方法来构成序列往往是成功的。另一种不规则的序列,如河槽偏于河流一边或山谷两边不对称时,在结构上的序列则是不规则的,而这种不规则反而加强了流动感,产生引人入胜的效果(图1-3-22)。

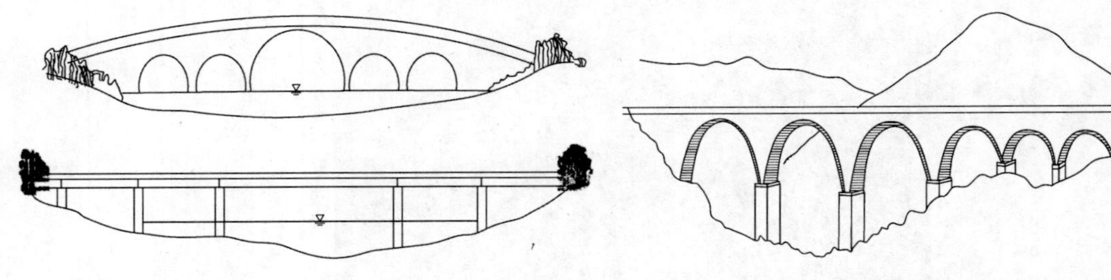

⇧ 图1-3-21 当功能和对称不相矛盾时,对称就是序列很成功的元素

⇧ 图1-3-22 不规则序列的一个实例

序列的重要规律之一,是利用结构物的线和边的作用。如边和杆件有过多的方向便使观察者感觉混乱,从而产生不安定与不愉快的情绪。假若限制这线和边的少数方向,便可减少混乱提高序列美的效果。在一个序列中并不是不允许构件有变化,如一种梁组成的系统,它的中间能用一种拱来中断一下,如果配合得好也可以获得很好的美学效果(图1-3-23)。

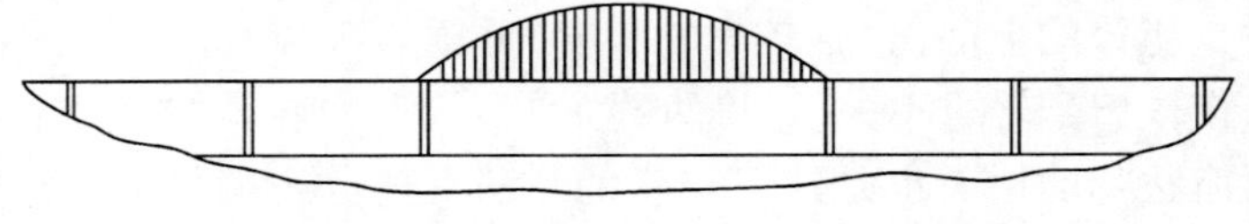

⇧ 图1-3-23 由不同的上部构造组成的序列

2. 韵律与节奏

在序列的规律中，包括一些相同构件的重复使用，这种重复使人们产生韵律与节奏感。桥梁设计的韵律最简单的应用是采用形状或尺寸的重复。如一系列尺寸相同的拱或梁构成的系列本身就有韵味，而比较复杂的则是不同的形式或不同的结构尺寸组成的系列，也就是以不同的重复产生的韵律往往更有魅力(图 1-3-24)。

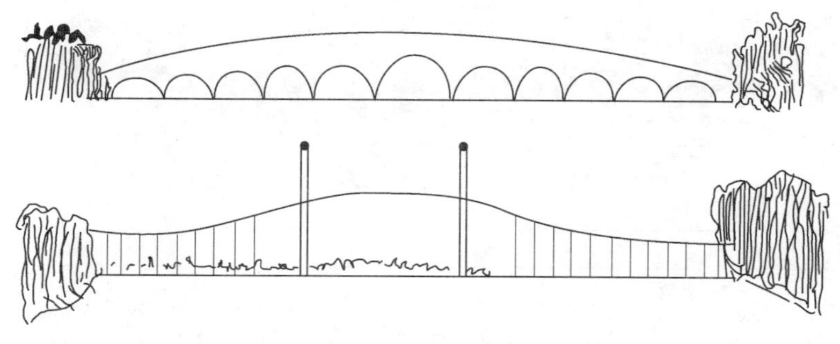

⇧ 图 1-3-24 以不同重复构成的韵律

(五)桥梁的性格与风格

1. 桥梁的性格

桥梁建筑的性格和其他建筑物一样，是反映建筑物外部观瞻和内在目的之间关系的一种属性。任何桥梁建筑物都应有区别于其他桥梁建筑的特点。一座桥梁把它显而易见的所有特点，综合起来便形成了它的性格。如果桥梁没有自己的建筑个性，所有桥梁都是一样，显然是没有美感的。桥梁的风格往往从桥的外形上便可获得印象。而性格就比上述概念更为深刻，这种性格可以引起人们的深思。现代桥梁要使它有性格是困难的，因建筑美学中的性格相当程度求助于建筑功能的体现，而众多的桥梁它的功能又是相近的，所以要想使桥梁设计具有性格就需要充分认识这座桥在道路中的作用、意义以及它特定的环境，通过设计的形式来引起人们的某种情绪与联想，如安全、舒适、壮观等。这些情绪都是形式直接引起的。而为了更好地表现这种形式，可以利用在美学基础讲到的重要与支持的效果；线条和韵律的效果；复杂和简单的效果以及色彩的效果等手法。如果一个桥梁建筑物具有真实的性格，那么一定是引人入胜的。

2. 桥梁的风格

桥梁的风格是桥梁建筑物与桥梁设计的一种格调。建筑学中的风格是指的设计者以某种观念或理想施加于设计，并将这种观念或理想清楚地表现在设计创作的每个细节之中。桥梁风格表现了时代、民族、社会的以及文化等特点。不同时代有不同的风格，不同的民族也各有自己的风格。即使一个时代国家与地区它们的风格也是不相同的。各国桥梁设计也必然考虑自己民族、文化的特点，但在现代交通条件下所形成的一种时代风格，它们又是十分相近的。例如快速交通情况下，采用新型的材料，桥梁结构轻盈，线条简洁，纤细，大跨度等都反映了时代的风格(图 1-3-25)。

(六)表面质地与色调

桥梁作为观赏对象应有形有色，且形色兼备。桥梁为了赏心悦目必须要有合适的色彩，这种色彩可以使桥梁明快和与周围环境协调,同时也能反映桥梁的风格与特征。

一些城市早期桥梁,它的表面质地与色彩多与原城市中的建筑质地,色彩相协调,如图1-3-10、图1-3-26所示,这两座桥,其体量较大的桥头堡,及大体量的索塔完全是当时巴黎和伦敦的建筑风格,图中的拉索中孔的桁架梁(坦拱)无不反映那个时代的建筑水平与时代特征。

a)

b)

c)

⇧ 图1-3-25 桥梁的风格与性格

a)四川都江堰的南桥,具有传统的风格与地方特色;b)四川乐山的五通桥(空腹拱),代表了20世纪50~60年代我国地方桥梁的风格;c)轻盈的结构,简洁的线条充满了时代的风格

质地的粗糙和细致与结构形式有关,一般说讲各式梁及立柱表面可以光滑一些,但不宜有光,也无需修饰。

色彩的基础知识在建筑形式美法则中已有论述不再重复。桥梁表面的色彩美学效果是显著的,上海外滩白渡桥与上海大厦是协调的;原苏州河上四川中路桥是钢筋混凝土的拱桥,它与邮局大楼等沿河建筑群色调也是协调的。目前个别城市立交,在一座桥上用上几种对比很强烈的颜色,十分刺目(其解释是为了安全)。现代城市桥梁的色彩要和环境有机配合,一些结构轻盈、色彩明快的浅色调的桥梁,在现代建筑群和田野环境中的对比或衬托之下是美的。如这种环境再用深色调往往使人感到沉闷、陈旧。

(七)其他

关于桥梁设计的其他美学问题还有阴影的利用,复杂性与多变性的应用,桥面附属设施的美学处理等。

(1)阴影的应用:桥梁构造上有许多突出部分,特别是水平方向的突出部,它们在阳光照射下产生阴影,这种阴影对水平线起到了加强与渲染的作用,同时使桥梁表面的构造立体感得到很好的表现,纵向的阴影对表现桥梁的连续性也有重要作用。

⇧ 图 1-3-26 伦敦一座标志性塔桥的夜景透着19世纪末20世纪初的建筑风格与时代特征

(2)复杂性与多变性的魅力:桥梁结构的简洁、统一当然是最重要的,但创造性的变化必然在有序对比中加强了美感。如在桥梁设计中一个多跨的长桥其主跨能有所变化就会带来更大的魅力。

(3)桥面附属设施:桥面系中对桥梁美有显著影响的是栏杆与灯柱,从功能上来看是桥面边缘的标志,对行车方向视线诱导,行人及车辆安全等有重要作用。而照明为夜间行车提供必要的照度,同时使桥梁能有好的夜景。

①栏杆由古到今经历了由繁到简的过程。栏杆设计除安全可靠以外,从美学上看主要应与桥梁主体构造相适应。在低速交通条件下考虑人们观赏要求,栏杆可以有一定的装饰性,立柱之间的构件可有一定的几何图案。适应快速交通要求的桥梁(没有行人或行人很少)栏杆必须考虑到行车视觉要求以及路外人对栏杆与桥的整体配合印象,此时要求栏杆简洁、明快,而过多的变化则会感到繁琐、零乱。栏杆是用路者在桥面上的主要视觉因素之一,应该根据不同桥梁的特点与使用环境综合考虑。

②灯柱是桥面最突出的垂直要素(图 1-3-27),灯柱的美学问题要注意两个方面,一是灯柱的造型,二是灯柱的高度与照明效果。灯柱造型必须与桥型相适应,现代交通条件下的桥梁灯柱造型要简单,不要有过多的装饰性。灯柱的高度取决于照明的要求,如灯柱过高往往显得狭窄,灯柱过密两侧在视线中有封闭感,这些特点在设计中应该综合考虑。有些立交或桥头广场的桥梁还可以采用高杆照明。桥梁的灯柱及灯具,白天是桥面上的景观,而夜间能使桥梁有好的夜景,一些大桥往往由于夜间照明显示了桥梁的连续性,并能看清桥上路缘的清晰位置以确保交通安全。

⇧ 图 1-3-27 灯柱是桥面上最突出的垂直因素

三、桥梁与环境

公路桥梁是公路环境的有机整体，环境包含自然环境、社会环境及人文环境，桥梁应与之协调，同时桥梁也是自然环境中的景观，也应成为自然环境整体的一部分。桥梁美的基本要素就是功能美、形式美和与环境协调，桥梁结构形态的决定，环境必然是重要因素，没有与环境协调的桥梁不可能成为一个美的桥梁。

（一）桥梁与公路路线的协调

路线跨越沟谷，水道都要修建构造物来跨越，小的是涵洞，大的是桥。涵洞是路基的组成部分，用路者对涵洞一般没有什么印象，在车上旅行过程中可能毫无察觉，只有专业人员才会注意涵洞帽石的存在。通过桥梁时用路者可能通过平、纵线形变化和桥梁的上部构造或栏杆、灯柱、桥头装饰等看到这种变化，只有桥头有平曲线时用路者才有可能从其侧面获得它的印象。

一般公路的走向决定桥位，跨越处由于桥面标高受到设计洪水位（或通航要求）以及桥下净空，桥梁上部构造的高度的制约，纵面线形可能产生变化，往往跨河时容易形成凸形，而跨沟谷时又容易形成凹形纵断面。一些大桥由于受河宽、地质、水文等因素的影响，需对桥位做出选择，此时公路与桥位的衔接会使平面线形产生变化。因桥梁的平、纵线形及桥头两端引道线形均是公路线形的一部分，务必保持其整体线形流畅。对用路者来讲只有在桥两端线形有变化才能从桥的斜侧面获得桥梁和桥梁与环境关系的印象。

在山谷中的桥梁或城市中的桥梁，路外人可从高处俯瞰桥梁全景，此时桥梁则成为环境中的重要景观（图 1-3-28）。

⇧ 图 1-3-28　意大利的斜腿刚构桥跨越滨海的大沟谷，无论从海上或陆地上看均是环境中的重要景观

公路与桥梁协调如同公路跨线桥、涵洞、通道一样，它们的线形是公路线形的一部分，这些协调体现了功能美，同时它们与路的关系也应从它们的建筑尺度上得到体现。桥梁（包括结构物）与公路的协调应注意以下几点。

（1）一般桥梁应保持与路线线形的一致性。此时桥梁的跨河（沟）位置取决于路线走向，服从于路线，桥梁线形和路线一致，也体现了线形的连续性，在视觉上有很强的流动感（图 1-3-29）。

(2)大型跨河桥梁桥位受河宽、地质等的影响,对路线走向起主导作用,此时桥梁线形与两端路线连接线应平顺的连接,以保持线形的连续性。

(3)对于主导环境的桥梁,其桥头连接最好能出现平曲线,以使用路者可从斜侧面透视桥梁整体形象。

(4)高等级公路上的弯桥及S形的桥均不可避免,多用于在山谷中配合地形或跨越河海与山谷,这些桥梁一般会有吸引力很强的线形,是很好的景观。

(5)注意纵面线形的平顺性,一些桥梁纵面上出现较大驼峰时,侧面造型很美,而纵断面上破坏了线形的连续意象,应加以避免。

⇧ 图1-3-29 陕西勉宁高速某段河谷中桥梁与线形一致视觉上有很好的连续性与流动感

(6)桥梁横断面应与公路断面一致,当它们一致时有助于线形连续意象的加强,如桥梁断面收缩会有狭窄感并产生平面线形的瓶颈。同时桥梁横断面上的垂直要素;诸如栏杆、灯柱等,应轻型、简单和敞开,反之繁重、笨拙、封闭的桥面垂直要素,会使通过者感到比正常断面狭窄与压抑。高等级公路一般还有紧急停车带和中央分隔带而且路幅较宽,有时可用上、下行分开的两座桥处理,而特大型桥梁很难这样处理时,应处理好桥梁断面与正常路基断面的过渡。

(二)桥梁与环境协调

在公路美学原理中我们已对公路的环境进行了初步讨论,即以人为本的外部世界环境可分为自然环境、社会环境、文化环境,也可将其分为地理(物理)环境、行为心理环境。自然环境当然构成视觉中的"自然景象",而社会环境中存在的物或象征意义的标记,信号则成为"人文景观",桥梁以它的功能和信号标记作用也必然与自然景观与人文景观相适应成为自然环境中的风景和人文景观中又一座标记、信号建筑物。

桥梁与环境协调首先要调查建桥地点的自然、社会、人文环境及其景观特性,以规划桥梁与周围环境如何协调,使桥梁在自然与人文环境中恰如其分。

1.桥梁与环境协调的影响因素

(1)材料和桥梁的形式

石料、混凝土、钢材、铝合金这些桥梁建筑材料,因其材料强度不同,适用于不同构件断面尺寸及不同跨径的桥梁。由于各种材料有不同的特性,建成的桥梁其造型或形态也各不相同。如大跨度的桥梁一般采用金属材料,而著者曾应邀参观过某地一座跨度很大的多跨钢筋混凝土桁架梁桥,但其结构与钢结构相比显得笨拙,而且给人心理上有种压力(不安全感)。由于材料不同结构形式而不同,有的雄伟强劲有力,有的匀称柔美而成为不同的风景线,不同材料和不同的造型适用于不同环境,只要选择合适才能取得视觉上的平衡。

(2)材质

材料限制了桥梁的造型,而桥梁的外形又取决于材料,而这些选择又要受到环境制约。一般材质是指材料的构成与性质,但呈现在视觉中的是材料的"外观"与"质地"的形态。材质的质感是构成物体本质的主要因素,构成材料特有的轻巧、稳重、亲切及沉着等质感。如钢——给人沉着、锐利、轻巧、机械性、都市性和铝合金具有的现代性。而混凝土——给人亲切、稳重、结实、朴素。同时混凝土也呈现出向自然界的延伸性,这是因为它与石料有相似的材质感的原因,故混凝土又叫"人工石"。

由于不同材质有不同材质感,一般是不加装饰的让其外露,呈现其材料的本色,然钢材为防锈需着色,但色彩也要尽显其材质。如能有效地利用材料质感,并依据材料的机械性质加工成与性能相适应的形状,则是自然的。这样的处理才能使桥梁的整体形态在环境中发挥作用,并形成前述的形态感情。因此材料的机械性质与材质感应与桥梁的环境相适应。

(3)色彩

一个物体的区分,在于外观上有"形"与"色",形的形态感前面多有论述,而色也会产生各种联想而在心理上产生作用,良好造形的桥梁并且有适宜的色,才能使人情感与人心理上得到满足,桥梁的色彩与其造型并存于环境之中,可以使桥梁产生象征与信号作用,并使桥梁与环境更加协调。

在与环境协调中色彩是重要因素之一,色彩运用应考虑下列各点。

①色彩与桥位环境和周围景观相协调。

②通过色彩更好的表现桥梁的功能美与形式美。

③利用与环境中较为鲜明色彩,突显桥梁形式。

④用以区别桥梁结构的不同部位(图 1-3-30)。

⇧ 图 1-3-30　一座跨山谷的桁架拱,其拱圈采用红色以予强调是用拱来跨越。这座桥水平的延伸与立柱有适宜的比例,给人感到结构稳定而不笨拙,但因其拱的红色过于强调面降低水平方向心理吸引力

⑤用色彩来做警示以提高交通安全。

⑥用色彩来防止驾驶人员视觉疲劳。

上述各项有的是为了不强调桥梁使用的,有的是为了强调桥梁使用的,也有的是为了融合环境使用的。而后两项则是为了交通安全所使用的,此时使用色彩应醒目,但不能刺眼,有对比但色彩要协调,以达到功能要求,也符合美学原则。

上述桥梁材料与形式、材质、色彩是影响桥梁与环境协调的三因素,其与桥梁美和环境的关系,如图 1-3-31 所示。

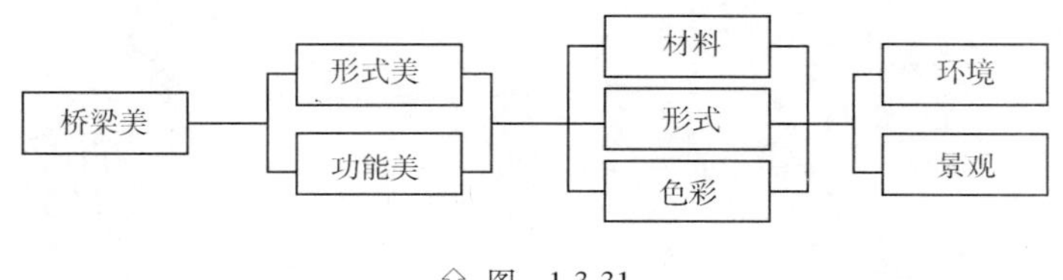

图 1-3-31

2. 桥梁与环境协调

桥梁如何融入自然环境或社会环境，如何成为环境中的一道风景，这就是前面所述如何让桥梁在环境中恰如其分。

桥梁融入城市环境时，城市的建筑很容易随时代而改变，而坚固的桥梁却百年不改，这数十年城市的变化是日新月异，因此有的专家认为，应以桥梁造型为主，建筑物处于从属地位，其外形应与建筑协调。而自然环境受人类影响不能说没有变化，但山河如今已变成我们环境保护对象，反对破坏自然生态与景观的呼声连片，因此处于自然环境中的桥梁应与自然景观忠实、有效的协调。其协调方式按（日）加藤诚平的意见有三种。

①消去法——使桥梁不显眼不突出，隐去桥梁的存在。

②融合法——使桥梁与环境按基本相同的格调融合，即融入风景成为风景的一部分。

③强调法——当桥梁主导环境并成为环境的主题时，要突出与跨桥梁的存在，使桥梁成为环境中风景的主题。

（1）采用“消去法”的桥梁与环境协调方法

桥梁与环境关系分析中我们强调了一个原则，这就是桥梁要融入风景并成为风景的一部分，而且要在环境（景观）中恰如其分。而当建成的桥梁影响环境并可能对风景造成破坏时，则应使桥梁不引人注目并尽可能将看桥梁与环境不协调的方向视线遮断，而保留最佳视角方法，这就是“消去法”。消去法最有可能采取的方法就是在绿化理论中讨论的前方视线遮断方法，对可能影响观瞻路段的一侧用绿化将视线遮断。

在桥梁与环境协调中桥梁所有材料与色彩关系密切，而色彩的强弱往往又会产生色彩支配“心理吸引力”。若将桥梁材质色彩与背景材料相近的办法使桥梁存在不那么显眼突出，例如背景为岩石，此时用石桥和混凝土桥表石镶面就可能不明显了。又如在蜿蜒的高速公路上可以看到部分桥涵，但路面上的白色标线对线形是一种强调，它在自然环境中连绵不断加强了线形美，此时用路者可能更多注视的是优美的线形，而桥涵存在就不十分引人注目，如此时桥梁显眼刺目就有可能破坏景观的连续性，因此在必要的位置需将视线遮断。

（2）融合法

融合法也是融入法，我们希望新建桥梁能与环境融为一体，并成为风景的一部分。融合法对桥梁在风景中处理即不强调，也不否定，以其恰如其分的形式呈现在风景中，成为风景的一部分。图 1-3-32 中看到的中承式拱桥与巴黎铁塔十分协调，而前面的箱梁桥融入右侧的现代高层构成现代城市的风景。

我们希望造型优美的桥梁都能融入环境。如城市建筑物密集的跨河桥梁应与其背景协调融合，而自然环境中同样要考虑背景（田野、山谷等），而其背景色彩也是造型、材质与色彩能否融入的关键因素（图 1-3-33、图 1-3-34）。

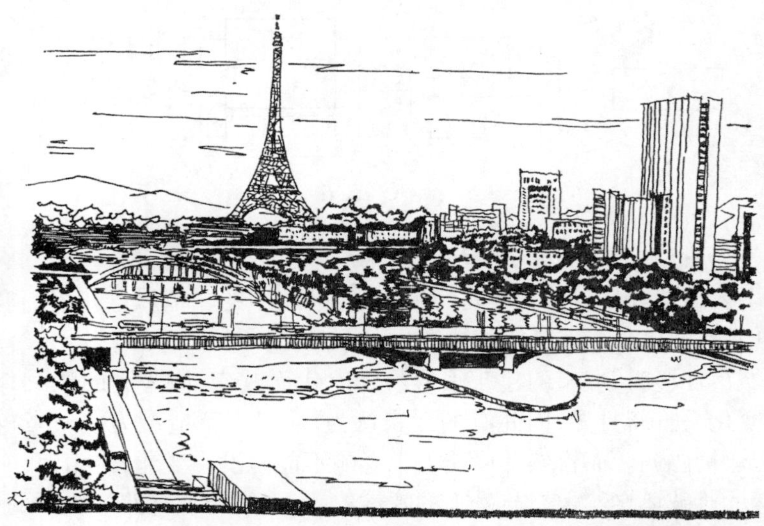

⇧ 图 1-3-32　巴黎塞纳河上两座不同时代桥梁的建筑风格前等厚式梁桥与现代建筑风格一致，后面拱桥（二座）与巴黎铁塔的时代与风格保持协调一致

⇧ 图 1-3-33　绿树的山谷伴有彩虹般色彩的钢桥有蓝天衬托，而上部水平方向的白色线条，如一桥轻快飞过，其用色奇特，但却与风景十分协调，这是用色上即强调又融合的实例

⇧ 图 1-3-34　土黄色的山谷、坡边有少量的松柏，钢箱梁的刚构桥及栏杆涂抹以白色，其与山谷背景的山峦、蓝天均很谐调，使桥梁与风景融合

(3)强调法

当桥梁支配环境并构成景观的中心地位时,桥梁成为环境主要景观,此时环境具有倾向桥梁的向心力,而使环境创造出一个新的整体美,这就是强调法。此时强调的恰如其分就是突出桥梁在风景的中心位置。如美国旧金山的金门桥,明尼阿波利斯的密西西比河桥(图1-3-35、图1-3-36),它们都成了地理上的陆上标志,起到了信号作用,并成为一个城市的象征。

⇧ 图1-3-35　(美)旧金山的金门海湾大桥以其在风景中的突出位置成了旧金山的城市象征与地标

⇧ 图1-3-36　(美)明尼阿波利斯密西西比河上的混凝土拱架,桥墩有力,立柱富有韵律,桥面轻盈,桥呈白色,与碧水蓝天相辉映,桥体是风景的主题,但又与环境十分协调

桥梁的形式和规模与环境、景观规模在视觉上应取得平衡,强调其突出但又不孤立,以免显得与环境格格不入,强调也不忘在环境中恰如其分。这就是强调法使桥融入环境的主导理念。

四、桥梁(及构造物)的美学评论(小结)

根据众多学者对桥梁美学的论述,桥梁的美学评论可分为下列四点。

1.符合建筑形式美的法则——形式美

建筑物美的属性是统一、均衡、比例、尺度、韵律、高潮、设计中的序列,这属性符合桥梁造型的原则。

美学家认为:表现材料强度与荷重之间的斗争是最富于动力美,此时它的形式是美的,而其结构正是美学的基础。

2.功能美——桥梁的技术美表现在形式美与功能美

功能美是强调结构的美与功能一致性,评论家认为建筑美学的基础,就是表现功能或使用目的。

3.桥梁与公路的协调

桥、隧、涵、通道的线形是公路线形的一部分,桥与路的协调是表现它们功能的一致,这些应在建筑尺度上得到体现。

4.桥梁与环境协调

桥梁是风景的一部分,要和风景融为一体,一般情况不应突出,在成为风景主导因素时,也应和环境融为一体。公路美学要求只有与环境有机结合的设计,在美学上才是好的。

***著者的重点提示:**

桥梁美学论著甚多,但对桥梁美的论述多是从桥梁的造型并将桥梁作为环境中的风景,并以路外人作为观赏的主体进行研究的。而桥梁与路线结合紧密,看到桥的多是在公路上行驶的用路者,因此应研究用路者视觉中的桥,即用路者以不同车速通过桥梁时,他们看到的桥的形象,这才是多数观赏者的印象。著者认为要重视在现代交通条件下桥梁的四维空间形象。研究用路者视觉与心理中优美的桥,才是我们当今重要的课题。

第四节　高架路与公路立交

一、高　架　路

由于国民经济的高速发展,高等级公路修建中理念的变化,高架路在高速路的运用上已比较普遍,高架路的修建在平原地区省略了取土高填,在山谷中避免了大填大挖,更好地配合地形,用桥梁来适应地形变化,无论从用路者还是路外人来看,都是极佳的景观。

高架路一般应与路线线形保持一致,注意视觉的连续性。因为路线选定时适应地形,配合地形均是规划之中的。线形应考虑周围景观,在高架路上通过时,用路者除可以在较高位置看风景以外,还可以看到高架路蜿蜒线形的生动形象,因此首先要考虑的是高架路与环境融合(图1-3-37)。在环境中最理想的是成为风景的一部分,这就要求高架路的平、纵面要根据地形特点,土地利用方式有很好的融合,以达到线形平顺、流畅。纵面线形应有一定高度,

纵面过低会有压抑感。图1-3-37为高架在沟谷中的桥，因沟谷尺度不大，高架路比例较大，主导了环境，但由于没有开山也没去占河修驳岸（挤压河道），对自然环境破坏较小，而且与地形融合较好，线形很流畅。就高架路（桥）美学而言，除线形外就是它的构造，一般要求构造统一，不论是上、下行车道一体构造，还是上、下行构造分离，或上、下行不在一个层面上都要注意它的整体性。构造应简单，下部构造不论采用Y形、实体墩，还是双柱、多柱，上、下部结构都要均衡。其次是高架路的高度应适当，前提是适应地形，如纵面压得过低就有压抑感，因为高架也是田野或路外人的一道风景，要注意它的开放感，当路外人将它作为风景时，还要注意远眺时尽量减少它对空间的分割。

⇧ 图1-3-37 路线高架是为了配合环境，将修路对自然地形破坏减到最小

从设计上而言，其美学问题除应遵循桥梁美学原则外，还涉及高架结构力量的表现、安定性的保证、压迫感的缓和、梁高的连续性、下部构造的连续性、杂乱感的改善，以及作为景物的质地、色彩等方面问题，这些内容将在高架路景观设计中再做介绍。

二、公路立交美学

公路立交是路的结点或通过（穿越）或变更方向，对于交通与视觉均有重要意义。对变更方向而言，公路的特征也会随之变化，立体交叉消除了平交的冲突点，车辆可以连续通过，提高了通行能力，也提高了行驶速度，增加了穿越立交者的安全感。立交有分离式、互通两大类，互通又有部分互通与完全互通两种，分离式可以采用跨线桥与下穿隧道进行穿越，而互通则有桥、隧、引道、匝道（路堤、高架桥）等组成。互通有T形、十字形等，而T形有喇叭形或梨形等，十字形最典型的有部分苜蓿叶形、完全苜蓿叶形（图1-3-38），两路相交也可能由环形立交及多方向单向匝道组成，而多路相交，其结构更为复杂（图2-2-49）。

（一）立交区的视觉环境特点

一座立交视觉印象可以从下述的方面获得。

（1）对于分离式立交，用路者在主道上可以看到前方跨线桥和引道，通过时也可看到引道护坡与桥下结构及侧墙，在次道上则可看到前方驼峰式的道路，在引道和桥上可以俯视主要道路。如是一座多层复杂立交，用路者可看到多根立柱与复杂的匝道，对于复杂的多层匝道，用路者有心理压力，随时要对走何匝道做出抉择，一旦失误，则需到下一个互通才有再回头的可能（图1-3-39）。

⇧ 图1-3-38　典型苜蓿叶式的完全互通立交（模型）

⇧ 图1-3-39　具有部分左转匝道的部分互通立交（东行缺左转匝道）

（2）用路者在立交处的印象。跨越的用路者在桥上或路线较高处可逐次看清立交全貌，在桥下通过或匝道通过的用路者在视野中，瞬时只能看到立交的一部分，下穿者不如在桥上的视野开阔。

（3）对立交全景的宏观印象

对立交的宏观印象，在城市中可以从高层上俯视获得，而一般图片均是空中摄影或设计者的效果图，而不是用路者的印象，用路者只能在桥上或匝道上通过时逐步看到立交的部分结构或通过后了解立交结构的全貌，而主道通过者受视野限制很难有直观的全景印象。

（二）立交的美学问题

立交是现代交通的产物，是一条路上的重要建筑，其往往能成为单调行车过程中的一个主要景物，对于用路者而言，立交的美在于视觉与心理两个方面。视觉上立交的桥型与匝道很难成为主要观赏对象，因此视觉上对立交构造的要求是简单、清晰，结构物的质地、色彩是主要视觉要素。它的美学要点则侧重于它的功能，即我们讲的“满足生活的条件”，因此要求其有满意的功能，交通组织合理，用路者对路线方向清晰易辨，并与周围景观协调。立交区应充分利用当地形地貌特点（图1-3-40）与环境协调。用今天的观点看，桥梁可以适当修饰（那种认为必须是混凝土本色的见解不一定全面），而更重要的是立交区内具有符合视觉特性的装饰性绿化，这是最能令用路者赏心悦目的景色。同时不应用高大乔木遮断视线，立交区外围如没有遮断必要，也不应种高大树木割断立交与环境的衔接，只有呈现在自然景色中的立交才是美的。立交结构其他美学问题在立交景观设计中将另有论述。

⇧ 图1-3-40 江苏宁常路×处立交利用自然地形，匝道区内水景充满自然气息，收费站、生活楼建在水边与岛上，浑如天成

第二篇

公路景观与环境设计

第一章 概 论

前面已介绍了所谓环境是指人置身的外部世界，它与人类生活息息相关。公路的环境重点是地理环境、自然环境和人文环境，公路与环境协调就是与自然环境协调，公路的其他构造物、设施除与自然环境协调外，也应当与人文环境协调。当公路、自然环境被作为视觉对象时，其形象即为景观。

第一节 风景、景观及公路景观

一、园林景观学的风景

景观学中的风景概念是由景致、景色、风光、山水、景园意境、风情、景象、景园境界共八个基本概念组成的框架，并以立方体的形式呈现。景致、景色、风光、山水是有形的，是风景的景观要素，我们可以理解它就是“景”，是客观存在的。而景园意境、风情、景象、景园境界四个要素是无“形”的，如同“风”一般，这四要素属主观层面，是对风景的一种感受形式。八个要素各有独立含义，但又相互关联，形成风景的概念。

1. 景致（Scenic）

景致是透过画框呈现出的景观，其具有一定情趣，是以二维画的形式展示的景观。

2. 景色（Scenery）

顾名思义，景则是图像的识别，而色则是色彩。景色是对风景图像识别和色彩感受的结果，是环境中景物相互烘托下，呈现的景物，是人视觉中画面式的感受。

3. 风光（Sight）

景致是以画框形式呈现的，而风光却不受景致的画框限制，风光通常限定在人可视的区域，而与自然景色紧密相连。

4. 山水（Nature Environment）

山水直译为自然环境，山水在中国指的是自然环境的景观，是指人赖以生存的环境。山水范围大，它不像景致，风光局限在可视的区域，它包括了人们可以居住游览的空间场所。

5. 景象（Prospect）

景象是人们对风景的主观印象，随时空变化而显现。

6. 风情(Image Situation)

风情是游览山水时人们的主观感受,是人们对山水情感上的感受。与景色和景象相比,风情所包含的主观因素更丰富、稳定。

7. 景园境界(Man-made Environment)

景园境界是山水精华所在,是一种提升。它是在自然环境基础上人为加工的景观环境。

8. 景园意境(Sense Evoking)

景园意境是人对风景审美的体验,它是人的个性、文化历史背景及情趣意志的表现。它反映人类不同地区、不同民族、不同文明时期的风景文化。

风景具备上述八要素中的主观与客观要素,反映了人视觉中的形象及主观感受。中国人的山水是风景,园林是风景这种观念自古有之,但田野、草原等也无处不透出秀美景色。

二、景　观

景观学中"景观"的概念是泛指具有审美价值的景物,"物"就是符合审美原则的客体,是客观存在的,但景观也包括了人类审美的体验。日本的三村翰弘与宇杉和夫认为:"景观作为一个类型概念,是指某一地域内具有形态和结构相一致的形象元素,并且是与其他地域相区别的景物。"也就说某一景观有它的地域性和唯一性。如黄山的景观,漓江的景观,即使同为丹霞的地貌景观,也因地域不一,它们之间仍有区别。

三、公路景观

景观首先是物,其次是视觉对象和审美对象。公路景观作为审美对象,它不是静止的,因乘坐交通工具的人在做有速度、有方向的运动,公路景观在视觉中是随时间变化的四维空间形象,是动态的,它具有下列四方面特征。

(1)线形随时间变化。

(2)自然景观随线形变化。

(3)人工景观(包括公路本体,及附属结构物、设施)随线形变化。

(4)审美主体运行速度与审美客体变化之间有密切的关系(因运行速度不同而有不同体验)。

因此公路景观应根据园林景观概念并结合公路景观自身动态的特殊性来加以研究,即公路景观包含二维平面景观、三维的立体景观和随时间变化的四维景观。因此公路景观可定义为:**"公路的三维空间随时间变化,用路者的视觉心理感受也随之变化而形成的环境综合效应。"**

这种综合效应是乘坐交通工具的人在以不同车速在公路上运动过程中对公路及环境(山水、风光、风情……)所产生的主观印象。

因此我们也可以将公路景观形象的定义为:**"用路者以不同车速在公路上做有方向的运动,用路者视野中公路及公路周围环境随时间变化的四维空间印象。"**

所谓"四维空间印象"包括着视觉中的形象和心理的舒适感与运动感的感受。因此将公路景观单纯理解为动态的图像而忽视心理感受是不全面的。

第二节 公路景观设计一般原则

公路景观设计是把公路美学的理念形象化,美学是讲美的哲理与心理感受,这些抽象的内容只是理论。景观设计是要将这些理念以形象化的造型来体现,因此公路景观设计(造型)应遵循以下几方面原则。

一、公路景观设计(造型)应重视动视觉特性的应用

公路景观除路外人的宏观印象以外,主要是用路者在用路过程中看到的景观。公路线形、自然环境无不随时间在变化。所以四维的空间线形及随时间变化的自然景观、人工构造物、公路绿化等与不同车速下的视觉印象有关,因此公路景观设计的是动态景观。这是现代高速交通带来的四维空间的创新理念,应融入公路整体环境的造型之中。

二、建筑形式美法则的应用

作为路外人来讲,公路及人工构造物以静观的景物存在,应符合建筑审美的公认法则。而作为用路者看到的动态景观,其变化在于公路及构造物、附属设施等因车速的增加,公路几何尺寸也要随速度的加大而加大,而其构造物和附属设施的几何体量、比例、尺度也应随速度加大而加大。当车速较高时,用路者已很难在瞬间对建筑细部作出判断,因此这些建筑物造型应简单,其尺度也应与路宽、车速与交通量相适应,精细的刻画、细腻的手法,已不适合在较高车速下的视觉特性。但统一、均衡、比例、尺度、序列、韵律与节奏的法则仍可以根据动视觉的要求用创新的方法去运用。

三、关于风景理念的应用

公路作为风景和风景的一部分,应运用风景学的理念,公路景观应研究用路者的视觉效果与心理感受,这是衡量舒适性的要素之一。

(1)要保护好自然景观(山水、地貌、植被)。

(2)保护和利用人文景观。

(3)公路布设要利用风景资源,可以对景、借景,并在优美风景处建造停车场与观景台。

(4)用路者视野中具有特色的风景保护与应用。

风景是用路者在交通工具内看到的景物,在画框中路也是风景中的元素,但随着车速增加,驾驶员视野变窄,而路幅在视野中比例加大,此时景框中已很难形成优美景观。但乘客却有机会透过车窗观赏风景。因此设计者应保护好沿线自然与人文景观,处理好路与地形、村落等自然与人文景物的关系,使用路者能有最佳的位置(方式)观赏沿线景色,同时也使路成为风景的一部分。

四、处理好公路景观元素与环境中景观元素的关系

(1)要理清公路的景观元素,处理好自身的协调。公路主体工程是指线形、桥梁、隧道、

立交、沿线设施、绿化等构成一条路完整的本体。应理清公路自身的景观元素并将这些元素作为综合建筑群体加以处理,以此搞好自身协调。

(2)处理好公路本体景观与自然景观以及沿线人文景观的关系,使其成为用路者以及路外人宏观印象中的风景。

(3)可将一条路根据地形、植被、水面等自然景观特征将一条路划分为若干景观路段,使它们既有和谐的统一,又使各路段有自己的风景特色(国外叫景观小区)。

(4)公路景观设计要顺应自然环境,做到人造的公路景观与自然的景观协调。

(5)景观设计要注意功能美与形式美,不应做涂脂抹粉的刻意雕琢,也不应为不适当的修饰而大幅度地增加工程造价。

(6)公路附属设施是沿线的重要景观元素,而且是一路段的主题,其造型、建筑体量、尺度、色彩、材质应与公路车速协调并与自然环境、人文环境相协调。

(7)公路绿化是改善公路环境最重要的手段,要科学、合理地绿化,应以用路者视觉特性,来处理绿化,使绿化既改善公路环境,又满足了用路者观赏风景的要求。

五、公路景观要动静结合

静态景观主要指服务区建筑及休息点的设施,只有用路者进入这种区域,才能以静和步行方式来观赏这些建筑与景物。而路与桥是公路的本体,只有路外人把它当景物时,其才以静态形态出现。除上述情况下,所有公路本体及沿线建筑,景物在用路者视觉中全是以动态形式呈现。

静态的服务设施用路者以进入的方式去体验,它的建筑造型、色彩、环境应是优美的,而对公路上通过的用路者而言,他看到的,就成了动态景观。路对用路者来讲是变化的,而且是动的,而路外人宏观印象它又是静的,是风景的一部分。因此公路景观设计应遵循动静结合的原则,静就是赏心悦目的风景,动就是变化中的风景,要适合用路者的生理、心理特点,动静结合。

对路外人来讲,路是风景元素之一,因此也要考虑路外人对路在自然环境中的宏观印象。

第三节　公路景观设计的任务

公路美学研究公路审美的原理,美是客观的,但又是主观的。美是客观的,是因为人类文明的发展对美的评价有客观公认的准则。美是主观的,是因为随着人们民族、地区、民俗、习惯、文化等的不同,他们在对美的判断上存在差异。而公路景观设计则着重研究利用公路美学的原理去创造一条具有行车安全、舒适,视觉环境宜人的公路,让用路者与路外人共同感受到它是美的。

一、公路景观设计要素

公路景观由公路本体(路、构造物、附属设施)及沿线自然环境中的景物构成,一般可分为构成要素与设计要素。

(一)公路景观构成要素

公路景观要素由公路景观基本要素(本体要素)、公路构造物景观要素(本体要素)及公路附属景观要素与公路景观自然要素四部分组成,前三个要素是造型要素,后一个要素是采取利用与协调方法去处理,使公路本体要素与自然要素能够协调。

1. 公路景观本体构成要素

(1)公路线形要素:公路平面、纵面线形要素。

(2)公路横断面要素:路幅、边坡、边沟、支档构造物等。

(3)公路路面景观要素:车行道宽度、色彩、分隔带、交通标线等。

2. 公路构造物景观要素

构造物景观要素也是公路本体要素之一,它包括桥、隧、涵、通道等。

3. 公路景观附属要素

公路景观附属要素是人工要素。

(1)公路绿化是公路上重要的平面与垂直视觉要素,包括公路用地范围内的各种绿化栽植。

(2)沿线各项附属设施

①沿线交通设施:包括标志、护栏、紧急电话等。

②沿线服务设施:包括服务区、收费站、休息区及沿线建筑及设施。

③沿线农舍、村镇轮廓线、广告牌(路外)

④公路雕塑、门匾[图 2-1-1a)、b)]。

a)

b)

图　2-1-1

a)公路雕塑离路也要有适当的距离与体量以利于用路者以较高车速通过时观赏;b)××路富有地方历史、文化特色的路上门匾

(3)排水设施。

(4)自然要素:山川、湖泊、江河、大海、森林、草原、沙漠、湿地、田野,它们构成了视觉上

的近景、远景,天际线与轮廓线(图 2-1-2)。

⇦ 图 2-1-2 公路、湖水、近山、远山、蓝天构成了完整的风景画面,有很美的远景、天际线、轮廓线

(二)公路景观设计的影响要素

影响景观设计的要素共有五个方面,它们是工程设计要素、视觉要素、人类活动要素、环境影响要素与景观控制要素。

(1)工程设计要素:在工程设计时要注意不同车速与建筑的尺度、体量、比例之间的关系,以及色彩、韵律、风格及景观的轮廓线等与设计有关元素。

(2)视觉要素:视觉要素有人工要素与自然要素。而人工要素也是工程设计要素,视觉要素有公路三维线形的良好视觉效果及与自然景观良好的配合。

(3)人类活动要素:人类活动要素也可理解为用路者要素,用路者乘坐的交通工具,是路上的动态因素,不同的车速(低速、高速)时,用路者会对四维空间有不同感受。

(4)环境影响因素:公路景观受季节、地理、水文、日照以及人文环境与投资环境等影响。

(5)景观控制要素:一条路应有统一的风格与个性,不同的区域也应有自己的特点,而控制景观风格形成的因素有经过区域的特点(自然、人文等)和公路的边界条件、路外风景以及形式、不同路段特点的建筑小品,及公路对景、借景等。

二、公路景观设计任务

按《公路环境保护设计规范》(JTG B04—2010)设计要点的要求:线形组合,大填、挖与隧、桥比选,长大边坡景观方案,风景利用,采用宽浅边沟,路面、护栏、路缘石景观,桥梁的形式、材质、色彩,服务附属设施景观,施工痕迹修复,公路绿化等均是规范要求的设计内容。而就景观设计具体要求而言,规范只有对平、纵线形在初步设计基础进行视觉检查,结合视觉心理舒适等要求进行修改的内容比较具体。综合国内外资料,一般认为景观设计有如下几方面任务。

1. 空间线形设计

空间线形设计的前提是适应地形。适应地形才能形成优美景观。二维线形、三维线形应有良好组合,平、纵、横应协调,使用路者视觉中的线形流畅,行驶安全、舒适。其任务是在初设基础上进行视觉检查与修整,并对设计完成的线形进行分析与评价,其主要工作是公路几何设计内容。

2. 视线诱导设计

路线应具有可预知性,这是线形设计本身工作,但视线还受外界环境影响,因此景观设计中应有视线诱导的措施,以使驾驶人员在一定路线范围内可预见路线方向及路况。此设计涉及转弯处横断面内侧视线障碍,以及诱导性绿化、标志等,这些工作应结合线形透视图检查等来完成。

3. 路线沿线环境规划

根据路线特点,将路线划分为若干景观区域(建筑小区)进行规划设计,每路段要有自己的主导建筑,有自己的风格,有景观区的边界,以形成各自的个性,并要求将景观的人工要素与自然环境融为一体。

4. 土石方工程的修饰

土石方工程的修饰包括原地貌的恢复,路与原自然地面的衔接,植被恢复,以及受影响的路边两侧景观的修复与改善措施。

5. 公路绿化造型设计

绿化是公路平面视觉要素,又是最重要的垂直要素,是改善公路环境的主要手段。既可加强线形特征,又能进行视线诱导,并且用来实现路与自然环境的衔接,而且可以形成一条路的地方特色、风格,同时一些自然种植又可以成为风景。要科学的绿化,在造型上符合视觉原理以满足功能与美学要求。

6. 附属设施的景观设计

附属设施可分为公路交通设施和公路服务设施。

(1)公路交通设施

划线、护栏、标志这些设施除功能以外,还应满足视觉要求。整齐的公路划线与路线平行的护栏,有助于加强公路线形特征。

(2)公路服务设施

公路服务设施是路边公路范围内的重要景观,在满足功能的前提下,其建筑要有特色并成为风景的一部分,服务区的主体建筑应成为一个路段的标志性建筑。

附属设施景观,其造型要考虑不同车速视觉要求,注意它的体量、尺度、色彩要与公路和公路环境协调并具有自己的风格。

7. 桥梁景观造型设计

桥梁的造型设计要根据其位置与环境来决定,应与公路和环境协调是其造型的最基本原则。

三、各阶段的景观设计任务

(前苏联)《公路建筑与景观设计规范》(БСН 18—74),对各阶段任务有具体要求,现摘要如下,供参考。

(一)初步调查

初设前应进行踏勘调查,在确定路线的初步调查中有如下工作。

(1)根据初步的路线走向绘制重要景物草图。

(2)进行公路与环境协调的初步检验。

(3)确定大致的自然景观保护纲要。

(4)确定景观设计内容:

①景观设计纲要。

②景观布局。

③景观设计。

④其他景观空间布局。

(5)初步调查中,路线经过地区的自然经济、景观,客、货运量,公路影响范围,应绘在鸟瞰图上并加以说明。

(二)初步设计阶段

1. 确定建筑小区和路线要素的风格

(1)公路景观设计建筑小区

公路的所有景观元素(路线、行车道、桥梁、沿线建筑、各项设施及绿化)应形成统一的整体,在保证有统一风格的同时,还应避免单调。在较长公路上,用路者不可能同时看到全貌,因此可将其划分为既与公路整体风格相呼应,又各具特色的路段,称其为建筑(风格)小区。建筑小区一般为3~5min行程(前苏联),但他们的路线等级与国内设计车速不同,按车速关系对应如下:

车　速	小区长度	公路等级
160km/h	10~16km	(前苏联　Ⅰ级)
120~100km/h	8~10km	(前苏联　Ⅱ~Ⅲ级)
80~60km/h	6~8km	(前苏联　Ⅳ~Ⅴ级)

小区划分还应注意地形与线形特征,一般希望在小区最高边缘能看到该小区的大部分。建筑小区的纵断面应呈现为平顺的凹形曲线,其间最好不要有小的凸起转折,纵断面的明显转折处可作为小区的边界。各类风景区的交界处、个别深路堑、大桥或有特殊景观能与之配合的平面曲线急转地点,也可以作为小区边界。

(2)确定线形要素的风格

线形要素主要体现在线形变化,路线变化应与地形变化相一致,线形要素组合要协调,各要素交替要有节奏(内部协调),线形要与外部环境协调,线形平顺、顺适要一目了然。其风格应是空间线形特征及与环境配合而形成风格。

2. 根据平、纵面图绘制景观设计布置图

图中应标明建筑小区的分界点与小区路段长度,标明主体建筑和其基本风格,以及标注清楚地物、植被、树木、村庄等。

(三)施工图阶段

1. 路线线形景观造型检查

主要检查平、纵结合的三维线形配合是否恰当,对有缺陷的组合进行修改,检查路线与环境协调中存在的问题,对可能出现的问题加以完善。对于重点路段应通过绘制透视图的方法进行检查。

2. 制订配套的景观设计方案

根据初步设计的景观布置图和对线形造型检查的基础上,制订各项景观配套设计方案。

(1)制订详细的公路绿化方案。

(2)制订景观改善方案。

(3)制订土、石方集中路段的修饰方案。

3. 编写与景观设计有关图表

示例:

(1)沿线景观设计布置图(图 2-1-3)。

(2)绿化及交通设施布置图(图 2-1-4)。

(3)公路用地范围内保留树木明细表(表 2-1-1)。

(4)公路装饰性绿化明细表(表 2-1-2)。

公路用地范围内保留树木明细表　　表 2-1-1

左侧桩号		右侧桩号		长度(m)	说明
起	迄	起	迄		
13K+816	8K+450			50	距中线 11m 高地上树林
13K+816		13K+817			距中线 12m 的独立大杨树(每侧各两株)
		14K+846	14K+958	112	距中线 10m 处至停车场中间留出的 16m 宽的林带
30K+295					距中线 12～14m 的三颗大松树及周围的灌木
34K+297	34K+347			150	距路中 13m 处的幼林
34K+600					距中线 16m 处古银杏一株

公路装饰性绿化明细表　　表 2-1-2

左侧桩号		右侧桩号		种植形式	树种(株)		说明
起	迄	起	迄		针叶	阔叶	
15K+110				自然种植	1	2	造景
		16K+160	16K+200	列树		80	路线外侧视线诱导
20K+156	20K+260			列树			左侧做遮蔽用
		20K+720		自然种植	1	2	造景
21K+520						2	交叉口处指示性标志
		22K+225		自然种植			候车亭边造景

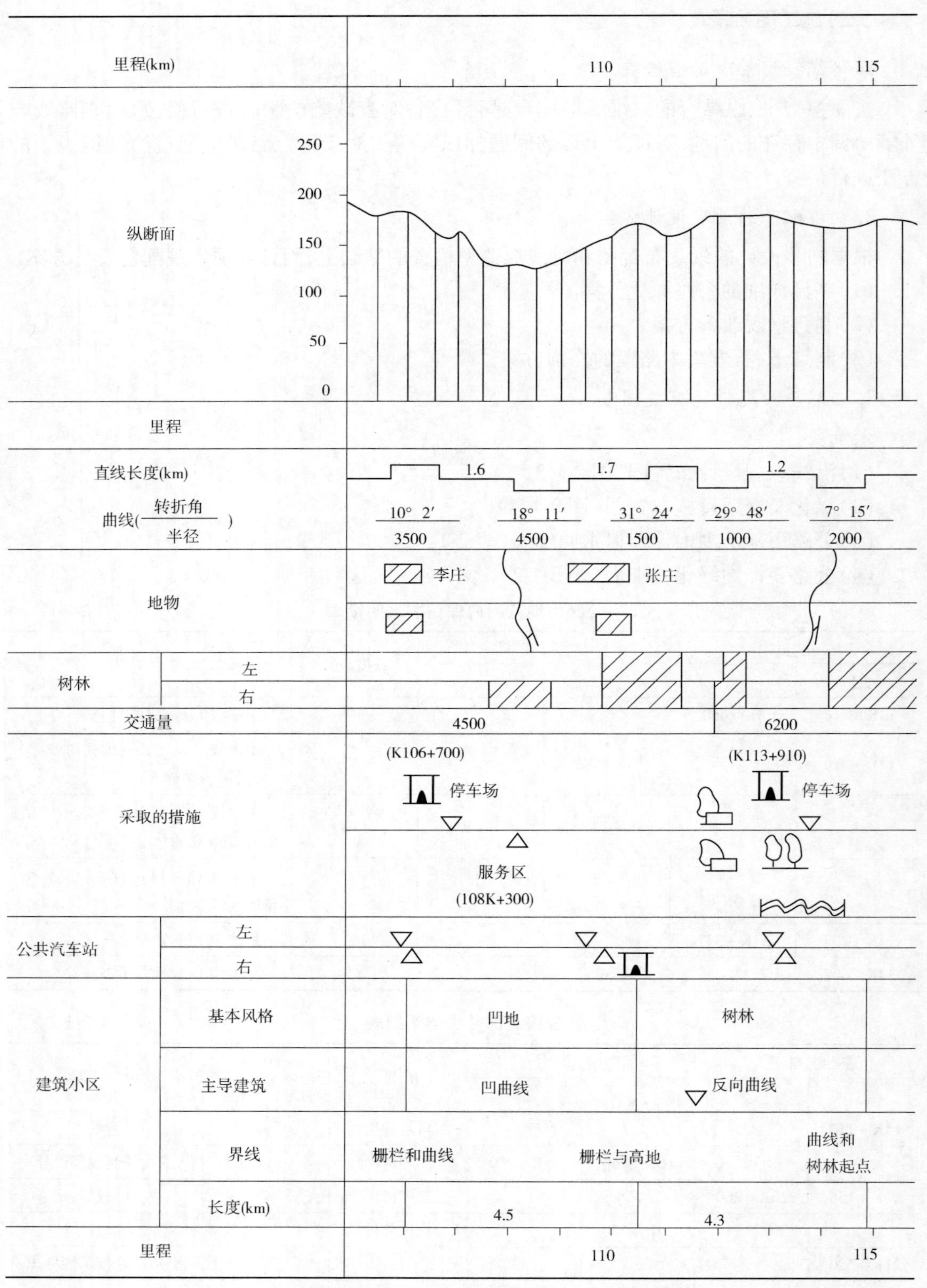

⇧ 图 2-1-3 景观小区设计布置图(前苏 БСН 18—74)

里程(km)		110
沿线房屋及道路设施	左	食堂与停车场 (K110+150)　停车场 (K112+700)
	右	休息地 (K108+200)　道班 (K109+800)　管理站 (K113+100)
道路标志	左	里程指示标 (K109+150)　停车场指示标 (K110+250)
	右	警告标志 (K108+810)　方向指示标 (K112+500)
里程(km)		
直线和曲线		
地物		村庄
防护林	左	
	右	两排 750m　两排 460m　六排 1600m
装饰绿化	左	
	右	

⇧ 图 2-1-4　景观小区内绿化及交通设施布置图(前苏 БСН 18—74)

第四节　文献中有关公路景观设计内容摘要

因国内尚无“公路景观设计规范”与有关景观设计的文件编制内容，涉及景观设计内容的规范也不够具体，现将有关文献中涉及景观设计的内容做些简单摘要，供研究景观设计时参考。

一、公路环境保护设计规范（JTG B04—2010）

该规范第六章为“景观设计”，其主要内容如下。

6.1　节为一般规定，简单介绍了视觉原理，将景观分为静、动态景观要求静动结合。

6.2　节设计要点摘要如下。

(1)要对线形进行视觉分析，组合连续、圆滑、顺适美观的空中曲线，对高填、深挖要与高架、隧道进行方案比选，采用有利环境的建设方案。

(2)公路绕行风景区域独立景点时，宜将景点布置在曲线外侧。

(3)路基横坡度可采用不同值，宜采用宽浅式边沟，使路基与原有地面形态相协调。

(4)路面色彩、护栏、路缘石的色彩形状是景观构成元素。

(5)桥梁的景观设计要素是形式、色彩、材质及各部分，路内景观和路外景观要综合考虑。

(6)跨越大江、大河、城市周围，风景旅游区的桥梁应进行照明设计。

(7)公路服务区、管理区、观景台要选择合适位置，要利用自然景观并与周围环境相协调。

(8)视线范围内的弃土场、取土场以及堆料场等公路临时用地施工结束后应复耕、复绿或加以掩蔽和改善。

该规范在景观设计中虽然没提到绿化设计，但在规范第七章中专门讲了绿化设计，并称之为是“路内景观”，因此也应纳入景观设计内容，关于规范中绿化设计的主要内容摘要如下。

7.1　节为一般规定，在规定中有以下内容。

(1)绿化与防护工程有关，是景观设计重要内容(路内景观)。

(2)隧道口绿化与景观越来越为人们所重视。

(3)公路绿化常用乔木、灌木、草、藤木等植物。

7.2　节设计要点有以下内容。

(1)通过公路绿化提高公路交通安全性与舒适性，公路绿化设计应适应地区特征、自然环境、合理的绿化地点、范围、树种。

(2)保护环境的绿化：防风、防雪和降尘，防止噪声以免影响沿途环境；

(3)改善环境的绿化：通过各种栽植形式改善行车环境，促进安全，可采用遮蔽、防眩、缓冲等栽植形式。

(4)互通立交区绿化要选择乡土树种并与周围景观相协调。

(5)中央分隔带绿化可以起防眩和景观效果。中央分隔带以及15min的行程进行有规律的植物种类、颜色、形态变化，可以产生韵律和节奏感，给人以美的感受，大于3m的分隔带可采用自然式种植，效果较好。

(6)公路土路基和土质边沟的变化应与当地自然环境和路基填挖边坡相协调，以乡土矮草为主，采用浅碟式边沟，贴近自然。

(7)对不同边坡采用不同绿化方式。

(8)公路绿化应选本土物种,保护好公路用地范围内绿化植物,以降低投资。

另外该规范第八章水土保持中也涉及部分景观内容。《公路环境保护设计规范》(JTG B04—2010)中内容叙述的是景观设计的要点,但在景观设计中没有各设计阶段的任务,也没规范性的具体要求,其内容与一般美学原则相近,缺乏可操作性。

二、(前联邦德国)汉斯·洛伦茨著《公路线形与环境设计》

该书内容主要分两大部分。前半部讲的是与视觉有关的线形设计与检查,后半部讲的景观设计,从取土坑如何处理到植被如何恢复与栽植都十分具体,虽没有景观设计标题,但视觉线性设计,边坡处理、弃土堆处理、植被恢复等景观设计内容,操作性很强,其内容摘录如下。

1.第一部分

该部分讲线形几何设计,汽车行驶力学,道路的视觉问题,讲的是空间线形造型(略)。

2.第二部分

该部分讲的是景观设计内容。

(1)造形、土工、栽植

①地形表示方法。

②土壤的保水性。

③道路设计的小气候。

④横断面。

⑤用绿化稳定土壤。

⑥关于风景区域的空间构成。

⑦休息设施。

⑧取土坑和弃土堆的景致处理。

⑨土质及土方工程。

⑩排水沟。

⑪噪声防止。

⑫视觉公害——路上及其周围广告。

(2)线形

①桥梁与线形。

②设计速度。

③道路建设规划经济评价。

④公路规划的变更。

⑤线形特性。

⑥工程设计。

汉斯·洛伦茨的论著从动视觉特性出发,对空间线形设计及各种公路有关的构造物、景观元素的造型和绿化方式栽培等景观内容,从理论到实践均有详尽论述。

(前联邦德国)W·杜尔特博士来华讲学时主讲的"联邦德国道路设计"中也有景观设

计内容，他讲了两大部分，即道路与结构造型和绿化景观造型。前项内容比较原则，后项内容比较具体，有可操作性。

三、(前苏)《公路建筑与景观设计规范》(БСН 18—74)

在美国有“公路美化条例”，但尚未见到规范。(前苏)《公路建筑与景观设计规范》(БСН 18—74)有以下主要内容。

1. 总则

(1)总则要求一、二、三级公路应按规范进行景观设计。

(2)公路线形一旦成型，改建时不应多改变，设计、养护、维修均应对景观进行综合考虑。

(3)景观设计有如下四项任务。

①空间线型设计：解决路线各组成部分协调。

②导向：建立视觉系统，可预知线形变化。

③将公路及其所有设施列入景观范围。

④利用绿化、公路设施和装饰来补充改善沿线景观。

(4)公路所有部分(路线、行车道、桥梁、沿线建筑、绿化……)应形成统一的建筑群体，全路要有统一风格，但在不同路段景观应具有明显的差异。

(5)在一条公路上可划分既有整体风格也有明显特色的独立路段。作为建筑(风格)小区，其应有主轴线或主导建筑，主导建筑是识别建筑小区的标志，建筑小区长度为3～5min行程。

(6)其他还有空间线型要求、建筑风格及各设计阶段设计任务等。

2. 空间选线和设计

其主要内容是路线空间布设，线形配合的方法与原则。

3. 各类景观区域内公路布置

布线要沿景观的天然轴线，以及考虑在平原、丘陵、山区路线的布设与景观的关系。

4. 公路绿化、装饰及沿线建筑物的布置

其介绍绿化的作用栽植的方式以及公路标志牌的设置及沿线服务与休息设施的布置。

5. 设计方案的审查和改善

其主要内容介绍透视图的绘制与检查。

6. 附件

该部分内容有景观设计布置图与明细表。

这是一部有要求、有设计阶段、有主要景观设计内容、可操作的规范。

四、“公路路线设计细则”(送审稿)

此细则由中交第一公路勘察设计院有限公司起草，尚未出版，细则中景观设计的设计内容与公路环境设计保护设计规范内容大致相近，这里不再介绍。

五、我国一些著作中有关公路景观设计的内容

(一)《交通工程手册》(中国公路学会,1998)

该手册中,第二十七章为著者编写的“景观设计”,主要参考了著者的论著与汉斯·洛伦茨《公路线形与环境设计》及(俄)《公路景观设计规范》等内容编写。

(二)《高速公路环境景观设计》(人民交通出版社,2009)

这是一部根据国内某条公路景观设计文件与内容编写的景观设计著作,其中公路景观设计包括以下内容。

(1)高速公路建设对环境景观的负面影响与对策。

(2)填方段和挖方段环境景观设计。

(3)交道立交环境景观设计。

(4)中央分隔带的环境景观设计。

(5)服务区、收费站的环境景观设计。

(6)桥梁及构造物环境景观设计。

(7)沿线路段环境景观设计。

(8)高速路排水系统的环境景观设计。

(9)高速路公路绿地系统生态评价。

(10)××路沿线的植被类型与可利用的植被资源。

(11)××路二期工程绿化景观设计。

这部书全面介绍了××高速路景观设计方面所做的工作,是一部公路专业人员与景观设计专业人员相结合完成的著作。这条路是已知的、国内较早的专门做了景观设计的高速路之一,竣工后获得不少好评,美中不足的是建筑物、构造物、绿化设计等均以静态形式呈现,没应用动视觉原理,如建筑物的体量、尺度是否考虑车速引起建筑体量与尺度方面的变化,一些十分精美的绿化设计和建筑小品是否符合瞬时通过的用路者视觉要求等,均无明确的说明。但这本书内容较全面,操作性内容很多,一些手法可供其他新建公路借鉴。

其他一些类似著作,其理念与这部书大致相同,主要是以平面和三维空间设计为主,没有《公路环境保护设计规范》(JTG B04—2010)中要求的动静结合及考虑车速影响的四维空间景观的论述。

第二章　公路景观设计

第一节　概　　说

景物都是静止的,公路所有的景观元素全是静态的构造物。这就是所谓的静态景观。路外人对路与自然环境构成的风景也是静态景观。而乘坐交通工具的人以不同车速行驶时,视野中的景物与车辆做相对运动,景物与环境随时间在变化,这就构成了动态景观。

作为公路景观设计应对公路设计有关景观元素(不包括自然景观)进行造型,这种造型是指在动态观赏条件下,如何以静态形式呈现。这就是本章所要讨论的内容,因此它与建筑学,园林学讨论的景观最大差异为用路者以较高车速在公路上通过时,他们是以动态形式在观赏。随着车速增高人眼判别能力降低,视野变窄,快速闪过的景物会变得模糊不清。这意味着随着车速增大公路的尺度需要加大、建筑物的体量与尺度也要加大,公路环境中所有景观元素的尺度同时要加大。这是由静变动时理念变化的关键。所有景观元素都应适合相应车速下的观赏尺度。当车速达 60km/h,清楚的辨认距离为 370m,分辨物体最小尺寸为 110cm,120km/h 时清楚分辨距离为 820m,而清楚辨认的尺寸为 250cm。因此车速增大,景物尺度也应加大并保证要有足够的辨认距离(时间)。因此公路景观设计的最大特点就是,以动态形式的观赏为主兼顾静态观赏。这就要求景观元素要以动态观赏所要求的尺度去造型,同时要以公路美学原理中讲的四维空间景观理念去处理与公路环境生态关系。因目前公路环境保护设计规范中内容过于原则不便操作,现结合上章介绍的国内外景观设计内容,拟将本章公路景观设计归纳为公路本体景观造型,结构物景观造型,修饰性的公路绿化与土石方工程修饰三个部分内容,具体表现为空间线形造型、公路交叉造型、附属设施造型、结构物造型、土石方工程修饰、公路绿化造型等内容,现分别讨论。

第二节　空间线形造型

一、立体线形设计与造型

公路立体线形设计应按本书第二章第二节公路自身协调中的立体线形美学原则进行平面、立面造型,以此获得良好的视觉线形,良好的线形应平顺、不扭曲、有诱导、线形有可预知性。同时公路在造价上应经济,行车要舒适、安全。关于线形的空间造型应特别强调的是设计车速与景观设计的关系,其主要内容已在第二章概论表 2-1 中有详细说明,即设计车速在 60km/h 以上的路线要求线形平顺、高速、安全舒适,而 40km/h 以下的是强调安全性;前者要

求与地形、地区相协调,而后者强调与地区生活范围有机结合。40 ~ 60km/h 是一种过渡。如对日本大塚胜美的这种分类法片面去理解,可以认为 60km/h 设计车速上的路线是主要视觉线形设计对象,40 ~ 60km/h 的车速作为过渡,而在 40km/h 以下时,强调为地区生活服务而不是强调视觉线形,作为路线空间造型这一理念十分重要。

有关线形组合的形式及分析,在路线立体线形设计中已有详尽论述,空间造形这节不再赘述,但从路线设计角度出发涉及线形造型的一些注意事项简述如下:

(1)线形组合后应保证有足够的视距以供超车。如当车速达 120km/h 时,其直线段或半径为 3000 ~ 5000m 的曲线段其长度一般不应小于 3km。最小长度在车速达 120km/h 时不小于1.8km;车速达 100km/h 时不小于 1.5km。平坦地形情况下会出现长直线长度一般为 4 ~ 6km,最大长度也不宜大于 6km。

(2)路线要顺应地形变化以利与自然环境协调,顺适地形是希望路线能在满足交通要求的前提下,也能反映地形的变化。即与地形融合。

(3)线形组合时直线与曲线长度的变化应有规律、协调应避免两长同向曲线间插入短直线,同样两长曲线之间插入短曲线也破坏这种平衡,纵断面变化规律也应如此。同时相邻半径的值或相邻直线或曲线的长度都不应有急剧变化,它们之间的比值不应超过 1:1.4 以保持路线均衡。

(4)关于曲线半径的选用可按表 2-2-1 考虑

极限最小半径只有极端情况下方可采用,一般情况不宜使用,过去认为转角小于 0°50′时方向变化不大,可不设圆曲线,但从视觉线形角度看也应设置曲线缓和这种转折以提高平顺性。

角度与平曲线的应用表 表 2-2-1

平面转角	角度特征	平曲线应用
0°00′ ~ 0°50′	转角不明显	可不设平曲线或根据需要设置
0°50′ ~ 80°	属于小转角	转角越小,半径越大(曲线长不小于 350m)
8° ~ 20°	标准转角	半径值从 1000m 的开始至 6000 ~ 8000m
>20°	属于大转角	可采用复合曲线或回旋曲线

(5)平、纵曲线配合时,最好转角点与竖曲线顶点相重合,定线时转角点应设在凸曲线坡线转折处,若在平曲线范围内不能设置凹形竖曲线时,也应将转角移至相近的高地或洼地。

(6)平曲线与凹形竖曲线要尽量长度一致,如受限需要错开时左转弯应设在凹曲线之前,右转弯设在凹形竖曲线之后。

(7)平纵组合时,转角点与凸曲线顶点宜重合而且要“平包竖”,即平曲线长度宜比凸曲线长度要长 20 ~ 100m,平曲线比竖曲线的最小延长值如表 2-2-2。

平曲线长度比竖曲线长的最小延长值 表 2-2-2

设计车速(km/h)	当平曲线半径为表值时,平曲线延长值(m)						
	500	1000	1500	2000	2500	3000	4000
100 ~ 200	25	30	40	45	50	60	80
80 ~ 100	20	25	30	35	40	45	50

注:资料来自(前苏联)(БСН 18—74)规范。

(8)当平、竖曲线不能对应时,应将平、竖曲线拉开距离,使平曲线或竖曲线分别设在各自的直线坡段上。

(9)当平曲线半径小于2000m,竖曲线半径小于15000m时,应慎重处理平、竖曲线组合,而平曲线半径大于6000m,竖曲线半径大于25000m时,可不强调平竖曲线的对应关系。

著者提示:实际应用中可以注意竖曲线的外距改正值,当竖距较小时,实际上数百米之外已很难分辨,此时即使"平不包竖",也不可能看出曲线扭曲。著者90年代参与设计×路时,由于地形受限,采用了全曲线的平面线形,有些情况下平不能包竖,但由于采用大直径竖曲线竖距改正较小,线形仍流畅,驾驶员反映甚好。

(10)当纵坡差较大时,一般明弯宜配凹曲线,暗弯宜配凸曲线。

(11)一个平曲线内不宜包两个竖曲线,同样长的竖曲线中也不宜出现两个平曲线。同样路线在视野中一般不宜出现二个以上平曲线(视线中有三个平曲线则呈现蛇形),也不宜在视野中出现纵坡三次以上起伏(呈锯齿状)。

(12)复曲线与S形曲线不设超高时,要注意与横断面的组合,并进行设计车速下的安全性检验。

(13)桥涵布置其线形布设应满足路线技术要求要与路线相协调,线形连续平顺、流畅。

(14)隧道为控制工程,线形应与隧道工程相配合,洞口接线应与路线能自然、平顺连接,且洞口外侧与洞口内应各有3s行程的长度,在该长度内线形不能有突然变化。

(15)线形布设要与服务区、收费站、停车区等沿线设施相配合,布线时应考虑这些服务设施要求。

(16)交通设施设置应与路线设计相配合并满足功能上的要求。

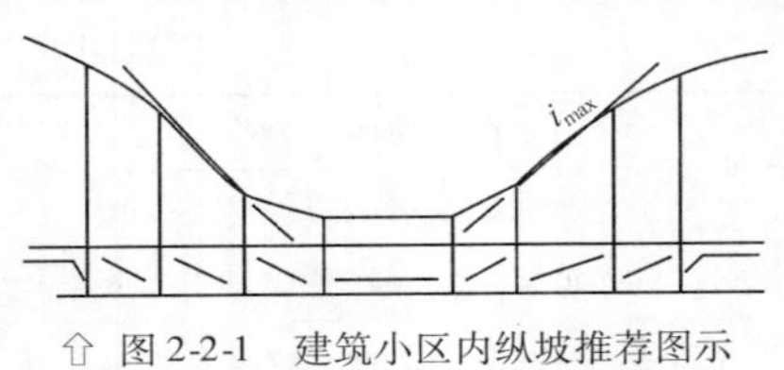

⇧ 图2-2-1 建筑小区内纵坡推荐图示

(17)比较理想的景观建筑小区范围,通常是缓顺的凹曲线区域,其两侧坡顶处纵坡可以陡一些,接近底部时纵坡缓一些(图2-2-1)。

(18)要避免路线各要素之间不协调并造成错觉,从而降低了线形的可预知性(图2-2-2、图2-2-3)。

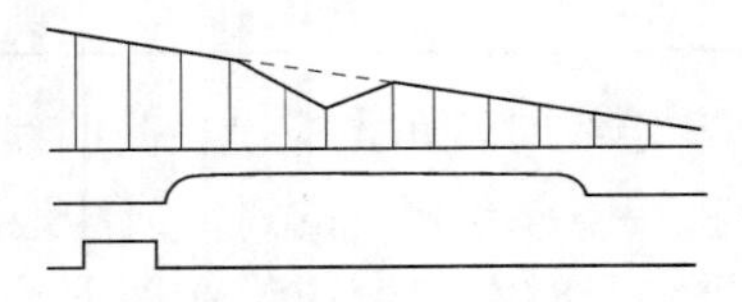

⇧ 图2-2-2 路线长直线的纵坡上出现短的凹陷降低可预知性

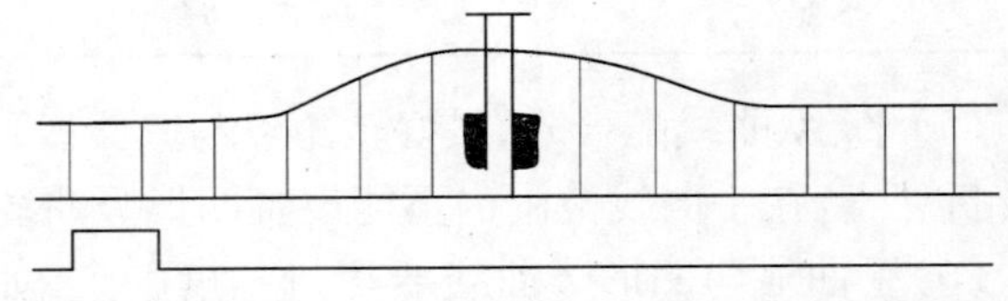

⇧ 图2-2-3 在直线路段上经常因跨河而设置短的凸形曲线中断了路线的连续意象

二、各类地形条件下的路线布设与风景利用

空间线形造型要在各类地形条件下通过布置设计以后才能实现,路线与自然环境协调是与地形的协调也是同自然风景的协调。

地形有平原、丘陵、山岭。自然风景资源则是平原、草原、湿地、沙漠、山丘、山岭、小溪、小河、河、江、湖、海、森林、蓝天等。大坝、桥梁、村落、路外或山边的庙宇建筑群、塔以及壮观的高压输电线路等人工建筑物也能构成很好的风景。

1. 对自然风景资源利用的布线原则

(1)对自然风景资源利用的最恰当方式就是保护原有生态与原有自然景观。

(2)根据前述景观小区划分原则结合地区特点划分建筑小区,使各小区能有与自然景观有关的特色景色。

(3)按自然景观特征布线。一是沿自然景观外貌边界(如小山脚、林边、河谷台地、耕地边缘)布设;二是沿景观天然轴线布设,如顺分水岭、水渠、水系岸边等。

2. 平坦地形条件下的路线布设

1)直线段较多是主要线形特点

平原、草原、荒漠没有地形上的障碍,而平原、村镇、城市的绕越以及高产农田、经济林等是一些非自然障碍,因此平坦地形直线往往成为主要选项。但平原也有平面障碍,会使线形产生变化。这种变化如直线长度选用适当,圆曲线长度与之均衡,可以使线形变得流畅(图 2-2-4)。

当车速大于 100km/h 以上时,可设置不小于 3km 不大于 6km 的直线,并采用 3000 ~ 5000m 的大半径曲线与长度均衡。当地形、地物略有变化时,也可采用 0°50′ ~ 8°的小转折,此时角度越小半径越大、线形则会更平顺。当车速大于 100km/h 时大于 6km 的直线单调感尤甚。

这种平坦地形条件下的路线,因线形变化少,地形景观也单调。但平原区有特色的村庄、田野作物(如油菜花)、树木(林)也都是风景,线形应有适当变化并对这些风景加以利用。因此适当的线形变化是避越障碍的需要,这也是造型的需要。

2)立面布置

在横断面上平原以矮路堤为主,并用圆滑的缓边坡以和自然地面衔接。但在平原地区人口多,耕种活动频繁,同时用地紧张,有时采用较高路堤以便修建人行或农机通道而使公路高筑于田野而成为长堤,这是不得已的设计,而不是好的设计。出于美学上的考虑宁低勿高,人行桥高架,是国外较通常的做法。

3. 丘陵地形条件下的路线布设与风景利用

丘陵有一般丘陵与重丘,而重丘接近山岭,本段只介绍一般丘陵地形布线与风景利用。

1)微丘(小丘地形)

这种地形有起伏或小丘状,当丘陵小丘较大时,路线应尽量在山丘坡脚布设并在小丘之间迂回前进,尽量要保护原丘陵地貌少切割。此时路线生动流畅,两侧丘陵景观有变化(并伴有村落或人文景观),此时线形较为理想(图 2-2-5)。一般认为曲线形路线在美学上有不少优点,但美国一些学者认为,从驾驶员角度,这种线形是否是好的线形并未得到证实,甚至有人认为连续不断转弯和长直线一样单调。著者在福建省 205 国道改建中曾尝试用连续曲线的线形,驾驶员反映行车平顺驾驶方便,实践说明这在美学上是好的,行驶条件也是好的。

2)起伏的丘陵地形

这种地形布线较为困难,路线连续性差(图 2-2-6)。由于地形起伏形或锯齿状,而中断了路线的连续意象(图 2-2-7、图 2-2-8)。如何缓解与改善可采用以下两种处理方式。

⇧ 图 2-2-4 在平坦地形下具有浅边沟的低路堤与高架跨线的公路景观(美)

⇧ 图 2-2-5 微丘地形起伏较小,路线可在丘陵坡脚位置布线,如配合得好,既保护了地貌又有较流畅的线形

(1)当地形起伏不大但起伏频繁时的布线

此时在纵断面上可以有适当切割,以增加纵断面线形的平顺性,这种方式是以较少的填挖来对纵向起伏进行缓解,这种处理方式也可以配合平面线形的相应变化。对已切割的地貌应通过绿化或其他方式对上、下边坡进行处理,以适应公路与两侧地形的过渡。

⇧ 图 2-2-6 起伏的地形由于短竖曲线连接短直线坡道,从驾驶角度看,线形和纵坡连续性差

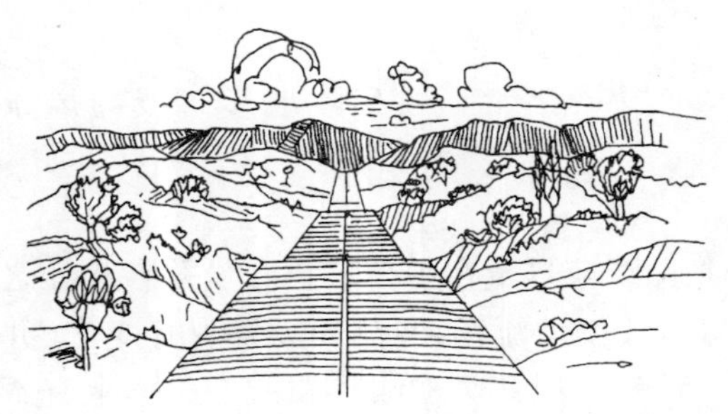

⇧ 图 2-2-7 在丘陵地形的长直线出现的不连续线形

⇧ 图 2-2-8 当从低角度透视路线前方时,有些平、竖曲线组合会出现奇怪的线形

(2)沿大致等高线方向或带有上、下纵坡的方式布线

如地形条件允许起伏不频繁也不呈锯齿状,可考虑沿等高线大致走向布线,因丘陵地形不像山脊、山谷布线,因此沿等高线布线有一定难度,路线可以带有上、下纵坡,但要尽量减少纵断面在短距离内的起伏。为减少与减小这种起伏一般可通过高架、边坡支挡构造物或填方来达到纵断面缓和的目的。

4. 山谷地形条件的路线布设与自然风景利用

山谷地形布线有沿溪线，上升至垭口段为越岭线。山谷布线有时也走山坡，而高等级公路走山脊的情况则少见。

1）沿溪线

沿溪时，山坡坡脚就是景观轴线，视觉中的风景是溪流和坡脚下的台地（农田、农舍）与山峦的轮廓线。一般应以景观轴线来布线，沿溪常发生争河或抢田，有时山坡陡峻时还需跨河利用对岸地形。溪流两侧多小沟与鸡爪地形，沟中或有水，或沟口有冲积扇小桥涵多。多数情况下路线应有一定高度，因此沿溪线有时需利用台地，或走在有一定高度的坡脚位置。河谷线布线时为避免大填大挖，高等级公路有时也可以高架形式通过（图 2-2-9）。

2）山坡线

较宽的山谷或深谷有时沿山谷走向布线，出现山坡线，沿溪线平面线形的纵面线相对平顺，而山坡线平面上顺等高线方向则比较曲折。而越岭时还需曲折展线出现回头曲线。

从美学上讲山坡线处理得好，用路者随着线形变化可看到山谷景观，有些山坡线位置较高，路外人也有天路般的宏观印象。但山坡线经常切割山嘴，或采用半填半挖断面，支挡构造物较多，处理不好对自然景观影响较大。

河谷中布线核心问题有两个：

（1）不应对地形任意切割以免留下雨季塌方等次生灾害隐患。应最大限度的保护原有地形、地貌，尽量利用好坡脚台地，配以桥隧以形成优美的景色。

（2）不应与河争路，在局部路幅宽度不够时，可以优先修桥、明洞等，驳岸、挡墙均不应挤压河道。路线应在设计洪水位以上并有足够高度以防止水毁，为利用台地必要时可以跨河。

山谷线中的沿溪线、山坡线随时变化，构造物不断在用路者视野中呈现，景色具有多样性，是容易形成具有优美公路景观的线形（图 2-2-10）。

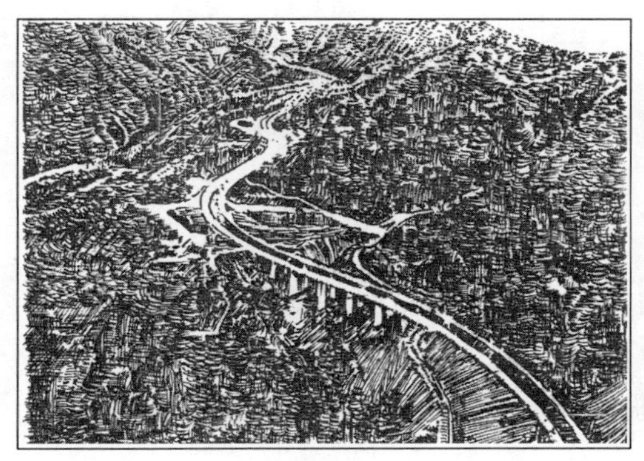

⇧ 图 2-2-9　在沟谷中按谷地布线的高架桥有效的保护了地形地貌

⇧ 图 2-2-10　依山傍水沿溪而行，图为以部分高架形式通过的沿溪线，既没开山也没占河，线形流畅是一道亮丽的风景

5. 山岭地形条件的公路景观

崇山峻岭历来是画家们青睐的主题。汽车行驶在崇山峻岭之中，车辆时而在半山高挡墙上出现，一会又从隧道中驶出，上桥跨谷又进入另一个隧道，其壮美景象令人赞叹不已。从 20 世纪 50 年代到 80 年代初，公路隧道极少，山谷中高桥也很罕见，在那时若在山岭地形

中修建高等级公路真是一种奢望。忆当年在六级路(当时标准)的西万线上乘车翻越秦岭时,进河谷后线位奇高,路线又极曲折,视距短,路边悬崖,谷底急流,对于我们生活在江南地区的人来说,这种经历让人心惊肉跳。看今朝高桥飞架,一越跨谷,桥隧连绵(图 2-2-11),这种手笔大有气吞山河之势,令用路者赞叹时代之进步(图 2-2-12)。

⇧ 图 2-2-11 现代山区公路桥隧连绵,反映时代技术进步与经济繁荣

⇧ 图 2-2-12 过去跨越深谷只有在山坡展线再用高填才能过谷,现代大跨径桥梁用三跨飞越,使山岭地区修建高等级公路变成了现实

山岭区布线时,关键是要处理好地形与造价的关系。首先是要最大限度的利用地形,选择造价相对合理的方案,从美学上讲应注意下列各项:

(1)采用隧道可比明挖、深路堑植被破坏少,视觉比例小,易保护原有地貌。

(2)高路堤往往坡脚很长,路堤又高,填筑难度也大。在环境中视觉比例大,此时如采用高架方式,往往有很好的宏观视觉景象。

(3)采用挡墙可缩小高填方的坡脚长度。

(4)有些地形为避免开挖过大,可将上、下行车道处理在两个平面上,以减少开挖和减少路幅的视觉比例。

(5)最大限度的限制开方、弃石对山坡及边坡的环境破坏(弃石比土方更难处理),尽最大努力来保护自然地貌。

6. 其他地形、地貌条件下的公路景观处理

(1)草原:有无限透视,一般应用低路堤的形式通过,这样会很好的与环境融合(图 2-2-13)。

(2)荒漠:景色单一、枯燥,最好能有一些类似雅丹地貌的山丘作为景物,使视野具有多样性(图 2-2-14)。

(3)森林道路:砍伐宽度与路基宽及路宽与树木高之间应有适当的视觉比例,宽了令人感觉空扩,窄了使人压抑(图 2-2-15)。

(4)滨湖、滨河、滨海道路:这种路线应尽量接近其边缘、使用路者可眺望水面景色,路线应与边缘线协调以构造优美景色(图 2-2-16)。

上述地形条件不同,景观却各具特色,或山或水或田野,农舍、草原无处不是景色。因此路线都应敞开两侧视野,供用路者行驶时看到自然风景中的路与路外优美的风景。在风景好或有条件的地方还可修建停车区,建观景绿地或平台供用路者休息、观景。

⇧ 图 2-2-13　草原公路常用长直线，具有无限透视的效果

⇧ 图 2-2-14　荒漠上的雅丹地貌是绝佳的风景

a)

b)

⇧ 图 2-2-15　森林道路景观处理

a）林区道路林木与道路应有一定高宽比，图例中虽然林木还显高了一些，但路边有过渡带，比例关系尚可；b）为保护林木，两侧砍伐较少，有的地方过窄，树卡在路面边缘，其压抑感、胁迫感、安全感均受影响

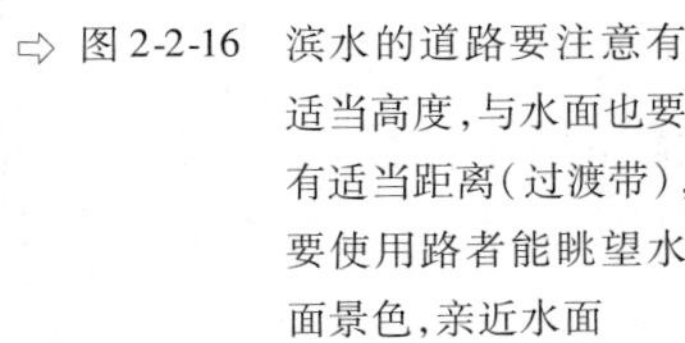

⇨ 图 2-2-16　滨水的道路要注意有适当高度，与水面也要有适当距离（过渡带），要使用路者能眺望水面景色，亲近水面

7. 对自然风景的利用

自然环境生态、地形、地貌、植被、林木是因地而宜的，我们能设计的仅是公路用地范围内的人工构筑物的景观及绿化，尽量让其与自然景观、人文环境协调，对自然利用的最根本方法就是保留其自然风貌。

对自然风景保护设计应做到的是对地形的利用，既保护好地貌又能展现原生态的自然景观。对上述各点做如下小结：

1）各类地形条件下的布线

(1)公路应沿景观的边界如山脚、村边、河谷台地、耕地边缘等位置进行布设。

(2)沿天然景观轴线布设，如沿分水岭(山脊)、水渠、水系岸边、湖岸边缘、铁路线的一侧。

(3)路线每个转弯处内侧应有明显轮廓(不应影响安全视距内的视线诱导)，如轮廓不明显，应用绿化装饰等方法建立引起转弯原因的视觉标志。

(4)要利用好自然风景和适应地形，并应有合适的视觉比例。

例如：

溪中小路能和地形融为一体；

一般河谷中的高速路显得突出并控制环境；

草原上的现代公路则很容易融入自然。

①视觉比例

所有比例是建筑形式美法则之一，只有我们看到可比的物体，才能产生视觉比例。

②原则

公路不应支配环境，应和环境融为一体，因此它既有存在又不突出，并有适当的视觉比例，这是处理路与地形与自然环境协调的核心。

③视觉比例上的一些处理手法

减小视觉规模的有效方法是隐去一部分，使其每次只能看到一部分。

例如：

· 弯曲的道路看上去比直线道路规模小；
· 可用天然或人工种植屏障方式来缩小视觉规模；
· 可用中央分隔带内种植屏蔽对向车道；
· 山区用挡墙比高边坡视觉规模小；
· 隧道比明挖深路堑视觉规模小。

2）利用地形

利用自然风景时最重要的是利用地形，在美学上讲一条优美的公路的形成主要取决路线与地形的适应程度及平纵几何线形的配合，也就是概论中讲的美学原理的路线自身协调与路线和环境协调，这是公路美学的最基本原则。

3）对景、借景

对自然风景的利用另一常用手法是风景园林中的借景、对景。借景、对景必须在路的一侧或前面有一定体量并可供观赏的自然或人工景物，以此引人入胜。这样也能形成公路与自然风景协调的动人景色(图 2-2-17)。

a)

b)

⇧ 图 2-2-17　对景、借景

a)单调的荒漠，由于右侧的小丘突出在荒漠上而成为景物，路线从旁通过借助此景物而减少单调感；b)两侧有很好的植被，醒目的路边线，尽管直线单调，但前方白头翁式的雪山，在这山野中成为人们注视的目标，并由此而产生距离感与想往，这正是对景的作用

三、公路空间造型

公路的景观造型其目的是平衡自然和景观的影响，使得公路与自然环境协调，上述各种地形条件下的布线与风景利用就是空间线形造型的主要内容，现将前述内容再按平面、立面、横断面造型分别汇总论述如下。

1. 从保护自然景观角度的空间造型原则

(1)路线设计应尽量减少对自然环境的影响。

(2)根据平衡设计理念，对不同地形应有合理的设计车速，在满足交通需求与工程造价经济的前提下，应与自然条件结合，以维护自然景观。

(3)对自然景观有较大影响时，路线的平面、纵面应做较大调整，绝不能因修建公路而对环境产生重大破坏。

(4)公路线形一般应按原地面坡度设置，以减少土石方工程对环境与植被的破坏。

(5)路线景观造型的任何措施都应综合考虑生态工程、经济等影响因素。

2. 平面造型

(1)路线平面设计时，应尽量避开受保护的景观空间，要避免出现割断生态景观空间或视觉景观空间的做法。

(2)以绿化作为改善平面景观设计的辅助措施。

①在曲线外侧植树，显示线形的变化，而内侧应保证视线。

②从路堤向结构物过渡时，栽植指示性树木增强识别特征，并以适当造型与景观配合。

③由路堤到路堑的变化段，也应通过绿化造型使之渐变，过渡自然。

④绿化用地面积应与相配合的景规设计规划目标相吻合。

3. 立面造型

(1)路线立面造型时要在自然条件许可下控制高程，公路的纵坡除根据技术与经济要求以外，应与地形自然坡度相接近，如地形稍有起伏，采用较大竖曲线半径，变坡点则比较平顺。

(2)穿越山谷的路线，什么条件下采用高路堤，什么条件下采用桥梁等结构物，应根据保护生态与保证视距的要求进行比选。

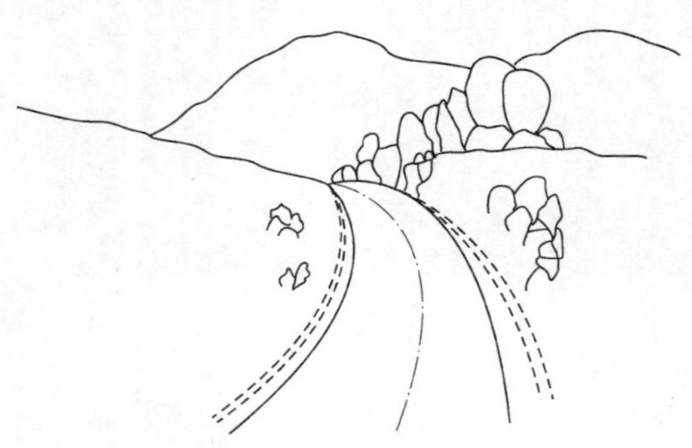

⇧ 图 2-2-18　在凸曲线顶部栽植指示性与诱导性树木

(3)具有中央分隔带的公路在斜坡上通过时，如上、下两幅设在不同高程上，这样对造型和经济都有利。

(4)在凸曲线顶部种植与纵面线形一致的绿化树木诱导视线，从视野中应可以看到曲线顶部前方的大致下坡走向(图 2-2-18)。

4. 横断面造型

1)横断面造型的一般原则

(1)平纵结合的空间线形与形态协调的横断面设计才能形成完整的公路本体的空间造型。

(2)除考虑工程造价因素外，横断面理想的路堤、路堑边坡应与所在路段的自然条件相适应，其坡度与自然地面应能有机衔接。

(3)横断面尽量采用缓坡、弧形边坡与浅碟式边沟，这些形式被认为是与自然地形最好的衔接方式。

(4)山坡线当一侧切割大时，应将上、下行分开处理，以减少视觉比例。

(5)在有支挡构造物的断面，构造物上、下两处应尽可能的设置绿化平台，以便栽植造景。

(6)在石方路段当山体坡面陡峻时，高等级公路宜采用高架桥的方式通过，以保护自然山体和防止次生灾害。

2)横断面造型的辅助手段

横断面造型的辅助手段主要是绿化，通过绿化对造型进行补充。应根据绿化理论进行栽植。断面上的各种栽植其横距、纵距，栽植的形式都应科学合理，其方式与位置均应按栽植理论中各种用表规定的内容处理。

在曲线外侧的诱导种植应符合绿化用表中的各项规定，其内侧以不遮挡视线保证安全视距为原则，在包络图内不应有树木、灌木，只能种植花卉、植被。

坡面造型应尽可能接近原地貌情况，坡面绿化应与原地面植被相协调。

造型时应注意中央分隔带的绿化作用，从功能上讲中央分隔带没有防眩板时，应以绿化防眩，但中央分隔带过高、过密的栽植会遮断侧向视线，并将公路景观空间的整体性破坏，因此既要防眩，也要透过间隙看到侧向风景。

3)横断面造型示例

(1)采用圆滑边坡的横断面造型(图 2-2-19)。

(2)模仿天然地形的翘曲圆滑边坡(图 2-2-20)。

(3)(原联邦德国)汉茨·洛伦茨推荐的几种标准断面(图 2-2-21)。

(4)边坡修整后的断面示意图(图 2-2-22)。

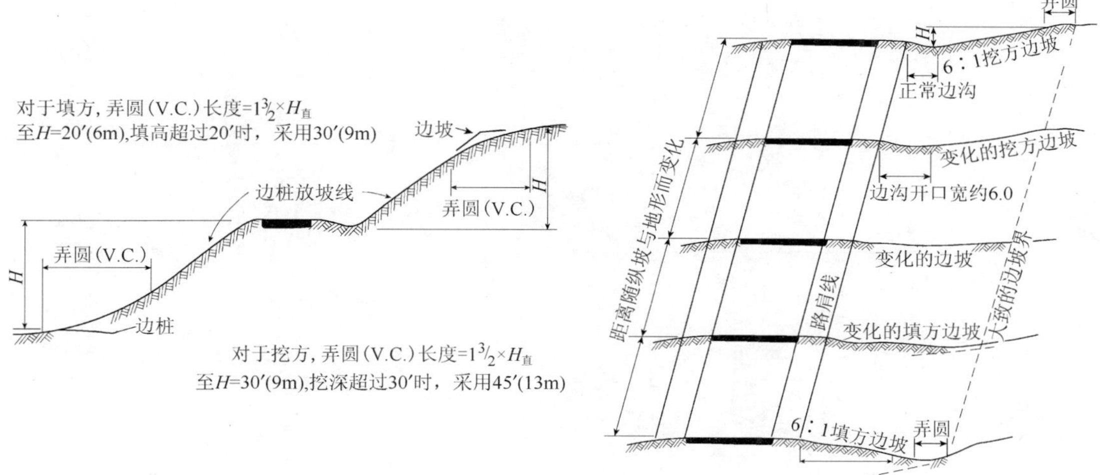

⇧ 图 2-2-19　土方边坡坡顶与坡脚做成弧形的推荐标准（［美］《实用公路美学》推荐）

⇧ 图 2-2-20　由挖方向绕方过渡时的边坡变化

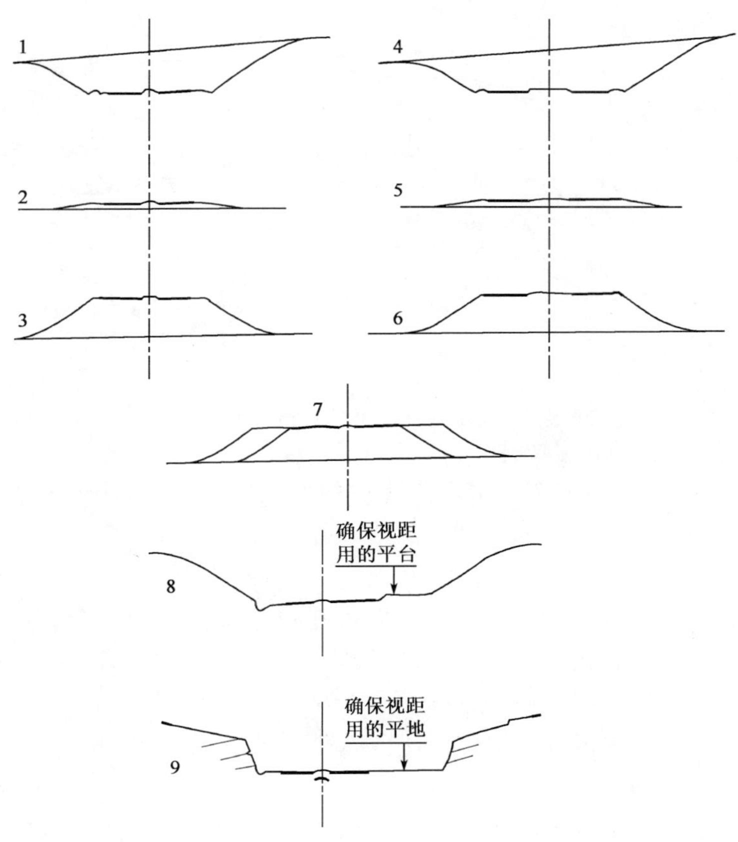

⇧ 图 2-2-21　不同宽度的中央分隔带为确保安全与视距等推荐的横断面形式

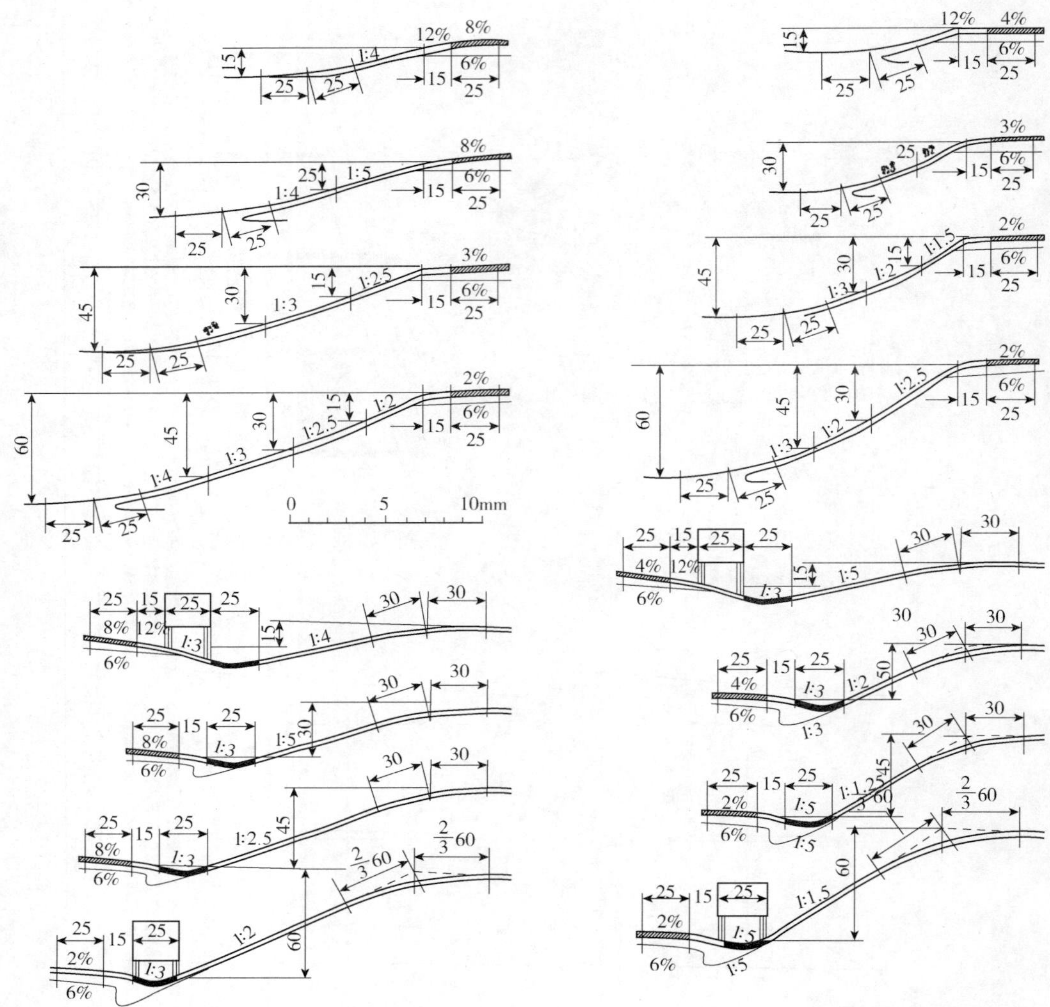

⇧ 图 2-2-22 原联邦德国“土木资料”BBA－Q 的边坡整饰的坡面曲线(尺寸单位:cm)

四、路线交叉造型

1. 平面交叉造型

平面交义除在交通功能上对线形平面,纵面、排水等,做出设计以外,其造型主要以绿化方式辅助,可以栽植指示性树木,预示交叉口位置,但不应影响其识别性。平交口关键是要有足够的通视区和足够的视距,其绿化要突出平交口的平面形状,一般在绿化区中应以地被、成片灌木、花卉为主,高大乔木应在通视区以外,有些景观造型树木可植交叉区内,但不应影响视线(图 2-2-23)。

2. 立交区的造型

立交区的造型在桥梁造型中详细讲述,其辅助的绿化造型不应遮挡视线,驾驶员对匝道走向应有及时的判断,匝道内应以低矮绿化为主,辅以几株景观树,一些乔木应种植在匝道外侧(图 2-2-24)。

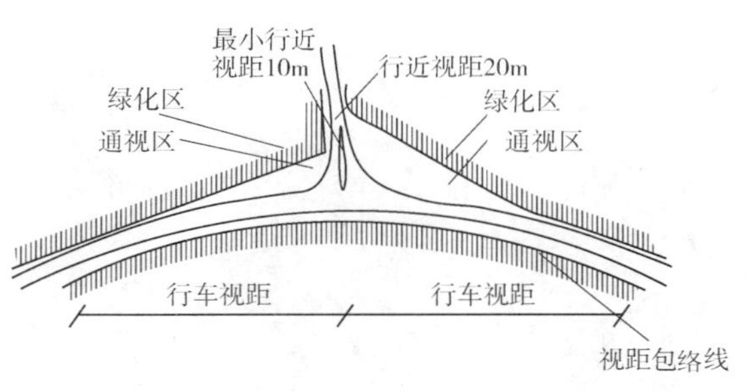

⇧ 图 2-2-23　德国一平交区绿化布置图(左行)

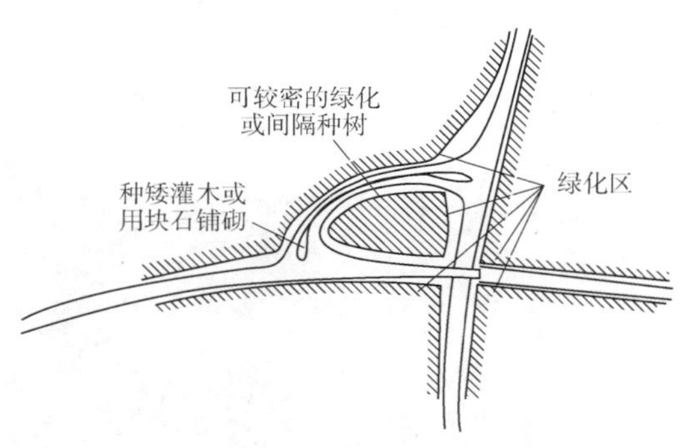

⇧ 图 2-2-24　德国一立交绿化布置图(左行)

3. 公路立交绿化辅助造型示例

见图 2-2-25 ~ 图 2-2-30。

⇧ 图 2-2-25　该图下方绿化应在曲线外侧(遮挡了右行视线),右侧右转上匝道时诱导方向设计错误

⇧ 图 2-2-26　该立交区平面绿化为主,几处匝道内侧有较高绿化遮挡视线,缺曲线外侧视线诱导

⇧ 图 2-2-27　以高架和匝道通过的部分互通立交,平面绿化简洁富有动感,没有遮挡视线的栽植,符合立交绿化特点

⇧ 图 2-2-28　利用地形的互通立交,绿化以简单的平面图案为主,符合动视觉要求

⇧ 图 2-2-29　在匝道外侧栽植观赏树木，由于引道路堤有一定高度，不影响行车视线

⇧ 图 2-2-30　在跨线桥的两侧，平面绿化与乔木栽植配合，提高周围环境的整体绿化水平（江苏）

五、平、纵、横设计造型综合检查

立体空间线形造型应进行综合设计检查，可利用公路数字化集成设计系统对设计的合理性，运营的安全性采用三维虚拟数字仿真技术检验。

1. 检验内容

（1）平面设计：平曲线半径、平曲线长度、直线长度、曲线间直线长度。

（2）纵断面设计：纵坡坡度及坡长，长大纵坡路段，竖曲线半径。

（3）横断面设计：断面组成、紧急停车带宽度，路侧安全净空区。

（4）视距检验：设计视距、运行视距、空间视距。

（5）超高：最大超高值，合成坡度。

2. 检查方法

采用三维虚拟数字仿真技术进行检验。

1）首先建立三维数字地面模型

可用航测或实测的地面坐标、高程数据和地面特征信息，采用随意三角形数字地面模型等技术进行构建。

2）建立三维工程实体数字模型

利用公路工程计算机辅助设计获得工程设计三维数字信息，并采用虚拟仿真技术构建工程的实体数字模型。

3）利用数字地面模型与虚拟仿真技术模型检验工程设计合理性

其方法是将数字地面模型与工程实体模型准确叠加，这样可获得建成后的真实虚拟的空间环境，以此直观地研究路线布设与地形及自然环境协调，并可研究路基防护、排水、桥梁布设的合理性，并可将这些设计数字信息中不合格的地方进行修改。

其他检查方法如公路美学基础中所介绍的透视图检查，用模型模拟检查，动态透视图等方法，这里不再详细介绍。平、纵、横综合检查最简单、有效的方法就是透视图检查方法。

第三节 路面及交通设施景观

一、路面景观

行车部分在视觉中的比例,随车速增高而加大。根据研究,当在车速很低的乡村道路上行驶时,路面在视野中占8%,而两列景观占80%以上,当车速增至40km/h在六车道公路上行驶时,路面在视野中比例增至20%,以96km/h行驶时,路面比例增至50%,而公路两侧景观在视野中降至20%以下,此时公路景观中路面的重要性可想而知。

1.路面景观的几何因素

路面呈现的形状就是我们常讲的路面宽与路拱横坡,一幅路一般呈双坡,二幅路每侧各为单坡且两侧相反,低于不超高半径的弯道则呈现出的也是单向横坡。横坡一般是为了排水,而超高的横坡除排水外为了平衡离心力,有时较大。较大横坡在高速行驶及雨雪天行驶时因路者心理负荷增加,舒适性也降低。

在造型上,特别是多车道单向坡会造成左右路边缘高差较大,视觉上略有不平衡感,因此单向多车道的路拱设计有可能时,应采用双向排水,这样可以改善对视觉影响。而两侧排水需在中央分隔带中增加排水设施,但这会增加建设费用。

因路面形状主要取决于横断面造型,所以横断面设计时应结合交通量、地形条件、路面类型尽可能在宽度与单向坡、双向坡、横坡度这些几何因素中有较理想的组合。另一视觉影响因素是路面边缘的整齐与清晰。

2.路面色彩与粗糙度

粗糙度是一种对质地的感受,有一定粗糙度的路面反光小,驾驶员感到有制动的安全感,但细观不如平整的好。沥青混凝土细粒的比中粒的看上去外观较好。

路面在车辆高速行驶时有一些声响,水泥混凝土路面表面刻痕会有连绵不断的噪声,使人感到不适,而伸缩缝有节奏的声响则令人厌烦,沥青混凝土这方面好了许多。

所谓路面色彩无非是水泥混凝土的灰白色与沥青混凝土的黑色,而沥青路面经长期污染,土灰与沥青黏结后呈土灰色。

从视觉效果看,黑色路面醒目与白色划线有很好的对比。黑色路面长期以来给人的感受到是与平整,舒适相连。水泥混凝土色浅,白色划线对比小,路面边缘也没有黑色路面那么清晰,而且长期以来伸缩缝的设置及面层的刻痕给人的感受是不如沥青路平整与舒适。

就色彩而言,沥青路面有较好的视觉效果,但由于国内路面受绿化施工、养护等原因影响,土、尘经常污染路面,而使路面变色,影响了视觉效果,这与国外黑色路面相比这种感受非常明显,这也反映了我们有些地方在绿化施工及养护施工方面不够精细,其对路面污染的问题没有引起足够重视。

3.路面边缘与路面外观

在GBM工程开展之前,我们看到一般较低等级路面边缘在摊铺时无遮无挡,使得路面边缘不整齐。陕西开展“美化路”初期将两侧划上白粉线，这样视觉中才使路面边缘的轮廓有清晰印象，并称其谓“双眼皮”。后来又发展两边设置条石（或混凝土条块）和硬路肩。其核心就是突显路面边缘，因此整齐与线形上一致的路面边缘是美学的重要表现，强化了线形特征。

在上段讲了水泥混凝土与沥青混凝土的色彩外观。其实路面外观在初期平整度及鲜明程度尚可，但使用一段时间以后，由于污染和修补，出现路面补丁，色彩变灰、路面变形等现象。有些由于路基变形较大，外观变差尤甚。既然路面在视野中比例如此之大，若公路景观在路面补丁连片的情况下，降低了舒适性也抢夺了其他景色而大煞风景。因此保持路面平整，边缘整齐，色彩鲜明，对公路景观而言是路线适应地形以外的最重要的视觉因素。减少路面修补，到一定年限路面整体加铺或上面层整体翻修，这是保持路面良好外观的必由之路。为此要路基不变形，路面精细施工，使之成为用路者眼中一条“好路”，而不是“破衣烂裳”，这对我们研究公路美学是很重要的。

4.路面景观实例

（1）水泥混凝土路面景观（图2-2-31）

（2）沥青混凝土路面景观（图2-2-32）

⇧ 图2-2-31 京珠高速株洲段水泥混凝土路面，从视窗中看到路面的白色新划线与路面反差不大

⇧ 图2-2-32 沥青混凝土路面，路面色泽清晰与划线有较好的色差，对线形的强调十分显著

二、护　栏

山区公路或有护墙，而一般高速路上桥涵或路堤有一定高度时需设护栏，著者不欣赏一般路堤设置护栏并认为这是费材费财的“双费”，路如能与路外有自然过渡，没有护栏其外观更美、更安全（图2-2-33）。

对一般路堤（非高路堤），是车辆碰撞护栏安全还是冲出路堤（或翻滚）更安全，较低路堤时冲出路堤一般会比有护栏更安全，可惜没看到交通事故有关这方面的统计资料。国外缓边坡、浅边沟肯定是一种更安全的方式，只因国内用地如金，难以采用。护栏在造型上没有多大变化，大致相同，但色彩上有白色、灰白（或浅灰）、绿色等，前两种色彩效果较好，尤以灰白、银灰、浅灰为常用的颜色，有的表面涂塑，但不应反光，一般习惯银灰的金属色彩，金属

色彩有一种坚固的安全感,色彩相对比较明快。由于护栏是沿路线方向设置的,因此对路线的线形特征是一种加强。但常见护栏因路基变形或碰撞后没及时更换,其路线纵面上的变形从护栏(包括划线上)上看,更是一目了然,影响了线形及公路景观的美感,应及时调整以改观瞻。

a)

b)

⇧ 图 2-2-33 高速公路一般路堤不建议设置护栏

a)没有设置护栏而有较宽分隔带的高速公路,与周围地貌衔接自然;b)设有护栏的高速公路,与线形保持一致的护栏对线形是一种强调,但在用路者眼中它与周围环境产生了隔离

三、路 缘 石

路缘石是路面横断面上的重要景观要素。

(1)高等级公路上的中央分隔带的路缘石,或路边集中排水所做的缘石均是凸起的,使其成为路面上的凸起元素,也是低矮的垂直方向要素。

(2)路缘石与路线线形一致,是形象化的线形要素的表现,可进一步反映线形特征。

(3)路缘石的形状与色泽也是路面景观元素,中央分隔带的路缘石有分隔行车道与绿化带和挡土(或排水)功能,在安全上有警示作用,可承受轻微的碰擦。L 形的路缘石宽度较大,但不如条形的视觉效果好,其体量大而突出,影响路面整体景观效果。路边因集中排水所设的缘石有水泥混凝土的也有沥青混凝土的,以接近路面色彩为好。

路面景观上纵向的路缘石、护栏、划线等对线形特征均有强调作用,但纵向线形元素太多则会感到繁杂,如沥青路面的边缘缘石也采用沥青混凝土,因为没有色彩对比,少了一条平行线形从而减少视觉上的疲劳。

四、其他交通设施

关于交通设施的美学在路线与环境协调中已有阐述,交通设施的信号、划线、标志牌、猫眼、里程碑均是公路本体的一部分,故未放入附属设施中,其中它的设置位置、尺寸、色彩、字体等已标准化,至于隔离栅,防音墙的设计各地有所不同。其造型宜简单适用,色彩与环境应协调。除特别需警示的设施用黄或红色黑色以外,一般设施应用较柔和的色调以亲近用路者的情感并与周围环境协调为宜。

第四节　构造物的景观设计(造型)

人工构造物有桥梁、涵洞、通道,支挡构造物有挡墙、护坡以及边坡喷锚加固等,现将主要构造物的景观设计介绍如下。

一、桥梁景观设计(造型)

1. 桥梁景观造型的美学原则

根据有关桥梁美学的论述:

(1)用路者的视觉方向应作为设计的主导方向,并考虑动视觉特性要求,保持与公路本体的协调。

(2)只有对风景有主导作用的桥梁,才能构成环境设计的主体,同时要使用路者上桥前能看到桥梁侧面景观。

(3)桥梁设计要同时兼顾用路者的印象与路外人的印象,动静结合。

(4)桥梁造型应符合建筑形式美法则,其形、材(质地)、色三造型要素要自身协调并与环境协调。

(5)建筑形式要与当地环境相结合,同时应采用新材料、新技术、新结构以反映当代的桥梁建筑风格。

2. 桥梁景观规划与设计各阶段的工作内容

桥梁景观规划与设计一般和整个设计阶段要相配合。技术设计的同时,应有景观设计的伴同计划,其大致步骤如下:

1)资料调查与搜集

(1)初测阶段根据路线布局确定对景观上有影响的重点桥梁。

(2)分析拟设桥梁位置的景观特点。

(3)搜集环境类型、地形特点、自然条件、人文、社会环境与景观设计可能有关的各种资料。

2)规划阶段

在规划阶段有关桥梁景观设计有以下内容。

(1)根据当地情况与交通量等,规划桥梁的宽度、长度、形式等。

(2)在造型方面,要根据桥梁所在位置,确定其在环境中的作用,再决定是采用强调法、融合法、还是消去法这三种手法中的何种手法去处理桥梁景观。

(3)对环境有主导作用的桥梁将来会成为风景的主题,可从用路者角度与路外人的宏观印象两个方面做若干方案进行比选与评价。

3)设计阶段

(1)根据规划方针确定桥梁造型

根据桥梁在路线中的作用与地理环境特点及在景观中的地位,以及规划初设中的方案比选结果对桥梁进行结构设计,使形象具体化。其造型应符合形式美与功能美的要求,并根

据强调、融合、消去三种手法之一处理好桥梁与环境协调问题。

(2)在规划与设计过程中都应通过主要观赏方向、位置的透视图和全景透视来分析桥梁造型和环境协调的处理是否符合设计意图,因规划阶段方案已定,设计阶段则需在总体方案基础上对景观造型细节做精细雕琢。

(3)采用科学的方法对桥梁造型从功能、美学等方面做全面评价,对于重点桥梁还应邀请规划者、建筑者、用路者、当地政府、居民共同参与评价工作。

3. 关于桥梁造型

1)一般原则

为了研究方便,我们将桥梁美学原理中桥梁美学的一般原则归纳如下:

(1)桥梁的建筑形式,目的和功能的一致性。

(2)桥梁要有精练的结构形式(统一、均衡、连续性及简洁明快的线条)。

(3)适宜的比例与尺度。

(4)序列原则的应用。

(5)桥梁的性格与风格。

(6)表面的质地与色彩。

(7)其他如阴影应用、复杂性与多变性的魅力及上部附属设施的造型。

以上原则中形式美法则的应用也是功能美、形式美的表现。桥梁美学的时代特征就是在现代交通条件下,对传统的将桥梁作为静观的景观造型理念以外,在造型中要充分考虑通过桥梁的用路者的动视觉特性与驾驶员、乘客动态观赏桥梁的要求。

从美学角度要求一座桥要形、材(质)、色三造型要素兼备,并与环境协调,并兼顾了用路者与路外人的观赏要求,其在美学上就是成功的。我们讲美学是原理和评价,但它不是一个方法,而造型既是技术又是艺术,需要很好的构思。悉尼歌剧院是建筑师先造了那个“型”,而结构专家从力学、材料上完成了具有它外形与功能的结构设计,而桥梁结构具有外露的特性,就必须两者同时结合。

2)关于桥梁造型

桥梁美是一种创造,这种外在的美、内在的美归为功能美与形式美,但我们不能说清创造一个美的造型的第一、二、三、四技术步骤,但我们可以对已有的造型进行评说,以使设计者从中获益,并产生创造性的思维。

(1)造型与地形等的关系

桥梁与造桥地点的地形与环境应取得平衡。

①平坦地形的桥梁

a. 一般原则

在平坦地形以梁式桥为宜,桥梁造型时利用较长的水平线条,使其具有水平心理引诱力,使不断水平延伸的桥梁具有强烈向前的动势,并能和平坦地形的平展与地形扩展能融为一体。假若中间有大跨拱形桁架时,因桁架梁组件突出或外露而不如梁式桥造型简单、明快。但也不是绝对不可取,如上、下弦平行的桁架,结构简单、比例合适,也可以在水平方向产生具有动势的效果和轻快的速度感,如曲弦桁架主体,由于其连杆长短是曲线变化也能表现稳重的韵律感。后者造型、体量在竖向较大,均不如采用梁桥形式效果好。

b. 平坦地形桥梁造型实例(图 2-2-34)

a)

b)

⇧ 图 2-2-34　平坦地形桥梁造型

a)平原区跨河桥梁一列(三跨),主孔为斜拉造型,在平原区中能成为主景,水平方向长度较大,仍富有水平方向吸引力;b)平原区通航河流的通航孔采用中承式拱桥(刚拱柔梁)左侧采用梁桥,中间大拱三个两侧各一小拱,右侧有梁桥与左侧对称,数量应均衡,否则会重心偏移。由于采用等厚的梁,所以其水平方向仍很强烈,能与平原地形相协调

②跨越"V"形峡谷地形的桥梁

a. 造型一般原则。

对峡谷地形可能有拱桥与梁桥,也有用悬索桥的如矮寨桥,拱桥单跨跨度较大,有可能一跨越过,而梁桥可能要多跨才能跨过。

拱桥跨越一般用下承式造型较多,因上承式占天空和背景上部比例较多,不如下承式。采用梁式时,如峡谷较窄或用八字支撑,一跨便可越过。这种形式具有水平方向心理吸引力,且比较轻快。但峡谷宽深时会出现高墩,可能产生视觉上的不安定感,若加大墩台尺寸则显得笨拙,而且上、下会失去均衡。

b. 跨越 V 形峡谷桥梁实例(图 2-2-35)。

a)

b)

⇧ 图 2-2-35　跨越 V 形峡谷桥梁

a)采用拱桥跨越 V 形峡谷,该桥结构简洁、轻盈、水平方向的动感明确与环境协调;b)采用变截面梁桥跨谷,该桥水平方向心理吸引力显明,但上,下部视觉上不够均衡

③在江河,海峡或海湾等水面宽阔处的桥梁

a. 造型一般原则。

这些都是大桥或特大桥修建的位置,是展现桥梁美的绝佳场所,因此在造型的规模上应与环境的规模相适应,正如在桥梁美学原理中讨论的"量即美学说",此时桥的体量在环境中要成为视觉中心,因此要通过造型手法创造一座令人印象深刻和可作为标志的桥梁。前面

提过的美国金门桥，福建厦门海沧桥均是很好的例子。

b. 跨越宽阔水面的桥梁实例(图 2-2-36)。

a)

b)

⇧ 图 2-2-36　跨越宽阔水面的桥梁

a)一座海湾斜拉桥主塔两边不对称，水平方向延伸性强，下部结构简单，上、下均衡；其索塔与绵延的长桥是主要景观；
b)一座梁式的跨海连岛桥，造型简洁，结构轻盈，充满了水平方向的动感，与心理引力，而且线条简洁，明快

(2)形式美、功能美在造型上的表现

桥梁的美在造型方面的表现体现在富于动态美、富于静态美、轻快优美与赏心悦目四种，这四种形式都与心理的因素融合。

①富于动态美的桥梁造型

对于高等级公路车速是环境尺度的控制因素。在大江宽阔的江面，河口因水面广阔气势大，因此桥梁应有足够的体量，使之成为具有独特风格的景观。

图 2-2-37 为英国爱丁堡附近福思(Forth)铁路桥，若此时采用多墩的梁桥在景观中就微不足道，为了造势而采用这种体量较大的结构，就雄伟壮观，并且增加了环境的动感。由此可以说明桥梁造型脱离不了环境和景观的内容与规模。反之在不开阔的景观规模小的环境下架设大桥也会有强烈的压迫感。图 2-2-37 桥是早期大型桥建筑的产物，在那个时代，由于材料的局限，用现代眼光来看体量虽足够但显笨拙，但图背景中的悬索桥在风景中有恰当的体量而且较轻盈，充满现代气息，符合当今的审美理念。

⇨ 图 2-2-37　福思(Forth)(英)铁路桥

在水面宽环境气势大的场所适合建造雄伟壮观而力动感强的桥梁。此时在水面上修建斜拉桥，悬索桥都是适宜的。同样在峡谷中修建上述两种桥形则不是好的选择。

从众多的桥梁实践中可以说明,在结构造型上潜藏着力的紧张感和具有雄伟强劲的动力感并与环境相协调的桥梁,其造型是符合景观要求的。现代桥梁为了使其更富于动态美,造型时沿水平方向移动线条应强烈明快并具有心理吸引力,以此来暗示紧张力感朝水平方向移动(图2-2-38),而且使环境出现具有气氛活跃的效果。

⇦ 图2-2-38 一座跨越江河的双塔斜拉桥主孔微上拱与斜拉索构成了明确的力的传递,富有动态美,水平方向的延伸性富有心理吸引力

上述动态美多讲的是路外人的印象,而对用路者的体验更多的是在通过桥梁时,桥面上部结构如柱、塔的距离感与两侧索、杆向后飞快移动而产生的动感和韵律。

②富于静态美的桥梁造型

静态美是相对动态美而言均是路外人的宏观印象。对用路者而言除非在桥头弯道上能看到全桥景观以外,其通过桥梁看到的是通过桥面以上构造随时间变化的动态景象。

我们讨论的桥梁静态美是指桥梁规模比环境的景观规模小时,桥与环境的平衡不如动态美时突出,则显得宁静。如山间,溪流上的一座中、小桥横跨河上,梁桥的上下比例均衡,梁及栏杆的水平构件线条简洁与周围环境协调,犹如一幅"小桥流水"的山水画,这时呈现的就是静态美。

③轻快优美的桥梁造型

一般梁式桥,不论其体量大小如何都较易和自然环境及充满结构感的城市环境相协调。这种桥梁造型其水平方向有伸展的线条孕育着力的紧张感,由于梁桥形态简单而使其有韵律和协调的轻快美,穿越城市高楼间的高架桥以及在山谷蜿蜒的高架桥还有一些海湾桥其动态的曲线美如流水一般,其平面与路线线形一样流畅,其连续性构成心理引力线,能轻快穿越而过,构成优美与环境协调的桥形(图2-2-39)。

⇦ 图2-2-39 跨越海湾的桥构图简洁,其水平方向的吸引力形成了轻快跨越与环境协调的桥梁

作为现代桥梁造型,著者认为其既要有动态之美也应有静态之美,轻快流畅赏心悦目,是一个时代建筑技术、建筑艺术、社会进步的产物,代表一个时代桥梁建筑的成就(图 2-2-40)。

⇨ 图 2-2-40　江苏大跨度的江阴大桥,造型优美,新技术,新材料的应用,代表我国二十世纪末桥梁建设的最高成就

4. 材质与色彩

造型讲的是形,要使人赏心悦目也要有相宜的质地与色彩,桥梁的美其外在表现为造型、材质、色彩三大要素。

(1)材质

不同的材质如混凝土、钢材、合金、石材,其外观密度、粗细、纹理均不相同,同时也有不同色泽;不同材质、色泽的视觉效果有很大差异,而造型往往和材质有关,如钢材、合金可以与大跨相连,也与现代感相连。石材和古朴、坚实、地理环境、自然条件相连,其在视觉中的印象是形、质、色同时呈现。

(2)色彩

色彩是用来装饰桥梁结构材料的。石材一般不着色,是天然的本色,型钢一般除防锈的涂料以外,还可以施以其他色彩,合金钢如铝合金,表面不一定着色,有可能被腐蚀的合金钢则要着色。近年也有对水泥混凝土桥梁进行粉刷的,这方面观点不太相同,有的认为应该是本色,但本色要求表面色泽均匀,甚至有的在施工时用光滑的内衬以求做成"镜面混凝土",其难度也可想而知。混凝土表面平整,色泽均匀,其色彩质地在一般桥梁中外观还是好的,而一些高架桥、跨线桥为了和环境协调而进行粉刷也未尝不可。因为用色彩的目的就是谋求环境的改善,也就是通过色彩来调节,使其形色具备,一般用色有"环境色"和"安全色"两种。前者是对桥梁结构施加色彩以求得与环境协调,而后者多出于安全目的,作为危险或注意的警示。对环境有主导作用的桥梁其色彩往往成为环境的主体色,使用色彩的目的是谋求更好的体现功能美与形式美并与周围景观协调,同时可以防止驾驶员的视觉疲劳。

色彩本身无所谓好坏,只有与物体结合才能显示。作为桥梁用色方面总体应该统一,要确定某一色为基本色。一般用色可能是单一的色调但有浓淡之分,有必要时也可以配色来避免单调并突出重点,同时也应注意在不同光照下颜色的变化。

桥梁的色彩与环境有关,如在山区、海岸或人工构建物等很多场所,其用色应有变化,要与环境和景观结合,并能体现桥梁的形式美与功能美,一些成功桥梁其用色也必然是恰如其分的(图 2-2-41)。

a)

b)

图 2-2-41 桥梁色彩与景观环境相结合示例

a)跨越沟谷的拱桥,它用了三种色彩,绿、白,红,而桁架拱用的是红色,要突显是山谷中的彩虹,但这种强调削弱力水平方向的延伸性,并在环境中颜色过于夺目;b)下部是一个薄壳拱,十分轻盈,上部水平方向动感强烈,上、下均衡,用灰色与山谷有很好的对比和环境十分协调,其色调十分高雅

5. 桥梁的路内景观与路外景观

路内景观与路外景观这是公路环境保护设计规范的提法,一般我们常讲的是用路者的印象与路外的宏观印象(图 2-2-42)。

a)

b)

图 2-2-42 桥梁路内与路外景观

a)这是在车行道上看到的上海卢浦大桥,用路者视觉中只有动态变化的向前延伸的桥面,护栏,拱及吊杆;b)一座钢管拱桥,视点在河滩上,此时可以看清桥梁结构全貌,但这是路外人的印象

建筑形式美法则讲到的桥梁造型原则,正如桥梁美学概论中所说的是在水中(或较远岸边)看到的桥梁印象和在左右上方对桥梁眺望的印象。而用路者的印象是在车行道上看到的桥梁,只有桥头接线有弯道时才有可能偏离桥梁轴线的一侧看到桥梁。

一般桥梁由于平纵线形和路线一致;用路者对过桥的感受就是看到灯柱和栏杆(有些会看到两侧或有人行道),这时其形象不突出就是最好协调,这时桥虽不是环境中的主要景观,但也应让路外人看到是和周围环境相协调的桥梁。

大型桥梁作为风景中的主导因素时,用路者除了有对上部结构的感受以外,最理想的是在引道上能看到桥梁的一侧景观,同时路外最好有高地建立观景台以眺望其宏伟壮丽的

景色。

总之现代桥梁造型必须以用路人的视觉印象为主的同时要使桥梁成为一道美丽的风景线。

6. 桥梁(道路)照明与夜景造型

根据《公路环境保护设计规范》(JTG B04—2010)9.2.6 的要求,"跨越大江、大河,城市周围,风景旅游区以及有特殊要求的桥梁应进行桥梁照明景观设计"。

城市桥梁用路灯照明的历史久远,对大型桥梁进行景观照明则是上世纪八十年代后的事情,包括大型立交区的高杆照明也是那时期才普遍应用,同时郊区高等级公路照明近年已很普遍。

桥梁照明及立交照明对城市、城市郊区道路及重要的桥梁、立交的照明对提高其服务水平所起的作用是显著的,因此功能仍是第一位的,但桥梁立交区的夜景在景观上的作用也往往令人印象深刻,如图 2-2-42 所示。

(1)照明的作用

前面已经讲了桥梁与立交照明杆柱是这区域的主要垂直要素,因此它的布置造型在视觉中(特别是白天)是路桥的视觉要素一部分,其照明效果在于:能有必要的照度,能为用路者提供道路、桥梁、立交的补充信息,如路上的障碍物,车辆、路宽、路牙,线形的构造,匝道位置路面状况等。用路者可以根据这些信息做出必要的判断并采取相应的交通安全措施,从而大幅度降低交通事故。根据国外资料如有合适的照明一般事故减少 20% ~80% 。

此外照明有夜间显著的视线诱导作用,而白天照明杆柱则作为桥的上部标志之一而存在,从灯柱形状可以看出路线的平纵变化(图 2-2-43),提高了路线的可预知性。

⇧ 图 2-2-43 灯柱是桥面上主要的垂直要素,随桥梁线形而变化,有很好的视线诱导作用

照明的诱导作用主要在两方面得到体现,一是与桥梁线形一致的灯柱诱导作用,二是必要的照度以看清桥梁路幅的轮廓与桥面边缘,这样驾驶员可以从容不迫的驾驶,并能从较远的地方预知前方桥梁线形,纵面变化及公路交叉位置的信息。

上述分析可以看出高等级公路特别是近郊公路对现代交通而言,当交通量较大时照明是不可缺少的,良好的照明必然会为夜间行车提供了安全与舒适性,也成为夜间的风景。

(2)夜间照明的影响因素

夜间照明的质量取决于路面的平均亮度(照度)、亮度的均匀度以及防眩、视线诱导性和桥梁(立交)附近的照度。而这些又涉及照明方式,灯杆高度,位置,间距以及光源类型,功率,照明器的安装角度等。

路面平均宽度与均匀度是夜间行车安全保证的具体条件,路面具有足够的宽度才能保证夜间对障碍物有足够的察觉与识别距离,以确保行车安全。道路与桥梁照明应有一定的亮度,这样可以提高对障碍物体的识别程度,平均亮度很高而亮度不均匀也会使得发现障碍物变得困难,同时亮度不均匀也会感到不会舒服,因此在照明标准中对平均亮度,不均匀度均有要求。

同时眩光也影响安全,其影响有两种,一种是影响用路者舒适感的眩光,另一种是降低视觉功能的生理性眩光。这些产生眩光的照明应引起重视,它影响用路者的舒适性,也影响安全,因此照明的布置以及必要的防眩措施对车速高,交通量大的桥梁均应防设。

与夜间环境有关的还有照明的光色与显色性,光色是照明用是灯的表现色,可以用不同的光色差别来表示不同场合,结构和气氛,同时也可以用不同的光色来显示路桥自身夜间的特征。显色性是由不同灯的光谱能量分布来决定的,对不同的路面,不同的桥梁结构(用材)其显色性均应综合光源考虑,要使其与背景区域区分开来。同时显色性与夜景色调有关,如传统的高压钠灯为橙白色,低压钠灯为橙黄色,而高压汞灯为白色。钠灯显色性比汞灯差,但汞灯色彩发冷,而钠灯颜色柔和与环境协调有亲切感,目前照明及桥梁夜景还应用各种新型灯具与光源,其表现色与显色性应结合路桥特点与环境进行应用。

(3)照明方式

公路与桥梁照明其平均亮度受灯杆高度影响,一般灯高多在15m以下,通常灯高8~10m,其间距为30~50m,灯高增加可减少眩光增加舒适度。但灯高使照明效率降低,因而需增加亮度。交叉口可用高杆照明,高度15~40m,其光源功率较大,其照射范围的亮度应均匀,高杆在白天夜间都能成为交叉口的标志,增加用路者的方向感与距离感。对于桥梁,立交采用立交光灯可看清其外貌,采用各种布置在顺桥向或结构杆件上的各类光源具的照明方式则可以获得美丽的全貌景色。

(4)灯柱及灯具

道路与桥梁照明的灯柱与灯具在白天的景观构成平面以上的主要垂直要素,其影响因素有灯柱位置,密度,高度,造型及灯具形状等。灯柱可以布置一侧(路幅较窄时)、两侧、或中央分隔带中。中央分隔带中布置灯柱,当行驶在内侧超车道时,灯柱对空间分割大为明显,而两侧灯柱在纵向视觉中犹如两排高大的栅栏,越靠近边缘车道这种感觉就越明显。高度大,间距小的灯柱,在行车过程中快速后掠影响用路者的舒适性。

灯柱造型灯具的形状要和现代交通环境相适应,要求灯具、灯柱造型简单,轻盈,优雅,适合在速度较快的交通环境并与现代桥梁建筑相协调。造型复杂,装饰性很强的灯柱并不适合高速行驶的交通条件。

立交区的照明如沿路线设置灯柱往往会引起视觉上的混乱,对立交区的照明宜采用高杆照明,至于多层有匝道的立交采用沿桥,匝道展现其轮廓的灯具,除有美好的夜景之外,也可以使用路者在夜间也看清立交的构造。

(5)关于公路、桥梁照明的一般原则

①照明的目的是为了安全、亮化与装饰。因此,照明的亮度以及亮度的不均匀性应符合有关公路、街道照明的有规范的规定,要有较高的标准以满足高速行车的安全性与舒适性要求。

②照明应能很好的显示路线,有良好视线诱导,同时照明杆柱上的灯具高度、位置均不应对任何方向来车产生眩光。

③注意应用灯光的光色与显色性,使其与路面、构造物及环境能有良好的配合。

(6)关于桥梁的装饰性照明

装饰性照明是指交通功能性要求以外为美化桥梁夜景的照明,这种照明可能用于节假日,并不一定每天开放,而前面所述的公路与桥梁照明是一种常态化的照明。当然、装饰性照明也不能不考虑功能要求。

桥梁装饰性照明是通过泛光(面光)、内透光、点光、线光等形式来展现桥梁的优美夜间景色,这种照明在城市立交、滨河城市的江、河桥梁是最宜装饰的场所。这些光源可展示桥梁结构,将在白天色彩相对单一的桥梁变成五彩缤纷,成为富有色彩变化的绝美佳色。它反映了桥梁的自身特征与地区的文化特征,也是当今时代特性的展示(图2-2-44)。这种设计应由桥梁、景观、照明、灯光设计人员的综合团队来设计,除满足用路者、观赏者的不同视觉需求以外均不应因眩光、衍射、泛光等而影响飞行、航行、及行车安全性的要求。这些设计均应充分利用显色性展示桥梁立体形象,并以此改善原单调色彩而富于各结构部位不同色彩与灯光效应。

a)

b)

图2-2-44　桥梁装饰性照明效果图

a)太阳余辉中主桥索塔两侧有双侧路灯进行功能性照明的斜拉桥;b)双塔斜拉桥暮色下可见塔顶有夜航灯,主桥没有路灯,在泛光灯照射下可见桥梁的夜景,这种方式绿色实用

公路照明,桥梁照明,桥梁装饰性照明都是现代交通的产物,安全,舒适,美观是它们共同要求,功能与美学的一致性,也是建设者共同的愿望,但高等级公路上的照明,高等级公路上桥梁照明,车速、动视觉特性是功能与美学的出发点,如果设计没有考虑用路者的视觉特性就不可能有成功的设计。

7. 桥梁造型实例

如图2-2-45～图2-2-50所示。

⇦ 图 2-2-45　具有双向 10 车道分两层行驶的大型桥梁，上部构造的下部为桁架梁上部为悬索，有足够的体量，在环境中主导风景，其结构给人足够的安定感与安全感，而且和环境协调

⇨ 图 2-2-46　一座跨河的双塔双面斜拉桥，结构轻盈均衡充满了现代气息

⇦ 图 2-2-47　某长江大桥(双层)，在环境中体量突出，用红色勾涂了拱的轮廓，但削弱了水平方向的吸引力

⇨ 图 2-2-48　悉尼大桥充满了悉尼历史的气息并与环境协调，它和现代的悉尼歌剧院一起成了悉尼的标志

⇦ 图 2-2-49　贵州一座跨峡谷的大桥因主桥悬吊与桁架梁结合适合在该地形下的施工，但主跨稍显粗笨，但这种结构使跨峡谷修高速路成为现实

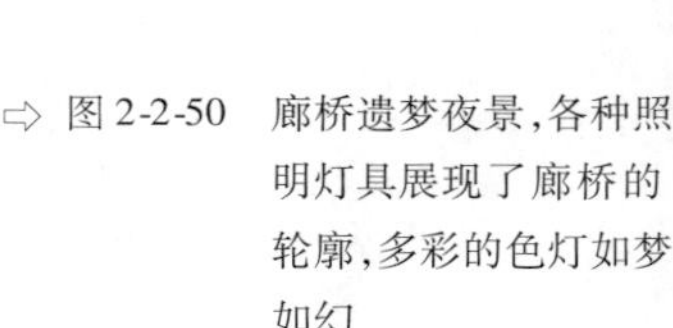

⇨ 图 2-2-50　廊桥遗梦夜景，各种照明灯具展现了廊桥的轮廓，多彩的色灯如梦如幻

二、高架桥(路)的景观设计

城市道路改造因路幅不够又不能加宽的情况下,往往采用高架,其穿越于高楼大厦之间给环境带来的破坏世人有目共睹,很少高架路能成为城市好的景观,而高等级公路的修建为避免良田的高填以及山区对地形的破坏修建了许多和路或线形一致的高架桥,其线形的连续性、流动感,真是美不胜收,令人心旷神怡,并成为环境中最吸引人的景观。

高架路对城市景观的影响主要是连续高架造成平面及空间的分割,而公路在野外除山谷以外地形往往比较开敞,空间视觉上的问题不如城市突出,在谷地沿山坡边缘的高架与地形协调,谷地中的高架虽保护了自然地貌当谷地狭窄时,在环境中十分突出,此时如视觉比例恰当可以成为优美景观,如视觉比例过大,环境一样受到影响,甚至破坏了环境。

1. 高架桥(路)景观设计的一般步骤

其设计步骤分为五步:

(1)基础资料搜集;

(2)高架路线选定;

(3)研究设计方案;

(4)技术设计与景观设计;

(5)用视觉检查的方法研究景观配合;

(6)对景观设计进行评价。

2. 规划路段的景观设计

工作重点:高架路自身景观问题;高架路与环境配合问题。

1)线形选定

高架路路线要配合原平面、纵面线形并与之相适应。在路线选定时就应适应地形,线形要流畅,同时桥下净空不应过低,过低会产生压抑感。高架桥的修建应为环境增添新的景色。

2)高架桥构造的选定

高架桥构造要与周围环境协调,结构应轻盈,上、下比例要协调,要有开放感。

3)高架桥周围环境的改善

高架路(桥)修建无疑对周围环境产生影响,应将施工影响减至最少,对施工痕迹尽量消除,原地面、地貌植被都应恢复,有的耕地可以复耕。

4)构造规划

构造的造型除与环境协调以外,景观造型还应注意以下各点:

(1)要有明确的力量表达形式,使人产生安定感与安全感。

(2)注意高架路的视觉连续性。

①平面线形的连续性。

②纵断面线形的连续性。

③构造上的连续性。

(3)注意构造形式上的统一。

(4)桥墩的位置及单柱、双柱、排柱等形式应与上、下部协调。

3. 设计阶段的景观有关问题

设计阶段的景观问题，有结构的力量表现、安定性的保证、连续性的保证、压迫感的改善、杂乱感改善以及构造物的修饰等问题。

1）构造物的结构力量的表现

高架桥（路）和其他结构一样，只有明确力的表达其结构才是美的，力的表达应具备下列条件：

（1）首先构造物要有优美的结构造型；

（2）构造物自身要有明确的力量表达；

（3）构造物内部力量的传递方向要表达清楚；

（4）构造物上、下部之间关系明确。

2）安定性的保证

除有优美造型与力的表达以外最重要的是结构物的安定感。有些结构从受力上看是稳定的，但从形式与外形上看又觉得不稳定，同样会使人产生不安定感。只有上、下部构造配合协调才能使人获得安定感。

3）连续性的保证

高架桥（路）可以通过下列几方面获得连续性的印象：

（1）平、纵线形组合良好，从而获得了优美的连续线形。

（2）通过等厚的梁高获得，因等截面梁的梁容易使路外人产生与线形一致的连续性，而用变截面梁则因梁腹不是向水平方向延伸，截面变化虽有一定节奏感，但视觉上连续性受到影响，此时则应通过两侧护栏的水平方向延展来强调这种连续性。

（3）通过材料质地色彩的一致性来强调连续性。

（4）用下部构造相同的造型来加强连续性。

4）压迫感的改善

压迫感在城市高架中表现尤为突出，公路高架桥下因人类活动相对较少，只有下穿道路才会有这方面印象。

高架路下空间低矮时，则产生重压感，而且对两侧环境也有威压感，高架下空间光线稍暗也会产生压抑，因此桥下净空要有一定高度，尤其城市一般不应低于5m。其他改善办法如下：

（1）如采用变截面箱梁，因底部上弯可增加开放感（但如长距离采用箱梁则其连续性印象又会受影响）；

（2）如上部构造轻盈则威压感会得到缓和；

（3）通过上下部适当配合来改善压迫感，此时如采用立柱可能比实体墩会有所缓和……。

5）杂乱感的改善

一般高架路在立交处由于跨线或匝道等因素，易因下部立柱多且位置无规律而形成杂乱感，这种杂乱感对城、镇立交下的净空影响尤为突出。

（1）立交处往往可在交会过程中看清桥梁上部构造的细部，如在桥上可看其他匝道或上跨桥梁的构造，如T梁的横隔板等，此时如在城镇下部有较多车辆、行人通行时，可采用装饰板；

（2）高架相交处立柱一般比较杂乱，应统一安排以减少这种杂乱感。

6)构造物的修饰

公路通过城镇的高架,要进行修饰以增加人们亲切感。修饰的形式如上述对上部构造的装饰、粉刷,在立柱或墩台下,种植攀缘植物等。

4. 高架桥(路)景观评价

1)检查方法

检查主要是通过视觉检查的方法。视觉检查可有透视图及其他通过采用计算机进行数据处理和计算机软件处理的各种位置的透视图及动态画面等进行检查等。

2)主要检查内容

(1)构造物与环境协调情况;

(2)土地利用情况;

(3)材料质感;

(4)对构造物本身评价情况,包括:

①力的传达与表现;

②安定感的保证;

③重压感、威压感的缓和;

④构造物色彩与环境协调。

三、立交桥的景观

立交桥是用路者在公路行驶过程中看到规模最大的公路上的垂直景观,目前一般高速公路与高速或与一般公路相交相对简单;而城市一些立交或国外有些立交由于车道多单向匝道多、层次多、行驶复杂,如迷阵一般(图 2-2-51),用路者到达立交前要对行驶路线做出明确的抉择,一旦判断错误,其后果可想而知。复杂立交对不熟悉的驾驶员犹如进入迷阵,因此立交应尽量简单令人一目了然。公路立交主要形式有分离与互通两种,都是路面上的垂直景观。

⇦ 图 2-2-51　多路相交的复杂立交叫人眼花瞭乱(四路交叉的结点)

1. 视觉环境特点

公路立交处,主要道路纵面线形一般不变,在次要道路上跨或下穿。主线上应能看到上跨桥梁的正面,这往往也可能成为一个路段的主体建筑(图 2-2-52)。

⇨ 图 2-2-52　一座分离式立交，主线为六车道的高速，次要道路利用地形上跨，而成为主要道路的垂直景观

主线一般不应降低高度并呈凹形曲线，这样前方视线受阻，公路连续印象也会中断。在跨线位置可看到立交大部分结构，在左转或右转匝道上也可以看到立交的部分景观，因此立交区绿化不能种植大片乔木，以免遮断视线。

2. 立交景观设计要点

1）立交的主要构造物要体现与公路等级相适应的功能，具有与功能相适应的造型与体量，并具有现代公路应有的建筑风格，使其能成为景观建筑小区的主导建筑。

2）立交的线形设计

（1）立交的各组成部分线形应与两端线形配合一致，使其具有线形上的平顺性与连续性；

（2）跨线方向纵坡不宜过大，纵坡过大视觉连续性会中断，较长的纵坡在视觉上效果好些，有些立交利用地形设置效果很好（图 2-2-53）；

⇨ 图 2-2-53　江苏宁常茅山互通利用徽丘地形，主线平直通过，相交路线利用地形下穿，匝道也是顺地形设置，完全没有一般互通立交那种复杂感觉

（3）下穿路线因跨线桥上部构造遮断视线，一般希望桥下净空稍高，这样视线情况能有所改善；

（4）多层立交结构重叠，对视线影响大，设计时应注意视线诱导设计。

3）结构物设计

立交上部结构不宜过厚，水平方向线条平顺，厚度较小使人感到轻盈减少重压感，同时桥下宜有较开阔的空间使压迫感得到缓和。对于下部结构造型宜简单不宜粗笨，上下部结构应有良好的配合。

4)桥梁造型的原则一般也适用立交桥造型

5)立交桥的景观修饰与照明

公路立交一般不修饰,而日本一些城市立交、高架都讲究修饰,适当的修饰加以相宜的色彩会有好的视觉效果。有些立交为降低上跨纵坡,下穿道路也降低高程而呈凹形曲线(城市用得较多),此时下穿的侧墙宜用水平线条,以避免垂直线条引起的不舒适感,同时立交桥的栏杆、灯柱、造型要简单,并与主体建筑风格一致。

公路立交一般很少照明而城市立交需要照明,并需要用照明的方式展现立交的轮廓,并形成美丽的效果(图2-2-54)。立交桥处有的采用高杆照明,其布置位置数量都应能保证各匝道及主要路线的照度要求,灯柱一般是不适宜的。有匝道时路灯看上去容易杂乱,不是互通立交可以采用灯柱方式,其照明要求与道路照明要求相同。

⇦ 图2-2-54 一座具有二座跨线桥的完全互通式立交夜景(左行道)

四、隧道景观规划

1. 洞口规划

作为隧道从用路者角度看到的主要是洞口,从适应地形与视觉比例来讲“隧道比起明挖深路堑不那么显眼”,容易和周围融为一体。《公路美学》[美]书中认为,隧道拱形的洞口从建筑艺术上看就是桥梁的一种特殊形式,无独有偶,著者八十年代在某城研讨恢复某城门时,有专家主张按古制恢复,我建议“要做成三洞,以适应现代交通,两侧慢车,中间做四车道坦拱”。此时主张复古的同志讲“那不是城门,那是城桥”。由此可见中外均将拱形建筑与桥相联系。很多权威人士认为“现代跨线桥应轻型敞开,而隧道口则要显得厚实坚固,看上去可以支承洞顶巨大重量”(图2-2-55)。目前隧道洞口设计与早期相比,理念已有较大改进,早期隧道入口一般还做成端墙,如涵洞两侧出入口一般用以挡土或防岩石碎落。现阶段洞口一般比较轻盈,而且呈仰斜式,这样较易与地形结合,而且双洞进出口位置也不要求一致,这样显得生动(图2-2-56)。如山坡有植被,洞口多以绿化加以改善,而使其与环境协调(图2-2-57、图2-2-58)。隧道对环境最大的破坏是弃方,必须妥善处理。

⇨ 图 2-2-55　隧道口巨大的块石装饰与洞顶粗大的基岩十分协调(美)

⇦ 图 2-2-56　洞口不在同一起点,减少土方开挖,施工痕迹已修复。并已复绿(初期),待植被形成后,洞口不显眼,和环境协调(江苏)

⇨ 图 2-2-57　洞口作为风景建筑做了专门的处理,很有特色(老山隧道)

2. 隧洞景观

过去公路美学很少讨论洞内景观,其实漫长的隧洞景观也十分枯燥单调,城市隧道洞内多有装饰或粉刷,有的隧道有很美的夜景也十分诱人,有条件的公路应考虑在有利于行安全的前提下,用灯光予以装饰,这样会有很好的视觉效果(图 2-2-59)。

⇦ 图 2-2-58 此隧道对原有生态破坏较小，植被恢复好犹如天然洞穴，非常融洽

⇨ 图 2-2-59 隧道内照明与亮化效果图

五、支挡构造物造型

1. 支挡构造物造型

高填、深挖的断面边缘往往为减少边坡长度而采用挡土墙，以减少路幅宽度的视觉比例。上挡墙对用路者很醒目，而下挡土墙用路者在曲线部分可以透视。对挡土墙的景观处理有两种方式，一种是土质边坡挡墙，指在墙脚及墙顶后部均用绿化改善其生硬外观，挡土墙脚应当有一定绿化宽度，可种灌木、花卉、常绿树，如宽度小则种攀缘植物，另一种为顶部后面在截水沟与墙体之间种下挂绿化植物，名曰“下攀上挂”（图 2-2-60），以使生硬挡土墙和环境与背景协调。对于石方段的挡土墙绿化有难度时，尽可能采用浆砌块石，或混凝土挡土墙表面镶石质墙面，以和岩石边坡相协调。

在高挡土墙上有的公路在表面上做有各种不同造型的图案，这也可以认为是不得已的办法，但图形、色彩、尺度要符合用路者的视觉特性，既要驾驶员能看，乘客侧视也能看。有些高墙式防护表面不做处理，只刷上刺目的口号与宣传标语，而没有任何改善措施，实不可取。

2. 支挡构造物景观处理实例(图 2-2-61、图 2-2-62)

⇨ 图 2-2-60 这是江苏一条路的生态挡墙,墙前在灌木与攀缘植物、下挂的玫瑰在一片翠绿中点缀着红花

⇦ 图 2-2-61 江苏宁常在一侧隧道出口采用"明洞"形式,减少了开挖,侧面做挡土墙,顶部复土绿化成为明洞,极其自然,又成了路线上的独特风景

⇧ 图 2-2-62 岩石边坡的长挡墙,墙前低矮灌木没有起到应有改善作用。若坡脚下稍做处理栽植常绿松柏或乔木进行遮挡,墙面外观则有所改善,墙面长而大的标语分散驾驶员注意力是视觉公害

第五节 附属设施景观规划

公路附属设施有交通设施与服务设施,交通设施的标志、标线已列入公路本体景观且多已规范化。公路服务区、停车区、管理区、观景台在公路环境保护设计规范(JTG B04—2010)中已列入景观设计内容。特别是管理区、服务区可以成为公路景观小区的主体建筑,它即是人流、车流集中的活动区域,也往往成为一个路段上最吸引人的景观。

一、收费站与管理区景观规划

收费站是车流排队的地方,管理区多是管理人员办公与生活的地方,它与收费站构成一个整体,是一条路的门户,往往成为一个地方的标志。

1. 造型一般要求

(1)收费站与管理区建筑多是公路起、终点的标志建筑,要具有和一条路统一的建筑风格。

(2)管理区建筑要有与路幅相适应的体量。

(3)收费大棚在路幅宽度大时宜轻盈不宜粗笨。

(4)要有地方特色,要给人留下深刻印象,使用路者能与所在地区产生联想。

2. 造型实例

实例一(2-2-63)。

实例二(2-2-64)。

⇦ 图 2-2-63 收费站采用古典式牌楼建筑使人产生对该地历史的联想(清皇族故里)

⇨ 图 2-2-64 收费站的管理区变成用路者的休息之地,进一步拓展了收费区的功能

二、服务区、停车区景观规划

1. 造型一般要求

(1)功能相对齐全、布置合理,主体建筑与附属建筑要构成有机整体,其体量与尺度应协调,成为一个美的建筑群体。

(2)目前服务区前广场是停车区,人、车混乱杂乱影响观瞻,应合理组织交通,如用地容许可采用“前园后停”的方式,即主体建筑前是休息区,主体建筑后是停车区,这样环境会有根本性的改善。

(3)要充分利用当地自然风景资源,使服务区建筑融入环境并成为风景的一部分。

(4)服务区的景观要兼顾公路上的用路者与休息人群不同观赏要求。

(5)服务区,休息区之间应有合理间距,其距离与公路等级及交通量有关。(前苏)《公路景观设计规范》中规定服务区的距离为:当车速 100 ~ 200km/h 平均距离为 15 ~ 20km;60 ~ 80km/h 时,平均距离为 10 ~ 25km。目前我们有些服务区间距过大,应该有分期修建安排,在交通量增加后加大密度。

2. 造型实例

如图 2-2-65 和图 2-2-66 所示。

⇨ 图 2-2-65 江苏宁常路某服务区,离开路边设置在水旁,在用路者视觉中是一道风景,对进入服务区的人群又是绝佳的休憩和赏景之地

⇦ 图 2-2-66 江苏 × 高速服务区主体建筑很现代化景观树点缀在成片园林般的灌木中,使人有到度假村的感受

三、视 觉 公 害

公路及附属设施构成公路景观，并与自然环境相协调。公路本身优美的线形和沿线建筑都是用路者的主要观赏对象，而交通设施标志牌虽然不能成为景物，但对用路者导向、提示等有重要作用且有利行车安全。公路的美是整体的美，路线本体、构造物，设施均是它的一部分，不应在设计之外再任意添加和随意设置影响公路景观的构造物。目前公路部门在公路上设有一些 LED 显示牌，其内容应及时提供交通信息，而不应有其他宣传或口号性的标语，以免影响驾驶人员注意力的集中。公路的视觉公害主要来自公路用地内或公路两侧的不雅建筑及各式广告，这种强制和重复的吸引人注意力的手段均令人厌恶。广告会使人焦燥，由于广告分散了驾驶员的注意力容易引发交通事故，因此广告是对行车安全的一种威胁。联邦德国 60 年代曾对 1800km 过境公路进行调查，即使有景观保护规划的公路也有全长 1/8 的路段有广告进入用路者的眺望视野，而且有 1/3 是引发交通事故的原因之一。因此前联邦德国管理法规定，在高速路两侧 40m 范围内，一般公路 20m 以内禁设广告，而且要求对路两侧进行景观保护。有碍交通安全的广告及其他视野中可能影响和分散驾驶员注意力的指示牌均可视为视觉公害，因此公路本体建筑禁止植入广告，在公路用地范围内也禁止设置广告。

第六节　土石方工程的造型

公路路基工程就是土石方工程，路线横断面形状均是土石方工程造型，此项内容在公路平、纵、横造型中已做介绍本节不再赘述。土石方工程会造成地形、地貌破坏，路线附近出现大量的施工废弃物，弃土、弃石、取土坑、采石场及桥梁施工场地、临时用地等影响着公路环境。这就是《实用公路美学》中讲的“公路应融入周围风景并自然地融成一体，而不露施工痕迹，不可避免时应迅速予以恢复，或者通过协调的修整和适当种植来恢复其自然的外观。”原联邦德国汉斯·洛伦茨著的《公路线形与环境设计》中将“造型，土工栽植”专门列为一章，就是希望通过路线横断面造型以及栽植手段将公路修建对风景损害减少到最小。土石方工程修饰是《公路环境保护设计规范》的要求，应列入设计内容，江苏宁杭、宁常高速在这方面做了很多工作，对公路设计、修建是一次重大提升。土石方工程造型最主要的内容应是各类地形，地质条件下的横断面造型，这些内容已在横断面美学与横断面造型中有较详尽的论述，此处仅介绍边坡防护造型，土石方痕迹修整及排水沟系统的景观改善造型。

一、边坡防护造型

边坡防护的目的是为了防止边坡冲刷与保持稳定，这是功能上的目标，从美学上讲不论是挖方或填方均破坏了原有地貌，而且这些土工构造物往往和环境不相融合。但国内由于用地问题采用缓边坡的很少，因此改善边坡外观以及让边坡与地面自然衔接是景观设计上必不可缺的工作。

1. 石方边坡加固

石方边坡一般在上、下坡脚采用挡土墙。这样可以减少视觉比例。对于陡峻坡面为防松散岩石碎落而采用锚杆、加网、喷浆等形式加固，这种方式对坡面防护虽有保护作用，但和自然岩石表面还是存在色差，而且表面呆板。其最大的缺陷是用路者的心理感受，往往用路者对较陡的山

体加固以后仍认为岩面不稳定而缺乏安全感。著者曾在海南某处看到坡面加固采用与山石大致相仿的色彩与造型，顿时觉得如用到公路边坡上，真是绝好的人造景观，生动而自然。

石方边坡的混凝土挡土墙最好采用片、块石镶面使其更贴近自然。如不能用绿化来修饰，混凝土表面至少要凿毛以改善外观。

2. 土质边坡

土质边坡通常可以种草、栽植灌木对边坡进行加固，但在雨水较多或坡面面积较大时，还应采用空心砖块、坡面加拱等方式来进行加固，边坡景观上一个重要的问题是边坡与原自然地面或山坡的衔接要处理好。为防止对土质边坡的冲刷，有的在路肩设置拦水带，并在边坡上设置泄水槽进行集中排水。边坡坡面改善的基本措施就绿化，另外路基边沟或挖方边坡的截水、排水设计均应与景观设计结合，以获得良好的视觉效果。

3. 坡面防护造型实例

1）江苏宁杭、宁常高速公路边坡防护实例（图2-2-67～图2-2-72）

⇧ 图2-2-67　在边坡铺草皮，或播草种绿化，坡面全部复绿，点缀一些自然栽植的树木，生气盎然

⇧ 图2-2-68　宁杭路边坡防护采用草本植物、灌木、路边点缀几株自然种植的树木，实现了路与环境的自然过渡

a)

b)

c)

⇧ 图2-2-69　江苏高速公路边坡防护

a）江苏某路在岩石表面进行复绿施工，这项工作需要事先设计，按设计施工，图为工人正在搭架（袋内为土）b）在岩坡表面填置草袋（内装土），一般复绿时可在表面播撒草籽，也将菜籽放入袋内 c）采用上述方法施工的东庐山复绿以后的初期情况，这种方法使土石方爆破后的痕迹得到了根本改善

a)

b)

⇧ 图 2-2-70　边坡采用空心块中心植草示例

a)在边坡上铺六角空心预块,进行边坡加固,空心块中间可植草 b)空心块植草后的效果

a)

b)

⇧ 图 2-2-71　边坡采用砌石加固示例

a)边坡在用砌石加固后种植迎春花,待数年后会有更好的效果 b)在立交高路堤引道边坡上采用拱形加固,并栽植灌木进行坡面防护(种植初期)

a)

b)

⇧ 图 2-2-72　采用轮胎加固

a)在乱石(碎石土)表面铺上轮胎(用铁丝相连),可进行坡面防护,内填土后可种草 b)轮胎加固的坡面绿化后的效果图

2)采用植生袋技术实例图 2-2-73

⇧ 图 2-2-73　采用植生袋技术，在开挖的山坡上有钢筋混凝土框架加锚杆固定，框内放植生袋以恢复坡面绿化，坡脚形状自然，对防冲刷及坡面垮坍及稳定坡脚有良好作用

二、土石方工程施工痕迹的整修

公路施工后，土、石边坡外露十分生硬，这些应通过坡面防护与结合绿化使其外观得到改善。而取土坑、弃土堆、弃石及桥涵施工场地及临时用地均有施工痕迹，应该整修。

施工场地临时用地应进行清理，按原貌恢复，应复绿或将耕植土恢复后复耕。对横断面上外露的土石应采取恢复植被的措施，如播撒、种草皮、灌木等。

取土坑在不能复耕时就加以整形利用可用做鱼池，藕塘等，而立交区因取土而留下的洼地则可以设计成水景。

弃土堆应推平复绿，弃石堆也可推平后填土复绿，有条件的可以作为休息场所与观景台。施工痕迹修整主要涉及边坡防护措施（技术）与栽植技术，这里不再赘述。

近年公路工程在边坡防护复绿上采用不少新技术，理念也有创新，江苏宁杭路宁常路和一些省份均做了很多工作，并取得了很好的效果，现将部分实例介绍如下：

（1）采用挂网技术防护与复绿（图 2-2-74）。

a)

b)

⇧ 图 2-2-74　采用挂网技术防护复绿

a）在土质较差的边坡上挂网，既可护坡也可复绿（宁杭路）b）采用挂网技术恢复的边坡绿化，植被生长茂盛，从生态观点看也十分成功（宁杭路）

（2）在陡边坡上恢复绿化保土固坡防冲刷（图 2-2-75）。

⇨ 图 2-2-75　为使公路两侧有好的视觉环境对路边山坡固坡保土复绿，恢复生态以创造良好的旅行环境（宁杭路）

（3）对弃石堆采用推平填土复绿变为休息地（图 2-2-76）。

（4）对原山坡因砍伐树木造成的损坏进行表面恢复绿地（图 2-2-77）。

⇧ 图 2-2-76　修路后弃石影响景观，宁杭路将弃石点推平绿化，建用路者休息地，这理念值得推广

⇧ 图 2-2-77　宁杭高速定位于景观路、生态路，对以往遭毁林的东庐山采取复绿，行驶在宁杭路上，一路青山绿水使人心旷神怡

三、用绿化来改善排水构造物景观

一般路边排水沟特别是浆砌，混凝构件都比较生硬，我们希望实现公路与周围环境的自然衔接。而这种过渡往往由于排水沟的存在而将其割断。江苏宁杭公路排水系统充分结合地形，地貌利用水塘湖泊，用密集低矮灌木，草皮将边沟隐于绿化环境中，同时采用漫流排水，暗埋式急流槽，暗边沟等措施，使过渡变得自然，是一次很精心的实践。现举例如下：

（1）对混凝土预制边沟采用种草，植树的绿化方式处理使得生硬的边沟变得不突出（图 2-2-78）。

（2）圆弧形的土质边沟两侧采用植被，花卉及路边植树等措施，减小了边沟的视觉比例（图 2-2-79）。

（3）将浅路堑的截水沟置于绿化之中，很难察觉截水沟的存在。完全是一片公路与原地形自然融合景象（图 2-2-80）。

（4）采用暗埋式急流槽，图中可以看到边坡中段的水平线上应有截水沟，松柏背后隐约可见排水沟，急流槽是暗埋的，坡面齐整没有人工痕迹（图 2-2-81）。

⇧ 图 2-2-78　边沟改善

⇧ 图 2-2-79　土质边沟用植被改善

⇧ 图 2-2-80　公路堑截水沟隐于绿化之中,使路与环境连接自然

⇧ 图 2-2-81　山坡暗埋急流槽被绿化淹没改善了外观

(5)采用暗边沟排水,设计独到。采用漫坡排水,边坡下明沟做成浅弧形,下设暗沟排水,避免了因排水沟割断地面连接而影响景观(图 2-2-82)。

(6)利用路边池塘排水。此设计的特点是边坡没有修整,保持原貌,稍加灌木点缀,极其自然(图 2-2-83)。

⇧ 图 2-2-82　路边采用暗沟排水用绿地与外界自然衔接

⇧ 图 2-2-83　利用路边池塘排水,在塘边进行随意种植,极自然

(7)利用原地形的排水沟渠排水。边坡复绿,加上少量松柏自然栽植,排水沟形态自由生动,边坡没有修整与周围环境十分融合,完全没有土工作业痕迹(图 2-2-84)。

⇧ 图 2-2-84 利用路边自然沟渠排水,不刻意去做整齐边沟,边坡也不修整,生态自然

江苏用绿化改善排水设计的实践说明,路边排水沟、截水沟、泄水槽生硬易割断公路与环境的联系,可通过绿化来改善。路与环境自然衔接是重要美学理念,江苏这方面所做的工作值得借鉴。

第七节 公路绿化栽植造型

公路绿化是由公路专业人员、园艺技术人员、景观规划师共同来完成,公路本体犹如"红花"要成为一道美丽风景,若要一路都是景还得靠绿化这朵"绿叶"扶持,否则公路本体就变成一个生硬的"土木结构物",公路景观改善的最重要措施就是绿化。但目前绿化造型没有考虑动视觉特性和高速行驶下用路者的观赏要求,这是普遍存在的问题。有些公路的绿化就是在公路两侧种植列树使之成为绿色的走廊,因此科学合理的绿化栽植应该是绿化造型的首要任务。

一、栽植理论的运用

1. 要科学的合理的绿化

目前一般公路习惯于沿线种植两排列树,有的种在路肩上,有的公路两侧均是密植的阔叶乔木,这样遮断了用路者观看风景的视线,即使能透过树干看到田野,但那快速从身边掠过的绿化不会有舒适的感受,这就是我们提出要科学绿化的理由。科学绿化就是绿化要考虑不同车速下的视觉特性。现将前栽植理论要点重复如下:

1)公路两侧需种植列树应满足下列要求。

(1)其植株距路面边缘距离,在不同车速下要满足注视时其回旋角小于 72°/s 的要求。此时植株距路面边缘最小距离如表 2-2-3 所示。

表 2-2-3

车速(km/h)	20	40	60	80	100	120
距离(m)	1.30	3.11	4.92	6.72	8.03	10.33

注:表中数值为著者推算的理论值,从国外资料看,德国用横距 4.5m,美国 7.5m 应分别能满足 60km/h 和 100km/h 车速的要求。

(2)为避免影像模糊,在满足上述横距要求以外,纵向株距还应满足下列要求,见表2-2-4:

表2-2-4

车速(km/h)	20	40	60	80	100	120
距离(m)	4.00	9.57	15.14	20.68	24.71	31.79

注:表中数值为著者推算,如树干高大可按此距离,否则上述距离还应加树冠直径,才能满足。

(3)车辆高速行驶时行道树会和后面风景相重叠,为避免这种情况,此时就满足栽植的重复频度(CFF)值应在18周波以下,出露时间0.03秒,休止时间大于0.25秒三项条件。

2)如两侧有连片高大灌木,其间应有5秒行程间隙以满足用路者观赏风景的要求,如果两侧不种植列树,而是自然景观种植的树丛也同样应满足5秒行程要求或只少树冠之间具有纵向种植间距的最低要求。5s行程要求如下,见表2-2-5:

表2-2-5

车速(km/h)	20	40	60	80	100	120
距离(m)	27.80	55.55	83.35	111.10	138.89	166.65

二、栽植的形式

1.功能性栽植的主要形式

绿化的功能性栽植在交通功能上有重要作用,著者认为功能性的栽植也应以景观栽植的形式处理,我们要使绿化具有交通功能,而不是为交通功能而绿化,这是两种不同的理念。

1)视线诱导栽植

在曲线外侧,凹曲线或凸曲线顶部可种植列树,应用列树的连续性柔和的引导视线,以此预告公路线形的变化,线性诱导如不能给用路者有柔和的连续性就会给用路者带来不安的感觉。一般视线诱导采用连续的列树,由于行车车速的不同,注视点和视野大小也不同,种植的树木也必需有一定的高度,特别是小于700m以下的小半径曲线,视线诱导尤为重要。

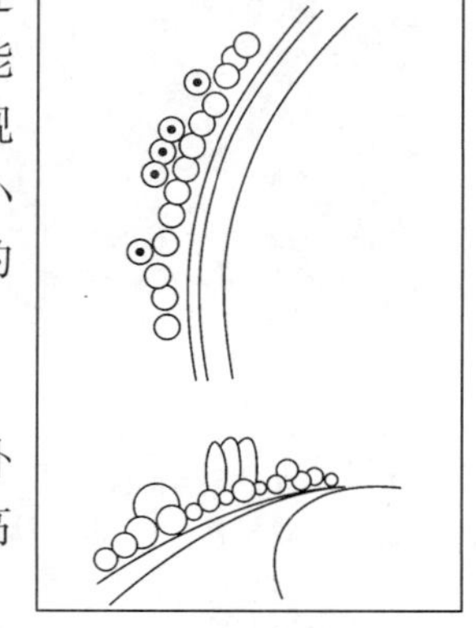

⇧ 图2-2-85　曲线外侧的诱导种植

诱导栽植方式示例(图2-2-85~图2-2-87):

曲线外侧的视线诱导栽植(图2-2-85),诱导栽植应在曲线外侧,树木由低到高再逐渐降低,低树对高树有缓冲作用,如前面植高树则容易有压迫感,内侧为避免妨碍视线,故不植树。

凸曲线峰形区间的栽植(图2-2-86),线形为峰形的地方,其顶植低树,在稍低一点的地方种植高树这样可以从远处看到后面高树的顶端,起到视线诱导作用。

谷形区间的栽植(图2-2-81)

线形为谷形的地方,应避开在,谷底植树,同时不宜种植高大列树而使视野变窄,并使凹形曲线显得更低洼。

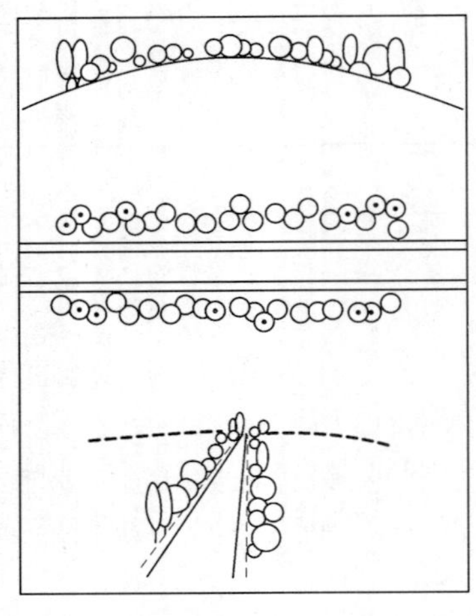

⇧ 图 2-2-86　凸曲线顶部的诱导种植

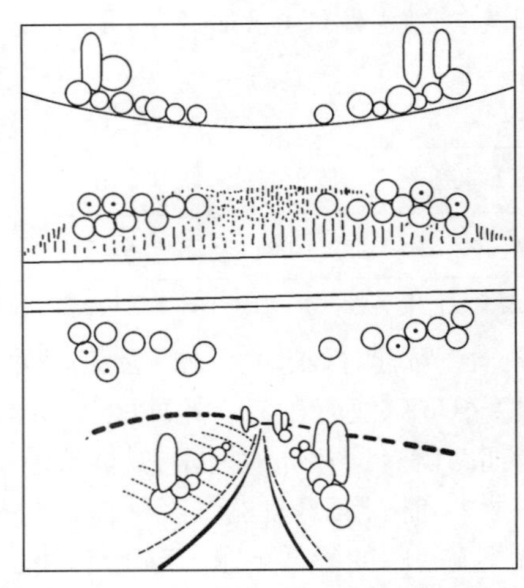

⇧ 图 2-2-87　在凹形曲线底部为改善景观的栽植

2）指示性栽植

指示性栽植用于对前方的服务区、停车区、进出口、路线交叉的指示，这些指示是道路标志的补充，而且采用高大树木可以比标志牌更早得到预知，而且可成为路边的垂直景观，也可以在不同的位置有不同的树种，使之具有地方特色，同时也可以通过中央分隔带与进出口以不同的花木进行预示。

指示性栽植示例见图 2-2-88。

⇧ 图 2-2-88　指示性栽植

a）在凸曲线的顶部栽植指示性树木，从远方可以预知线形的变化 b）在一条乡间道路的前方有一棵独立大树，起到了指示性作用，预示路径的变化

3）防眩栽植

防眩栽植也称遮光栽植，主要用来防止对面汽车灯光产生的目眩，眩光影响视力，使眼睛疲劳。

中分带防眩栽植应按公路美学原理中表 1-2-36 和表 1-2-37 的要求进行种植，表中要求与汽车前大灯高度，照角以及驾驶员眼高及树距和树冠直径有关。在造景方面要注意整形与修剪，树冠间保持必要的间隙以透视路侧风景。防眩种植的形式将在将在中央分隔带绿化中介绍。

4)适应明暗的栽植

主要在隧道出入口栽植高大乔木以调节进入隧道过程的明暗适应,目前这种方式运用较少,进入隧道的明暗适应多用隧道洞前的格栅式的顶棚来调节这种适应。

5)缓冲栽植

一般护栏、护墙防护性能虽好,但发生事故时会有很大撞击,车辆与人员也会造成损伤。如种植有一定宽度与厚度而且有弹性强劲枝条的矮树或灌木,此时的冲撞能吸收车辆运动的能量,并使车辆减速或停车,从而可以减少损伤。根据美国康湟狄格州公路局的实验报告,种植三排间隔为120cm的野蔷薇,5年后高度为150cm,车辆以时速64km,5°角冲入,时速可减为8km/h,车辆和车体均无损伤。

用防撞护栏、护墙冲撞时损伤严重,离路面很近的高大列树冲撞时车体也会严重损伤,如条件允许在事故多发路段有缓冲栽植可能比其他措施更为人性化。

6)其他栽植形式

其他栽植形式有防风、防雪、防沙、绿阴、地表、遮蔽、修景等栽植形式,这些形式需要根据功能要求对栽植的位置,树木的高度等进行设计与选择,以期达到较理想的效果。

2.景观栽植

公路过去一般常用的是列树的种植方式,两旁密植的高大树木形成了绿阴的空间,这也是一种景观。在前述的绿化原理中我们引进了不同车速下的动视觉特性,依此判断,这种公路用列树绿化造景的方式还有许多不合理的地方,这种方式在车速40km/h以下尚可采用,但60km/h以上车速这种列树方式显然是不合理的。因此景观种植在运用高大常绿树或落叶乔木时其植株距车道边缘距离与植株纵距应符合本书公路栽植理论中所列各表中的规定,这是景观种植的前提。

景观种植一般离不开传统造园的概念。它主要有整形式、自然风景式、自由式、群落栽植这四种形式,只有考虑到不同车速下的动视觉要求,上述形式在公路绿化造景中运用时才能创新。

1)整形式栽植

这种形式过去西方庭园应用很普遍,整形式一般有几何学的图案,重视平面造型要一眼能看到图形的组成状况。整形种植适合公路两侧绿化,中分带绿化,出入口及立交区绿化。

(1)设定轴线和对称种植造型

如将公路中线作为轴线,各种设计要素沿轴线两侧有秩序的有方向的排列,设定轴线是构成景观的强有力手法。主轴设定后栽植侧面对这条主轴按等距离且相互面对的形态,设置为对称式。这种形式秩序明确栽植之间有强烈的约束力,如这种对称稍有变化,平衡就会破坏,如距离不对称,树形不对称高低不对称都会破坏这种均衡。这种对称种植还能用于公路两侧平面绿化。另外公路两侧的直线种植如有两种以上树种交替栽植,还能形成一种韵律的变化。例如将乔木与灌木反复排列,或把圆树冠的阔叶树和尖顶的针叶树交替配列其轮廓线条也能产生强烈的韵律。

例:按定轴线对称栽植的公路绿化视觉效果(图2-2-89)。

(2)整形栽植的基本形式

整形栽植的基本形式有单植、对植、列植、叠植、群植等造型方式(图2-2-90),这些栽植型式在公路绿化中均能应用。

⇧ 图 2-2-89　这是一条四幅八车道的路，图中是路左半幅，中央分隔带以木棉与灌木做为中轴两侧对称栽植

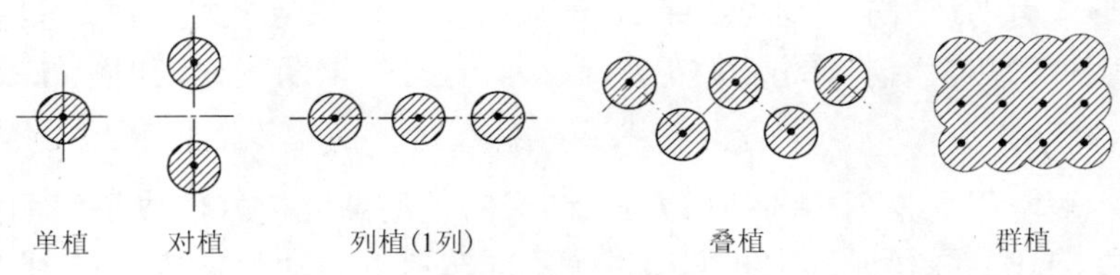

⇧ 图 2-2-90　整形栽植的五种形式

①单植，可用在公路重要位置，如出入口，立交区的造景，也可用于公路的指示种植。单植的树木应枝繁叶茂，能吸引用路者的视力，树可整形，达到一树独秀的境地。

②对植，以轴线为中心两侧相对的栽植同形，同树种的树木，表现一种井然的秩序。可以用于各种需要造形的场所。若树种长势不同，若干年后则会失去平衡。

③列植，将同种树种按一定间隔排列种植。这些树树龄要相同，树龄不同则破坏了列植效果。

列植是公路上最常用的栽植形式，列植可单列也可双列，单列只有道路改建在一侧拓宽而留下另一侧时可以见到。双列栽植要按视觉原理中影像不连片，并且可在树干或树冠之间观看风景的不同车速下的横距与纵距来确定植株位置。而单列密植树冠相接密闭性很大则形成遮蔽种植，而双列树冠相接则形成隧道式的景观。列植时如有规律的种植异形树木，则其树形、色彩均能产生一种韵律。公路行车过程的节奏感除线形以外也可以从绿化方式上得到加强。

④叠植，在相等的间隔下分列错开的栽植树木。这种叠植方式增大了树列的厚度，如用路者观赏风景则会困难，当路边用地较宽时叠植可用路边灌木种植。在灌木遮挡视线时，可按 5s 行程的距离分段进行修剪，使用路者透过修剪后的低矮冠部欣赏路外景色。

⑤群植，用集团式种植形成树丛，在山坡恢复植被时可以采用这种形式，中央分隔带或立交区的低矮灌木也可采用群植形式。

⑥对植，单植示例(图 2-2-91)。

2)自然风景式栽植

(1)自然风景式栽植

a)

b)

图 2-2-91　对植、单植示例

a)对植实例,一般行道树绿化以路中心线为中心,两侧对称种植,图中对植的树龄与生长情况相同非常优雅 b)单植实例,一般种植在路一侧,实践中单植很少,一般在道路拓宽时留下一侧,图例中的单植树干挺直、树冠相同,是一道很美的风景

这种栽植方式出自于我国古代的庭园,欧洲从十八世纪开始以爱好自然的思想为背景,出现以牧场风光为基础的写实性的庭园,其间有起伏丘陵、洼地、流水、小桥、树木、灌木成为自然风景式的园林。自然风景种植比整形式自由,这种模拟自然状态的栽植以立体栽植为主,随地形而宜,造型生动,与环境协调,犹如天成,可以用于立交区和服务区绿化栽植(图 2-2-92)。

图 2-2-92　宁常高速一立交区内采用自然风景栽植与周围环境协调

(2)自然风景式栽植造型

①栽植手法

在手法上有非对称的平衡栽植与写实栽植两种手法。

非对称的平衡栽植是围绕一点或一轴线两侧进行树形与树量不等的栽植,看上去不对称,而视觉中心理中有安定感并取得平衡。自然风景它也是一种平衡状态,但不一定对称,可在一区域或轴线两侧通过树的形与量的变化使之感到平衡,此时的栽植必然很自然。

另一种手法叫写实栽植,写实栽植一种是模仿自然的手法,它可以在将风景移植到园林中来,也可以根据生态学理论按自然规律搭配树种进行群落栽植。

上述两种手法在公路服务区、立交区以及路边的绿化中均可采用。

②自然风景栽植的造景形式

造景形式有随意栽植、寄生栽植、零散栽植、主树、背景栽植等形式。

随意栽植——这种栽植以不等边三角形为基本手法,构成不同三角网,再将不同形状、不同尺寸、不同的树木栽植在一起,其树冠成为不规则的轮廓线(图 2-2-93、图 2-2-94)。

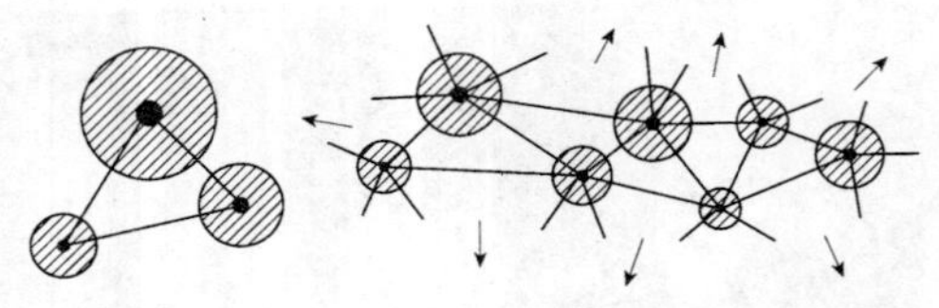

⇧ 图 2-2-93　自然风景栽植的基本形式

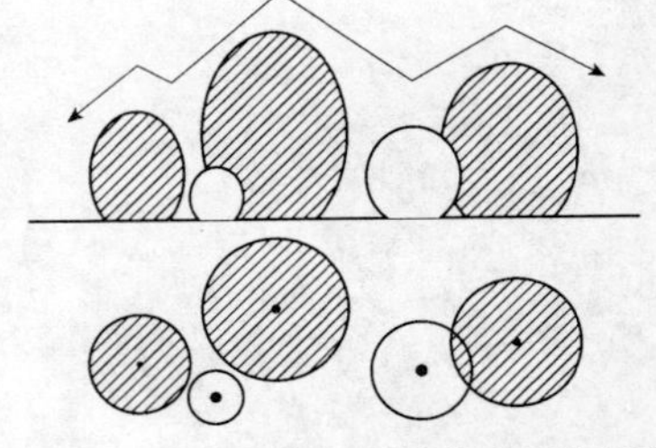

⇧ 图 2-2-94　自然风景栽植立面轮廓线

寄生种植——几棵树相依相附，紧密的在一起的栽植形式。

群植——和寄生种植相同，但植物之间没有依附关系。

零散栽植——采用稀疏零散的栽植形式，形式自然。

主树——在景观中居核心地位，它与树木多少无关。主树是起支配作用的树，有明确的主树就抓住了景观特征，性格，因此在造型中主树十分重要。

背景种植——用栽植作为背景衬托主景。

在高等级公路两侧不能栽植列树时，按多种形式的自然景观栽植形式进行两侧绿化，既生动又有变化，其多样性对改善旅行环境会有重要作用。

(3) 自由栽植

自由栽植不像自然风景栽植那样没有规则，但栽植的形状虽不像列树那么有规则，但有比较自由的线条与形状(图 2-2-95)。

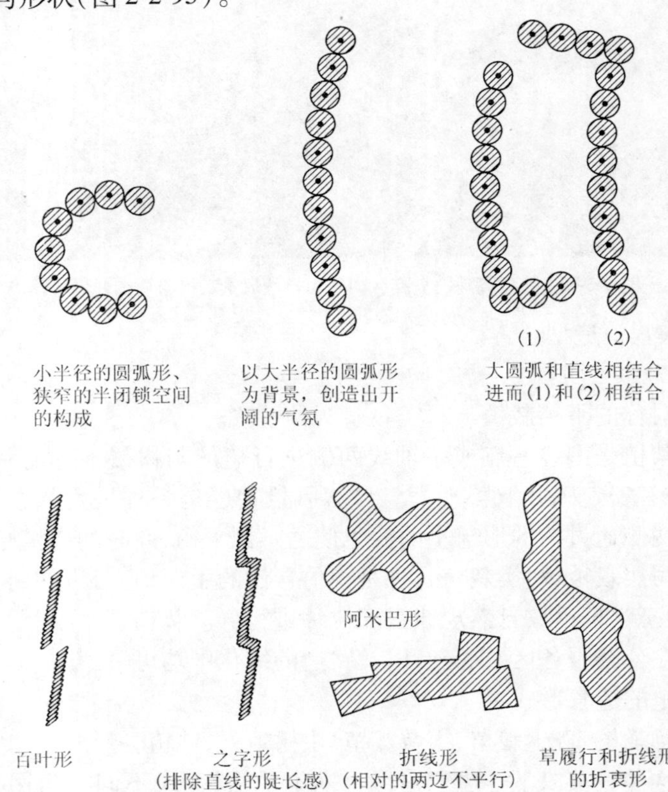

⇧ 图 2-2-95　自由栽植中出现的型式

这种自由式栽植的特征是有意识否定几何设计和轴线概念，其手法可以用于坡面景观改善或服务区，立交区的造园。自由式没有基本形式可言，可以根据需要自由运用整形栽植手法与自然风景手法，这种方式不守旧有利于创新。

(4)群落栽植

群落栽植在生态学角度亦称生态栽植，江苏宁常高速绿化中也有应用，一般用于自然公园和大面积场所，但公路路边用地较宽或立交区内场地也可应用这种方法构成一个小面积的植物群落生态系统，这才是自然景观种植的最高境界了。

3)地被栽植

公路两侧用地、中央分隔带、路基的坡面除种植乔灌木以外，都应有地被植物覆盖。其有防泥泞、防冲刷侵蚀、改善小气候以及美化的效果。草地绿色宜人、反光少、不炫目、若有与花卉鲜艳的色调相衬会有更好的效果(图2-2-96)。

⇧ 图2-2-96 路边的地被植物并配有自然种植的林木与环境自然衔接(江苏)

作为地被植物它必要的条件是要低矮，多年生、生长快，能致密的覆盖地表，不需修剪、耐践踏、叶花要好看没有尖刺与臭味。因此一般希望用本地地被植物，并采用耐旱、耐贫瘠的品种。

三、高等公路的绿化造型

在视觉原理中已将大于60km/h的车速作为高速行驶与应用动视觉特性的界限，高速行驶时，驾驶员的眼睛位置几乎固定，视野也固定在前方的有限景框内，前方的景色迅速接近，视野中左右景色转瞬即逝。因此种植列树不是好的方式。随车速增加绿化间距要加大，尺度也应加大，因此两侧应采用集团式的栽植形式，要改变传统的植树方法与理念。视线诱导，指示栽植、遮光栽植在功能栽植中已做介绍，现就中央分隔带、路边、服务区等栽植再做简单介绍。

1. 中央分隔带的栽植形式

中央分隔带设置目的是为了分隔对向行车道，防止行车冲突，同时减少驾驶员在高速行驶时会车的心理压力。理想的分隔带常应在10m以上，有这样宽度是安全的宽度，可以极大减少了驾驶员视觉与精神疲劳。由于用地关系，目前规范对60km/h到120km/h车速的中分带宽规定的一般值为3.0m～4.50m，最小值为2.0m～3.50m。

对于2m的一般不宜植树而可用防眩板遮光，但也应有地被与灌木绿化。对大于2.5m的可以用防眩种植，防眩种植的间距与树冠大小相等，可参照表1-2-36、表1-2-37的有关数据应用。防眩板与植树优缺点比较如表2-2-6。

中分带植树与设置防眩板的比较 表2-2-6

类　别	分隔带所需宽度	遮光效果	白天美观	造　价	维护费	事故修理费
植树	大	一般	优	小	大	小
防眩板	小	优	差	较大	小	大

中央分隔带栽植形式有整形式，随意式，树篱式，百叶式、图案式，群植式、平植式，其中有些形式防眩效果差，只能在中央分隔带较宽的条件下采用。

1）整形式

整形式是将同一种形状树木，按防眩要求的距离，间隔排列。这种形式有统一的美感，但树形要同大小要同，栽植时间要同，土质条件要大致相同，否则生长后会发生个体差异。这种植法机械修剪困难，长路段的栽植比较单调，应考虑不同的地方变换树种，或变换高度与间隔使其增加多样性（图2-2-97、图2-2-98）。

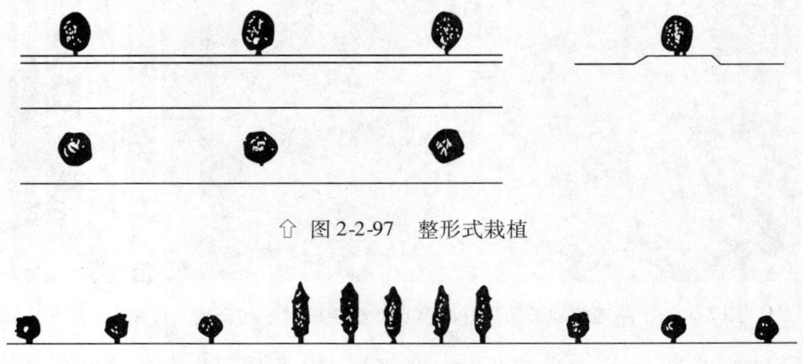

⇧ 图2-2-97　整形式栽植

⇧ 图2-2-98　整形式的变体

2）随意式

随意式是采用不同高度，不同间隔，不同树种的种植方法，好处是树列中有高度、间隔及树种变化，不像整形栽植只要树木高低树冠不一致就很显眼，但这种方法遮光效果不理想，很难机械修剪（2-2-99）。

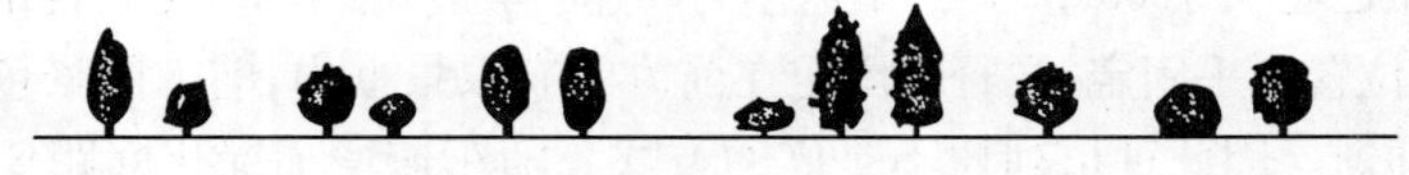

⇧ 图2-2-99　随意式栽植

3）树篱式

树篱式是将树苗列植成篱笆形，此时遮光效果好；能用机械修剪，其树苗用量较多，如高度大时会遮断侧向观赏视线，低了又遮不住大车灯光，如距离很长也可修成高低起伏的波浪状（图2-2-100、图2-2-101）。

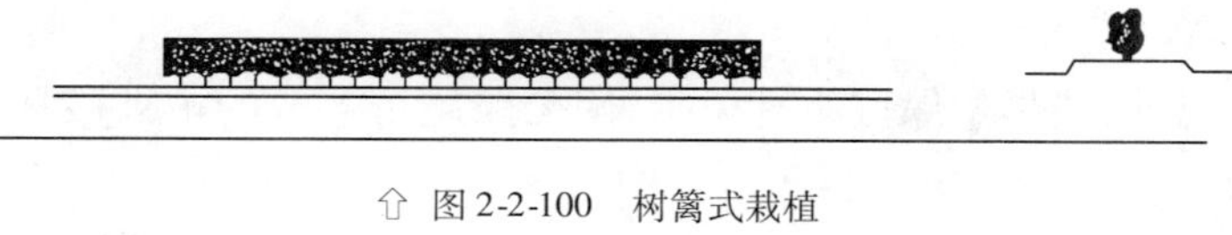

⇧ 图 2-2-100　树篱式栽植

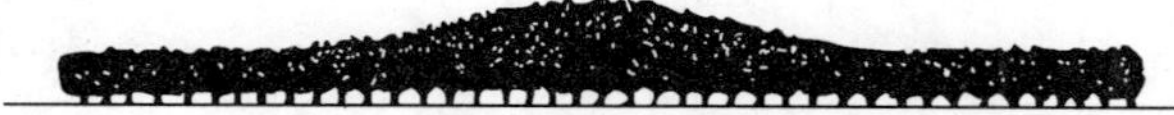

⇧ 图 2-2-101　树篱式变体栽植

4）百叶式

百叶式是将树篱按百叶窗的方式斜植在分隔带中，使树篱与前照灯成直角。这种植法树篱用量少，而且有侧向透视空间，但只有较宽分隔带时才可以使用，施工要求严格（图 2-2-102）

5）图案式

图案式是把树木修剪成几何图案，比较美观大方，但只适运用于不需遮光位置。

6）群植式

群植式是随意式改变而来，将树木按大小栽植成不同集团，其缺点是遮光效果差。

7）平植式

平植式是整形栽植、树篱式、百叶式的辅助栽植，在植树的间隙铺草坪、栽成群矮灌木、花卉（图 2-2-103），也可用于非分隔带种植，也可布置成图案形式。

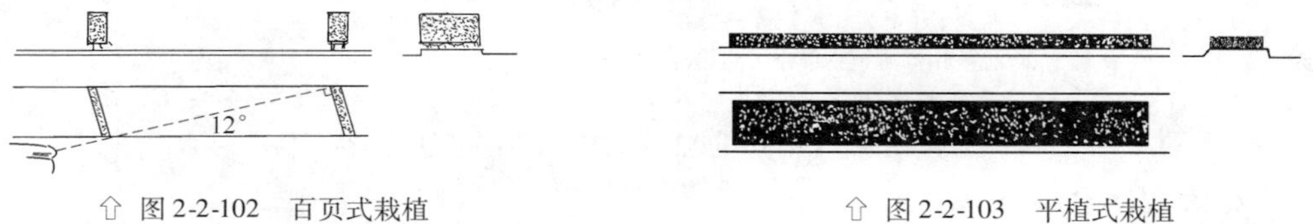

⇧ 图 2-2-102　百页式栽植　　⇧ 图 2-2-103　平植式栽植

2. 路边栽植

高等级公路路边栽植以视线诱导栽植、遮蔽栽植和造景栽植为主。

一般高等级公路两侧不应有行道树的栽植方式，如要显示路段特征和景色变化其距路面横距及植株纵距均应符合著者在绿化理论中所列各表的规定。如德国规定距路边 4.5m，美国（AASHO）规定 7.5m 以外才能植树，但这些规定均不能满足 100km/h 以上车速要求。因此高速路在公路边密排行道树种植是错误的方式。

高等级公路路边一般可以种草、花卉（成片）、灌木再辅以自然风景栽植的造景树（图 2-2-104）。

⇧ 图 2-2-104　群植式的装饰性绿化

3. 公路用地外的栽植

除公路用地以外，应尽量保持原有树木，因公路施工造成的植被破坏应通过播撒，栽植灌木等恢复植被。

4. 高速公路入口及立交区栽植

各出入口栽植树木时应配置不同的树种作为特征标志。当车进入匝道加减速行驶时，应不影响驾驶员瞭望，并有诱导视线的栽植(图 2-2-105)。在驶出部位可利用缩小视界的方法，间接引导驾驶员减低车速。一般立交区内应以平面栽植花卉草地、低矮灌木为主，以及有少量的造景树木，使立交区有良好通透的视觉环境。

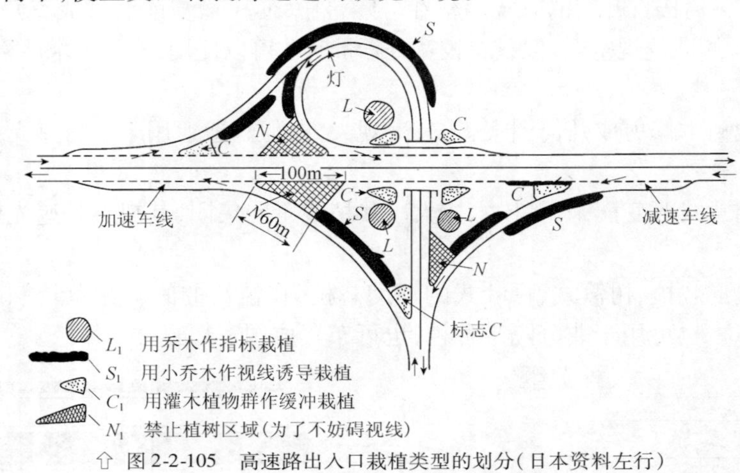

⇧ 图 2-2-105 高速路出入口栽植类型的划分(日本资料左行)

5. 公路栽植实例

江苏宁常、宁杭高速由多学科团队合作在绿化造型上有许多成功的实例，现列举四例以供参考。

(1)实例一：中央分隔带采用多种植物栽植(图 2-2-106)。

(2)实例二：高路堤边坡采用拱形圈加固的绿化形式(图 2-2-107)。

⇧ 图 2-2-106 中分带采用棕榈与灌木交替种植，应注意灌木树冠间距要达到防炫要求，图中棕榈间距会炫目

⇧ 图 2-2-107 高路堤加固以后植被很好，不足之处是边坡上沿与下部没有绿化覆盖

(3)实例三：路边栽植实例(图 2-2-108)。

(4)实例四：边坡用灌木花卉防护(图 2-20-109)。

(5)服务区、休息区的栽植

休息区要利用风景好的地点设置，要利用现存树木，搞好地被种植，种植一些绿阴树和修景树，以利于休息和观赏。

⇧ 图 2-2-108 宁杭路两侧路边有很好的绿地联接作为缓冲带，栽植自然并加以花卉点缀，有很好的景色

⇧ 图 2-2-109 边坡用杜鹃花栽植防护，造型比植被自然，每当开花季节美不胜收

服务区的绿化设计要服从于整个服务区规划，绿化配置应与主体建筑和休息区的庭园相协调，绿地、花卉、灌木可以庭园方式布设，但主体树木或自然风景种植的树木要与主体建筑前位置高度、树冠、树形相协调，使用路者路过时，能看清绿化与建筑的关系。进出服务区的匝道应栽植灌木丛作为视线诱导，要使服务区能成为用路者休憩之地（图 2-2-110）。

⇧ 图 2-2-110 服务区主体建筑与平面绿化及立体绿化关系协调（宁杭路某服务区效果图）

6. 公路常用绿化植物

公路常用绿化植物有常绿乔木，落叶乔木、常绿灌木与小乔木、落叶灌木、草、藤本植物等，使用时要考虑以本地植物为主，选择时应利用植物的季相景观效果（图 2-2-111），使绿化与自然环境融合。

⇧ 图 2-2-111 某路的秋色，红叶遍野，落叶满地，一片深秋美景，如诗如画

公路常用的绿化植物分类,生长环境,景观效果,可参看《公路环境保护设计规范》中的表 7-1 常绿乔木;表 7-2 落叶乔木;表 7-3 常绿灌木与小乔木;表 7- 4 落叶灌木,小乔木与草种;表 7-5 藤本及其他植物等表列植物要因地制宜的进行选择,这里不再赘述。

四、公路绿化景观设计内容与步骤

公路绿化景观设计,在《公路环境保护设计规范》中有一些原则性的要求,这些要求在本书绿化理论与景观设计中已有详尽的论述。2001 年人民交通出版社出版的高速公路丛书之一《公路环境保护与绿化》一书中对绿化设计范围内容与步骤有如下要求:

1. 公路绿化的设计范围与内容

公路征地范围以内可以绿化的场地均属于绿化景观设计范围,可分为:

(1)服务区、停车区、养护区等公路附属设施景观绿化工程;

(2)互通立交绿化美化工程;

(3)边坡、土路肩、护坡道、隔离栅及内侧绿化带等的防护及绿化工程;

(4)中央分隔带绿化美化;

(5)特殊路段的绿化防护带(防噪声、防污染);

(6)公路弃土场绿化美化。

2. 公路绿化景观设计的依据

(1)业主单位对项目设计的委托书(合同);

(2)交通运输部颁发的《公路基本建设文件编制办法》;

(3)交通运输部颁发的《公路环境保护设计规范》;

(4)《交通建设项目环境保护管理办法》;

(5)公路工程预可报告,工作报告,初步设计文件及施工图设计文件;

(6)公路环境影响报告书;

(7)公路水土保持方案报告书;

(8)国家和交通主管部门现行的有关标准,规范及规定。

3. 设计程序及文件编制

1)现状调查

(1)公路工程设计资料调查与收集;

(2)公路沿线社会环境状况调研;

(3)公路沿线自然环境状况调查;

(4)沿线植物情况综合调查。

2)图纸资料的收集

绿化设计应要求业主提供以下图纸:

(1)路线位置图,路线平、纵面缩图;

(2)公路平面总体方案布置图,公路平面总体设计图,公路典型横断面图;

(3)公路平、纵面图,工程地质纵断面图;

(4)取土坑(场)示意图,弃土堆场平面示意图;

(5)路线防护工程数量表,路基防护工程设计图;

(6)沿线水系分布示意图;

(7)隧道平面布置图;

(8)互通立交设置一览表,互通式立交平面图,互通式立交纵断面图;

(9)沿线管理服务设施总体平面图,沿线管理服务设施管线布置图。

3)现场踏勘

现场踏勘内容有现状建筑物,植被情况,水文、地质、地形等自然条件,包括保留的树木,绿化现状等资料的核对与搜集。

4)绿化植物的选择与配置

(1)根据生物学特性,公路结构、地理特点、种植后的养护等条件,选择栽植形式与树种;

(2)应优先选择本地已成功应用的公路绿化植物及乡土品种与园林植物,或经论证试验后可适当引进外来优良品种。

5)设计文件编制

(1)总体方案规划阶段

本阶段应完成绿化景观设计的基础资料调查与收集,结合公路总体规划与沿线自然、人文景观分布,提出公路绿化景观设计的总体原则与设计范围。

(2)初步设计阶段

对总体方案进行细化并完成初步设计文件的编制,文件与图表内容如下:

①设计总说明书;

②管理养护区、服务区、停车区等设施的绿化景观初步设计;

上述设计可以按园林绿化模式进行,内容有平面布置、绿化栽植、园林小品、园路、花坛、椅凳等;

③互通立交区的绿化景观设计;应有总体绿化布置图,场地规划图,绿化效果图,局部详图。

④中央分隔带、边坡、路侧绿化带及环保林带设计。

⑤灌溉系统工程设计。包括说明书,管线布置、设备清单等。

⑥投标文件编制。按照招标文件编制格式编制。

⑦工程概算文件编制。按照要求完成项目的内容编制文件,包括说明,概算汇总表,分项工程概算表等内容。

注:该书认为此项"可按一般园林绿地场地规划",著者认为应按本书所讲的公路绿化理论考虑不同车速下功能要求与美学要求进行设计,不同于园林绿化,这是最基本的理念。

4. 施工图设计阶段

在初步设计基础上完成绿化景观工程施工图各项文件。

(1)管理养护区、服务区、停车区等设施的绿化景观施工图设计。内容包括:绿化植物栽植总平面图,绿化植物栽植分区详图,主要园林小品的结构详图。

(2)互通立交区的绿化景观施工图设计。

内容包括:绿化植物栽植总平面图,绿化植物栽植分区祥图,互通区场地图案造型,雕塑。

(3)中央分隔带,边坡,路侧绿化带及环保林带的设计文件图纸。

(4)灌溉系统工程设计。

(5)招标文件编制。

(6)工程预算文件的编制。

上述编制内容不是规范性要求,可供编制文件时参考,各项目可根据自身特点与需要确定内容与文件深度。

五、公路绿化造型示(实)例

1. 例一清除部分树木,改善风景

摘自 ASHHO《公路美学》[美],将前方遮挡视线树木清除,在弯道处展现了山谷的优美景观(图 2-2-112)。

a)

b)

⇧ 图 2-2-112　清除部分树木,改善风景

a)树木未清除前部分风景视线被遮挡 b)清除部分树木后峡谷景色尽收眼底

2. 例二清除部分绿化改善前方行车视野(图 2-2-113)

3. 例三路边连接造型(图 2-2-114)

4. 例四服务区内绿化采用自然景观种植造型(图 2-2-115)

5. 例五路堑高边坡绿化造型(图 2-2-116)

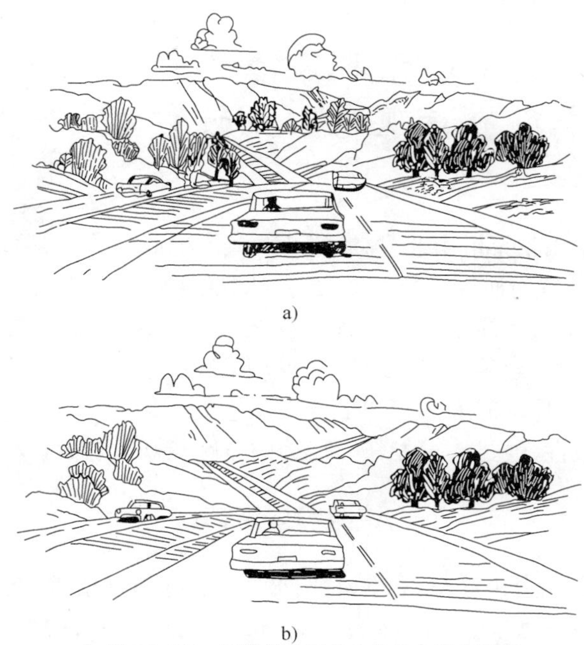

a)

b)

⇧ 图 2-2-113　清除部分绿化改善前方行车视野

a)部分树木遮挡前方道路走向,减少了道路的可预知性 b)左侧及远方部分树木后路线走向清晰,尽管受地形限制视线中线形并不连续,但并不影响可预知性

⇧ 图 2-2-114　宁常路用本地植物自然栽植(本草、本树)与自然环境相接,边沟自然排水,造型自然(江苏)

⇧ 图 2-2-115　宁常路某服务区绿化造型,树林,草地,花卉,水生植物,一片自然景色,加上建筑色彩十分协调(江苏)

6. 例六隧道口绿化造型(图 2-2-117)

⇧ 图 2-2-116　江苏宁杭路在边坡上恢复生态,虽不很自然,但爆破后地貌破坏的景象有很大改观

⇧ 图 2-2-117　宁常路(江苏)茅山隧道在竹林中,洞口上方及两侧植被、竹林正常恢复与环境协调

第八节　已建公路景观改善设计实例——胶王路牛角岭景观改善设计方案

胶王路牛角岭位于山东泰沂山北麓,海拔520m,因原线形曲折,路况差,车速低,严重阻碍交通。1986年经山东省交通厅批准批准改造,达二级路标准,该改建工程设计获山东省交通科技进步三等奖,施工获优质工程奖。该工程线形流畅,越岭线路在山坡上布设均衡,从垭口向下俯视,可见盘山线全貌,甚为壮观。1990年开始实施GBM工程,但因该路开挖弃方较多,原地貌部分破坏严重同时有大量砌石工程,造成景观较单调,需要改善。本改善工程强调美观与功能的一致性,通过改善能获得优美的道路景观,增加行车的舒适性与安全感。

一、该路段景观特点

该路段在山谷中沿一边山坡展线,同时山坡上岩石裸露,植被较少。从公路美学角度讲,路线一般应融会在自然景色之中,不应太突出,并应成为风景中的一部分。而牛角岭路线两侧是山峰,路线除配合地形以外,很难与背景融为一体,因而成为山谷中最突出的视觉景观因素。

从上行路线方向(王村方向)过垭口后,可以看到路线全貌,行程中大部分路段可以俯视路线,同时因下坡车速较快,安全问题突出。在下行方向(胶州方向)垭口是最吸引人的景观,用路者在进入盘山线前可以看到通往垭口的路线走向,关心路线如何展延上山,同时视野中可以看到大量开山弃石的痕迹,自然景观被破坏较多。

二、景观改善的构思

(1)上行方向(王村)景观构图中可将路线作为主要因素。其改善重点是向用路者展现一条流畅和有安全感的下岭路线。因此重点应放在路缘带上,路缘带应清晰可辨,使路线平面如一条流畅伸延到谷底的溪流,倾泻而下,同时在视觉中给人留下工程宏伟、壮观的印象。此时路线成为沟谷中景观主要元素。对于下山路线行车时安全感也是美感的重要部分,因此改善中要注意视线诱导与防护设施,增加行车的安全感。

(2)下行方向(去胶县),用路者会注意通往垭口路线的走向,此时视野中可以看到部分陡壁上的路线,这种地方应有护墙,使上山者有安全感,同时护墙也可以改善单调的景观。另外大量支挡构造物及破坏了的自然景观,要尽最大的可能用各种绿化方式进行改善。对构造物与路线走向不一致的地方应用高大绿化进行掩蔽,以免造成视错觉。

(3)雕塑:根据上级领导指示,在牛角岭处修建纪念性雕塑,以纪念筑路工人修路伟绩。目前公路边雕塑较少,牛角岭是修建雕塑的极好位置,该地视野开阔,雕塑在垭口附近,可形成山谷中最吸引人的景观。

交通环境的雕塑要注意它的体量与尺度,同时对雕塑进行观察是在汽车运行过程中,因此要求造型简单,经短暂判断后能留下深刻印象,同时上山路线大部分路程需可以看到雕塑,因此雕塑要有一定的吸引力,同时雕塑形象要将重点放在两侧视线方向,具体讲即注重侧面形象。

三、景观改善设计方案

1. 雕塑

造型以反映筑路工人创业为主题，由雕塑家潘连三同志完成。

（1）位置：上行方向在翻越垭口时，当接近垭口处应看见雕塑，因此视线立地点放在距中心线1.5m处，视线高为2.2m的位置。而下行方向从沿溪线结束时进入展线位置前的第一个看见垭口（弯道以后）的位置处，使雕塑以蓝天为背景，形成很好的衬托。位置为上下行两主要视线交点处（图2-2-118）。

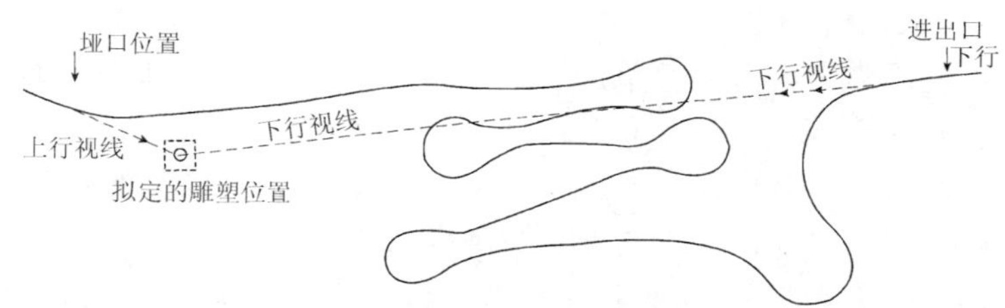

图2-2-118　牛角岭新建雕塑位置示意图

（2）雕塑的尺度：雕塑要有一定体量尺度，它不同于一般园林环境，但也不可过大，否则垭口看上去过小，体现不出工程的艰巨，高度从下行方向控制。因此可考虑当最初的视点看垭口时，雕塑全高投影不能超出垭口，大致呈2/3关系，雕塑全高的近似关系为：

$$\frac{d}{D} \approx \frac{h}{2/3H} \approx \frac{2}{3}\frac{dH}{D}$$

上述雕塑全高值可供雕塑家设计时参考（2-2-119）。

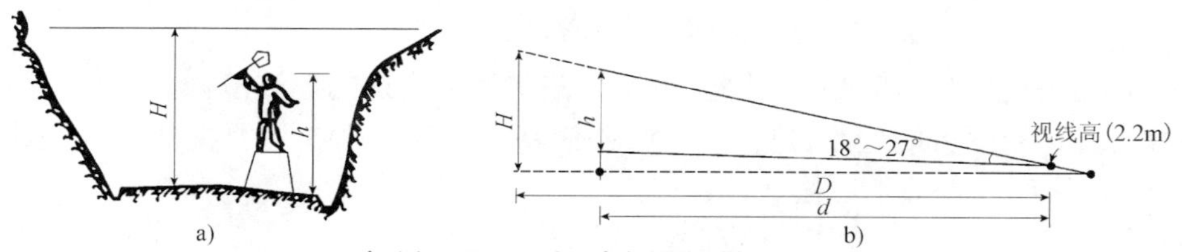

图2-2-119　雕塑高与视线距离的关系

a）垭口与雕塑的比例关系；b）雕塑高与下行视线距离的关系

H-垭口高度；h-雕塑高度；d-视点位置与雕塑的距离；D-视点与垭口距离；a-视角（18°～27°）

注：如果相对精确则可考虑用视角的函数值修正

补充：雕塑位置尽可能接近弃方的外侧，这样在大部分路线位置可以仰视。同时也要使上行路线方向尽早可以看到雕塑，上行方向特点是先看到雕塑再看到壮观的道路景象，人们自然的对雕塑与道路建筑历史产生联想。

2. 路缘带改善

本段路缘带已做有大量砌石、防护墙等工程，对表现线形的美与增加行车安全起了很大作用且已有很好的基础，只需要做部分补充完善就能形成很好的景观。表现线形景观重点放在路缘带的改善上，线形美主要依靠对路缘带的强调。

（1）在路缘带上加强线形特征，使其具有连续性。在浆砌片石段内侧抹15cm宽水泥砂浆（有一定高度），可做护轮带，有条件画上白漆。这样具有美观、视线诱导、加强路边缘的作用，同时可以增加安全性，全段特征要与线形一致，要连续，使之产生连绵不断的印象。

(2)目前部分与路缘带平行的构造物,在改善时要进一步完善。有的要适当增长,一方面对路线特征是一种加强,同时可以起到视线诱导作用。所有支挡构造物强调与路线方向的一致性,所有可能引起错觉(如路幅的变化)的地方则要加以掩蔽与修饰。

(3)边沟整修:路肩整齐,沟形规则与线形一致,依靠边沟来衬托线形。

通过以上对路缘带的改善,在山顶俯视时对路线会有清晰的轮廓,上山过程中也会有很好的路线诱导性并增加安全感。

3. 上山路线视觉环境改善

上山路线主要展现的是之字形的盘山路线侧面。

(1)用垂直绿化来改善环境

①所有支挡工程因多砌石而颜色单调、生硬,与坡面没有对比,要尽可能在上部栽植垂挂绿化植物,如连翘、迎春、金银花等,下部栽植爬山虎等予以改善。

②一些弃石路段在上山时在视野中比例很大,是工程对自然景观的破坏,应尽可能播撒草种,使地被能尽早恢复,以改善上山过程中的自然景观。

(2)在陡峭路段上增加护墙。一方面可以改善行车条件,同时对上山路线可以增添竖向的立体景观,也可以增加驾驶员安全感。

4. 道路绿化

原则:本段不宜种植高大绿化,要使用路者从任何位置都可以瞭望盘山路线,绿化要以地被植物、灌木、攀缘植物为主。地被植物用以在迴头弯处衬托线形及土方工程的自然景观恢复与修饰。灌木一方面可用在挡墙上沿作为垂挂绿化植物,个别路段可用于视线诱导种植。有些路段如路外有土层,则可以种一些造景树,可用自然景观种植方式,以改善环境。

绿化植物以本地植物为主。

灌木:迎春、连翘、火棘、金银花、冬青、女贞、黄杨。

地被:草皮、苜蓿以及其他适合本地的耐旱、耐贫瘠的土地的地被植物。

通过以上改善,尽可能地改善自然景观,并使路线成为景观中主要视觉因素,以雕塑作为环境中最吸引人的景观与主题。

四、道路安全设施

1)护墙

在现有基础上,在危险路段再补设几段护墙。

2)标志

(1)设置限速标志,在垭口以下山坡路段全段限速。

(2)在连续弯道前设置警告标志。

(3)在暗弯处两端设置鸣号标志。

3)标线

在没有全线划线时,在弯道中心线处划实线,以诱导视线。

4)反光指示标志设置

在弯道外侧或护墙端尾部分贴反光薄膜,增加夜间行车的安全性。如有可能时在道路中心线采用反光漆划线。反光薄膜尺寸可考虑为5cm×15cm或7cm×20cm。

上述工作由潍坊公路局、青州公路局、原交通部南京交专共同完成。

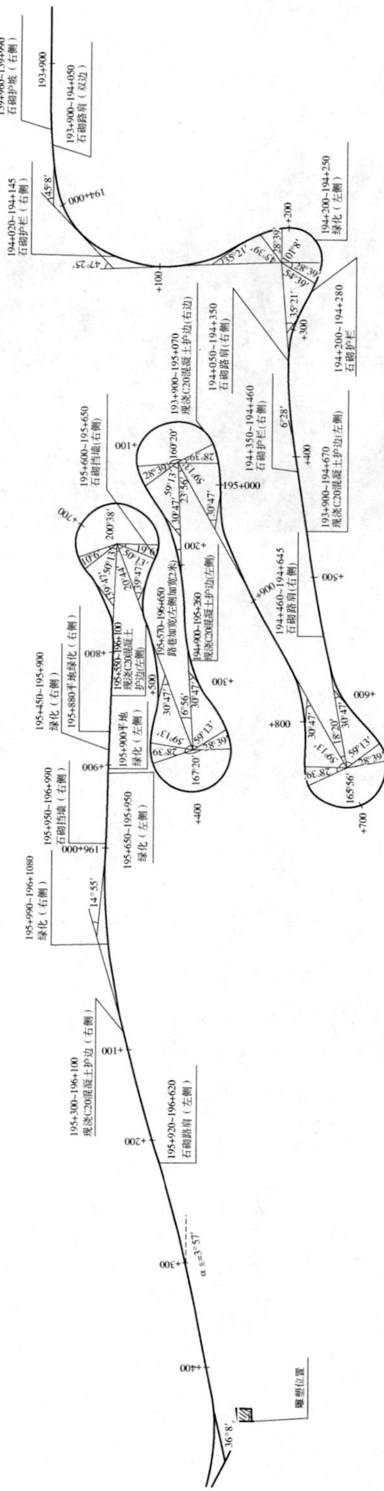

图2-2-120　牛角岭路线及景观改善示意图

附:1. 景观改善设计方案图(图 2-2-120)。

2. 改善后牛角岭的夜景视觉效果图(图 2-2-121)。

注:改善方案是笔者 1991 年受山东省潍坊公路局委托所做。该工程为 1992 年全国 GBM 工程会议参观的样板工程,图片多次被中央电视台、人民画报及有关刊物采用。

⇧ 图 2-2-121　改善后牛角岭的夜景视觉效果图

第 三 篇

公路景观系统评价方法研究

第一章　公路景观评价基础

第一节　概　　论

一、　公路景观定义——公路景观评价

公路景观设计的一般原则与要求已列入《公路环境保护设计规范》,但要求不够具体也没有各设计阶段的设计任务与内容。而景观评价应建立在规范性的设计基础上,并从中提出评价对象,建立评价体系,建立评价尺度(标准),采用相应评价方法,然后才能进行评价。

20 世纪 90 年代我曾指导西安公路交通大学研究生彭巍,历时两年对高等级公路景观设计方法与评价体系做了专门研究,撰写了相应的研究论文。本篇是在此论文基础上修改撰写的。此研究是以动视觉原理为前提和以公路美学原理、公路景观设计为基础,以动态景观与环境为评价对象所进行的探索性研究。涉及动态线形、动态环境及各种影响因素,内容丰富。但景观评价是一个复杂的系统工程,不能用一种模式去评价一条山区公路与一条草原公路谁美谁不美,因此不同区域不同等级公路应有自己的评价体系。但作为方向性研究,本文中的评价内容、评价方法等,基本理清了公路景观作为四维空间形象的评价思路。其内容适合对车速 60km/h 以上公路景观进行评价,40 ~ 60km/h 车速的公路可以参考。对立体线形设计没有特别强调的公路,不作为本篇讨论的对象。

对美的评价自古有之,一种称为“形而上学”(有形),另一种可以称为“形而下学”(无形)。也就是前者说美是客观存在的,是有形的看得见的。就建筑而言有建筑形式美的法则一般原则,而后者则着重美是在于各人的心理感受。公路景观是有具体的视觉对象,看得见的,是有形的,即使有形,各人从不同角度体验,其心理感受也可能存在差异。例如一座跨越沟谷的下承式拱桥,一跨飞越气势宏伟。但在现实生活中可看到这种构造的两种不同的用色,一种将拱做成红色的,另一种却是单色的[图 2-2-41a)、b)]。一说这红色拱犹如沟谷的一道彩虹,很美,很有特色。而另一说这红过于突出,缺乏对水平方向的强调,而色彩过于突出又与环境不协调。孰对孰错?因此公路景观评价不能像一些技术指标、经济指标一样完全地、客观地量化。

本篇对景观评价的研究是以四维空间公路景观为基础,为了更清楚的说明公路美学与公路景观的确切含义,这里不妨对前二篇中有关内容再重复一下,以理清我们的评价内容。

本书对“公路景观”的定义为:“通过动视觉原理,研究用路者以不同车速在道路上运动

时，道路的四维线形及用路者视觉中道路与周围环境随时间变化的四维空间形象。”

本书对“公路美学”的定义为：“用路者以不同车速在公路运动过程中，人的视觉、心理感受随时间变化而形成的综合效应。”

前者的定义将公路与环境从建筑学角度用动态环境来研究，主要强调公路和形式美是以四维空间呈现的，是客观存在的，有它自身美的规律与法则，而后者将客观的视觉与主观感受结合在一起，以“综合环境效应”的方式来表现。

这种“综合环境效应”中除视觉感受以外重要的是心理的感受，而这种主观的心理感受随人的年龄、地域、文化、习俗等的差异而有所不同。因此景观评价要完全客观量化是不可能的，所以这种评价也应从建设者、设计者、用路者、路外人多角度的感受进行评价。因此景观评价不能像线形评价那样具有“高技术含量”，也不可能用完全客观量化的一些方法进行评价。

本篇研究是以动视觉特性要求为基础，理出公路景观评价对象，以此建立评价的大体框架，再根据公路形式美、功能美的原则结合建设者、专业人员、用路者、路外人不同的认知来建立系统的评价体系。并根据评价对象的不同特点采用等级法、形容词差异法、可能——满意度法、价值分析法、逐步比较法、模糊综合法等方法对景观评价因素进行评价与综合，以求建立相应客观的评价指标与尺度。公路景观设计应建立事先评价机制，可对若干个方案进行比选后择优，并对评价中可能出现的问题作出改善。此法也可进行事后评价，而事后评价只能对景观环境改善做些完善性工作，而已建成的路线本体则没有改善的可能。

二、 风景分析评价理论简介

公路景观是人工建筑物景观和人工建筑物与环境相结合构成的人工与自然合一的新景观，对此研究只有八九十年的历史。而风景自古有之，园林自古有之，因此对风景的好坏从国际到国内都不乏有各种流派。就国际风景分析评价领域而言，公认的有专家学派、心理物理学派、认知学派和经验学派，他们采用系统分析方法是把风景作为评估对象加以分解，即其内容分成若干单项，按一定判据对各项划分等级进行评分，然后将项与项之间排队计权重，最后综合得出总分。这一方法与公路景评评价有很多相似之处，这有助于我们按这思路建立公路景观的评价体系与进行公路景观评价。

下面对各风景学派的评价方法做以简介，以进一步拓展公路景观评价的思路。

1. 专家学派的风景评估方法

专家学派的风景评估方法建立的基础是形式美的法则，认为符合形式美法则的风景都是有较高质量的风景，是属于美丽的风景。这和建筑学形式美的共同之处在于专家学派将风景的景色分解为线条、形体、色彩、质地四个基本要素，以多样性、独特性、统一性作为评判风景的标准，这和我们研究公路美学原理的基本规律极其相近。专家学派最突出的特点是它的实用性。其基本路径是要从宏观的景域范围内，对风景的质量基本情况进行深入细致的评价。

这种方法的局限性在于形式美法则与实际风景美学的质量之间的联系仍缺乏严密和量化的关系，因此运用形式美法则来评估风景需要训练有素的专业人员才能进行评估，而我们

公路专业技术人员却没有经过建筑师、景观规划师的专业训练。

2. 心理物理学派的评估方法

我们在线形美学中对线形评价曾做介绍，心理物理学派的评估方法是在检查舒适性时，采用皮肤电反射、脑电波、脉搏、呼吸等生理反应来评估。

风景评估的心理物理学派是依据将景观与审美的关系理解为刺激—反应的关系。在风景评估中应用检查人体受到外界景观的信息而产生的刺激以物理学信息的检测手段得出与测量人群对景观审美时的反应。并将这些对风景反应的数据建立景观客体之间的数学函数关系，以此来研究实际环境中景观各元素公众评估的结果。

心理物理学派以景色美预测法 SBEP(Scenic Beauty Estimation Procedure)和比较评判法 LCJ(Law of Comparative Judgment)为代表，也是目前公认的两种较好的方法。其评估模型分为两部分，一是对公众平均审美态度即风景的美度的主观测试，二是对景观构成元素进行客观的测定。将两种测试结果建立数学模型并以此来评估风景质量。但实际工作中无论测试的人群和考虑的客体景观都有一定的局限性，因而建立的这种模型是否具有足够的代表性，应该引起置疑。因此模型的可靠性在于建立模型时，要有足够的样本数。

3. 认识学派的风景评价方法

该学派将风景视为人类的生存空间，强调人类对风景环境的认识及情感上的反应。并以人的进化过程及人对功能的需求来研究人类对风景审美的认识过程。人类为了生存必须了解其生活空间与其周围的环境，并不断获取各种信息，以便寻找更适宜的生活环境。地理学家 Ulrich 指出了风景审美的“感情/唤起”模型，把人对于风景环境的认识理解为一种相互作用的关系。

4. 经验学派的风景评价方法

经验学派的评价方法是把人对风景的审美评判看成是人的个性及文化、历史背景、志向与情趣的表现。经验学派考证与风景欣赏有关的文学艺术作品，分析人与风景之间的相互作用，以此探索审美评判的背景。经验学派还通过调查、询问等心理测试方法，了解被调查人对于具体风景感受的评价，并记述这些人的个人经历、体会等。以求找出具有普遍意义与风景评判的背景因素。

经验学派认为风景能使人产生一种连续持久的、潜在积淀的情感。这种方法由于人群的差异，而使景观评价的存在一定不确定性。

三、公路景观系统评价的目的与内容

对一个景观系统的评价，首先要从明确评价目标开始，通过评价目标来确定评价对象，因此要对评价对象的功能、特点及效果等属性进行科学测定。从建设角度来讲我们前面已讲了有两个条件，一是“满足生活必须的条件”，二是“丰富生活的条件”，后者是一个更高的和谐状态。这种和谐表现在系统内部，也表现在系统与环境之间。就系统本身的地位来讲，它是相对于环境而言的，离开环境也无所谓它的地位，因此对系统的分析与评价，要看其是否处在动态平衡状态，看系统是否与外部环境或其他系统协调。因此对系统的评价就是对系统本身以及系统与环境的和谐状态的评价。

对公路系统的评价则是对该系统进行分析与结果的鉴定，以判别该设计系统是否达到该设计的所预期的各项技术与经济指标。公路景观评价就是要通过对景观元素的分析、评价指标的确定，评价方法的选择，来确定公路景观设计是否达到了我们的确定的景观美学要求和各评价对象满足对应的评价指标所达到的程度。

第二节　公路景观系统评价的方法与步骤

公路景观评价作为一个系统，可运用系统工程中评价方法进行评价，在确定景观的评价元素及评价指标的基础上，对公路景观进行事先评价或事后评价。

一、系统评价的原则

(1)要确保评价的客观性。评价目的是为了决策，而评价质量影响评价决策的正确性，因此要保证评价客观性。评价的客观性主要依赖于评价资料的正确性、可靠性、评价指标、方法合适与否以及评价人员的组成的代表性与倾向性。

(2)方案要有可比性。一般事先评价要有几种方案才能比选，因此各方案在实现系统功能上要有可比性。

(3)评价指标的系统性。评价要有完善的指标体系，由若干个单项评价指标组成的整体，应能涵盖系统目标的各个方面，而且对定性问题要有恰当的评价指标，以保证评价不出现片面性。

(4)系统评价指标应符合国家方针、政策。同时要符合设计的要求与目的。

二、系统评价模式

系统评价是一个比较过程，在这过程中，我们要把评价事物与一定的评价对象进行比较，从而决定该评价事物的价值和确定其在系统中的地位。假定评价对象为 X，一般我们可如图 3-1-1 所示的模式进行评价。

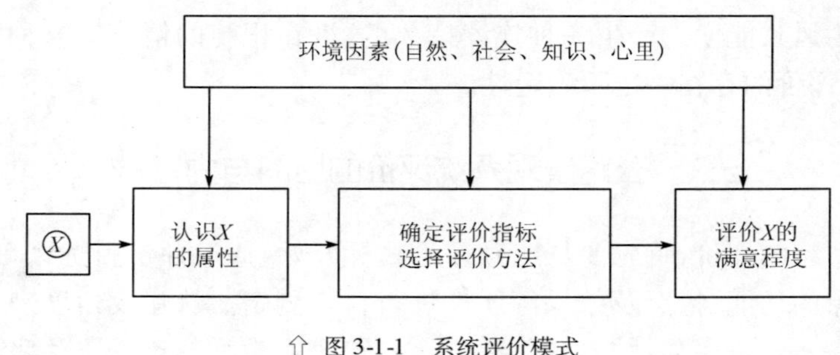

图 3-1-1　系统评价模式

三、公路景观系统评价的基本思路

公路景观评价的基本思路是：

(1)根据系统目标规定的一组评价项目,并确定与这些项目相匹配的评价指标;

(2)判定系统评价准则;

(3)确定评价的顺序;

(4)根据评价对象在系统中的地位确定它们各自的权重。

此体系价值一般是从技术、经济两个层面上衡量,但还需考虑人的因素、社会因素的影响。

四、公路景观系统评价的步骤

根据公路景观评价自身特点与评价本身的可靠性,其步骤如下,如图3-1-2所示:

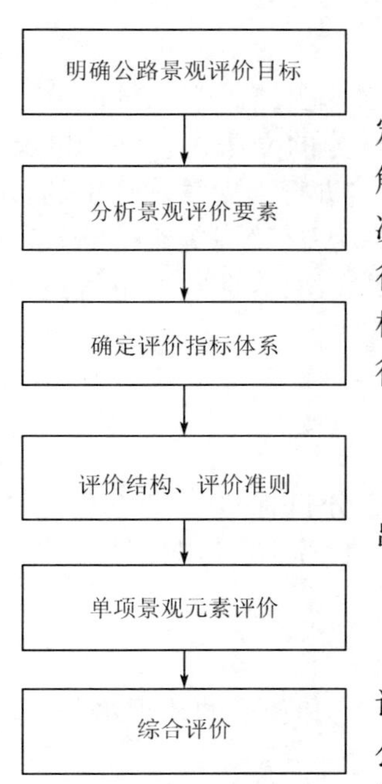

⇧ 图3-1-2　景观评价步骤

1. 熟悉公路景观设计方案,确定公路景观的评价目标

景观评价本身带有模糊性,评价系统尽量采用科学的定量:定性评价,以减少评价中的不确定因素。景观评价必须事先了解公路路线设计的大致情况及所经区域的自然、文化、历史情况。熟悉景物的大致构成,了解评价对象的特点。同时公路是很长的带状构造物,不能一次将全长全部评价。正确的做法是根据景观特点分段评价或按景观设计时划分的景观区域进行评价。

2. 分析景观评价对象

根据景观评价目标,全面分析公路景观系统各组成要素,找出具体评价对象。

3. 确定公路景观评价指标体系

评价指标体系是指对所评价的系统建立起能对照和衡量各评价对象的统一尺度。评价指标体系应科学客观,并尽可能包含公路景观组成的各元素以及它们的影响因素与控制因素。公路评价指标体系是由若干单项评价指标组或的整体,能满足对各项目的评价要求。

4. 判定评价结构与准则

因每一个具体评价指标都是由几个影响因素指标综合而成。一些定性描述的要进行量化,而量化又借助于模糊理论的概念和方法,评分是常用的方法之一,将评价对象分为若干等级进行相互比较,要根据评价系统的特性和指标体系结构来制定评价结构。由于各指标尺度不一,所以不同指标之间很难相互比较。因此要制定相应评价准则并使指标体系规范化,并确定指标结构中各指标的权重。

5. 评价方法的确定

根据不同评价对象的评价特点,来决定采用何种评价方法来对评价对象评价结果进行相对准确的描述,其采用的方法是根据系统目标与系统分析的结果及评价准则等来确定。

6. 单项评价

单项评价是对系统分目标的评价，以突出分目标的特征，单项评价只能解决这项目标的在系统中的价值，并不能决定总目标的最后判定，只有综合评价才能解决评价对象的最后优先排序。

7. 综合评价

在单项评价基础上，从不同观点，不同角度对系统进行全面评价，在各方案的各自综合评价结果中我们可以确定哪一个方案为最优。

第三节　有关公路景观评价方法的讨论

前几节我们讨论了公路景观评价的基本思路，但采用什么方法对公路景观系统的分目标与总目标进行评价呢？目前仅能看到有对构造物采用形容词打分的方法进行评价的文献，尚未见到系统的有关公路景观设计方案比选，或对已建成的公路进行事后景观评价的报道与文献。著者 1997 年曾指导研究生彭巍对此问题进行了探索并发表了“高等级公路景观设计与评价体系研究”一文。因目前国内尚没有成熟的系统评价可介绍，因此在这里将该文主要评价内容经改写后介绍给读者以供参考。

一、涉及评价的四个要素

要进行景观评价首先要建立景观评价系统并对系统总目标分目标进行确定（下章介绍）。要研究对这些目标（对象）的评价，涉及方案、指标、评价主体、信息转换四个要素。

1. 方案集

方案集是待评对象的集合，能集合中的方案多少反映人们对系统和环境的认识水平，如果没有两个以上方案则是无法比选的。

2. 指标集

因为系统复杂，目标较多，评价方法与指标不尽相同。因此要依据目标、准则和指标组成具有一定层次的指标集来概括了我们评价的范围与内容。

3. 评价主体

评价主体反映了参与评价人员的结构以及他们的价值体系、知识水平、专业经历及偏好等。

4. 信息转换模式

信息转换模式是指评价者如何获得评价信息，并对这些如何进行处理。所以信息转换的模式决定了评价方法的采用。

二、涉及本篇的评价方法简介

公路景观评价就是要确定评价对象在系统中的地位，而这种地位又是由比较以后再确定的。评价是评价对象在人意识价值中的反映，因此具有主观性，而这在评价过程中无法排除。只有在选择方法时，要使所选择的方法尽可能削弱或减少这种主观因素，使获得的结果具有可靠性。

1. 等级法

邀请相应人员组成评价主体，给评价人员发调查表，见表3-1-1，请评价人员对评价对象按优劣排序，最后汇总得出评价结论。其评价可靠性取决于评价主体人员的组成。

等级法评价调查表示例　　表3-1-1

方案排序 / 评价项目	方案Ⅰ	方案Ⅱ	方案Ⅲ
美观	A	B	C
舒适	B	A	C
与环境协调	C	B	A
总体印象	B	A	C

2. 形容词差异法

这种方法是将形容词按含义的不同程度分成不同的评价值，一般分为5级（如很好、好、一般、差、很差等）。要求评价者对评价对象做出自己的判断，并按形容词满足的程度进行打分，以此对评价对象做出排序与评定。

这种方法可适用于几种方案的评价也可对公路景观系统中某一评价对象进行评价。这种方法没有定量，但却是一种常用而且是有效的方法。

3. 可能—满意度法

评价体系中有些指标要定出它的可能性大小，有些则要说明它的满意程度。因此要定出可能或满意的范围，这范围是指的可能度的最高点与最低点与满意度的最大与最小点。然后评出具体方案在这指标范围内能达到何种可能度与满意度。其原理如图3-1-3所示。从图示可以看出我们将可能度或满意度最大时定为$P=1$，如这指标设有可能达到即将P定为$P=0$。因此一般情况下P在0～1，此时可能度呈线性变化。如我们将R定为可能度指标$R_a \sim R_b$是可能度范围，则有下列关系，见式（3-1-1）：

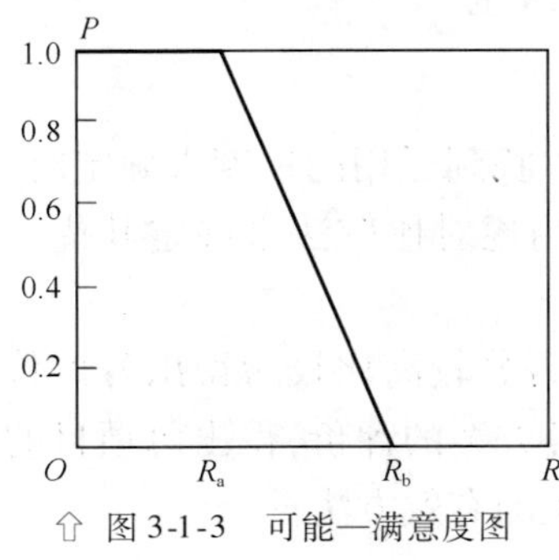

图3-1-3　可能—满意度图

$$P(R)=\begin{cases}1 & R \leqslant R_a \\ \dfrac{R-R_a}{R_aR_b} & R_a < R < R_b \\ 0 & R \geqslant R_b\end{cases} \quad (3\text{-}1\text{-}1)$$

图3-1-3中表明P与R成反比关系，当两者成反比关系时，图像方向相反。这种评价是定量评价的方法，可用于公路线形的某些评价。

4. 关联矩阵法

当一个评价对象存在几个评价因素，而这些因素之间又没有约束时，可采用关联矩阵法进行评价，见表 3-1-2。

关联矩阵法评价表

表 3-1-2

评价因素		A	B	C	D	评 价 值
各因素权重		ω_1	ω_2	ω_3	ω_4	
评价方案	a	a_{11}	a_{12}	a_{13}	a_{14}	$\sum(\omega_j \cdot a_{1j}) = \overline{W}_{aj}(j=1、2、3、4)$
	b	b_{11}	b_{12}	b_{13}	b_{14}	$\sum(\omega_j \cdot b_{1j}) = \overline{W}_{bj}$
	c	c_{11}	c_{12}	c_{13}	c_{14}	$\sum(\omega_j \cdot c_{1j}) = \overline{W}_{cj}$
	d	d_{11}	d_{12}	d_{13}	d_{14}	$\sum(\omega_j \cdot d_{1j}) = \overline{W}_{dj}$

以表 3-1-2 为例，表中列有 4 个方案，各有 4 个评价因素，各评价因素因重要性不同有不同的权重。我们给出各方案各因素的评价值，再考虑它们的权重后将各因素评价值综合起来，即可对各方案进行排序。

5. 价值分析法

当系统具有多个目标时，可用系统价值来衡量系统总目标达到的程度。假设系统价值为 V，系统的功能为 X_1、建立系统的费用为 X_2、所需完成的日期为 X_3、系统的可靠性为 X_4，而系统价值 V 与 X_i 有关。一般情况下系统价值 V 越大，则系统性能越高。而系统价值 V 又可能有不同评价尺度，因此 V 能分解为 V_1、V_2……V_n 等，且各 V_i 值又有不同权重，则有如下关系，见式(3-1-2)：

$$V = \sum(W_i \cdot V_i) = \sum[W_i f(x_i)] \tag{3-1-2}$$

式中 X、V 可以函数或图表形式给出，这样就可以通过每个方案的 X_i 值，找出相应的 V_i 值。其中 W_i 为权重系数，可以通过其在系统中的重要性确定其权重。

6. 逐对比较法

当评价对象的影响因素已很难用已有的尺度来确定，或难以找到通用的尺度来确定时。如涉及工程的心理因素，往往只能凭感觉来判断，此时可以采用逐对比较法来确定其优先顺序。

逐对比较法是将各方案评价项目逐对比较，以相对重要的得分较高比较后得出各评价项目的权重 W_i，再评价主体给定的评价尺度，逐对比较后给出各方案的评价，得出每项目的评价值，在加权平均后得出综合值。逐对比较法是确定项目权重的有效方法。

7. 模糊综合评价法

模糊数学可以简单理解它是用数学方法解决模糊问题的一种手段。采用模糊综合方法评定，可以对由多种因素影响的评价对象进行总评价，因这评价过程涉及模糊因素，因此我们称这种方法为模糊综合评价。

模糊综合评价工作是首先对各影响因素单独评定，然后将所有因素集合进行模糊综合评定，其步骤如下：

1）建立因素集

将影响评价对象的各种元素集合一起建成因素集，因素用 U 来表示，见式(3-1-3)。

$$U = (u_1, u_2 \cdots\cdots u_m) \tag{3-1-3}$$

因素集 U 中各元素 $u_i(i=1,\cdots m)$ 代表各评价对象的影响因素，这些因素可以是模糊的，也可以是非模糊的。

2）建立权重集

因各因素的重要程度不同，所以权重也不同，因此应给各因素不同的权重 $W_i(i=1,2,\cdots m)$，权数集为 W 见式(3-1-4)：

$$W = (W_1, W_2, \cdots W_m) \tag{3-1-4}$$

通常各权数 $W_i(1,2,\cdots m)$ 应满足归一性和非负数条件，即：

$$\sum W_i = 1 \qquad 而\ a_i > 0(i=1,2,\cdots m)$$

各权数应根据实际问题来确定，确定权数的方法也多种多样。这权数可以看作评价影响因素 u_i 对"重要性"的隶属度。

3）建立水平集（备择集）

水平集是评价者对评价对象可能做出各种评定结果组成的集合，我们用 V 来表示，则如式(3-1-5)：

$$V\{V_1, V_2, \cdots\cdots V_n\} \tag{3-1-5}$$

4）建立评价矩阵，式(3-1-6)

$$R = \begin{bmatrix} U_1, U_{21}, \cdots U_{m1} \\ U_{12}, U_{22}, \cdots U_{m2} \\ \cdot \quad \cdot \quad \cdot \\ \cdot \quad \cdot \quad \cdot \\ \cdot \quad \cdot \quad \cdot \\ \cdot \quad \cdot \quad \cdot \\ U_{1n}, U_{2n}, \cdots U_{mn} \end{bmatrix} \tag{3-1-6}$$

式中：R——对第 i 个因素做出的第 i 种评定。我们设定 R 就是从因素集 U 到评价集 V 的一个模糊集，这 R 是一个 $m \times n$ 的模糊矩阵。

5）进行模糊评定

为考虑各影响因素的重要性不同，因此评价矩阵应乘以相应的权数，则综合评定的公式应为式(3-1-7)：

$$B = \overline{W} \cdot R$$

$$B = (\overline{W}_1, \overline{W}_2, \cdots \overline{W}_m) \begin{bmatrix} U_{11} U_{21} \cdots U_{m1} \\ U_{12} U_{22} \cdots U_{m2} \\ \cdot \quad \cdot \quad \cdot \\ \cdot \quad \cdot \quad \cdot \\ \cdot \quad \cdot \quad \cdot \\ \cdot \quad \cdot \quad \cdot \\ \cdot \quad \cdot \quad \cdot \\ U_{1n} U_{2n} \cdots U_{mn} \end{bmatrix} = B_1, B_2, \cdots B_m \tag{3-1-7}$$

式中：$B_1, B_2, \cdots B_m$——为对这些评价对象（方案）的评价结果。

进行模糊矩阵运算要引入“∨”和“∧”两个符号，这两个符号称为模糊算子，分别代表取最小值与取最大值两种含义。即

$$A \wedge B = \min(A, B); A \vee B = \max(A, B)$$

模糊评定法较适合公路景观的综合评价，本篇将尝试用模糊法系统研究公路景观的综合评价。

第二章　公路景观评价体系研究

本章讨论公路景观评价元素分析，公路景观评价体系及公路景观评价指标体系确定原则这三部分内容，并建立公路景观评价的初步框架。

第一节　公路景观评价元素的分析

一、景观评价的影响因素

1. 景观构成二要素

1）作为客体存在——景观是有形的物

因此作为客体存在的景观具有吸引人兴致情趣的具体信息，它除有自身属性以外，还有一定的社会属性，这种社会性可从背景中分离出来。

2）作为审美主体——即观赏者受客体内涵产生的刺激，能作出认知反应，并在头脑中形成具有审美情趣反应的图像，只有这样才能形成景观。

2. 景观的形成

景观正如上述所讲，必然要有一定形体的外因和可感知的内因所产生的刺激与反应才能形成，二者缺一不可。因此景观效应可理解为审美的主体与被审美的客体之间所发生的相互感应和转化的关系（图3-2-1）。

3. 影响因素

影响因素有人的因素与传媒介质因素这两部分。人的因素是指的人的年龄结构、文化层次、职业差别、观赏角度位置、地域差异等，而传媒介质是指时间状态（早、中、晚、夜）、季节变化（春、夏、秋、冬）、气象（云、雨、雪、雾）、物象（声音、光线）、车速（高、中、低）。审美主体对客体的审美通过这些因素产生的感应与融合形成了“物境”与“情境”。

1）不同用路者及路外人的评价角度

因人的因素存在视角中对景观存在认知上的差异，笔者曾在写《城市道路美学》一书时拍过西安长安路人行道，慢车道机动车道及上下行同一断面的不同视角的照片，从景观中可以看出由于观赏位置不同景框中就存在很大差异，而这只是一个位置因素而已，那么专业人员、用路者、路对人因认知上的差异，其影响也可想而知。

（1）专业人员的评价角度

专业人员评价角度反映在以下四方面：

①公路平、纵、横是否配合良好，有无良好的视觉线形，线形平顺扭曲与否；

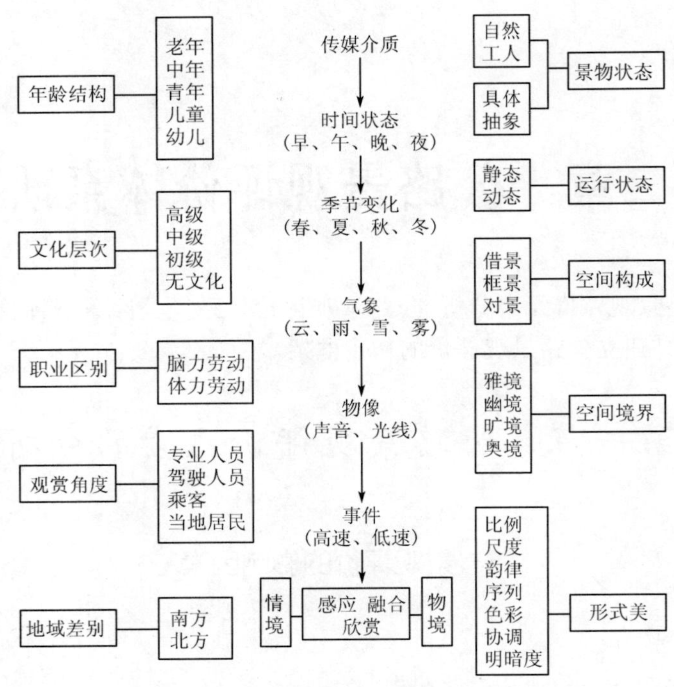

⇧ 图 3-2-1 景观效应图式

②有无与地形的良好配合；

③公路景观空间构成是否合理（包括与环境协调、构造物配合，绿化的合理性、科学性等）；

④一条路上是否有统一的风格、各景观区域是否个性鲜明。

（2）驾驶员的印象

①线形平顺流畅、驾驶舒适安全、路线有良好的视线诱导与可预知性；

②交通设施设置合理、完善，前窗中视觉比例合适，环境优美；

③线形、景观有变化具有多样性、不单调不感到视觉疲劳。

（3）乘客印象

①前窗小视框内景色优美，两侧车窗外可以看到风景；

②没有因线形变化及平整度变化带来的不舒适感；

③公路周围景观有变化，景色令人赏心悦目。

（4）路外人印象

①公路景观良好与周围环境有很好的配合；

②没有破坏当地生态；

③服务设施能被当地居民利用；

④没有因公路修建给生活、生产带来不便。

2）传媒介质的影响

（1）时间的影响，一天早、中、晚会有不同的景色。

（2）季节变化的影响，一年四季因植物的季相、农田的耕种季节等会产生春天的景色、秋色、冬景等。

(3)气象影响,雨、雾、云、雪对交通安全有影响,也影响对景物的观赏。

(4)车速,这是影响景观的重要因素,不同车速下的视觉特性,对景观的变化、景观尺度都有不同的要求。

(5)物象影响,如山向南的是阳坡,背后为阴坡。南北走向山体,右侧上午向阳,下午背阴,光线上存在很大差异。

二、公路建设对环境的影响

公路景观评价还应考虑因为公路修建对环境产生的影响。一条路的修建必然影响了当地环境与自然平衡,不论我们如何努力公路与环境协调仍然是相对的,其影响有以下几方面:

1. 对自然地形和风景地貌的影响

即使路线很好的适应地形,也不可能对自然与地貌不产生影响,而大填、大挖影响尤甚,公路修建应将这种影响减至最小。

2. 对风景结构形成的影响

自然风景在公路修建以后,其景观空间构成和当地风景结构必然会造成影响,要减少这种影响的最好处理方法是将公路也作为风景构成的部分,恰当的融入其中。

3. 对生态的影响

公路修建将森林砍伐、植被破坏、山体开挖、地表排水受阻等都会对局部生态环境产生影响,一些靠较大面积生存的动物活动区域也会受限,如不重视生态保护,会在一定程度上破坏生态平衡。

4. 对文化遗产及建筑的影响

古建、古树、古文化遗址,在公路勘测及修建时经常遇到,因此穿越这些地段时,保护文化遗产及建筑成为首先。因此只有恰当的处理才能使其成为沿线重要的社会、历史、人文景观,从而提升公路景观的审美价值。

公路建设可能对景观产生的影响见表3-2-1。

公路建设可能对景观产生的影响 表3-2-1

单元	组别	因子	负影响	正影响	显著影响	长期影响
物化环境	空气	空气污染	○			○
	土地	土填冲蚀	○			○
	水	水质污染	○			○
	噪声	音量	○			○
生物环境	动物	栖息地	○		○	○
		稀特品种	○		○	○
	植物	珍贵林相	○		○	○
		沿线绿化	○			○
地理环境	地形	地貌改变	○			○
	地层	边坡稳定	○		○	○

续上表

单元	组别	因子	负影响	正影响	显著影响	长期影响
景观环境	现有景观破坏	视觉污染	○		○	○
		风景破坏	○		○	○
	新景观创造	新景观点		○		○
		工程景观		○		○
总结	现有景观破坏	任何同环境不协调的公路建设都有可能对环境造成不同程度的负面影响				
	新景观的创造	经过精心设计的公路也会给当地景观注入新的特色				

注:○代表对该项有影响。

三、公路景观评价要素分析

公路景观是由路与环境共同构成,又因评价主体的背景不同,评价的角度不同,综合公路技术设计、公路景观设计,评价主体等,可能对公路景观评价产生影响等因素,拟将以动视觉原理为出发点的公路美学、公路景观设计作为前提,根据公路自身协调、公路与环境协调两部分内容从景观学的角度抽提出六大类评价对象,这样基本涵盖了公路景观的有关元素与影响因素。

1. 公路自身景观要素

公路自身景观要素是由公路平、纵面线形、横断面以及公路自身景观空间构成等有关因素构成。

2. 公路附属景观要素

公路附属景观要素主要指的是人工构造景物、附属设施、交通设施及各景观元素,也包括周围环境、地形、地貌、季节、气候等影响要素,此要素附属于公路本体。

3. 公路与环境配合(要素)

公路与环境配合包括视觉环境质量评估,公路与地形配合,公路经过区域的生态质量评估,此要素反映公路设计时与环境结合的优劣。

4. 公路绿化要素

公路绿化要素主要与沿线栽植因素及环境因素有关,如栽植形式、树林与植被种类等,此要素是对公路自身要素与环境配合两主要因素的补充与改善。

5. 与景观有关的影响因素

与景观有关的影响因素主要有季节、气候、时间、地理、水文、风俗、文化、经济等,此要素影响四季与晴、雨、雪等不同景色。

6. 公路景观总体印象

公路景观的评价要素包括景观及景观的视觉要素和对评价主体的感受的综合,也包括对一条路的宏观印象。

上述六大要素是公路本体、公路与环境的主要影响因素,是从评价角度对影响景观的各种因素抽提归纳出来的,将它作为评价对象,并将有关各因素分成若干分项及子项,尽可能使评价结果比较客观、全面,同时使方案之间也更具有可比性。

第二节　公路景观评价指标体系确定原则

公路不仅是技术设计对象，也是景观设计对象。作为公路景观评价，存在一定主观因素，但景观本身却是客观因素，即是一个实实在在由路与环境构成的景物。公路景观评价的任务是要将各种不同人群对景物实际感受和不定的感受之中不变的东西进行抽象化，以建立若干景观评价元素组成的公路评价体系。

由于公路景观评价涉及因素较多，而且评价过程具有随机性和模糊性。因此应将复杂的评价问题用较科学的计量方法进行量化处理，就需对景观评价对象建立一个相对科学的评价指标体系。这指标体系应将评价对象中大量相互关联、制约的复杂因素层次化、条理化，并能区分这些因素对评价目标的影响程度。同时要将一些定性评价的因素进行量化处理，以便确定各景观元素的评价尺度，建立相应的评价指标体系。这是一项复杂而困难的工作，是公路景观评价是否科学、全面、客观与成功的关键。

评价指标体系确立要能反映评价系统中各项目标的要求，要能被主管部门和有关人员接受，因此评价系统的元素指标的草案都应征求领导、专家及有关专业人员的意见，经反复交换信息、统计、综合归纳等处理后再确定评价的项目与相应的指标体系。

从系统论的研究知道，任何研究对象都是一个动态系统，有“输入—转化—输出”三个环节。评价对象的指标集按功能可分为三类即基础描述型指标集、分析评价型指标集、规划决策型指标集。

基础描述型指标集——是为了对客观事物完整而系统的描述需要而建立的。

分析评价型指标集——是根据项目评价的不同要求而建立的。

规划决策型指标集——是在分析评价的基础上为作出的规则、监管、预测和决策而建立的。

上述三个指标集前一个为后一个的支撑系统，如分析评价型指标集是在描述型指标集基础上建立的，而决策型指标集仍然需要根据后续的指标集的需要而加以选择。

一、指标体系建立的原则

公路景观评价的实施依靠完整的评价指标体系，指标体系的建立应遵循下列原则：

1. 系统性原则

系统性原则是指标体系应能全面反映被评价对象的综合情况，突出主要因素。要能反映直接效果，也能反映间接效果，以保证综合评价的全面性与可信度。

2. 可测性原则

可测性原则是指标含义应明确，数据采集应方便，计算应简便易于掌握与操作。

3. 定量指标与定性指标相结合的原则

景观评价是一个复杂的系统，一些指标可以量化，以便于用数学模型处理。采用定量与定性结合原则可使评价更加客观，又能弥补单纯定量评价的不足和数据本身的缺陷。

4. 绝对量指标与相对量指标结合使用原则

评价时绝对量指标反映总量及规模水平,而相对量指标则能反映在某些方面不同程度的水平。

5. 指标之间尽可能避免显见的包含关系

指标应相对独立,不应有隐含关系,在模型中如有这种关系,应采用适当方法去排除。

6. 指标的选择要保持同趋势化,以保证可比性

7. 指标要有层次性

指标体系要有层次性,以体现不同方案的的不同效果,同时为确定权重提供方便。

二、体系应用中矛盾的处理

景观评价体系中由于评价元素相互关联,因素多、层次多与之建立的指标体系也难免出现矛盾,对这些矛盾可做如下处理:

(1)在满足有效性的前提下,评价指标明确,尽可能使评价工作简便,不应使此项工作复杂化。

(2)指标的系统性与指标可获得性之间常有矛盾。因各种原因有些指标不易测出或不易获得,这样就可能找不出我们为满足评价而需的全部数据。在指标体系建立时本身就有一些与评价关系重大的指标,很难获得(如人为的主观评价因素),但仍应以建议的方式提出(给出),以保证评价指标体系的系统性、完整性与科学性。

(3)关于指标的精确性与可信度问题。作为评价来讲希望评价尽可能精准,但因前一些指标很难做到精确,不能因为得不到精确数据而将这些指标舍去。建议此时可根据专家的经验做定性描述,这比其他方法更为可信。

公路景观评价尺度,需要从景观构成元素着手,对于不同的评价元素应有不同的评价尺度。由于指标体系的复杂性与多样性往往对评价尺度的确定存在一定难度。解决这种矛盾的方法通常使用"特尔斐法"也就是"头脑风暴法"。这就是要应用专家丰富的经验,通过反复征求专家意见,将结果统计、归纳综合以此达到上述的目的。

第三节　公路区域景观评价体系

一条公路有较长距离时,经过不同地形,不同地区,因此不能对全线作出一次评价,应根据我们划分的景观小区或一定路段长度内的景观进行评价。这些路段内的景观我们称之为"公路区域景观",因此公路景观是分段评价的。而全线评价首先建立在分段基础上,然后根据各段的重要性给出不同权重进行综合。

一、区域景观评价体系的大框架构成(总体系)

公路区域景观评价系统框架见图 3-2-2。

公路景观系统评价体系

- 一、公路自身景观元素（P_1）　$P_t = \sum(W_1 M_1)$
  - （一）公路线形评价（M_1）
    - 1. 二维线形评价（V_1）
    - 2. 三维线形评价（V_2）
    - 3. 四维线形评价（V_3）
    - 4. 综合评价（V_4）
  - （二）公路断面的评价（M_2）
    - 1. 路幅宽度（V_1）
    - 2. 横断面形式（V_2）
    - 3. 边坡处理（V_3）
  - （三）公路景观空间评价（M_3）
    - 1. 公路景观构成比例评价（V_1）
    - 2. 公路景观延长比（V_2）
    - 3. 公路景观构成空间评价（V_3）
    - 4. 公路景观空间动特性主观评价（V_4）
- 二、公路附属景观元素（P_α）　$P_2 = S_j \cdot E^T$
  - （一）评价因素（美学、心理、工程、经济）
  - （二）评价水平集（五级 5、4、3、2、1）
  - （三）评价因素权重
  - （四）列出隶属度矩阵 R
  - （五）计算评价向量 S_j
- 三、公路与环境配合评价（P_3）　$P_3 = \sum(W_i \cdot M_i)$
  - （一）公路周围景观视觉环境评价（地貌、生态、景观视觉…）（M_1）
  - （二）公路景观与地形协调评价（评价 Ai 共 60 项）（M_2）
  - （三）公路景观区生态环境评估（评价 Ai 共 2 项）（M_3）
- 四、公路绿化评价（P_4）　$P_4 = \sum(W_i, M_i)$
  - （一）公路沿线栽植评价（M_1）
  - （二）公路沿线栽植树种评价（M_2）
- 五、公路景观影响因素评价（P_5）
  - （一）影响因素
  - （二）影响因素评价尺度
  - （三）评价 $P_5 = P \cdot (W_i \cdot A_i)$
- 六、公路景观总体印象评价（P_6）
  - （一）视觉要素评估（A_1）
    - 1. 环境敏感度（a_1）
    - 2. 景色质量（a_2）
    - 3. 景观色彩（a_3）
  - （二）公路景观感受评价 A_2（共 7 项评估内容）

图 3-2-2　公路区域景观系统评价的主要构成

以上评价元素 $P_1 \sim P_6$ 共六个元素。

其中：$P_1 = \sum(W_i \cdot M_i)$；式中 W_i 为 P_1 各评价因素权重

$P_2 = S_j \cdot E^T$；式中 S_j 为评价向量，E 为评价水平集对应分值

$P_3 = \sum(W_i \cdot M_i)$；式中 W_i 为 P_3 各评价因素权重

$P_4 = \sum(W_i \cdot M_i)$；式中 W_i 为 P_4 各评价因素权重

$P_5 = P(W_i \cdot A_i)$；式中 W_i 为 P_5 各评价因素权重

$P_6 = \sum(W_i \cdot A_i)$；式中 W_i 为 P_6 各评价因素权重

上述 P_1、P_2、P_3、P_4、P_5、P_6，再给予分别不同的权重并进行汇总，即可得出某一方案的总评价。

二、公路景观区域评价元素的分体系

我们讲的是区域景观，就是将一条路划分若干景观建筑小区，对这景观小区进行评价。一个小区可能有若干景观建筑方案，应进行评选优化。对这些不同小区由于各种自然、人

文、因素景观有可能不同，因此要想对一条路进行综合评价，往往很难客观。如一条路线形适应地形很好，另一条路附属建筑，绿化很有特色，第三条路有特殊景观，风景非常优美。而这三条路要在景观上分出高下，而且公正、客观，如何做到？因此本书讨论的内容主要建立在一个景观区域的评价上。给出的评价体系与元素尽量做到有普遍意义，但每条路条件不同，应有不同的侧重，这样才能更符合各地区不同等级公路的评价要求。

1. 公路自身景观元素(P_1)的评价体系

公路自身是公路景观构成的骨架，沿线人工景观、自然景观均是用路者在公路上以不同车速行驶前进，随线形变化而变化。在视觉中车速越高路的比例越大，路线也成为视觉中景观最突出的因素。公路自身景观元素评价由公路线形评价、公路横断而评价及公路景观空间评价三部分构成。

公路自身元素是行车舒适性、安全性的主要因素，而空中立体线形、四维线形更是公路美学的核心，同时车速较高时，公路自身在视觉中比例加大，是公路景观第一要素。其评价体系构成见图3-2-3。

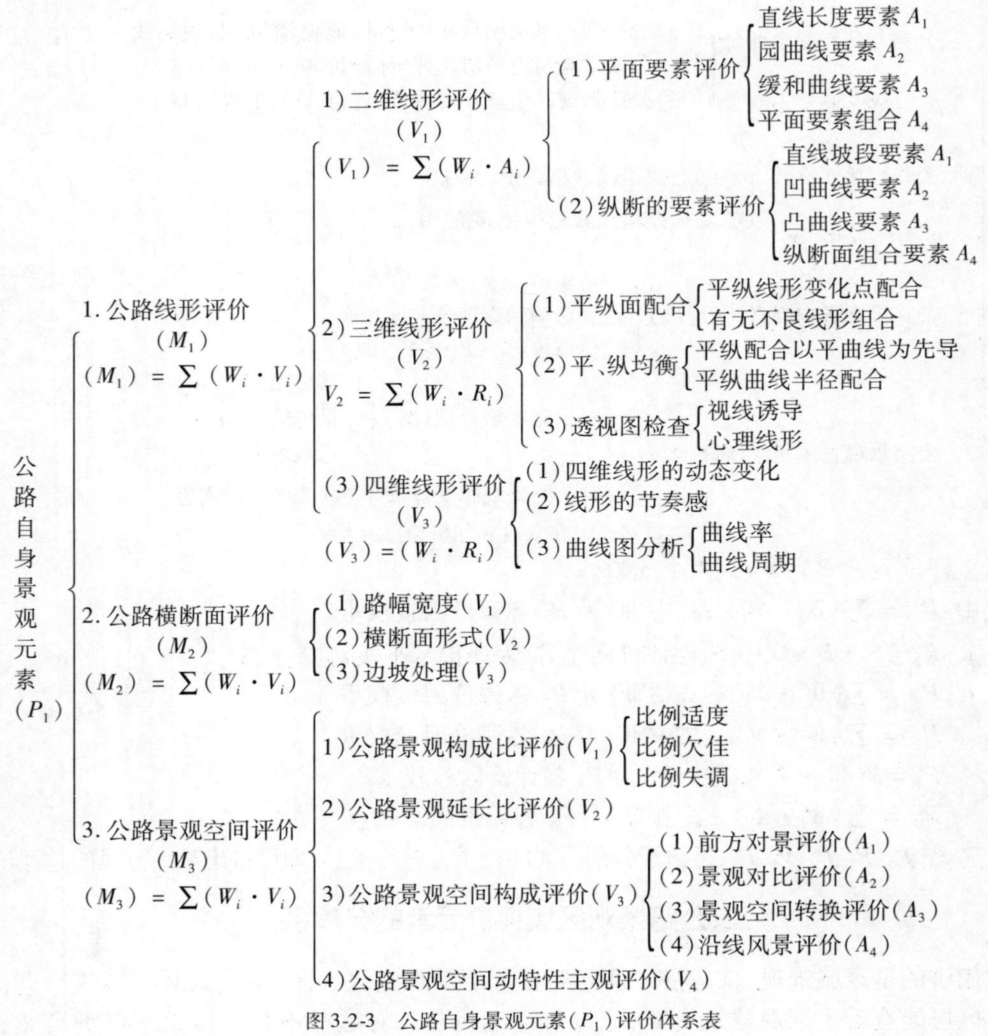

图3-2-3　公路自身景观元素(P_1)评价体系表

2. 公路附属景观元素(P_2)评价体系

公路附属景观元素(P_2),由评价因素、评价水平集的评价因素权重、隶属矩阵、评价向量等组成评价体系,见图3-2-4。

公路附属景观评价元素(P_2)
$P_2 = S_j \cdot E^T$
- 评价因素:f_1 美学要求;f_2 心理要求;f_3 工程要求;f_4 经济要求;
- 评价水平集 V(好、较好、一般、差、很差)对应分值 E(5、4、3、2、1)
- 评价因素权重 W_i
- 隶属度矩阵 R
- 评价向量 S_1

图3-2-4　公路附属景观元素(P_2)评价体系

3. 公路与环境配合(P_3)评价体系

公路美学三大基本原则第三条就是公路与环境协调,其评价主要内容是公路周围视觉环境,公路与地形协调,景观区生态环境,宏观印象四个部分并由上述四部分组成公路与环境配合的评价体系见图3-2-5。

公路与环境配合评价(P_3)
$P_3 = \sum(W_i \cdot M_i)$
- 1. 公路周围景观视觉环境评价(M_1)
  (取决于地质、地貌、生态、土地利用、景观视觉等因素)
- 2. 公路景观与地形协调评价(M_2)
  $M_2 = \sum(W_i \cdot A_i)$
  - (1)路线与地形配合(A_1)
  - (2)挖方与地形配合(A_2)
  - (3)填方与地形配合(A_3)
  - (4)背景与地形配合(A_4)
  - (5)地形利用(A_5)
  - (6)土、石方工程修饰(A_6)
- 3. 公路景观区生态环境评估(M_3)
  $M_3 = \sum A_i$
  - (1)动物环境(A_1)
  - (2)植物环境(A_2)
- 4. 宏观印象评价(M_4)

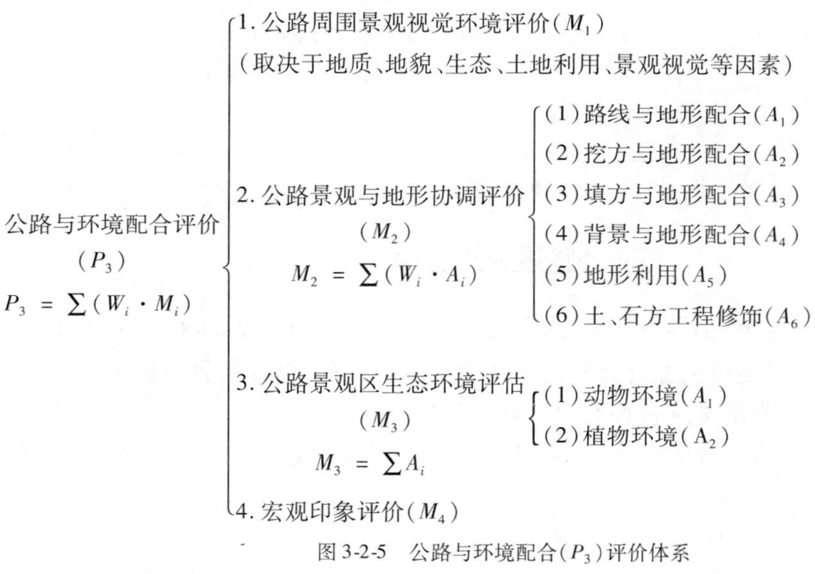

图3-2-5　公路与环境配合(P_3)评价体系

4. 公路绿化评价 P_4 的体系

公路绿化是公路景观的重要垂直要素与平面景观要素:是公路景观改善的重要手段,也是公路与环境连接的过渡与缓冲地带,其主要评价体系见图3-2-6。

公路绿化评价 P_4
$P_4 = \sum(W_i \cdot M_i)$
- 1. 沿线栽植形式评价(M_1)
- 2. 沿线栽植树种评价(M_2)

图3-2-6　公路绿化(P_4)评价体系

5. 公路景观影响因素评价 P_5 的评价体系

公路景观受季节、气候、时刻、地理、水文等级因素影响,而有四季景色及晴、雨、雪景等。

其影响因素评价 $P_5 = \sum(W_i \cdot A_i)$

式中:W_i——评价分项值权重;

A_i——各分项分值。

6. 公路景观总体印象评价 P_6 的体系

公路景观总体印象评价(P_6)是从景观学角度对公路景观的评价,它包含视觉要素评估、公路景观感受评价、宏观印象评价三部分。由这三部分的有关评价因素组成评价体系,见图 3-2-7。

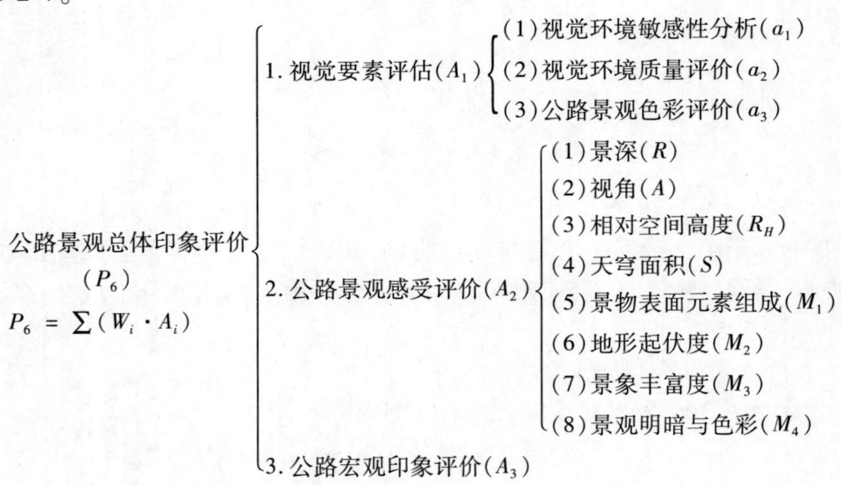

图 3-2-7 公路景观总体印象(P_6)评价体系

三、公路景观综合评价

在 P_1、P_2、P_3、P_4、P_5、P_6 诸评价值确定后,应根据诸评价元素在总体系中的重要性确定各自权重,再采用公路景观模糊综合评价的方法进行汇总,以得出某一景观区域中某一方案的评价。其他方案依此类推来进行评价,最后根据各方案得分进行排序并择优。

上述内容是公路评价系统的总框架,各评价元素的影响因素在后一章示例中将有详细论述。

第三章　公路景观评价实施(示例)

在上两章中我们研究了景观评价体系和一些景观元素的评价方法,而景观评价实施时还应建立各景观元素的评价标准(尺度),而评价标准与尺度又与采用的评价方法有关。因为不同的方法对不同的结果会有不同的描述,因此评价指标的量化,趋同化是不可缺的,否则对某评价对象的评价结果就难以汇总与统计,而且各评价元素之间也难以进行比较。本章在对景观实施评价时,对评价对象中各层次都给予相应用表以便实施。表中所列各项及权重分配等内容仅为了说明步骤与方法。实际应用中评价系统的建立,系统中各评价因素的确定,都要因项目、因地区不同及各自不同的特点提出适宜该路的评价体系与方法,经反复征求专家意见后,并为有关主管部门所接受,才能出台。目前尚未颁布《公路景观设计规范》,因此也没有可操作的公路景观设计规范性文件。那么景观评价体系,评价方法也只能是探索性的研究。因各地地形自然条件社会环境差异,不同地域的公路景观中有些元素不一定具有可比性,本篇提供的体系、方法等内容仅供实际应用时参改。

第一节　公路自身景观元素评价(P_1)

公路自身景观评价是对平、纵、横线形设计的评价也是对它们构成景观空间评价,这是对公路几何设计从景观角度的评价,当然也包含着从汽车行驶要求的技术评价,评价元素 P_1 从公路线形评价(M_1)、横断面评价(M_2)及公路景观空间评价(M_3)共三方面进行分析,该评价元素是专业技术人员的评价。

一、公路线形评价(M_1)

本书的公路美学原理,公路景观设计是以四维空间形象为出发点进行研究的,高等级公路线形的时空变化必然是评价考虑的主要因素,也就是四维空间线形的舒适性也是评价重点之一,但舒适性又很难从线形角度加以准确评价,因此还要以其他相关内容来进行弥补,本评价首先从公路线形组成要素来确定线形评价内容,再根据各组成要素的景观设计内容,按其对景观设计满足程度做出评价。所以本评价侧重于评价二维线形的合理性,三维线形的平顺性,四维线形的舒适性及视线诱导等内容。此评价主要由公路专业人员组成的专家组来评议。

1. 二维线形评价(V_1)

1)平面线形要素评价

对平面线形要素评价从景观设计的要求考虑,拟采用可能—满意度法进行评价。

(1)直线长度要素评价(A_1)。

直线是公路线形最常用的线形,对直线长度从汽车行驶要求与景观要求来讲长直线比较单调，但短直线对行驶操纵及线形平顺性又有不利影响。

①有关直线长度的一般要求。根据德国、日本的技术文献以及我国公路工程技术标准说明等，对直线长度要求有以下考虑（不是规定）。

a. 同向曲线 $\begin{cases}\text{同向曲线间最小直线长度不小于 } L_{min}=6V \\ \text{同向曲线间最大直线长度不大于 } L_{max}=20V\end{cases}$

b. 反向曲线 $\begin{cases}\text{反向曲线间最小直线长度不小于 } L_{min}=2V \\ \text{反向曲线间最小直线长度不大于 } L_{max}=20V\end{cases}$

上述长度 L 以 m 计；V 为设计车速，km/h。

c.《公路工程技术标准》（JTG B01—2003，以下简称《标准》）中对有关条文的解释，《标准》3.0.13 规定"直线最大与最小长度应有所限制。一条公路的直线与曲线的长度设计应合理"。

在《标准》中 3.0.13 的说明，对什么是合理有以下阐释：

(a)应根据驾驶员视觉反应与心理上承受能力来确定。

(b)根据国外资料设计车速大于等于 60km/h 的公路，最大直线长度为以汽车按设计速度行驶 70s 左右距离控制。一般直线路段的最大长度应控制设计车速的 20 倍为宜。同向曲线之间直线最小长度不小于设计车速 6 倍为宜，反向曲线之间最小直线长度设计车速 2 倍为宜。小于 40km/h 可参照上述做法。

(c)确保直线段与相邻曲线段的车速差不超过 20km/h。

d. 日本文献中的参考值（表 3-3-1）。

表 3-3-1

Δ(km/h)	L_{max}(m)	L_{min}(m)	Δ(km/h)	L_{max}(m)	L_{min}(m)
120	2500(20V)	700(6V)	80	1500(19V)	500(6V)
100	2000(20V)	600(6V)	60	1000(17V)	250(4V)

e. 德国文献中的参考值：直线长度不得超过设计车速 20 倍；120km/h 可用 2400m；100km/h 可用 2000m。

②直线长度评价。按可能—满意度法确定 A_1 值。评价规定：直线为 L_{max} 与 L_{min} 满意度得分最小为 0；而在 L_{max} 与 L_{min} 中间得分最大为 1；其余值采用内插法（图 3-3-1、图 3-3-2）。

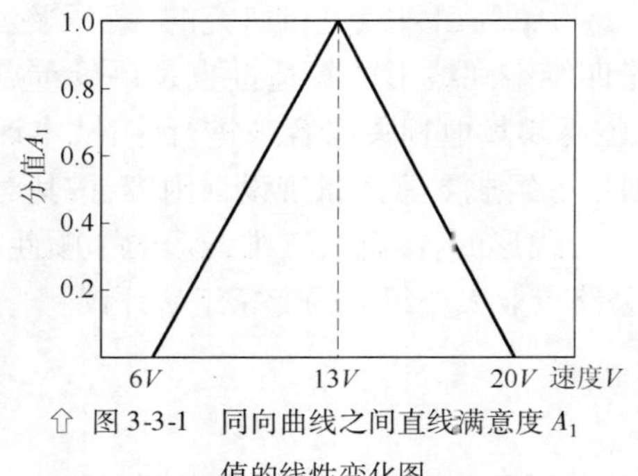

图 3-3-1　同向曲线之间直线满意度 A_1 值的线性变化图

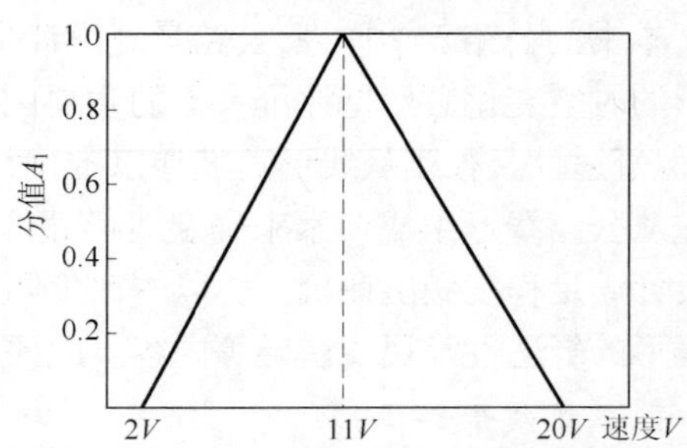

图 3-3-2　反向曲线之间的直线满意度 A_1 值的线性变化图

根据上述图形按公路景观区域内各直线长度大小值可依图求得直线长度的满意度评价 A_1。

(2)圆曲线要素评价(A_2)

圆曲线要素评价的依据是《公路工程技术标准》(JTG B01—2003)“公路路线设计细则”中有关圆曲线半径值的要求。

①有关圆曲线半径的规定：在《公路工程技术标准》(JTG B01—2003)表 3.0.14 中，圆曲线最小半径有三种规定：

R_1——极限最小半径；

R_2——一般最小半径；

R_3——不设超高的最小半径。

对于上述三种半径按不同设计速度和横坡值给出不同的最小半径值。

②评价方法

a. 对不同的半径在不同的规定最小范围内给予不同的 A_2 值(图 3-3-3)。

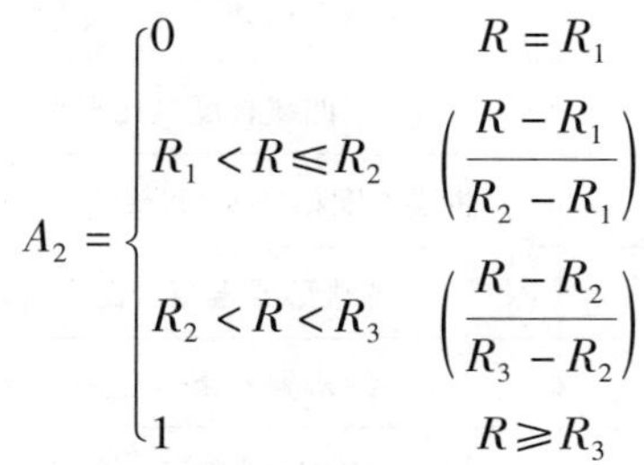

$$A_2=\begin{cases}0 & R=R_1\\ R_1<R\leqslant R_2 & \left(\dfrac{R-R_1}{R_2-R_1}\right)\\ R_2<R<R_3 & \left(\dfrac{R-R_2}{R_3-R_2}\right)\\ 1 & R\geqslant R_3\end{cases}$$

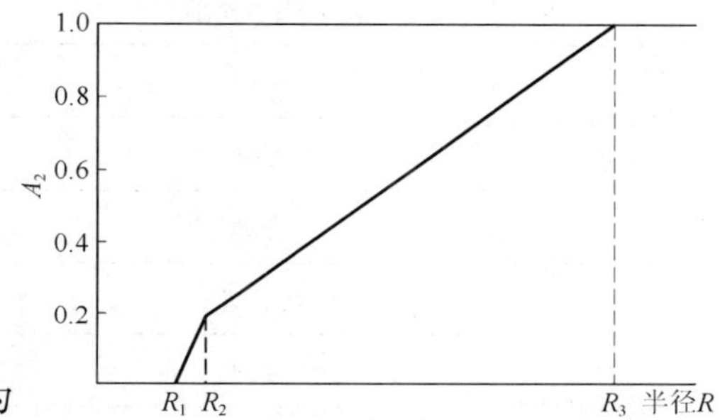

⇧ 图 3-3-3 圆曲线要素满意度 A_2 线性变化图

b. 评分时：$R=R_1$ 得分为 0；$R=R_2$ 得分为 0.2；$R\geqslant R_3$ 得分为 1。$R_1 \sim R_2$；$R_2 \sim R_3$ 中间值内插(内插值取小数一位)。

$$R_1<R\leqslant R_2 \quad A_2\text{ 值为}\frac{R-R_1}{R_2-R_1}$$

$$R_2<R<R_3 \quad A_2\text{ 值为}\frac{R-R_2}{R_3-R_2}$$

c. 圆曲线要素满意度变化曲线图 3-3-3。

(3)缓和曲线要素评价(A_3)。

①评价依据：缓和曲线评价主要依据缓和曲线的长度与缓和曲线参数两个指标来评价。从满足安全、视觉景观要求考虑缓和曲线一般尽量长一些。

②方法：缓和曲线要素评价采用圆曲要素评价大致相同的方法，按缓和曲线要素满意度变化的线形关系进行评价。

$$A_3=\begin{cases}0 & L\leqslant L_1\\ 0-1 & L_1<L<L_2\\ 1 & L\geqslant L_2\end{cases}$$

式中：L_1——满足汽车行驶力学与超高过渡要求的最小长度；

L_2——满足视觉与景观要求的最小长度。

缓和曲线要素满意度变化曲线如图3-3-4所示。

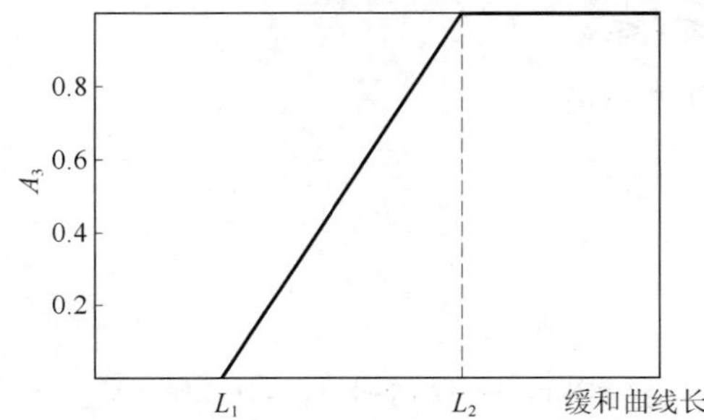

⇧ 图 3-3-4 缓和曲线要素满意度 A_3 值线性变化图

(4)平曲线要素组合评价(A_4)

①确定评价尺度:见表3-3-2。

线形组合符合景观要求的评价尺度　表3-3-2

线性组合说明		评　价　值	说　明
线形连续性	连续性好	5~3	行驶中线形平顺无骤变
	有明显变化	2~1	存在违反线形组合原则情况
公路交角情况	>10°	5~3	
	<10°	2~1	交角太小会引起错觉
高填方路段情况	曲线半径大	5~3	可以诱导视线
	曲线半径小	2~1	线形缺乏可预知性
回旋线与圆曲线配合	良好	5~3	曲线长度之比近似
	不好	2~1	曲线长度相差大,回旋线参数不合理
曲线图检查	合理	5~3	各线形要素组合比例合理
	不合理	2~1	各线形要素组合比例不合理
透视图检查	合理	5~3	视线诱导良好,线形流畅
	不合理	2~1	视线诱导性差,易造成有错觉线形

②A_4 评价:由专家组(这组专家主要是公路专业技术员)按表3-3-2中内容打分,经数据处理后,提出评价值 A_4。

2)纵断面线形要素评价

(1)直线坡段纵坡评价(A_1)

①评价依据:直线坡段有平坡、小纵坡、较大纵坡等,纵坡应满足汽车行驶力学与排水要求,同时应满足视觉要求。从视觉观念出发,上坡时纵坡加大,视觉中路幅比例增大,对景观产生一定影响,同时大的上坡与陡的下坡也增加用路者的心理压力。从设计上讲,除满足技术、排水要求外,也应满足美学要求。

②评价方法:按可能—满意度法进行评价。

$$A_1 = \begin{cases} 1 & \dot{i} = i_1 \\ 1 \sim 0 & i_1 \leqslant i \leqslant i_2 \\ 0 & i_0 > i = i_2 \end{cases}$$

式中:i——纵坡度;

i_0——最小排水坡度;

i_1——满足美学要求的纵坡度;

i_2——最大纵坡度。

③纵坡度满意度变化如图3-3-5所示。该图以车速80km/h为例:($\dot{i}_0 = 0.2\%$;$\dot{i}_{max} = 5\%$),因公路等级不同满意度图也不同。

(2)坡长要素评价(A_2)。

①评价依据：纵坡长短变化影响纵坡面的平顺性也极大的影响公路景观，因此对最小坡长、最大坡长都应有所限制，作为评价的主要依据《公路工程技术标准》（JBG B01—2003）中的有关规定。

②评价方法：最小坡长最大坡长其评价可根据满意度来确定。

$$A_2 = \begin{cases} 1 & l = l_1 \\ 1 \sim 0 & l_1 \leqslant l \leqslant l_2 \\ 0 & l = l_0 ; l \geqslant l_2 \end{cases}$$

式中：l_0——最小坡长；

l_2——最大坡长；

l_1——理想坡长。

③坡长满意度变化关系图示例（图 3-3-6）。该图以 80km/h 车速为例，不同车速图形不同。

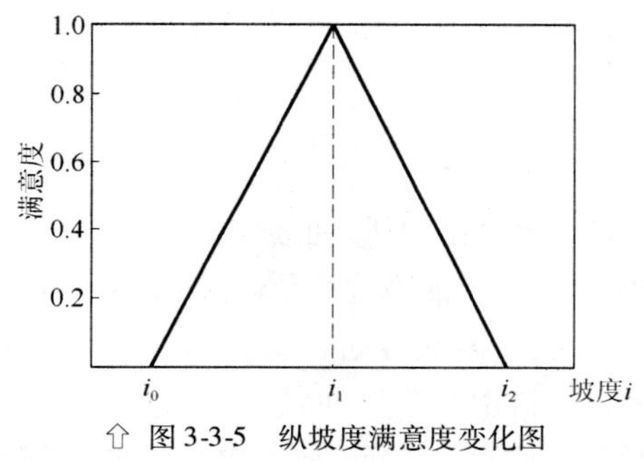

⇧ 图 3-3-5　纵坡度满意度变化图

⇧ 图 3-3-6　坡长满意度变化图

（3）凹形竖曲线要素评价（A_3）。

①评价依据：

a. 凹形曲线最小半径应满足四个基本要求（前联邦德国）：

（a）夜间停车视距的要求（由大灯照射高度等决定）；

（b）满足舒适度要求，离心加速度应小于 0.5m/s²，$R_{min} \approx 0.154V^2$。

（c）良好线形要求，切线长 $T \geqslant V_{设}$，$R_{min} \approx \frac{200V_{设}}{m}$，$m$ 为两纵坡代数差（%）。

（d）满足竖曲线长度不小于 3 秒行程。

b. 日本资料中从视觉观念考虑的竖曲线半径（初略值）：（日）大塚胜美等著的“公路线形设计”中有关从视觉考虑的竖曲线半径大致变化范围见表 3-3-3。

从视觉考虑的竖曲线半径（初略意见）（日本）　　表 3-3-3

设计车速（km/h）	最小竖曲线半径（m）		设计车速（km/h）	最小竖曲线半径（m）	
	凸形	凹形		凸形	凹形
120	20,000	12,000	60	9,000	6,000
100	16,000	10,000	50	4,500	3,000
80	12,000	8,000	40	3,000	2,000

注：此要求大于我国技术标准一般值。

c. 我国《公路工程技术标准》(JTG B01—2003)要求(表3-3-4):

竖曲线半径　　表3-3-4

车速(km/h)		120	100	80	60	40	30	20
凸形 R(m)	一般值	17,000	10,000	4,500	2,000	700	400	200
	极限值	11,000	6,000	3,000	1,400	450	250	100
凹形 R(m)	一般值	6,000	4,500	3,000	1,500	700	400	200
	极限值	4,000	3,000	2,000	1,000	450	250	100

②评价方法。

根据上述要求从视觉、景观等方面考虑,以可能—满意度法来评判满意程度:

$$A_3 = \begin{cases} 0 & R_{\min} = R_A < R_P \\ 1 \sim 0 & R_P \leqslant R_A < R_S \\ 1 & R_A \geqslant R_S \end{cases}$$

式中:R_S——视觉与美学要求的凹形竖曲线半径;

$R_{\min}$——凹形竖曲线半径极限值;

R_P——凹形竖曲线一般值;

R_A——所采用的凹形竖曲线半径。

③凹形竖曲线半径满意度变化图示例(图3-3-7)。

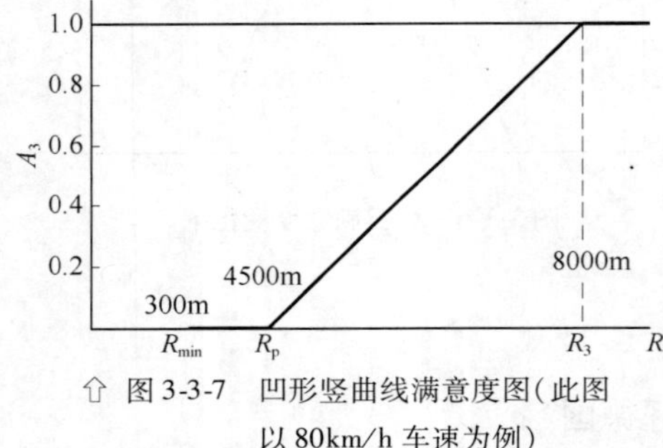

图3-3-7　凹形竖曲线满意度图(此图以80km/h车速为例)

(4)凸形竖曲线要素评价(A_4)。

①评价依据:同凹形竖曲线半径的基本要求。但凸线竖曲线前面视线中断,因此视线诱导、景观连续性等问题更加突出。同样应满足表3-3-3、表3-3-4中对凸形竖曲线的半径要求,从景观与美学要求出发对凸形竖曲线,前联邦德国认为好的凸形竖曲线半径应为凹形竖曲线最小半径的5~10倍。

②评价方法:从《公路工程技术标准》(JTG B01—2003)看,当凸形竖曲线半径为凹形2.5倍时,一般都大于凸形曲线半径的一般要求,而车速60km/h以下时,接近与小于2倍,因此满意度评价尺度如下:

$$A_4 = \begin{cases} 0 & R_T \leqslant 2.5R_A \\ 0-1 & 2.5R_A < R_T < 5R_A \\ 1 & 5R_A \sim 10R_A < R_T \end{cases}$$

式中:R_T——所采用的凸形曲线半径;

R_A——凹曲线最小半径。

③凸形竖曲线满意度变化图示例(图3-3-8)。

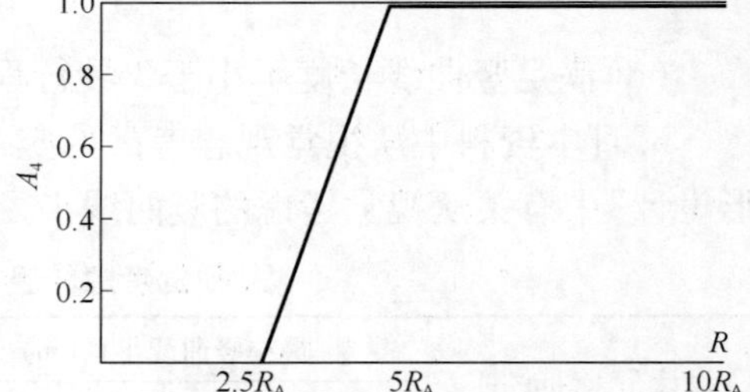

图3-3-8　凸形竖曲线满意度变化图

(5)纵断面线形要素组合评价(A_5)。

①评价内容:根据评价区域内纵断面变化、竖曲线的衔接、竖曲线与直线纵坡连接与曲率图分析等进行评价。

②评价方法:根据给定的评价尺度见表3-3-5,按等级法进行评分。

纵断面评价尺度表　　　表 3-3-5

纵断面线形要素组合说明		评　价　值	备　　注
区域内纵断面线形变化情况	竖曲线个数适宜	5～3	线形优美
	包含有多个竖曲线	2～1	线形有变形
竖曲线间连接情况	复合曲线连接	5～4	线形顺畅
	中间直线长度合理	3～2	为6倍车速长度
	中间直线长度不合理	1	长度为500m左右
竖曲线与直线连接情况	纵坡平缓	5～4	不易引起视错觉
	纵坡变化小、半径也小	3～1	很易引起视错觉
曲率图分析	合理	5～3	无布线时应避免的线形
	不合理	2～1	含有不良线形

3）二维线形综合评价（V_1）

平面组合的二维线形与纵面组合的二维线形评价因素可分别求得 A 值，对平、纵面各自进行评价，也可对二维线形综合评价（不是指组合的三维线形）。由于多个评价因素之间无相互交叉影响，可采用关联矩阵的方法对分项评价进行综合，求得二维线形评价值 V_1。

$$V_1 = \sum (W_i \cdot A_i)$$

式中：A_i——平纵各单项评价值（各单项值是用满意度法评价的，汇总前可采用等级法按5级将各单项值进行再评）；

W_i——各单项值的权重（权重可以为1，也可根据地形特点分别给各单项不同权重）。

2. 三维线形评价（V_2）

（1）评价内容分析。

三维线形即立体线形是衡量平、纵组合的重要因素，在设计时除要按规定的平、纵配合原则处理线形以外，配合得好坏主要是通过路线透视图来检查。因此评价的方法要充分反映透视图的检查结果，其评价有平、纵配合，平纵线形均衡等情况以及透视图检查情况三方面内容。

（2）三维线形的评价尺度见表 3-3-6。

三维线形评价尺度表　　　表 3-3-6

评价内容	权重	说　　明	评 价 值		备　　注
平纵配合情况	3/14	路线平面反向点与纵面反向点配合情况	重合	5	相位错开1/4时，取3
			相位错开	4～2	
			相反	1	
		立体线形设计中应避免线形情况	无	5～4	根据公路景观线形设计内容
			有	3～2	
平纵线形均衡情况	3/14	平纵配合是否以平曲线为先导	是	5～4	如平纵配合为平包纵
			否	3～2	
		平面及纵断面曲线半径配合情况	良好	5～3	满足平、纵曲线半径比例要求
			不好	2～1	不满足比例要求

续上表

评价内容	权重	说　明	评 价 值	备　注	
透视图检查情况	8/14	视线诱导情况	良好	5～3	
			不好	2～1	
		心理线形情况	良好	5～4	无视错觉现象
			一般	3～2	基本无视错觉现象，或不影响线形
			不好	1	含有严重的视错觉现象
		线形组合情况	平顺	5～3	
			有扭曲	2～1	

(3)三维线形评价值(V_2)。

根据评价尺度表对评价分项内容进行评分，再采用关联矩阵法进行评价。

$$V_2 = \sum(W_i \cdot R_i)$$

式中：R_i——各分项(三项)评价值；

W_i——各分项权重(可通过对专家调查的方法确定)。

3. 四维线形评价(V_3)

公路是用路者的主要注视对象，公路视觉环境是随时间变化的动态环境，因此公路景观必须评价不同车速下的四维线形变化，以判断路线是否处在良好状态。

1)评价内容分析

评价四维线形是否处于良好状态主要是通过感受其运动过程中节奏、韵律、运动感等带来的舒适性判断，这些内容在线形美学中多有论述。而移动变化的视觉环境及线形自身的节奏感、舒适性的评价主要靠用路者的感受来判断。未建公路上述两方面评价则依靠评价者在线形设计及透视图检查的基础上，依据自身的体验作出判断。但线形变化的曲线率与曲线周期则可以依据设计资料相对客观的作出评价。

2)评价方法

(1)已有方法：

①舒适度评价：可对用路者的主观感受对已建的公路评价为非常舒适、舒适、一般、不舒适、非常不舒适。

②生物电及生理变化检查：皮肤反射电(G·S·R)、脑电波、脉搏、呼吸等。

(2)本篇采用的方法：

本篇对四维线形的评价采用等级法，根据评价者主观判断做出评价，评价尺度见表3-3-7。

四维线形评价尺度表　　表3-3-7

评 价 项 目	权　重	说　明	评 价 值	备　注
四维线形的视觉环境	$\frac{1}{4}$	优美	5～3	主要由评价者对现场进行调查后结合图纸判断
		差	2～1	
线形堤拱的节奏感	$\frac{1}{4}$	强	5～3	主要由评价者研究图纸以后得出判断
		弱	2～1	

续上表

评价项目		权　重	说　明	评价值	备　注
曲线图分析	曲线率	1/4	小	5~3	可以近似认为当曲线率小于0.2时线形比较合理
			大	2~1	
	曲线周期	1/4	合理	5~3	波形为α波或其他符合心理学及美学要求的波形时为合理，否则不合理
			不合理	2~1	

注:1. 表中权重是示例,实际权重要根据评价项目重要性另行确定。
2. 曲线图分析,按本书立体线形美学中长路段的定量表现方法分析。

曲线图分析中有曲线分析与曲线周期分析这两条分析有助于在主观判断以外,从几何设计元素角度来客观的判断线形节奏感与舒适性。

曲线率定义为:$K=\dfrac{\text{某路段总长}}{\text{该路段的直线距离}}$;

曲线率新定义为:$K=\dfrac{\text{交角绝对值之和}}{\text{该路段总长}}$。

曲线率与事故率有关,值小事故小,安全性高,同时曲线率小也反映路线变化和缓、平顺。

曲线周期:是用曲率图的波形(图1-2-45)来分析曲线周期,可根据曲率变化波形解析出曲线周期,用来分析线形。

曲率图的波形基本上与用路者方向盘角度变化类似,一般认为波形呈α波形变化时比较舒适,应用时请查阅相关资料,此处不再赘述。

3)四维线形综合评价值(V_3)

$$V_3=\sum(W_i\cdot R_i)$$

式中:W_i——各项权重(可以简单看为相等的,最好对其重要性进行比后确定);

R_i——各项评价值。

4. 公路线形综合评价(M_1)

1)一般分析

线形综合评价是建立在二维线形评价、三维线形评价以及四维评价的基础上,并对上述评价给予不同的权重进行综合。从景观角度出发,四维线形评价权重应略高于前两项。

2)综合评价表(见表3-3-8)

线形综合评价表　　表3-3-8

评价分项	评价值(V_i)	权重(W_i)	说明
二维线形	V_1	0.3	侧重线形要素的评价
三维线形	V_2	0.3	侧重线形要素组合的评价
四维线形	V_3	0.4	侧重于线形舒适性评价
线形综合评价	$M_1=\sum(W_i\cdot V_i)\quad i=1、2、3$		

公路线形综合评价值:

$$M_1 = \sum (W_i \cdot V_i)$$

式中：W_i——各分项权重；

V_i——各分项评价值。

二、公路横断面评价(M_2)

在公路上行驶时汽车前窗中呈现的公路本体景观是以连续的横断面形式呈现的，路面路幅基本没变化，变化的是断面的形式，路堤的高低，路堑的深、浅或弯道处的超高、加宽及边沟的变化，这些是公路景观空间组成的主要部分，对公路景观构成有重要作用。

1. 一般分析

1）影响因素

影响公路景观的主要因素是路幅变化、横断面形式及边坡处理这三方面。路幅宽窄受交通量的影响，但随地形不同沟谷中的宽路幅肯定很难有好的视觉效果。同样，路堤、路堑它们的空间开阔程度不同，断面中有中分带再加上不适宜的绿化又会对空间产生分隔，而边坡处理是公路能否与自然地面衔接与过渡的关键。

2）从美学上要求的良好横断面

(1)路幅与周围环境比例恰当；

(2)国外一般采用弧形路肩、缓边坡、浅边沟；

(3)国内近年提倡浅碟式生态边沟；

(4)路堤坡脚要与地面连接自然(含绿化)；

(5)路堑坡面与山坡要自然连接，且坡面绿化处理，要使坡面融入原山坡植被。

2. 公路横断面的评价尺度

依上述分析评价尺度见表3-3-9。

横断面评价尺度表 表3-3-9

评价对象	权重	说明	评价值	备注
路幅宽度(V_1)	0.3	适宜	5~3	根据与周围环境协调比例恰当否取值
		不适宜	2~1	景框中路面比例过大，过小均不恰当
横断面形式路堤(V_2')	0.3{0.15	理想	5~3	路堤高低适宜，中央分隔带无障碍物，边坡与地面衔接良好
		不理想	2~1	高路堤，中央分隔带隔断视线，边坡与自然地面衔接不好
横断面形式路堑(V_2'')	0.15	理想	5~3	深浅适宜，中央分隔带无障碍物，较开敞边坡衔接好
		不理想	2~1	深路堑，中央分隔带有障碍物，空间压抑
边坡处理(V_3)	0.4	经设计后处理	5~3	边坡经专项设计处理，符合美学要求
		未经设计处理	2~1	边坡只做一般处理，没有专项设计

注：横断面形式在景观评价中只有一种形式。权重取0.3，如两种形式均有，则按路段长度分配该权重。

3. 公路横断面的综合评价值（M_2）

$$M_2 = \sum(W_i \cdot V_i)$$

式中：W_i——分项权重，按表及注考虑；

V_i——分项值（$i=1$、2、3）。

三、公路景观空间设计评价（M_3）

公路景观空间设计评价，立足点是公路本身，但视野中呈现的有路面（路幅范围）、周围建筑、景物、地貌、天际线等共同构成的公路景观空间，而公路与环境协调（P_4）则着重评价公路与环境配合的优劣。

1. 评价内容

公路景观空间设计评价的主要内容有公路景观空间构成比例的评价（V_1）；公路景观延长比的评价（V_2）；公路景观空间设计评价（V_3）；动态景观空间的主观评价（V_4）。

2. 各分项元素的评价

1）公路景观构成比例评价（V_1）

①一般分析：从建筑学的角度考虑景物（如建筑物高度）与路幅的高低宽窄都要有适当的比例，窄了空间封闭、压抑。景物的远景与视角又有关系，视角小景物小与路的关系松散，不够紧密，因此也应有适当的距离与比例（见熊广忠著《城市道路美学》）。从动视觉特性出发，当空间较封闭时，两侧景物飞掠而过增加速度感，反之空间开敞景物远离这种速度感就不明显，速度增加驾驶员注意力集中前移，周边视力降低，视野中路面比例加大，因此构成比应考虑速度因素，路面与地面、天空在画框中应有合适比例，若按黄金分割划分，则天空为0.618，而随着上升纵坡的出现天空比例会缩小，陡坡尤甚，这比例是一个复杂的美学构图课题；车速、坡度及两侧景物距离三项是影响构成比例的关键因素，评价时应综合上述因素考虑。

②公路景观空间构成比评价（V_1）见表3-3-10。

公路景观空间构成评价表　　　　表3-3-10

评价内容	评分值	说明
公路在景框中恰如其分	5～4	景框中各部分构成恰如其分，公路融入风景并成为风景的一部分
公路在景框中比例过大或过小	3～2	根据景框中视觉图形恰当程度判断
公路在景观中比例失调	1	公路空间封闭、压抑、周围高景物，公路不能成为画面恰当的景观

上述等级法是凭评价者个人对画面（透视图、或现场调研）构图的判断来评价。

2）公路景观延长比评价（V_2）

（1）一般分析。

公路景观是动态景观，随时间变化而变化，两侧的景物、公路绿化的形式也是在随时间变化。长时间没有变化就是单调，而变化过快又不符高潮缓慢出现、缓慢消失的舒适性感受要求，而且变化频繁也会感到景物变化杂乱。

公路延长比被定义为公路延长与公路宽度的比率，它反映公路景观空间的变化。假定

D 为路幅宽度，L 为景观变化的长度，这个比例应达到视觉均衡为目的。

就高等级公路而言分析如下：

①一般认为 $L/B=15-40$ 比较合理，按《标准》80km/h、120km/h 推算：120km/h 路幅 35m 其 L 值为 525 ~ 1400m；80km/h 路幅 32m 其 L 值为 480 ~ 1280m。而且认为小于 10 倍时景观变化过于频繁，大于 60 倍时景观又过于单调。

$$\begin{cases}120\text{km/h} & 10\text{ 倍} & L\text{ 值相当于 350m(10.5 秒行程)；}\\ 120\text{km/h} & 60\text{ 倍} & L\text{ 值相当于 2100m(63 秒行程)；}\end{cases}$$

$$\begin{cases}80\text{km/h} & 10\text{ 倍} & L\text{ 值相当于 320m(14.4 秒行程)；}\\ 80\text{km/h} & 60\text{ 倍} & L\text{ 值相当于 1920m(86.4 秒行程)。}\end{cases}$$

从上述分析看 10s 行程的景物变化有些频繁，一般认为高等级公路延长可控在 2 公里左右。

②从景观建筑小区 3 ~ 5 分钟行程来分析；120km/h 时，3 分钟行程约 6 公里，$L/B=176$ 倍；80km/h 时，3 分钟行程约 3 公里，$L/B=94$ 倍。作为 3 分钟的延长比在平原区也过于单调，此时应通过栽植方式，绿化植物变化来改善。

综上分析我们认为除路线线形变化以外，景物也有合理变化，景观(含路线)其变化长度 L 与路幅的合适比例为 $L/B=20\sim40$。$L/B<10$ 变化频繁杂乱，$L/B>60$ 变得单调。

(2)对公路景观延长比进行评价。

采用满意度法对延长比做出评价。

$$V_2=\begin{cases}1 & L/B<10\\ 2\sim4 & 10\leqslant L/B<20\\ 5 & L/B=20\sim40\\ 4\sim2 & 40<L/B\leqslant60\\ 1 & L/B>60\end{cases}$$

(3)延长比满意度变化曲线图(图 3-3-9)。

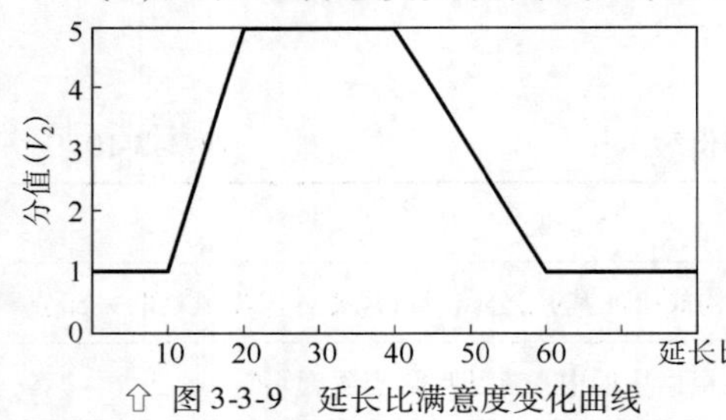

图 3-3-9　延长比满意度变化曲线

3)公路景观空间设计评价(V_3)

本评价是公路景观设计时，设计者对景观空间处理手法上的评价，评价内容是有无视线焦点与对景、景观对比安排、公路景观空间转换、景观形成方式以及客观的对两侧已有风景的评价。

(1)前方对景评价(A_1)。

此评价侧重于路线前端有无适宜的视线焦点，以形成前方对景。而使行驶时焦点能集中在前方景物，从而丰富旅行生活(表 3-3-11)。

公路前方对景评价尺度　　表 3-3-11

评价内容	评价值	说　明
视线焦点适宜	5	视线焦点合适，景物尺度体量理想
视线焦点较适宜	4 ~ 3	视线焦点有较适宜的景物
视线焦点差	2	视线焦点不清晰或需附加景物形成焦点
无视线焦点	1	无注意力集中点的景物

（2）景观对比的评价（A_2）。

景观评价对比是指：在景观设计中，设计者是否考虑景观（景色）对比，并做出何种安排（表3-3-12）。因此评价采用积分法求得 A_2 值，如做出其中一种安排便可得1分，没有不得分，上述对比在景观设计中都有安排则得5分。

公路景观对比安排评价尺度　　表3-3-12

评价路内容	路面色彩与环境对比	构造物色彩与环境对比	路幅与建筑物对比	景域空间宽窄对比	绿化植物的高低对比
评分值	1	1	1	1	1

（3）公路景观空间转换评价（A_3）。

公路景观空间转换是指在一个景观建筑小区内（如10km）景观空间变化的连续性与交替渐变的转换过程，以及在风格统一的前提下景观要素与特征的变化，也可以用这种方法来评价不同景观建筑小区之间的景观空间转换。

公路景观空间转换尺度见表3-3-13。

公路景观空间转换尺度　　表3-3-13

评价内容	一个区域结束时另一区域开始	相邻区域具有相同要素，且具有连续性	某一区域特征由弱到强，后一区域相反	公路绿化栽植特征转换有过渡段	空间转换后特征鲜明
评价分值	1	1	1	1	1

这里指的景观转换不可频繁，也不可长路段没有变化。但这种变化主要靠两种人为方式取得，一种是线形变化（平、纵线形）呈现的不同空间转换，另一种是公路绿化栽植形式，如树种变化、树种高矮、色彩的变化。而两侧自然景物的变化很难在设计中因做了设计而有变化，俗话讲，顺其“自然”。

公路景观空间转换按表3-3-13采用累计积分法评定，有上述因素之一的便可得1分，空间特征鲜明，其间又有过渡，而且区域分界又大致可判断则得5分。

（4）公路沿线风景评价（A_4）。

公路前方与两侧的沿线风景是公路景观空间构成的重要组成部分，公路布线要合理利用。

①评价尺度见表3-3-14。

公路路线风景评价尺度　　表3-3-14

评价项目	权　重	形容词	分　值	说　　明
有山景	W_1	多重景	5～3	远山、中景、近景、天际线
		孤景	2～1	只有远山或山体过近、看不见天际线
有水	W_2	沿溪	5～3	沿溪、河、江海等岸边
		有水景	2～1	附近有水景、洼地
有田野（或草地）	W_3	景色丰富	5～3	田野整齐种类丰富或有大片草地、草甸
		单调	2～1	不整齐、稀疏不成景
有农舍村落	W_4	有成景农舍	5～3	农舍离路距离适宜独立成景
		有成片村落	2～1	有一般不规则村落
有林木	W_5	有大片林地	5～3	两侧有林地景观
		有树丛	2～1	有成片小林地成孤景

②评价值 A_4：

$$A_4 = \sum (W_i a_i)$$

式中：a_i——各项评价值；

W_i——各项值权重，可为1/5，也可以根据风景特点、宜人程度来确定各项权重。

(5)公路景观空间设计评价(V_3)

V_3 评价由 $A_1 \sim A_4$ 共4项评价值组成，四项值均采用5分制评分。

则

$$V_3 = \frac{\sum (W_i \cdot A_i)}{4}$$

式中：A_i——各项评价 A 值；

W_i——各分项权重，可为1/4或根据重要性来确定。

4)公路景观空间动态特性主观评价(V_4)

公路景观空间是随车速变化、时间变化的动态景观空间，目前尚无相对完善的评价。只有通过评价者的经验以自已地理解来评价（假若能做成四维动画，也可从动画中获得主观感受），评价尺度见表3-3-15。

公路景观空间动态特性的主观评价尺度 表3-3-15

评价项目	权重	评价分项	分项权重	评价形容词	评价分值	说明
公路景观空间	1/3	导向性	1/3	良好	5~3	良好导向性景观空间具有线形的方向诱导，通过明显和暗示的手段使人向指示的方向运动
				不好	2~1	
		矢向性	1/3	良好	5~3	良好的矢向性表现力的作用方向，造成心理趋向某一方向运动，没有明显的休止点
				不好	2~1	
		诱发性	1/3	良好	5~3	良好诱发性借用景物，进行情绪唤醒及视觉探寻等心理倾向调动
				不好	2~1	
公路景观空间的连续性	1/3	流动性	1/3	良好	5~3	良好的流动性体现在景观空间具有一定的平顺性、畅通性
				不好	2~1	
		延伸性	1/3	良好	5~3	延伸性体现在景观由内到外，向纵横发展，向远方流动，视线消失于灭点
				不好	2~1	
		连续性	1/3	良好	5~3	惯性、恒常性、连贯性形成的心理定势，顺理成章、心理上产生衍生感
				不好	2~1	
景观空间的韵律	1/3	节律性	1/2	良好	5~3	节奏和韵律具有高潮迭起的阶段性特征
				不好	2~1	
		序列性	1/2	良好	5~3	相互邻接，前后相随，顺次展开，循序渐进
				不好	2~1	

注：此公路景观空间动态性主要是对线形的动态评价。

从上表内容可以看出公路动态景观空间由景观空间导向性、矢向性、诱发性(A_1)；景观空间连续性(A_2)；景观空间的韵律与节奏(A_3)三部分构成。

$$V_4 = \sum(W_i \cdot A_i)$$

式中：A_i——各评价项目分值；

W_i——各分项权重(0.3、0.3、0.4)。

3. 公路景观空间设计综合评价值(M_3)

$$M_3 = \sum(W_i \cdot V_i)$$

式中：V_i——分项评价值(V_1、V_2、V_3、V_4、)；

W_i——各分项权重(权重相等为1/4)。

四、公路自身景观元素评价(P_1)

$$公路自身景观评价\ P_1\begin{cases}M_1——线形评价\\M_2——横断面评价\\M_3——景观空间评价\end{cases}$$

$$P_1 = \sum(W_i \cdot M_i)$$

式中：M_i——评价项M值；

W_i——各评价项权重。

各项权重的重要性可以通过重要性比较来确定，假若线形评价的重要度为横断面评价的两倍，而公路景观空间评价重要度与横断面相等，那么线形评价重要度也为公路景观空间的两倍，这样可得下列权重分析表(见表3-3-16)。

公路自身要素评价权重分析　　表3-3-16

	公路线形评价	公路横断面评价	公路景观空间评价	W_i	归一化 W_i
公路线形评价	—	2	1	3	3/7
横断面评价	1/2	—	1/2	1	1/7
公路景观空间评价	1	2	—	3	3/7

从表可以看出经重要度比选后，经归一化处理，三项评价的权重为3/7、1/7、3/7，此分析只是一例。实际权重确定要因路、因地形、因环境特点等进行调整。

第二节　公路附属景观元素评价(P_2)

公路附属景观元素是公路建设的一部分，因此作为评价的第二因素，它是路线以外以垂直要素形式呈现景观的主要因素。

一、评价内容

公路景观附属要素主要有两个评价对象，一是人工要素，另一个是自然环境要素。人工要素是指的公路构造物(桥梁、隧道、跨线桥、立交桥等)，公路附属建筑物(服务区、休息区、加油站、维修站、收费区建筑等）以及公路交通设施（标志、划线、声屏障、照明，急救电话等）。这些设施的完善，动静态景观以及和周围环境协调情况及自然景观背景的衬托的效果等，是评价研究的内容。

二、评 价 方 法

构造物的评价是比较复杂的评价，即有用路者在路上感受，也有进入设施的体验。有公路专业人员的认识，有建筑学家的看法，更有用路者体验。因此它宜采用模糊综合评价的方法。

1. 组织评价小组

由公路、建筑专业人员，以及建设者、用路者等不同人群组成评价小组。根据这些人群各自的重要性考虑给予他们不同权重。

2. 建立该系统的评价项目（或因素集）集 U

这因素集是通过工程、经济、美学、心理等方面的具体好坏程度来评议。

3. 建立与确定每一个评价项目的尺度集（水平集）V

V 集可以采用形容词差异法来确定评价尺度。

三、公路附属景观元素评价示例

1. 建立评价因素 U 集

附属构造物的 U 集的评价因素有美学要求、心理学要求、工程学要求、经济学要求共四方面，其评价因子见表 3-3-17。

评价因素分析表（U 集）　　表 3-3-17

f_1 美学要求	造型是否有创意与具有个性，并反映当地文化特征
	判断结构物与自然环境协调程度
	结构比例、尺度是否满足动态观赏要求
f_2 心理要求	强调给予的感受，主观上在美学方面的感受与舒适度及功能性方面感受
f_3 工程学要求	结构合理、实用、安全、布局合理
	构造物位置与公路距离、尺度是否符合动视觉特性
f_4 经济学要求	是否经济、是否符合功能与美学的一致性要求

2. 建立评价尺度水平集 V

根据 U 集评价内容的要求，采用形容词差异法可将评价者的不同感受进行量化。

V 集为（非常好、很好、一般、不好、很不好）五种不同感受，也可用优、良、合格、差、很差来形容，但采用的形容词要尽量贴近评价者感受。

V 集对应的分值 E 为（5、4、3、2、1）。

3. 确定评价项目权重 W_i

本例评价权重集 W_i 主要侧重从景观角度的评价，从景观的重要性出发分别对美学、心理、工程、经济四项目给出 W_i（$0.35f_1$、$0.35f_2$、$0.2f_3$、$0.1f_4$）。因这是示例，实际权重要根据专家及评议者对项目重要性的意见用适当的方法确定。

4. 按已确定的评价尺度(水平 V 集及对应分值 E)对项目进行评定

评定方法以例说明，示例如下：

(1)组织各方人员成立10人评价小组，给10人发出表3-1-17形式的分析表及调查表3-3-18，请他们按 V 集分值打分，然后对调查表进行汇总(表3-3-17)，表中根据第一项(纵向)是评价尺度得分(5、4、3、2、1)，其余 f_1、f_2、f_3、f_4 下列数据为评价某一分值的人数，如 f_1，3人(5分)、5人(4分)、2人(3分)共10人，其余类同。

评价项目权重及评价尺度表　　表3-3-18

评价项目(A_i)		美学角度(f_1)	心理角度(f_2)	工程角度(f_3)	经济角度(f_4)
权重(W_i)		0.35(W_1)	0.35(W_2)	0.2(W_3)	0.1(W_4)
评价尺度 ej	5	3	1	2	0
	4	5	3	3	0
	3	2	3	3	2
	2	0	2	1	3
	1	0	1	1	5

(2)各项目评价尺度的隶属度为：

例如：f_1 项　10人中打5分有3人：$r'_{11}=\frac{3}{10}=0.3$；

10人中打4分有5人：$r'_{12}=\frac{5}{10}=0.5$；

10人中打3分有2人：$r'_{13}=\frac{2}{10}=0.2$；

10人中打2分有0人：$r'_{14}=0$；

10人中打1分有0人：$r'_{15}=0$。

同理可以统计 f_2 项、f_3 项、f_4 项、f_5 项的隶属度

(3)按上述结果列表得出此方案隶属度矩阵 R_1：

$$R_1=\begin{bmatrix}0.3 & 0.1 & 0.2 & 0\\ 0.5 & 0.3 & 0.3 & 0\\ 0.2 & 0.3 & 0.3 & 0.2\\ 0 & 0.2 & 0.1 & 0.3\\ 0 & 0.1 & 0.1 & 0.5\end{bmatrix}$$

4. 根据权重 W_i(0.35、0.35、0.2、0.1)计算综合评价向量 S_1：

$$S_1=W_i\cdot R_i=(0.35\ \ 0.35\ \ 0.2\ \ 0.1)\begin{bmatrix}0.3 & 0.1 & 0.2 & 0\\ 0.5 & 0.3 & 0.3 & 0\\ 0.2 & 0.3 & 0.3 & 0.2\\ 0 & 0.2 & 0.1 & 0.3\\ 0 & 0.1 & 0.1 & 0.5\end{bmatrix}=(0.180\ \ 0.340\ \ 0.255\ \ 0.120\ \ 0.105)$$

括号中的值分别为评价该方案Ⅰ的五个评价尺度向量值。

(5)此方案综合评价值 P_3：

方案A　$S_A=S_1$：

$P_{3A}=S_A\cdot E^T=(0.18\ \ 0.34\ \ 0.255\ \ 0.12\ \ 0.105)(5\ \ 4\ \ 3\ \ 2\ \ 1)^T=3.37$(分)

即 P_{3A}综合评价值=综合向量×水平集;

即A景观方案的附属景观元素得3.37分。

其余方案以此类推,可用此法评价过程重复,评议方案B、方案C等,从综合评价值中选出附属景观设计的最优方案。

第三节　公路与环境协调元素评价(P_3)

公路发展阶段已说明建设在美学上,社会上,环境上适用的公路系统是公路发展的第三阶段,公路建设不应影响自然环境与生态环境,而应与自然风景协调(和谐),使公路自然的融入环境,并使视野中的公路或为风景的一部分。本评价着重于地形适应程度与对生态环境的影响等分析。

如工程可能造成视觉环境重大影响时、则应进行详尽的视觉影响评估(Visual Impaef Assessmenf)简称VIA,通常公路与环境是否配合良好可通过视觉环境阈值的评估(M_1);公路与地形配合评价(M_2);公路经过区域生态质量评估(M_3)来完成。

一、公路周围景观视觉环境阈值评价(M_1)

此评价应由路线与地理领域专家及环境专家共同完成。

1.视觉环境阈值的概念

视觉环境影响评价(VIA)是工程建设前预评估各类土木工程建设、环境变迁(修路、架桥、建厂、筑坝、水土流失等)给环境带来的影响、冲击或污染破坏。这种影响也有用视觉吸收能力(Visual Absorption Capability;简称VAC)来评估的。

VIA的具体评估方法通常是通过视觉感受中图像认知的原理,根据色、形、质等图像因素之间的对比度来考虑对视觉环境的影响。可以以地形、植被、水体、人工设施、地表等线、形、色质地作为考查对象,一般可将修建前与修建后的线、形、色质等环境变化分为两组进行对比,并给出分级,对比大的则影响大。

2.景观视觉环境阈值

1)景观视觉环境阈值的意义

景观视觉环境阈值是指景观遭受破坏后的自身恢复能力,也是景观环境抵抗视觉污染的能力。是保护环境与预测视觉污染的基本指标。它取决于景观地质、地貌、景观生态、景观土地利用现状等因素。

2)影响因素

(1)在地质地貌方面:阈值主要受地形、坡度、坡向和土壤稳定性的影响:地形越复杂,视觉破坏影响的视域范围通常越小,阈值也越高,坡度越陡,水土越易流失,被视面积也越大,对视觉破坏的影响也就越大,故阈值就越低;坡向朝北,为背向阳光,光线不好,景物暗淡,土壤越稳定,水土流失越小,视觉破坏就越小,阈值也就越高。

(2)在景观视觉方面:即直接的视觉影响因素,阈值主要受视觉范围、相对高度和色彩对比的影响;视觉范围小,相对高度低,视觉破坏的影响面小,阈值就高;土壤或岩石的颜色较深,则由于人类活动所造成的土壤和岩石的裸露就不会很显眼,阈值也就较高。

(3)地形利用方面:阈值主要受土地利用现状的影响。

3. 公路景观视觉环境阈值的(M_1)的评价

1) 评价尺度

评价尺度见表 3-3-19。

景观视觉环境阈值评价表　　表 3-3-19

因素		状态	分级记分		因素		状态	分级记分	
			程度	分值				程度	分值
(一)	坡度	陡坡(>55%)	低	1	(六)	土壤稳定性	严重侵蚀、极不稳定、复原力较差	低	1
		缓级(25%~55%)	中	2			侵蚀、稳定性及复原力中	中	2
		相对平缓地带(0~25%)	高	3			侵蚀较弱、相对稳定、复原力好	高	3
(二)	坡向	大	低	1	(七)	植物丰富度	荒地、草地与灌木	低	1
		中	中	2			针叶林、乔木、田野	中	2
		小	高	3			多种植物	高	3
(三)	地形起伏度	小	低	1	(八)	植被再生能力	弱	低	1
		中	中	2			中	中	2
		大	高	3			强	高	3
(四)	范围视觉	大	低	1	(九)	土壤植被色彩对比	裸土与相邻植被具有强烈视觉对比	低	1
		中	中	2			裸土与相邻植被中度对比	中	2
		小	高	3			裸土与相邻植被视觉对比较弱	高	3
(五)	相对高度	高	低	1	(十)	土壤岩石色彩对比	裸土与岩石强烈对比	低	1
		中	中	2			裸土与岩石中度对比	中	2
		负值	高	3			裸土与岩石低度对比	高	3

2) M_1 值评价

表 3-3-19 中将上述四个影响因素划分为十项，每项得分为 1、2、3 三个分级，合计满分为 30 分见表 3-3-20。

表 3-3-20

$\sum V_i$	M_i	$\sum V_i$	M_i
得分 30~27 分	评价分值 I_A=5 分	得分 18~15 分	评价分值 IV_A=4 分
得分 26~23 分	评价分值 II_A=4 分	得分 14~10 分	评价分值 V_A=4 分
得分 22~19 分	评价分值 III_A=4 分		

M_1 值是接表中总分求得相应的 M_i 评价值，其余各方案也可用同样方法求得相应的M_1 值。

二、公路景观与地形配合评价(M_2)

公路景观设计以地形利用为前提,路线与地形协调是公路美学设计的基本要点。

1. 影响 M_2 值的因素

1)地形构造

地形构造的变化是空间尺度变化的主要特点,它决定了视觉形式(开阔、狭窄),并在一定程度上决定了车辆在公路行驶时景观变化的韵律与节奏。

2)地形高低与起伏

它可产生各种不同特征的视觉联系,形成景物的广度、深度、层次而产生不同的近、中、远景。

3)有独特的地质、地形、地貌与相应的人工构造物

这些有特点独特景观的景物对公路路段的特征是一种加强,使公路路段更富有个性。

2. M_2 的评价尺度

公路景观与地形的评价的评价尺度见表3-3-21。

公路景观与地形配合评价尺度表 表3-3-21

评价项目	评价内容	评价分值	备注
路线与地形配合情况	路线与等高线平行	5	易与自然地形相协调
	斜穿等高线的路线	4~3	注意其与等高线的角度
	与等高线成直角穿过	2~1	对公路景观的视觉影响较大,注意挖方坡面
挖方与地形配合	挖方的斜面如凸形	5~3	弧形边坡与缓坡斜面从外观看起来较好,与自然景观能很好融合。一般,挖填方3.3m时采用1:4的坡面;小于2m时采用最大坡面为1:6;大于4m时,推荐采用1:6的坡面
	挖方时留下陡斜面	2~1	
填方与地形配合	填方的斜面形为缓坡	5~3	
	填方的斜面不是弧形	2~1	
背景与地形配合情况	以树木、风景为背景	5	可以利用地形形成优美的景观空间
	以较高土地为背景	4~3	看起来效果比较好
	以天空为背景	2~1	太显眼
地形利用情况	充分利用地形	5~3	利用复杂地形创造具有个性的公路景观
	一般利用地形	2	路线顺着地形自然地延伸
	没有利用地形	1	甚至于破坏了地形
其他	挖填方缓坡坡面植草	5~3	
	一般挖填方坡面植草	2~1	

3. 公路景观与地形融合评价 M_2

表3-3-20中评价项目(A_i)共6个方面,每项分三个档次,将公路与地形融合情况对号入座,对六项内容根据其重要性给予不同权重,则:

则:$M_2 = \sum(W_i \cdot A_i) \quad i = 1 \sim 6$

式中：W_i——各评价分项的权重，此处假定各项权重相等，取 1/6；

A_i——各分项评价分值。

三、公路景观区域生态环境评价(M_3)

1. 公路景观区域生态环境评价考虑因素

公路所经过的地区的生态环境况状，主要受物种、群落结构、气候和季节等因素的影响，物种越丰富，尤其是植物种类越丰富，群落的结构越复杂，生态系统越易维持平衡，视觉环境破坏也越小，视觉环境恢复能力则越强，阈值也就越高；高温多雨的气候有利于植物生长以及植被恢复，从而可以使阈值升高，就是说在夏季植被的覆盖遮掩力要比在冬季强，因而夏季的阈值较高。

2. 评价方法与评价尺度

景观生态环境质量评估采用描述打分的办法。这里借用景观理论学科的一种生态评价尺度及方法。首先将研究公路景观区域内生态环境分为植被和动物情况，然后按公路所经的两种区域进行评价打分，见表 3-3-22。

公路景观区域生态环境质量评价尺度 表 3-3-22

<table>
<tr><th>地区类型</th><th colspan="3">描　述</th><th>评价分值</th></tr>
<tr><td rowspan="2">动物环境</td><td colspan="3">通过野生动物保护地区</td><td>5～3</td></tr>
<tr><td colspan="3">没有动物</td><td>2～1</td></tr>
<tr><td rowspan="6">自然植被</td><td colspan="3">凡面积大于 25 公顷的自然植被地区属于珍奇的栖息地并具有重要的科学研究价值</td><td>5～4</td></tr>
<tr><td>植被分项评价内容</td><td>记分标准</td><td>得分分级</td><td></td></tr>
<tr><td rowspan="4">永久性草地
灌木乔木构成的绿篱
水岸、林地
园林用地和非生产性果园
水生栖息地（池塘溪流）
散布的自然植被</td><td rowspan="4">分项内容每项 0～3 分
0－不含此种类型
1－有此种类型，但不明显
2－有此种类型，且很明显
3－此种类型很丰富</td><td>18～15</td><td>4</td></tr>
<tr><td>14～11</td><td>3</td></tr>
<tr><td>10～6</td><td>2</td></tr>
<tr><td>5～0</td><td>1</td></tr>
</table>

3. 公路景观区域生态环境评价值(M_3)

$$M_3 = \sum(W_i \cdot A_i)$$

式中：A_i——分项分值；

W_i——权重，可假定各为 0.5。

四、公路与环境协调元素评价(P_3)

综合上述三项评价结果：

$$P_3 = \sum(W_i \cdot M_i)$$

式中：W_i——各项评价值权重（各为 1/3）；

M_i——各项评价值($i=1、2、3$)。

第四节　公路沿线绿化元素评价(P_4)

公路绿化是改善公路环境的重要措施,也是公路景观构成的主要垂直与平面要素,公路绿化也可以改变公路与自然环境的衔接使这种过渡变得自然,同时公路绿化还具有功能方面的目的,如在技术上,阻雪、防风、固沙、稳定边坡及防止雨水侵蚀路基等;在交通安全上,应建立导向标志(尤其在通视范围以外),预告驾驶员要加强注意的地方,防止迎面车辆灯光造成的目眩,局部替代或增强防护设施;在环境保护上,应改善沿线局部区域的小气候,防止停车场和路旁休息地的噪声、灰尘和有害气体;在景观建筑和美学上,应在自然景观杂乱的地方建立起风格统一的背景,修饰不美的景观,使公路与当地景观融为一体。因此,公路绿化的评价也就从这些方面着手。

一、公路沿线栽植形式的评价(M_1)

公路栽植有景观栽植与功能栽植,同时这种栽植应有四季景色,反映地方特色,形成景观小区路段的特征,以及有规律的变化带来动态变化的韵律与节奏。

1. 评价尺度(见表3-3-23)

公路沿线绿化栽植形式评价尺度　　表3-3-23

<table>
<tr><th>评价项目</th><th>评价内容</th><th>形容词</th><th>评价分值</th><th colspan="3">备　注</th></tr>
<tr><td rowspan="2">绿化手法</td><td rowspan="2">与公路沿线环境适应情况</td><td>适应</td><td>5~3</td><td colspan="3" rowspan="2">单调区域内采用对比绿化法,在多样景观区域内采用连接绿化法</td></tr>
<tr><td>不适应</td><td>2~1</td></tr>
<tr><td rowspan="7">景观栽植</td><td rowspan="2">是否加强了公路特性</td><td>是</td><td>5~3</td><td colspan="3" rowspan="2">采用不同的绿化方式将有助于加强公路特征</td></tr>
<tr><td>否</td><td>2~1</td></tr>
<tr><td rowspan="3">与地方特色协调情况</td><td>协调</td><td>5~3</td><td colspan="3" rowspan="3">采用当地独有的树木栽植容易使沿线绿化和当地环境相协调</td></tr>
<tr><td>无影响</td><td>2</td></tr>
<tr><td>相反</td><td>1</td></tr>
<tr><td rowspan="2">栽植有无韵律感及节奏感</td><td>有</td><td>5~3</td><td colspan="3" rowspan="2">适宜的栽植方式可能为公路带来一定的韵律感及节奏感</td></tr>
<tr><td>无</td><td>2~1</td></tr>
<tr><td rowspan="5">功能栽植</td><td rowspan="5">1. 视线诱导
2. 遮蔽栽植
3. 原有植被的保持
4. 景观树的栽植
5. 防眩栽植
6. 防风雪
7. 吸收噪声</td><td colspan="2" rowspan="5">1~7项,每项
评分为1~3分
1-无此项功能栽植;
2-有此功能栽植,但是不明显;
3-有此功能栽植,很明显</td><td>Ⅰ</td><td>21~19</td><td>5</td></tr>
<tr><td>Ⅱ</td><td>19~16</td><td>4</td></tr>
<tr><td>Ⅲ</td><td>16~13</td><td>3</td></tr>
<tr><td>Ⅳ</td><td>13~10</td><td>2</td></tr>
<tr><td>Ⅴ</td><td>10~7</td><td>1</td></tr>
</table>

表中评价内容主要是绿化的手法和栽植的形式，如下：

绿化的方法 $\begin{cases} \text{对比法} & \text{如行道树与小草地对比} \\ \text{连接绿化法} & \text{如使公路与自然有机衔接} \end{cases}$

栽植形式 $\begin{cases} \text{功能栽植} \\ \text{景观栽植} \end{cases}$

2. 评价值 M_1

绿化手法　1～5 分　　权重值 $\frac{5}{25}=0.2$；

景观栽植　3～15 分　　权重值 $\frac{15}{25}=0.6$；

功能栽植　1～5 分　　权重值 $\frac{5}{25}=0.2$。

$$M_1 = \sum(W_i \cdot V_i)$$

式中：W_i——各项权重；

V_i——各项评价值。

二、公路沿线栽植树种与植被评价（M_2）

公路沿线绿化应采用地方树种与花卉、植被，同时希望四季有青，各季节有变化，不同路段也有变化。本评价着重树木本身对公路栽植的适应性、科学性，以及树的景观造型等的评价。

但要评价树木价值不是一件容易的事，植物依据木材的价值来确定树木的价值，而道路绿化工程师主要是考虑树木在生态上的重要性，它对人类的有益功能、树木美丽的姿态在感观上的价值以及它在美学上的重要价值。

德国植物学家迈克尔·毛雷尔（Michael Maurer）和沃伦·霍夫曼（Werner Hoffman）编制了一份树木价值评价表，结合公路绿化设计，可以得出公路沿线栽植评价尺度（表 3-3-24）。

公路沿线栽植的价值评价　　表 3-3-24

生长能力（V_1）	强	一般	弱	备　注
	1	0.6	0.2	
对有害气体的抵抗能力（V_2）	强	一般	弱	可以根据植物学确定
	1	0.6	0.2	
树木栽值的合理位性（V_3）	合理	一般	不合理	根据公路绿化设计中的栽植理论确定
	1	0.6	0.2	
树形、植被、色彩（V_4）	好	一般	不好	即树木的形状、植被、色彩是否具有美学价值
	1	0.6	0.2	

$$M_2 = G(V_1 + V_2 + V_3 + V_4)$$

式中：G——树木、植被价值，基础分为 5；

V_1——各评价项目值。

三、公路绿化评价(P_4)

综合上述公路栽植形式评价与公路栽植树木与植被评价结果便可得出 P_4。

$$P_4 = \sum(W_i \cdot M_i)$$

式中:W_i——各项评价值的权重(可假定为0.5);

M_i——各项评价值。

第五节 公路景观影响要素评价(P_5)

公路景观构成受自身要素与环境要素的影响,但季节气候,时间等因素也会有不同的春、秋、夏冬、景色及、雪景、朝及暮等不同景色,仅管这些对景观影响不大,但也构成影响要素在总评价中应适当给予权重并加以考虑。

一、影 响 因 素

(1)季节:有些地区四季景色变化突出,夏冬景色对比大,即使田野中作物也因季节而不同,如油菜花盛开,麦浪滚滚等。而林区秋季的红叶,山区春季的野花这些受季节影响的景色都很诱人。

(2)气候:一条路由低到高,可能植物有垂直变化,雨、雪、雾山间的云都影响到公路景观。

(3)时刻:朝有晨景,暮有暮色,包括路上绿化的树影一天都在变化之中,两侧农舍的明暗变化(阴影)无不随一天时间变化。

(4)地理:不同的地方有不同的地理条件,往往给公路带来很显著的地理特征。

(5)水文:山间溪流、河、江、湖泊、干旱、潮湿等在公路用路者的视野中都是极有吸引力的景观。

(6)阴影:如山区公路是否背阴,阳坡与阴坡有不同景色,在峡谷中这些影响尤为明显。

(7)风俗与社会文化:当地的文化习俗影响着地方的建筑、文化的标志,是公路沿途景色的个性与特色的一个方面。

二、 公路景观影响要素的评价尺度

公路景观影响要素评价尺度见表3-3-25。

公路景观影响要素评价尺度表 表3-3-25

评价内容	季节	气候	时刻	地理	水文	阴影	风俗文化
评价分值(A_i)	1	1	1	1	1	1	1

三、 公路景观影响要素评价(P_5)

评价方法是按表中影响因素(共7项)分别评分,设计时考虑到某项因素即得1分,没考虑得0分。P_5 评价基础分为5分,每项权重假定为1/7,(也可根据气候等特点另定)。

$$P_5 = P \times (W_i \cdot A_i)$$

式中：P——基础分为5分；

W_i——各项权重为1/7；

A_i——各项评价分值。

第六节　公路景观总体印象评价(P_6)

前面已分析和评价了公路景观的影响因素，从公路自身元素，附属元素及公路与环境关系等方面进行评价，这些因素成为了公路景观有机组成的部分。P_6是综合上述诸元素评价后，再从景观学角度对公路景观的总体印象作出的评价。这种评价可以弥补公路景观评价研究不完善的缺陷，而所谓从景观学角度的评价，其主要着眼点是对景观视觉美学的评估(A_1)和对景观的感受(A_2)两方面进行研究。

一、视觉美学评估(A_1)

视觉美学评估(A_1)
- 视觉环境敏感性分析(a_1)
- 视觉环境景色质量评价(a_2)
- 公路景观色彩评价(a_3)

1. 视觉环境敏感分析(a_1)

景观视觉环境敏感性是指景观环境被观赏者所注意的程度，它反映了该景观在景域内的重要性和受公众关注的程度。敏感性高的景观，即使是遭到微小的损害都会给人们带来强烈的视觉影响，从而降低景观视觉环境质量。

1)影响敏感度基本因素

(1)视频：单位时间或公路长度内景观被观看的次数越多，即视频越高，则敏感度越高；

(2)视距：景观离公路和主要观察点的距离不同，敏感度也不同，按前景带、中景带、远景带的三个距离带划分，敏感度依次降低；

(3)相对坡度坡向：即相对于观赏者的景观视觉界面的坡度和坡向，一般垂直于视线的景观视觉界面，其敏感性较高，随着视线与界面夹角的减小，界面可见面积减小，清晰程度降低，敏感性也就减小；

(4)特殊性景域：风景区、风景点、名胜古迹和特定的风景场面等，都属于敏感较高的景观地带；

(5)公众的关注程度：公众关注程度高的景观视觉环境，其敏感度也就高，这里也包括着一定的人文因素；

(6)自然程度：随着环境破坏的日益加剧，自然程度较高的景观环境越来越受到重视，从而使一个较为自然的景观环境要比一个人工性较强的景观环境具有更高的敏感性。

2)公路景观区域视觉敏感度分析表

根据上述影响因素分析，找出主要因素，见表3-3-26。

公路景区域视觉敏感性分析　　表 3-3-26

评估内容	程度	敏感程度分值	评估内容	程度	敏感程度分值
视频	高	3	视距	近	3
	中	2		中	2
	低	1		远	1
相对坡度坡向（视线与界面夹角）	垂直	3	特殊性景观	明显	3
	中	2		一般	2
	低	1		无	1
用路者关注程度	高	3	自然程度	好	3
	中	2		一般	2
	低	1		不好	1

3）敏感度评价（a_1）

（1）根据表 3-3-25 中分析的 6 个敏感性因素，每项分别打（1～3）分，上表最低 6 分，最高 18 分，以此划分敏感度高低为 5 个等级，并给予相应分值，以此表示景观区域敏感与关心程度。

（2）a_1 值评价，见表 3-3-27：

敏感区等级划分　　表 3-3-27

敏感性级别	高敏感区	次高敏感区	中级敏感区	次中敏感区	低敏感区
统计分值	18～15	15～12	12	12～9	9～6
评价分值	5	4	3	2	1

从表 3-3-25 中可以得出敏感度评价得分，然后根据得分按表 3-3-26 确定敏感值等级，即可得评价分值。

2. 视觉环境景色质量评价（a_2）

1）一般分析

在景观学观念中，景色质量可以理解为人们穿越某一地区时所获得的视觉总体印象。这种总体印象取决于大范围的景观视觉客体元素，其中最为基本的有地形、植被、水体、天象及相邻地区的此类元素。另外，景观的色彩、景色中罕见的景物以及人文因素等也起着一定的作用。一般，这些基本元素控制着景色的质量。借用景观学的概念，可对公路景观视觉环境景色质量进行评价，其中潜在的根据是形式美的个性变化与统一的原则。

2）a_2 评价

（1）按 a_2 的影响因素建立相应评价尺度，见表 3-3-28。

公路景观视觉环境景色质量评价尺度表　　表 3-3-28

因素	评 价 判 据	分值
地形	沿线有较峻的山峰	5
	峡谷等地形起伏地带，景物引人瞩目	3
	平缓的丘陵或盆地，缺少吸引人的景物	1

续上表

因素	评 价 判 据	分值
植被	在形体、类型方面具有多种的品种形式	5
	有一些植被变化，但仅为一、两个品种	3
	植被极少	1
水体	在景观中具有极为突出的地位，如沿线有瀑布景观	5
	水体清净流畅但在景观中不具有突出地位	3
	几乎没有或者无法看到	1
特色景观	沿线有难以忘怀的景观，包括稀有动物	5
	尽管多少与其他景色有点相同，但尚有自身特色	3
	景观极为常见，但布局尚有趣味	1
人文景观	人文景观对原有环境景观起到了积极的作用	5
	景观质量被不协调的人工因素所损害	0
	人文景观变化大范围地破坏了景色	-2
相邻地区景观	相邻地区景观对提高当地景观质量起着积极的作用	5
	相邻地区景观对提高当地景观质量多少起着积极作用	3
	相邻地区景观对提高当地景观质量不起作用	0

（2）景色质量 a_2 评价

$$a_2 = \sum (W_i \cdot r_i)$$

式中：r_i——景色质量积分项评价值；

W_i——各分项权重（可假定各为1/6）。

3. 公路景观色彩评价值 a_3

1）一般分析

对于一个景物来讲有三个要素即形状、色彩、质地，由此可见色彩对景物的重要性。有句通俗话“喜形于色”，说明形与色彩对人的生理，心理和美学都有很重要的影响。

（1）景观色彩环境。

从美学角度——色彩环境能扩展人的精神境界。

从心理学角度——色彩能协调人与环境关系。

（2）公路景观环境。

应有色彩设计（有无设计有很大区别），如路面，护栏、标志、服务区建筑、绿化、人工构造物等均涉及色彩设计，而这些色彩要与自然环境色彩相协调。

2）公路景观色彩评价值 a_3

（1）评价尺度。

考虑因素有色彩对比、色彩调和、色彩设计与公路景观协调、色彩的视觉质量评价估等方面，评价尺度见表3-3-29。

公路景观色彩设计评价尺度　　表 3-3-29

评价内容	评价分值		
	合理	有欠合理处	不合理
色彩对比	5~4	3~2	1
色彩调和	5~4	3~2	1
色彩设计与景观主题配合情况	协调	5~3	色彩设计考虑并体现公路景观区域个性
	不协调	2~1	色彩设计与公路景观个性相离太远
色彩视觉质量评价	色彩配置多样而生动		5
	色彩变化和土壤岩石植被对比在景观中所起作用不占主要地位		3
	色彩变化贫乏、单调		1

(2)评价值 a_3。

根据表 3-3-28 内容,对色彩对比、调和等四项做出合理、欠合理、不合理或协调不协调等作出判断,评出分值。

$$a_3 = \sum(W_i \cdot r_i)$$

式中:r_i——各分项评价值($i=1$、2、3、4);

W_i——各分项权重(可做定为 1/4,也可另定)。

4. 公路景观视觉美学 A_i 评价

$$A_i = \sum(W_i \cdot a_i)$$

式中:a_i——各项评价值($a_i = a_1$、a_2、a_3);

W_i——各分项值权重(可做定名为 1/3,也可另定)。

二、公路景观感受评价(A_2)

公路景观感受是指用路者置身于公路环境中,研究人与景观环境的关系,用路者对环境的好恶程度以及对潜在的评价标准是什么的感觉。

1. 一般分析

风景景观学的研究表明,人类的风景感受总体上是由风景偏爱和风景欣赏两部分复合而成。偏爱源于适宜于物种生存进化的环境,欣赏则取决于社会文化的影响。人与环境之间是相互作用的关系,偏爱和欣赏之间并没有严格的界线,其中都存在着美的感受。

从风景景观学的观点来看,景观感受空间是综合一体的,但是分别围绕着三种不同性质的感受空间,即直觉空间、知觉空间和意向空间。直觉空间为身处景区的观赏者通过生理感知到的景观空间,景观区域的各组成部分,即景观区域单元将随着景观环境空间和观赏点位置的改变而变化,它的主要部分是视觉空间感受。知觉空间为观赏者通过心理认知体验到的景观空间,这种知觉空间感受是对于景观空间的心理猜测、判断和推理,它的主要成分也是视觉空间感受。意向空间是人们理想中风景的"意"和山水的"形"的外化。

2. 影响因素(简述)

(1)景深(R)——指的是主要景物的距离,一般景深大,奥妙性降低,空旷感增加;景深

减小，奥妙性也减少。

(2)视角(A)——观察景物有不同的视角，如平、仰、俯视，而不同视角感觉也不同。

(3)相对空间高度(R_H)——指的是视点与景域中各景物相对空间高度的平均值，是垂直因素。

(4)天穹面积(S)——景观的奥度、旷度，与天空面积平方近似成正比。

(5)景物表面元素(M_1)——指的是地面上的水、石、草地、森林等元素。

(6)起形起伏(M_2)——一般地形起伏大，景观空间结构复杂。

(7)景象丰富度(M_3)——受景城范围、地形起伏、旷实感等影响。

(8)景域的明暗和色彩(M_4)——明暗对比有层次效果，而色彩浓重，浅亮等有助于奥感与旷感。

从景观学理论对几方面评价因素含义的说明：

(1)景深R，是观赏者到景域中主要景物的距离，可由景域半径扫描距离R表示。当景深增大时，奥秘性降低，旷感增强，并会降低遮蔽、光线明暗对比的作用；景深减小，景观提示的信息增多，景观奥度增大。景深与介入景域的机会有直接联系，景深小，介入风景的机会就大，当景深大到一定的距离时，观赏者就会失去介入风景的机会。

(2)视角A，观察点与景域边界及景域中突出性景物的关系决定了视线角度A。不同的视角会引起不同的旷奥感觉。当视角大于零时，观察点高于突出性景物，视线俯视，呈现于视野中的景物形体结构较为完整，景域层次丰富，万物尽收眼底，旷度增大，易解性增强；当视角小于零时，视线仰视，视野中景物形体结构不够完整，景物透视变形大，层次也不如俯视时明确，景域难以把握，旷奥度增大。

(3)相对空间高度R_H，为视点与景域中其余各点相对空间高度平均值。这种垂直因素主要影响景域中诸要素对观赏者围合的程度。闭合的空间是由天穹、外部空间的垂直物，如山体、林木和水平展开的不同对比性质所限定的围合的空间，开放的空间是开阔的、平坦的，表面质地简洁统一。$R_H>0$时，提供的是旷空间；$R_H<0$时，提供的是奥空间。

(4)天穹面积S，研究表明，景观的旷奥度与景域空间天穹面积的平方近似成正比。天穹，作为景物存在空间的主要部分，一种随光、气候而变的动态因素，在控制空间旷奥气氛上起着极为重要的作用。其面积的大小、明暗强弱、色彩冷暖构成了空间的主调，并控制着景物色彩的冷暖明暗。天穹面积越大，天光的影响作用就越强，空间感觉则发旷；反之，空间感觉发奥。天穹还常常作为“底”，控制着景域的图—底关系，与图—底的明确程度成正比。

(5)景物表面景观元素M_1，表示附着于景域空间表面的各景观元素的组成，如水面、岩石、草地、森林等元素组成的景域表面。大片明亮的水面、质地均匀的草地将增强景观旷感，而茂密的丛林则加强景观奥感。

(6)地形起伏度M_2，表示地形起伏引起的景域空间的结构特性。一般地形起伏性大，景域空间结构复杂，导致易解性减弱，反之，易解性加强。

(7)景象丰富度M_3，是景域中视线扫描样本标准差的统计指标。表示景域中诸视线空间角度的变化起伏度，它反映了景域中各点景物相对视点的起伏程度。M_2与旷奥感受有关，对于范围较大的景域，M_2值大，景域感受丰富生动，旷感加强，对于范围较小的景域，M_2值大，景域期待预测的信息多，景域感受变化莫测，奥感增强。

（8）景域的明暗和色彩 M_4，明暗是由前景的阴暗与远景的明亮或者是前景的明亮与远景的阴暗之间的对比所造成的一种场面层次对比效果。在奥空间，一般对比效果越强烈，场面的奥秘性就越大，因为背景的明亮或者阴暗对观赏者而言，预示着背景中蕴含着新的信息，将引导观赏者深入该场面去挖掘新的信息；而在旷空间，一般对比效果越强烈，场面的易解性就越大，因为这种对比使场面空间表面组织更为明晰而有助于旷感。就色彩而言，深暗浓重的色彩有助于奥感，浅亮清淡的色彩有助于旷感，一望无际的远景往往呈现出淡蓝紫灰色，随距离的增大，这种空气透视影响的色彩效果将更为明显。

3. 评价尺度

根据上述八个方面评价内容，拟定的基于景观学的评价尺度，见表3-3-30。

公路景观感受评价尺度　　表3-3-30

评价内容	评价标准	评价分值	说　明
景深（R）	适宜	5	景深适宜，人们可以很舒适地观赏景观
	大	5～4	景观旷度增加，降低了遮蔽、光线明暗对比和可近性的作用
	小	3～2	景观提示的信息增加，介入景观的机会增加，景观旷度减小
	过大或过小	1	过小，不满足公路景观特点；过大，观赏者失去介入风景的机会
视角（A）	$A>0$	5～3	观察点高于突出性景物，景观层次丰富，产生居高临下的旷感
	$A<0$	2～1	视线仰视，景物透视变形较大，旷感降低
相对空间高度（R_H）	$R_H>0$	5～4	为开放空间，开阔、平坦，为旷空间
	$R_H=0$	3	景观的旷奥性不很明显
	$R_H<0$	2～1	为封闭空间，为奥空间
天穹面积（S）	大	5～3	天穹面积大，天光影响大，空间感觉则发旷
	小	2～1	天穹面积占整个景域空间的比重小，空间感受发奥
景观表面元素组成（M_1）	合理	5～2	增强公路景观空间特点
	不合理	1	削弱公路景观空间特点
地形起伏度（M_2）	小	5～3	景观空间的易理解性增强
	大	2～1	景观空间结构复杂性增加，易解性降低
景象丰富度（M_3）	大	5～3	M值大，景域感受丰富生动、旷感增强，景域待预测的信息也多
	小	2～1	
景域的明暗与色彩（M_4）	和谐	5～3	在旷空间，对比效果超强、、越强，场面的易解性越大，奥空间则相反。就色彩而言，浅亮清淡的色彩有助于旷感
	不和谐	2～1	

4. 公路景观感受评价（A_2）

基于景观学理论的公路景观评价值，按上述八个分项中的说明给予1～5分的评价。

$$A_2 = \sum[W_i \times (R + A + R_H + S + M_{i-4})]$$

式中：R、A、R_H、S、M_i——各评价因素；

W_i——各项权重（可做定为1/8）。

三、公路总体印象评估值(P_6)

公路景观总体印象评估值 P_6,可由视觉要素评估 A_1、公路景观感受评价值 A_2 综合得出：

$$P_6 = \sum(W_i \cdot A_i) = \sum[W_i \times (A_1 + A_2)]$$

式中：W_i——各分项评价值权重(W_i 可做定为 1/2)；

A_i——各分项评价分值。

第七节　公路景观的综合评价

前述对公路景观评价的六个主要评价因素分别进行了评价，综合评价是对 $P_1 \sim P_6$ 的综合总评价。评价方法中我们已介绍了模糊综合评价法，这是应用模糊集理论对系统进行综合评价的一种方法，通过模糊综合评价可获得各种替代方案的优先顺序。对于景观这种具有模糊性质的评价，模糊评价方法应该是比较合适的。

一、公路景观评价分项权重的确定

对公路景观进行综合评价，首先要解决各分项评价的权重，我们建议确定权重的方法，可以采用逐对比较法来确定，这种方法也适用各个分项的权重的确定，示例见表 3-3-31。

评价项目权重确定表(实例)　　表 3-3-31

	比 较 得 分						计得分 F_i	权重归化
	F_1	F_2	F_3	F_4	F_5	F_6		
自身景观元素 P_1	—	3/2	1	3/2	3	1	8	0.22
附属景观元素 P_2	2/3	—	2/3	1	2	2/3	5	0.14
与环境配合 P_3	1	3/2	—	3/2	3	1	8	0.22
公路绿化 P_4	2/3	1	2/3	—	2	2/3	5	0.14
影响因素 P_5	1/3	1/2	1/3	1/2	—	1/3	2	0.06
总体印象评估 P_6	1	3/2	1	3/2	3	—	8	0.22

关于采用逐对比较法确定权重的用表说明：

我们将各分项的重要性分为很重要、重要、同等重要、次重要、不重要五种，表中 F_i 是与各景观元素 P_i 的比较得分，并以很重要为同等重要的 3 倍计，则上述 5 等可记为(3、$\frac{3}{3}$、1、$\frac{1}{2}$、$\frac{1}{3}$)，并以此来逐项比对它们的重要性。

如 P_1 与 $P_2 \sim P_6$ 的逐项比对结果得分 F_i 为：

$$P_1 : P_2 = 3/2; P_1 : P_3 = 1; P_1 : P_4 = 3/2; P_1 : P_5 = 3; P_1 : P_6 = 1。$$

其余类推，表中 F_i 为类比得分则各项权重 $W_i = \dfrac{F_i}{\sum F_i}$。

按示例表中六项权重分别为(0.22、0.14、0.22、0.14、0.06、0.22)。

上述权重分析仅是方法演示，其结果不能作为评价依据。具体应用时，权重应对不同地形条件，不同自然环境、不同等级的各种公路的评价元素给予适合其条件的权重。

二、公路景观综合评价

即对不同的景观设计方案进行比选。也可用于末后评价。这种末后评价也可以用来作为对已建工程的景观评估，可作为景观改善设计的依据。

1. 评价实施

(1)组织专家根据公路等级、自然环境(包括地形条件)及其他对景观有影响因素，仔细分析研究建立本项目的公路景观评价体系，并确定相应的评价尺度与方法。

(2)根据不同评价元素的专业性质组成不同的评价小组对 $P_1 \sim P_6$ 各元素分别进行评价。

如自身景观元素——以公路专业人员为主；

附属景观元素——公路、建筑、桥梁、园林等专业人员；

公路与环境配合——公路、建筑、园林、景观等专业人员；

总体印象评价——以公路与景观人员为主。

上述评价还应有用路者与当地代表参加。各专业组在评价前应仔细学习评价方法与尺度，并根据自己的经验和科学的方法确定各评价分项的权重。

(3)进行综合评价前应组织多学科专家对 $P_1 \sim P_6$ 评价因素进行分析并采用逐对比较法确定各评价元素的权重。

(4)由专业人员对评价结果进行综合并作出总评价，根据总评价结果(得分)及各元素评价情况写出评价报告。

2. 公路景观综合评价

1)对某单一方案的综合评价(JZ)

$$JZ = \sum(W_i \cdot P_i)$$

式中：JZ——景观综合评价；

W_i——各景观元素的权重；

P_i——各景观元素的评价值；

此评价可以用于单一方案评价，也可以用于事后评价。

2)多方案比选方法一

可采用模糊综合综合评价法进行，通过此法可以获得各方案的优先顺序。

(1)建立模糊评价项目权重及评价尺度表。

根据景观评价要素及已确定的权重，建立表 3-3-31.

模糊评价项目权重及评价尺度表　　表 3-3-32

评价项目		自身要素 P_1	附属要素 P_2	环境配合 P_3	公路绿化 P_4	影响要素 P_5	总体印象 P_6
权重 W_i		0.22	0.14	0.22	0.14	0.06	0.22
评价方案	Ⅰ	r_{11}	r_{12}	r_{13}	r_{14}	r_{15}	r_{16}
	Ⅱ	r_{21}	r_{22}	r_{23}	r_{24}	r_{25}	r_{26}
	Ⅲ	r_{31}	r_{32}	r_{33}	r_{34}	r_{35}	r_{36}
	Ⅳ	r_{41}	r_{42}	r_{43}	r_{44}	r_{45}	r_{46}

注：表中权重为示例中分析结果，实际应用时应另定。

(2)综合评价向量 S

在按已建设评价体系、尺度、评价方法对各项目评价，即可确定其隶属度为 r_{ij}；而每一个评价项目有一个相应的隶属度向量 R_i。各方案评价项目集的隶属度可用隶属度矩阵 R_k 来表示，在矩阵中各项评分值均按 5 分制原则为基础归一化。r_{ij}的值越大，说明对该 P_i 的评价越高。

示例：

以上表 3-3-31 为例，各方案隶属向量为 R_i，如 R_i 为$\{r_{11}、r_{12}、r_{13}、r_{14}、r_{15}、r_{16}\}$。

刚综合评价向量 S 为：

$$S = W_i \cdot R_i$$

$$S = (0.22 \quad 0.14 \quad 0.22 \quad 0.14 \quad 0.06 \quad 0.22)\begin{bmatrix} r_{11} & r_{21} & r_{31} & r_{41} \\ r_{12} & r_{22} & r_{32} & r_{42} \\ r_{13} & r_{23} & r_{33} & r_{43} \\ r_{14} & r_{24} & r_{34} & r_{44} \\ r_{15} & r_{25} & r_{35} & r_{45} \\ r_{16} & r_{26} & r_{36} & r_{46} \end{bmatrix}$$

即 $S = [S_1、S_2、S_3、S_4]$。

然后对上述结果进行归一化处理，即可得出对各评价方案的评价顺序，以达到方案综合评价后比选的目的。

3)多方案比选方法二

此法在每一个方案单独评价基础上，进行汇总，按得分多少决定顺序见表 3-3-33。

各方案评价结果　　表 3-3-33

评价项目		自身要素 P_1	附属要素 P_2	环境配合 P_3	公路绿化 P_4	影响因素 P_5	总体印象 P_6	综合得分	排序
权重 W_i		0.22	0.14	0.22	0.14	0.06	0.22		
评价方案	Ⅰ	P_{11}	P_{12}	P_{13}	P_{14}	P_{15}	P_{16}	$JZ_1 = \Sigma(W_i \cdot P_{1j})$	
	Ⅱ	P_{21}	P_{22}	P_{23}	P_{24}	P_{25}	P_{26}	$JZ_2 = \Sigma(W_i \cdot P_{2j})$	
	Ⅲ	P_{31}	P_{32}	P_{33}	P_{34}	P_{35}	P_{36}	$JZ_3 = \Sigma(W_i \cdot P_{3j})$	
	Ⅳ	P_{41}	P_{42}	P_{43}	P_{44}	P_{45}	P_{46}	$JZ_4 = \Sigma(W_i \cdot P_{4j})$	

表中：P_1——各评价元素；

W_i——假定的各元素权重；

P_{ij}——各方案单项评价值。

(1)按表计算 JZ_i 的各方案综合评价结果。

$$JZ_1 = \sum(W_i \cdot P_{1j})$$
$$JZ_2 = \sum(W_i \cdot P_{2j})$$
$$JZ_3 = \sum(W_i \cdot P_{3j})$$
$$JZ_4 = \sum(W_i \cdot P_{4j})$$

(2)按上述综合结果排序，得出优先顺序。

参 考 文 献

[1] 熊广忠．城市道路美学——城市道路景观与环境设计．北京：中国建筑工业出版社，1990.

[2] 熊广忠．论道路美学．北京：人民交通出版社，2009.

[3] 熊广忠．试论我国公路美学应用问题．北京：中国交通工程学会第三届年会学术论文选编，1986.

[4] 熊广忠．再论我国公路美学研究与应用．中国公路学报，1994，(3).

[5] 熊广忠．关于公路绿化理论的探讨．中国公路学报，1995，(3).

[6] 彭巍．高等级公路景观设计方法与评价体系研究．西安：西安公路交通大学，1998.

[7] [美]AASHO 实用公路美学．北京：人民交通出版社，1981.

[8] [日]大塚胜美，木仓正美．公路线形设计[M]．北京：人民交通出版社，1981.

[9] [美]托伯特．哈姆林．建筑形式美的原则[M]．北京：中国建筑出版社，1982.

[10] [原联邦德国]汉斯・洛伦茨．公路线形与环境设计[M]．北京：人民交通出版社，1984.

[11] [前苏联]"公路美学"原版：
C. A. ТРЕСКИНСКИЙ、Г. П. КУРЯВЂЕВ，эсмемцкаавмобпивНвлх，дорог，МОСКВА：ТРАНСПСРТ，1978.

[12] [日]新田伸三．栽植理论和技术．北京：中国建筑工业出版社，1982.

[13] [日]正兴木，等．道路照明．北京：人民交通出版社，1982.

[14] [日]岩间滋・士官大．透视图法在公路设计中的应用(增订版)．北京：人民交通出版社，1982.

[15] [日]山本宏著．桥梁美学．北京：人民交通出版社，1980.

[16] [日]阪神高速道路公团．景观存配虑した都市高速道路设计の手引[M]．东京：1985.

[17] [前苏]俄联公路部．公路建筑与景观设计规范[S]．北京：交通部公路规划设计院，1985.

[18] [德国]W・杜尔特．联邦德国道路设计．北京：人民交通出版社，1987.

[19] 中华人民共和国交通部．JTG B01—2003　公路工程技术标准．北京：人民交通出版社，2004.

[20] 中华人民共和国交通运输部．JTG B04—2010　公路环境保护设计规范．北京：人民交通出版社，2010.

[21] 中交第一公路勘察设计研究有限公司，公路路线设计细则(送审稿)．西安：2010.

[22] 钱国超，等．高速公路环境景观设计．北京：人民交通出版社，2009.

[23] 钱国超．高速公路创新设计．北京：人民交通出版社，2008.

[24] 高速公路丛书编委会．高速公路环境保护与绿化．北京：人民交通出版社，2001.

[25] 交通部科技信息研究所．高等级公路景观美化与环境保护，1993.

[26] 陈雨人，等．道路环境影响评价与景观设计初探，华东公路，1994，[4].

[27] 陈东峰，等．公路服务水平模糊综合评价，中国公路学报，1992，[4].

[28] 施耀忠．公路网规划技术评价指标与评价标准研究，中国公路学报，第 8 卷增[1].